재일 2세 여성의
일본 사회 비평

일동학연구총서 3

재일 2세 여성의
일본 사회 비평

이은자 저

박정임 · 이기원 · 원연희 · 김보민 역

보고사
BOGOSA

서문

　몇 년 전인가 어떤 '재일(在日)' 3세 젊은 연구자를 만났다. "전공은?"이라 물으니 '재일조선인사'라 하였다. 자신의 연구를 특화하여 자부하는 것이 놀라웠다. 제2차 세계대전 후 일본에서 일본인과 재일조선인에 의한 연구가 식민지 시기를 중심으로 한 근현대사이며, 정치학으로서의 한일 관계, 또는 역사학으로서의 한일 관계사가 중심이었기 때문이다. 물론 재일조선인사라 해도 한반도의 역사와 정치에서 분리하여 연구하기는 어렵다. 그러나 이와 같이 단일 영역으로서의 '재일조선인사'를 자부하듯이 대답하는 그 연구자가 왠지 눈부시고 세대 교체의 시대가 되었다는 것을 실감하였다. 한편에서 '재일'에 관한 서책과 연구서가 복잡하게 한국과 일본에서 증가하고 있다. 지금까지도 '재일'에 의한 문학과 자서전, 그리고 에세이 등은 상당히 일찍부터 출판되었다. 그 대부분은 '재일'이 처한 상황이 그렇게 만들었지만, 일본 사회의 차별 문제와 자신의 차별 경험의 이야기가 대부분이다. 차별에 관한 것을 계속 써도 바뀌지 않는 일본 사회 속에서, 더 이상 식민지주의의 문제와 차별에 관한 서책이 필요한가에 대하여 자문자답하면서 본서의 원고를 써왔다.

　본서는 '재일' 2세대인 내가 일본, 미국, 그리고 한국에서 만난 사람들과의 경험에서 생각해 온 것을 정리한 것이다. 발간을 위해 그동안 쓴 것과 이미 발표한 논고로 구성하였다. 각각의 체험을 사례로 일본 사회를 재고하는 것이 저술 목적의 하나이다. 방법으로서는 젠더(Gender), 에스니시티 (Ethnicity), 섹슈얼리티(Sexuality)에 관련된 이론을 배경으로 경험과 기억을 분석하면서 연구서로서의 형식을 취하지 않았다. 그 이유는 나의 능력 부족도 있지만 나에게 있어 '재일'로 산다는 것은 소위 말하는 연구나 사회운동에 그치는 것이 아니기 때문이다.

다시 말하면 패전 후에도 변하지 않는 일본의 지속적인 식민지주의, 그리고 한반도의 분단 상황 안에서 재일동포로서 산다는 것 그 자체가 나에게 있어서는 연구이며 사고이고, 사회운동이기 때문이다.

나는 미국에서 기독교 사회윤리학이라는 분야로 박사 학위를 취득하였다. 그러나 박사 논문은 기독교적인 방법이 아니라, 역사적 관점에서의 재일조선인의 차별, 즉, 일본형 인종차별주의를 일본 천황제 이데올로기와 연결하여 썼다. 단지 그 테마를 더 깊이 연구하지는 않았으니, 결과적으로는 중단된 상태이다. 이번에 원고와 격투하는 중에 기독교와 종교학의 틀에서 나의 문제의식을 더욱 넓혀 표현 활동을 할 수 있었던 것은 아닌가 하고 생각하며 약간의 후회와 함께 계시 같은 것을 받은 것 같다.

본서를 읽는 사람이라면 바로 알 수 있겠지만, 각 원고의 근저에 있는 문제의식은 재일조선인의 경험으로부터 일본의 근현대 사회 상황을 조망하고 있다고 말할 수 있지 않을까. 그리고 이 책의 구성은 다른 곳에서 이미 발표된 논고를 모았기 때문에 상정하는 독자와 테마가 달라 정합성이 없고, 일부는 중복되는 내용도 포함하고 있다.

아마도 이것은 '재일 2세 여성'으로서 태어나 자란 나의 문제의식에 '잡거성(雜居性)'이 반영된 것일지도 모른다. 환언하면 타자화된 차별의 중층성을 보는 것은 재일조선인으로서 해방과 자유를 얻기 위한 중요한 하나의 방도라고 말할 수 있다.

결과적으로, 여기서 다뤄둔 여러 주제에 대한 나의 관심은 최근 학구적인 영역에서 자주 언급되는 학제적(學際的) 시점과 관심으로 발전적인 방향으로 연결되지만, 광범위하게 걸쳐진 영역이나 토픽으로의 관심은 좋게 말하면 학제적이지만 항상 어중간한 결과가 되는 위험성을 동반한 것은 아닌가 하는 자계(自戒)의 마음이 든다.

'재일' 1세는 악착같이 노동할 수밖에 없는 시대적 상황 속에서 간신히 가족을 부양하며, 아이들에게는 어떻게 해서든 교육 기회만은 주고 싶어 했다. 그렇게 교육시키는 것이 아이들에게는 자신들과 같은 삶을 살지 않도록 하는 토대를 주는 것이라고 믿었다. 그러나 우리 2세들의 시대는 고등교육을 받는다 해도 아직 스스로의 꿈을 추구할 수 있는 기회는 한정되어 있었다. 게다가 자기 실현을 향해 나아갈 용기는 내면화된 차별로 인해 누구나 얻을 수 있는 것이 아니었다. 가령 얻을 수 있다 하더라도 일본 사회에서 조선인이 활약할 수 있는 기회는 거의 폐쇄된 시대였다.

나는 용기가 있어서 미국으로 건너간 것이 아니라 막다른 상황에 몰려 있었기 때문이기도 했다. 계획성도 없이 무아몽중(無我夢中)으로 살았는데, 우연히 그것이 좋은 방향으로 흘러 현재의 직업에 이르렀다.

본서는 시간적 제약으로 인해 구상해 온 내용을 변경할 수밖에 없었던 부분도 있다. 게다가 오래전에 발표한 논고도 있다. 특히 제6장은 간토대지진 80주년을 맞이했을 때에 쓴 것으로, 이미 20년이나 지난 논고이다. 그러나 2023년에 간토대지진 100주년을 맞이하게 되어 사건의 본질을 이해하기 위해 다시 생각해 보고자 수록했다. 또한, 간토대지진에 대한 일본 정부·행정의 대응이 20년 전보다 더욱 후퇴하는 것에 최근에는 특히 위험을 느끼고 있기 때문이다. 고이케 유리코(小池百合子) 씨가 도쿄도 지사가 된 후로는 조선인 학살 희생자를 추도하는 위령제에 보내오던 추도문조차 보내지 않고 있다. 그러한 태도가 우파를 '더 기세 오르게 하는' 정치적 호소가 되었던 것은 아닐까. 피해자와 유족을 위해서도 의미가 있다고 생각하여 이번에 수록하였다.

본서는 이러한 내용을 포함하여 나의 문제의식의 근저에 있는, 주연(周緣, Marginarity)으로부터 일본 사회를 보는 테마에 따랐다고 할 수 있다.

예정되어 있던 구성을 가장 크게 변경한 부분은 젠더에 대한 목차를 구성할 수 없었던 점이다. 그러나 본서는 모두 젠더의 시점에 의한 것이라고 볼 수 있다. 그 시점은 남녀의 성 역할의 문제와 아이덴티티는 아니다. 나에게 있어서의 젠더 시점은 구체적인 문맥 속에서 가장 억압받고 있는 개인과 집단 시점에서의 사회, 그리고 여러 관계성을 파악하는 것이다. 그것은 일상 속의 권력관계가 항상 유동적이라는 시점이며, '남녀'와 '민족'을 초월한 것이라고 생각하고 있다.

한국어판을 내면서

　우선 이 책의 한국판을 위해 애써주신 강원대학교 일본학과 황소연 교수님을 비롯하여 번역에 참여해 주신 여러 분께 진심으로 감사의 말씀을 드리고 싶다.

　나는 '재일 2세'로, 2세에서 3세로 세대 교체가 시작되는 2세 마지막 세대에 해당한다. 그 2세 세대가 직면해 온 '특유'의 시대적 배경에 농락당하면서도, 그 경험에서 길러진 문제의식이 본서의 출발점이 되었다. 나의 부모님은 한반도에서 일본으로 이주자가 늘어나는 1920년대 말 제주도에서 일본으로 건너왔다.

　내가 태어나고 자란 오사카 이쿠노는 일본에서 가장 조선인이 집주하는 지역이다. 그리고 제주도 출신들이 가장 많이 사는 거리이기도 하다. 친족 중에는 1948년 '제주 4·3사건'을 피해 '밀항'해 온 사람도 있다. 한편 이 사건으로 제주도에 있는 친인척 중에는 고문을 당하거나 사망한 사람도 있다. 그러나 성장 과정에서 가족 내에서나 동포 커뮤니티 안에서 이 '사건'에 대해 이야기했다는 기억은 없다. 오히려 조국의 분단 때문에 총련과 민단이 반목하며 팽팽히 맞섰다는 기억은 선명하게 남아있다. 일본 사회에서 불가시화되고 힘없는 자로 여겨지는 사람들이 조국 분단으로 인한 내부 분열 때문에 더욱 작아지고 있다는 느낌을 철이 들었을 때부터 피부 감각으로 인식할 수 있는 지역이었다.

시대가 변화함에 따라 '재일'을 둘러싼 상황은 차별의 형태도 변용하고 있다. '재일조선인 연구'라는 영역도 정립된 듯하다. 그러나 나는 그 영역의 연구자는 아니다. 그럼에도 불구하고 본서에는 '재일'과 관련된 것이 많다. 그것은 역시 나에게 연구나 사회운동이나 자신의 실존과 직결된 것이라는 인식에 기인한다. 이 '재일'의 실존 즉, 나 자신은 누구이며, 어디를 향해 삶을 살아갈 것인가, 조선인으로서 당당히 그리고 해방되어 살아가기 위해서는 어떻게 해야 하는가 하는 물음과 갈등을 마주할 수밖에 없는 존재라는 것이다. 물론 이런 물음은 모든 사람에게 보편적인 것이기도 할 것이다. 차이가 있다면 재일조선인에게 있어서는 일상적으로 묻지 않을 수 없는 사회적 편견에 둘러싸인 존재라는 것이다. 이 실존에 대한 문제의식을 이 책 곳곳에서 볼 수 있을 것이다. 그리고 그 답을 찾아내려고 하는 생각으로부터 폭넓은 테마에 관심을 가지게 된 하나의 '증거'라고도 할 수 있는 것이 본서이다. 다양한 문제군(정치적, 사회적, 문화적 문제)에 대한 관심은 본서의 방법론과 스타일에도 반영되어 있다. 즉 소위 학술논문적인 것부터 개인적 에세이 혹은 학술에세이라고 명명하고 싶은 것이 혼재되어 있다. 그것도 본서의 특징이 아닐까 싶다.

대학 교원을 목표로 미국에 간 것은 아니었지만 결과적으로 그곳에서 박사 학위를 취득하고 미국과 일본 대학에서 20여 년간 교편을 잡았다. 계획성이 없는, 아니 인생의 계획을 세우기 위한 필요 요건을 애초에 갖추지 못한 '재일' 2세로서 시대적 제약 속에도 교직을 맡을 수 있었던 것은 다양한 사람들과의 만남과 경험 덕분이다. 그 '만남의 운' 덕분에 본서의 일본어판이 간세이가쿠인대학의 총서 시리즈로 간행되었고, 이번 한국어판의 출간으로 이어졌다.

본서는 일본어판 출판에 즈음하여 새로 쓴 것과 과거 몇 년간 발표한 것으로 구성되어 있다. 모든 장을 다 쓰려고 했으나 나의 태만과 시간적 제약 때문에 할 수 없었다. 하지만 한 권의 책으로 정리할 수 있었던 것은 다행이라고 생각한다.

나는 오랫동안 한국 대학에서 한 학기 정도 '재일'의 렌즈로 읽어내는 일본 사회론을 가르치고 싶었다. 그 이유는 조국 분단 때문에 직간접적으로 반공 교육에 영향을 받아온 한국인들이 '재일'을 바라보는 시각은 총련이라는 정치단체와 연결시키는 고정관념이 강한 편향이 있기 때문이다. 혹은 다른 고정관념은 모국어도 할 수 없는 차별을 받고 있는 불쌍한 존재로 집약되었다고 해도 과언이 아니었다. 왜냐하면, 해외 동포 중 재일동포가 가장 조국의 분단으로 인한 정치적 농락을 당하고 있는데도 불구하고 직간접적으로 반공 교육에 영향을 받아온 한국인들의 '재일'을 바라보는 시각은 총련이라는 정치단체와 연결시키려는 고정관념이 강했고, 모국어도 할 수 없는 차별받고 있는 불쌍한 존재로 바라보는 경향이 있었기 때문이다. 더 말하자면 일본 사회에서 받는 그 차별의 요인 중에 하나가 한반도의 분단과 직결되고 있다는 인식과 이해 그리고 공감이 부족하다고 느껴져 꼭 한국에서 가르치고 싶었다. 요컨대 '재일'이 처한 상황을 일본의 계속되는 식민지주의 문제로 보는 시각이 부족해 보이며, 한국인 그들 자신들 또한 '재일'을 또 다른 편견의 눈으로 외면해 왔다고도 말할 수 있지 않을까. 다시 말해 '재일'이 떠안을 수밖에 없는 문제를 일본과 한반도의 탈식민지주의 문제로 받아들이는 것이 아니라, 동포를 타자화하는 태도와 인식이 아직 남아있는 것 같다. 한류 열풍의 영향으로 한국에서 일본으로 비즈니스 기회를 찾아오는 새로운 이주자들도 '재일화(在日化)'하는 가운데 그 시선과 태도에 약간의 변화가 보이기는 하지만 '재일의 문제'를 자신의 문제로서 이해하고 파악하고 있는지 불확실하다. 어쨌든 이런 이유가 내 꿈의 배경에 있었다.

조국에 있는 사람들을 향한 짝사랑 같은 심정이었는지도 모르겠다. 그 꿈을 이루지는 못했지만 이번에 책의 형태로 그 꿈을 대행하게 된 것을 기쁘게 생각한다. 본서가 한국에 있는 사람들의 '재일'에 대한 인식과 시선이 조금이라도 바뀌는 데 일조했으면 좋겠다.

본서는 일본의 진보적인 지식인과, 일본인과 '재일동포' 사회 운동가들을 향한 논고이기도 하다. 그렇기 때문에 한국 독자들에게는 설명이 부족하거나 언어의 뉘앙스를 포함하여 사회적, 문화적 맥락을 모르기 때문에 이해하기 어려운 부분도 많이 있을 것이다. 게다가 나의 독특한 문장, 그리고 번역본이기 때문에 내 생각과 심정이 얼마나 닿을지는 알 수 없다. 다만 독자의 상상력과 사고력으로 이 책을 '재일'을 둘러싼 과거, 현재, 그리고 미래를 이해하는 한 걸음으로 만들어 주면 감사하겠다.

마지막으로 본서에서 사용하는 재일동포에 대한 다양한 호칭인 '조선인' 이나 '한국인' 등은 문맥에 따라 구분하여 사용하고 있는데, 모두 식민지 시대의 후예인 사람들이다. 또 기호라고 비판하는 사람도 있지만 모든 사람을 가리켜 '재일'(영어권 연구자 중에서는 자이니치(Zainichi)라고 하는 사람도 늘고 있다)이라고 했다. 그 정의에 대해 한마디 적어 두고 싶다. 본서에 대한 강연을 부탁받고 그 질의응답 시간에 어느 재일 3세 청년이 본서를 읽고 2세인 나와 비슷한 경험을 해왔기 때문에 '매우 공감이 된다'면서 "그런데 '재일'이란 뭘까요?"라고 질문했다. 나는 즉답할 수 없었지만, 그 후 생각한 것은 '재일' 혹은 '재일성(在日性)'라는 것은 한마디로 원서의 제목에 있는 '주연성(Marginarity, 周緣性)' 즉 민족/인종이나 성 지향, 젠더, 계급, 신분, 장애 유무 등에 관계없이 각각의 사회에서 역사적, 구조적 모순으로부터 주연화(Marginalized, 周緣化)된 사람들과 연결됨으로써 전체로 이어지는 것이다. 그리고 그 '주연성(Marginarity, 周緣性)'에서 사회 변혁을 위한 역사적 역동성이 생긴다는 신념과 함께 한국판으로의 서문을 대신하고 싶다.

말미에 한국판 출판을 승인해 주신 산이치쇼보(三一書房)와 간세이가쿠인대학출판회(関西学院大学出版会), 그리고 한국판 출판을 맡아주신 보고사에 감사의 말씀을 드리고 싶다. 그리고 다시 한번 말씀드리는데 강원대학교 일본연구센터 번역팀의 지원과 노고가 없었다면 내 꿈의 대행은 꿈대로 끝났을 것이다. 이곳에서 한 사람 한 사람의 이름을 거론하지는 못했지만 깊은 감사를 표하고 싶다.

2024년 12월
간세이가쿠인대학 국제학부 교수
이은자

일러두기

- 이 책은 『日常からみる周縁性(ジェンダー・エスニシティ・セクシャリティ)』(2022, 三一書房)와 『帝国の時代とその後』(2021, 関西学院大学出版会)를 번역한 것으로, 한 권으로 엮는 과정에서 원서와 목차를 다르게 구성하였다.
- 본서에서 언급하는 '재일', 조선인, 등은 모두 일본의 식민지 시대에 한반도에서 일본으로 건너온 사람들의 후손을 말한다.
- 외래어의 표기는 국립국어원 한국어 어문 규범에 따랐다.
- 본서의 미주는 원서의 주석을 옮긴 것이다.
- 역자가 추가하거나 보충한 내용에는 '역주'라고 표기하였다.

차례

제1부

정체성을
둘러싼
이야기

제1장

이름과 정체성

이름은 인격권의 하나인가

부부 별성(夫婦別性, 호적에 양성(兩姓) 기재 등록) 법안이 여야당 간에 합의를 얻지 못해 국회에서 통과되지 못했다. 그런 현상 속에서 2015년 부부 별성을 요구하는 소송에 대해서 처음으로 일본 최고재판소의 판결이 내려졌다. 최고재판소는 부부간에 하나의 성이 합헌이라고 했다. 이 판결이 나온 계기로 부부 별성 문제에 대한 논문과 논설이 매년 증가하고 있다.

일본에는 무코요우시(婿養子, 데릴사위여주)라는 제도가 있기 때문에, 결혼으로 이어진 부부는 어느 한쪽의 성을 선택하여 호적에 등록하는 것이, 전쟁이 끝나고 얼마 지나지 않은 1947년에 인정되었다. 그러나 부인의 성으로 등록하는 경우는 아직 4% 정도로 매우 적다. 이 재판에서 원고 측 주장의 근거는 부부 동성(同姓)이 여성의 정체성을 상실시키고 정신적, 감정적 불이익이 된다는 점이었다. 최고재판소는 '이름을 선택하여 표현하는 것은 인격권의 침해에 해당된다'고 인정하면서도, '달리 보호받아야 할 권리와 비교해서 보장되어야 할 강한 권리가 아니다'는 이유로 부부 동성 사용은 합헌이라는 판결을 내렸다.

나는 최고재판소의 합헌 판결이나 여성 측의 성을 선택한 경우가 4%라는 적은 수치보다 부부 별성을 요구하는 이유로서 정신적, 감정적 측면에 악영향을 미칠지도 모르는 정체성의 상실을 들고 있는 것이 더 놀라웠다. 물론 그러한 이유 이외에도 부부 별성을 둘러싸고 내 나름의 생각이 있어서 이 문제가 뉴스에 나올 때마다 여러 가지로 생각하게 되었다.

부부 별성을 희망하는 여성들의 수치가 낮은 것에서 나타나듯이 여성 스스로가 일본 근대의 특유라고 할 수 있는 '이에 제도(家制度, 호주가 집안을 통솔하는 권한을 가진 제도역주)'의 정신과 가치관을 내면화한 사람이 많다. 그 결과, 부부 동성의 문제는 무자각인 채로 마치 당연한 것처럼 받아들이고 있는 듯하다. 그 현실에 대해 참정권이 없는 재일인 내가 일본의 부부 별성 문제에 대하여, 그것을 내 자신의 문제로 가져왔을 때 어떻게 바라봐야 할지 망설이게 되는 부분이 있다. 단순히 보편적인 젠더의 문제이므로 공동 투쟁해야 한다고 결론을 내려도 될까. 즉, 페미니즘 사상에 공명한 일본인 여성들 중에서조차 일본의 식민지주의에 대하여 무관심한 사람들이 적지 않게 존재하기 때문이다. 그런 사람들과 손잡고 함께 싸워야 할지, 나에게는 명확한 답이 없다. 오히려 일본인 여성, 적어도 여성학 연구자들은 서양의 페미니즘 이론에서 말하는 인종(Race), 젠더(Gender), 섹슈얼리티(Sexuality), 계급(Class) 문제의 상호간의 관계성을 의식하고 행동하는가 하는 의문이 나에게는 있다.

일본에서 태어나 자라고 일본인 여성과 유사한 '여성'의 경험을 해 온 사람에게 있어서, 이 사회의 남성우위의 문화적, 제도적인 불평등에 대한 공통의 분노는 나에게도 있다. '嫁(며느리)'라는 한자가 나타내듯이 여성은 결혼 후 남편의 집(家)으로 '들어가' 며느리 역할을 짊어지는 것도 포함하여 남편의 성을 따르기를 기대한다. 그 기대는 남성중심적인 불평등이 된다. 그렇다고 해서 부부 동성이 불평등이라고 주장하는 그 주요한 근거와 이유가 정체성의 상실감에 의한 정신적 타격이라는 것을 알고나니, 그 상실감이라는 것이 어떤 것인지 당사자에게 들어 보고 싶어졌다. 무심결에 그렇게 생각하게 된 것은 '여성'이라는 하위 범주로서의 여성 이외에 조선인이라고 하는 나의 배경과 현재의 위치 때문이다.

나의 수업에 참가하고 있는 학생 중에는 부모로부터 물려받은 성을 결혼 후에도 계속 사용하고 싶다고 말하는 학생이 많다. 그러나 본인의 정체성의 상실과 관계된다고 설명하는 학생은 없다. 또한, 나 자신도 부부 동성이 정신에 영향을 미친다고 생각한 적이 없다. 남편의 성을 쓰는 행위가 여성 스스로의 존재 기점(基点), 혹은 실존적 의의에 영향을 주는가에 대해서는 당사자의 말을 들은 적이 없기 때문에 알 수 없다. 남편의 성을 사용하는 것이 남편의 부속물이 된 것 같아서 저항이 있는 것은 이해가 된다. 그러나 남편의 성을 사용하는 것이 개인의 존재 근거인 정체성의 부정으로까지 이르는 것은 나에게는 이해가 되지 않는다. 왜냐하면 '결혼 전의 성'과 일본인이라는 것을 감출 필요성은 없기 때문이다. 또한, 결혼 전의 성을 그대로 사용해도 법적, 행정적인 수속은 물론 생활상의 불편함이 거의 없다고 생각한다. 배우자의 성을 강요받는 정신적 고통보다 자기의 조선인 성을 감추는 행위는 일본인과 달리 비굴한 생각과 불안, 자신감 상실로 이어져 정신에 악영향을 미친다. 그 감추는 행위에 쫓기는 상황에서 태어난 것이 재일조선인이다. 그렇다고 해서 재일조선인이 일본인 여성보다 정신적 고통이 심하다고 주장하고 싶은 것은 아니다.

정신적이든 신체적이든 고통과 아픔에 대한 감각 정도는 같은 경험을 해도 개인에 따라 다르다. 경우에 따라서는 그 아픔은 마음의 상처로 남아 치유되기 어려운 트라우마가 되는 경우도 있고 그렇지 않은 경우도 있다. 그러나 재일조선인에게 있어 조선 이름으로 사는 것은 일본에 사는 한, 물리적으로나 정신적으로 다분히 불이익과 고통이 동반되는 선택이다. 조선 이름을 사용해서 아파트 입주가 불가능해지는 물리적인 차별이 일어나는 것은 현재도 간혹 있다. 정신적인 면에서는 개개인에게 정도의 차가 있을 것이다.

그러나 본명을 감추는 행위에서 오는 정체성의 갈등은 정신적 압박이 되어 누구든 그런 사람의 마음을 어둡게 한다. 조선인이라는 것을 감추지 않고 본명으로 사는 사람은 관계성이 생기는 경우이든 어쨌든 일상생활 속에서 이름을 사용할 때마다 상대하는 일본인의 반응과 태도에 따라 상처를 입기도 하고 기분이 상하기도 하는 괴로운 경험을 한다. 한편, 일본인 여성의 경우 남녀차별은 불문하더라도 일본 사회에서 '일본인'이라는 특권은 이름을 변경해도 그 혜택을 받을 수 있다. 이름으로 물리적 불이익을 입는 유쾌하지 않은 사태는 피할 수 있다. 일상생활에서 본명을 감추는 행위가 필요하지 않기 때문에 자기 부정의 감각과 거짓이 들통날지 모른다는 불안감과는 무관하게 살 수 있다. 감추는 행위에는 죄책감과 비굴한 감정이 따른다. 그리고 그런 생각은 조선인으로서 원칙적으로 살고 있지 않다는 자책이 되고, 그것이 다시 자기를 괴롭히기도 한다. 그렇다고 반대로 본명을 사용한다면 굴욕적인 경험을 하는 가능성이 높아지는 어려운 상황에 놓이는 부조리가 재일조선인에게는 존재한다. 정체성의 상실은 제도적인 배제와 강요 때문이 아니라, 타자로부터의 승인이 없을 때에 자멸하는 것 같은 상실감이 밀려드는 것 같다. 혼인신고라는 제도를 통해서 한 가족이 되기 위한 개인의 고뇌는 이와 같은 사태를 일으키는 것일까.

재일조선인에게 있어 이름과 관련된 문제는 일본 사회의 민족적 차별 구조와 연결되었다. 이 차별 구조는 말할 것도 없이 과거 한일의 불행한 역사적 관계를 '청산'하지 못한 채, 오늘에 이르고 있는 것에 기인한다. 그 구조는 그 안에서 살고 있는 재일조선인에게 있어 '개인'의 정체성 형성에 큰 영향을 주었다. 물론 일본인 아이들 중에서도 성과 이름 때문에 놀림을 받고 괴롭힘당해 상처받은 경험을 가진 사람이 있을 것이다. 그러나 이 경우 이름으로 인한 개인에 대한 단순한 괴롭힘과 민족의 차이로 인해 발생하는 이름과 관련된 외국인 차별과는 차이를 두어야만 할 것이다. 그 이유는 전술한 것처럼 일본인의 경우 이름 변경 등이 개인의 속성, 즉 일본인으로서의 '특권'까지 빼앗는 것은 아니기 때문이다. 또한, 그 속성에 대해서 부정적으로 취급하지도 않는다. 그러나 조선인의 경우 낙인찍힌 '민족집단'이기 때문에 본명(조선 이름)을 감추거나 통명(通名, 일본식 이름)으로 변경하는 것은 자기부정의 의미를 가져 정신의 균형을 무너뜨리는 일도 발생할 수 있다.

게다가 재일조선인의 이름을 둘러싼 복잡함 때문에 '민족적'으로 살고자 하는 사람들이 자신의 이름이 마음에 들지 않아 바꿀 때는 각오가 필요하다. 즉, '재일'에게 있어 개인의 인생은 집단을 짊어지고 있는 것 같다는 생각을 갖기 쉽다. 영웅주의적으로 공동 사회를 짊어진다는 의미는 아니다. 만성화된, 혹은 변용해서 재생산되는 조선인에 대한 실상과는 다른 부정적 표상과 사회적 차별이 계속되고 있어, 집단이 놓여 있는 역사적 상황을 무시하거나, 그것과 분리해서 개인을 생각하기 어려운 상황이기 때문이다. 나는 이와 같은 차별적 집단에 동일시하는 것과 내셔널리즘은 구별하고 있다. 또한, 이름만이 아니라 세대나 국적 등 재일 사회의 양상도 다양해졌다. 그러나 한일의 역사를 마주하는 것에서 자기 긍정의 길이 열리고 이는 자기 해방으로 이어지는 한 걸음이 되기 때문에 이름의 문제는 재일조선인에게 있어 이후에도 큰 과제가 될 것이다.

재미한국인과의 비교에서

1982년의 일이었다고 기억한다. 인상적인 만남이 있었다. 처음 미국에 갔을 때의 일이다. 어떤 경위였는지 기억하지 못하지만 쌍둥이 재미한국인 3세를 만났다. 여기에서 말하는 재미한국인이란 코리안 아메리칸을 말한다. 이 두 사람은 부모님 세대에 캘리포니아 로스앤젤레스로 이사했다. 조부모는 하와이로 이민 갔던 사람이었다. 일본계 미국 이민의 역사가 하와이에서 시작한 것처럼, 한국계 미국인도 1903년에 하와이의 플랜테이션(Plantation) 노동자로 이민한 것이 그 역사의 시작이었다고 한다. 당시 일본의 한반도 지배가 나날이 강해지는 상황 속에서 하와이로 이민 간 한국인 사이에서도 식민지화에 반대하는 활동이 있었다고 한다. 그러나 일본계 미국인 연구 중에도 그와 같은 역사적 사실이 하와이 이민 사회 속에서 어떤 작용을 했는지에 대한 연구는 별로 없는 것 같다.

이 재미교포 3세인 쌍둥이로부터 조부모가 당시 하와이에서 어떤 경험을 했는지를 듣지는 못했다. 쌍둥이는 겉보기에는 백인이나 흑인과의 혼혈은 아니었다. 한국인이랄까, 동아시아계의 얼굴 모습이었다. 그러나 언어나 생활 문화 때문인지 얼굴 표정이나 신체의 움직임은 판에 박힌 방식으로 말하면 아시아계 미국인이었다. 두 사람의 퍼스트 네임은 잊었지만 성은 신씨였다. 3세대에 걸쳐 한국식 성을 사용하는 것에 놀랐고, 왠지 그것이 기뻐서 지금도 그 이름을 분명하게 기억하고 있을 정도이다. 신은 한자로 쓰면 신(申)이나 신(辛)인데, 이 두 사람은 어느 쪽인지 모르겠다. 그들은 단편적인 한국어도 이해하지 못했다. 그러나 자신들이 코리안이라는 것도 마음에 두지 않는 모습으로 말했다. 일본 사회에서의 '재일'과는 다른 그들의 그런 자연스러운 태도와 이야기에 묘한 기분이 들었다. 일본에서는 자연스러운 태도로 코리안으로 살기 힘들기 때문이다.

조선인이라는 것을 명시하기 어려운 사례로 두 가지 사례를 소개하겠다. 하나는 어느 날 직장 관계자와 역까지 길을 동행했을 때의 일이다. 이야기하는 도중 갑자기 "저의 가족도 한반도에서 온 도래인이다"라고 말했다. 도래인? 한순간 그 말에 머릿속이 혼란스러웠다. 분명히 오랜 옛날 통일신라시대까지 거슬러 올라가면 한반도에서 일본으로 '도래'해서 살고 있는 사람이 있다. 도쿄도에는 그것에서 유래해 생긴 지명까지 있다. 그 외에도 16세기 도요토미 히데요시의 조선 침략 때에 끌려와 아리타야키(有田燒)의 초석이 되었던 도공들의 자손에 대해서는 잘 알려져 있다. 하지만 이 사람이 말하는 '도래인의 가족'이란 일본의 식민지 시대에 이주한 사람이었다. 즉, 그녀는 귀화한 재일 3세였다. 하지만 그렇게는 말하지 않고 조상을 '도래인'이라고 자체 정의하여 자기소개를 했던 것이다. 필시 동포인 나에 대해서도 조선인 이라는 단어를 사용하고 싶지 않았을지도 모른다.

그녀는 일본인 동료에게는 조상이 도래인이라는 것을 말하지 않을 것이다. 하물며 자신이 귀화한 재일조선인이라는 것을 말하지 않을 것이다. 다른 한 가지의 예는 학생들과 식사하러 갔을 때의 일이다. 어떤 학생이 '저의 할아버지가 뭔지 잘 모르겠지만 한국전쟁 때에 온 것 같다'고 말했다. 한국 전쟁 때에 어디에서 왔는지 말하지 않았지만, 부모는 재일 2세이고 본인은 재일 3세가 된다는 것을 알 수 있다. 단지 본인은 재일 3세라고 표명하지도 않고 자체 정의도 하지 않았다. 귀화했기 때문에 일본인이라고 생각하고 있 는 것 같아 더 이상 묻지 않았다. 괜히 추궁이라도 하면 다른 학생들 앞에서 대답하기 어려울 것이라고 생각했기 때문이다. 이러한 나의 '배려'는 조선인 이라는 것이 금기가 되는 사회적 표상을 나 스스로 내면화하고 있기 때문이 라고 할 수 있다. 전술한 코리안 아메리칸처럼 스스로 한국인으로서의 아이 덴티티를 발견하고, 그것을 밝히고 이야기할 수 있는 미국의 사정이 특수한 예인지 어떤지, 이처럼 민족과 관련된 사실을 밝힐 수 없는 분위기가 일본 사회에는 지금도 존재한다. 유럽과 미국계 백인의 경우는 물론 아시아계가 스스로 민족적 출신을 밝히고 이야기하는 것은 말하는 쪽이든 듣는 쪽이든 신경을 쓰지 않을 수 없다.

포스트 코로나 상황이 계속되고 있기 때문에 '당신은 조선인인가'라고 묻 는 것은 본인이 그것을 밝히지 않는 이상, '재일'로 보이는 사람에게도 묻는 것이 꺼려지는 점이 있다.

이 두 경우에는 공통점이 있다. 두 사람 모두 내가 재일이라는 것을 알고 있어서 자신의 민족적 출신을 간접적으로 밝혔다는 것이다. 그리고 두 사람 모두 말할 때에 무언가 주저하고 우물거리듯이 말했다는 것이다. 이것은 무엇을 의미하는 것일까. 학생의 경우는 조선인이 금기시되고 있는 민족집단이라고 들어왔던 것을 자각하고 내면화하였을 것이다. 일본인은 물론 한국에서 온 유학생들도 이런 주저, 가슴 뛰는 것을 공감적으로 이해하기 어려울 것이다. 또 하나 생각할 수 있는 것은 생활 속에서 계속 일본 이름으로 살고 있어도 필시 가정에서는 조부모가 함께 생활하고 있어서 요리 등에 한반도와의 관계를 알 수 있는 환경이 남아있고, '조선인 가족'이라는 것을 자각하고 있다는 것이다. 또는 부모로부터 어떤 가족사를 들어서 일본인이 아니라는 것을 알고 있음에도 불구하고, 그것을 감추고 살아갈 수밖에 없는 것이다. 하지만 역시 마음 어딘가에 걸리는 것이 있을 것이다. 그래서 나와 대화할 때 꼭 말해야 할 필요가 없는 것을 돌발적으로 말했을 것이다. 어쩌면 그 순간 그녀들은 나와의 관계나 자신의 갈등에서 벗어나는 기분이 들었던 것이 틀림없다.

이 두 가지 예에서 일본 사회의 아시아계 외국인, 그중에서도 조선인에 대한 압박감 같은 폐쇄성을 보는 것은 나의 과잉 감수성이었을까.

하지만 이것은 '재일'의 특수한 위치를 알려주는 것이다. 즉 일본인과 비슷한 신체적 특징을 가지고 구 식민지 종주국에 살고 있는 것, 그리고 조선인에 대한 일본인의 상반된 감정이 스스로 이름과 한국성(Koreanness)을 밝히는 것을 주저하게 만든다. 분명하게 밝힐 때조차 망설이게 만든다. 60세가 넘은 나도 일상생활 속에서 자신의 이름에 대해서 생각해야만 하는 상황이 자주 발생한다. 지금까지 이름의 선택을 둘러싼 나의 과거도 영향을 준다고 할 수 있다.

나의 이름 편력으로 보는 문제 제기

재일 2세 여성의 경우 'ㅇ자(子)'라는 일본식 이름을 붙여, 그것을 한국식으로 읽는 경우가 많다. 재일 3세 이후는 'ㅇ자'라고 이름의 마지막 한자가 자(子)로 끝나는 경우는 적다. 일본인의 이름도 시대와 함께 변화하여 '자'로 끝나는 이름은 줄어드는 것 같다. '재일' 신세대는 동화의 결과도 있고, 예전과 비교하면 수속이 용이해져 일본에 귀화해 일본 국적을 취득하고 일본식 이름으로만 생활하는 경향이 있다. 한편, '민족 이름'을 붙이고 싶다는 생각에서 한국식이나 일본식으로 발음해도 거의 같은 음(읽기)이 되는 한자를 선택하는 등으로 궁리하고 있다.

한국에서도 이름에 유행이 있는 것 같아 현재는 두 음절로 읽을 수 있는 한자를 선택하는 경향이 있다. 이와 같은 변화도 그렇지만, 그 이전부터도 한국에 가면 나의 이름처럼 마지막에 '자'가 붙는 것은 일본식이고 식민지 시대의 제도라고 실소당하는 일이 있었다. 재일 1세들의 동기는 알 수 없지만 아들에게는 돌림자가 있기 때문에 한국 이름을 먼저 상정해서 명명했다는 것을 추량할 수 있다. 그러나 딸은 일본식 이름을 먼저 붙이고 한국식 이름은 굳이 붙이지 않았던 것이 아닌가 하고 생각할 정도로 'ㅇ자'라는 이름을 가진 2세 여성이 많다. 젠더 시점에서 보면 딸은 가계를 잇는 대상이 아니기 때문에 조선 이름을 붙일 필요성이 없다고 생각한 것 같다.

일본식 이름의 발상에서 이름을 지었을 것이라고 생각하는 현저한 예가 세 글자의 한자 이름이다. 예를 들어 미지자(美智子, 미치코), 천대자(千代子, 지요코), 혜미자(惠美子, 에미코), 진리자(眞理子, 마리코) 등이다. 그 한자를 조선인으로서의 아이덴티티를 회복하는 과정에서 한국식 발음으로 읽기를 바꾸어 자신만의 한국성을 증명하고자 하는 사람도 있다. 그러나 '자' 앞에 한자가 두 글자 오는, 'ㅇㅇ자'라는 이름은 조선의 이름으로서는 명확하게 부자연스럽다. 그 이유는 한국에서는 한 글자나 두 글자의 한자, 혹은 한글 이름은 있어도 세 글자의 이름은 거의 없어서 세 글자의 이름은 일본식, 즉 재일 출신이라는 것을 그것으로 인해 알 수 있다. 그럼에도 불구하고 한국식 발음으로 바꾸어 스스로의 정체성을 나타내고, 또는 부모가 지어준 한국식 이름을 사용한다. 이른바 '본명 선언'이다. 나 자신은 일본인 교원들이 발안 하여 운동이 이루어진 '본명 선언'이라는 용어와 그 활동 목적에 회의적이 다. 그 이유는 본명을 사용하기까지의 갈등을 일본인이 이해할 수 있는가 하는 소박한 의문 때문이다. 또한 본명을 사용하여 살아가는 것에서 발생할 지 모르는 불이익을 일본인 교사들은 해결할 수 없기 때문이다. 그럼에도 불구하고 70년대부터 시작한 '본명 선언'은 현재에도 일부 공립학교와 '민족 학급'(현재는 국제클럽으로 명칭 변경)에서 실천되고 있는 것 같다. 오해가 없도록 여기에서 부연하고 싶은 것은 나에게는 그 활동을 부정하는 의도가 없을 뿐 아니라 그럴 권리도 없다는 것이다. 단지 '본명 선언' 활동이 생성한 이 사회의 근본적인 토양 문제를 생각하지 않으면 안 된다는 것이다. '본명 선언' 운동 초기에 중학생이었던 나의 예에서 생각해 보고 싶다.

　나의 이름 은자(恩子)도 일본식으로 '자'가 들어간다. 그러나 일본식으로 읽으면 '온코'가 되어 아무리 생각해도 일본식 이름으로는 성립되지 않는다. 그래서 나는 태어났을 때에 한국식으로는 은자이고, 일본식 이름으로는 히 라가나로 읽어 '메구미'라고 불렸다. '은(恩, Grace)'이라는 글자의 의미에서 보면 한국식 이름도 일본식 이름도 같아지는 일본식 이름을 택한 것이다. 언니는 내 이름이 '메구미코'였다고 최근에 말해주었다. 처음 들은 것이어서 어딘가 언니의 기억을 믿고 싶지 않은 부분이 있어서 믿을 수 없다는 기분이 들었다. 그만큼 자신의 이름으로 익숙한 이름과 아이덴티티는 연결되어 있 다. 어렸을 때부터 나를 알고 있는 사람 중에는 아직도 '메구미짱'이라고 부르는 사람이 있다. 학령기가 되자 '이(李)'가 아니라 일본식 성인 ○○와 이름인 '메구미'로 부모님이 학교에 등록했다. 필시 차별로부터 보호해 주기 위해 일본식 이름이 좋다고 판단했을 것이다. 초등학교 6년간은 일본식 이름으로 다녔지만, 중학교에서는 한국식 이름이 되었다. 자신의 의사나 부모의 요구가 아니었으나 본명으로 다니게 되었다. 당시는 교원 조합인 '일교조(日教組)'가 강했다. '재일 외국인의 교육을 생각하는 회'라는 일본인 교사들의 '양심'의 움직임으로 재일조선인 학생들에게 본명(한국식 이름)을 장려하고, 또는 본명 선언을 시키는 운동이 있었다. 그 흐름에서 공립학교에 다니는 우리들 조선인 학생은 본명으로 통학하게 되었다.

이 운동은 원칙적으로 말하면 올바른 일이었다. 조선인이 조선인 이름으로 다니는 것은 본래의 자신을 나타내고, 자신답게 살아가는 첫걸음일 것이다. 그러나 당사자는 본명을 사용하는 것으로 인해 괴롭힘당할지 모른다는 공포감이나 일본인의 조선인관을 내면화하게 된다. 그래서 사춘기에 본명을 사용할 준비가 되지 않은 사람에게 있어서는 고통을 동반하는 강제가 되었다. 현재 말하는 '당사자성(當事者性)'이 무시된 셈이다. 선의에서 한 일이라고 해도 일방적인 방침이었다. 환언하면 당사자가 스스로 본명을 사용할 수 있는 환경이 만들어지지 않은 채 일본인 선생님들의 '이상적 원칙'을 당사자에게 강요했던 거나 마찬가지이다. 그런 기분 때문이었는지 신학기가 되고 얼마 되지 않았을 때 나는 직원실에 담임을 찾아가 '초등학교 6년간 일본 이름으로 다녀서 그것에 익숙하니 일본식 이름으로 다니고 싶다고' 신청했다. 이 이유는 일종의 구실에 지나지 않았다. 조선 이름이 싫기 때문이라거나 창피하기 때문이라고는 말하고 싶지 않은 자신의 존엄을 지키고 싶었기 때문일 것이다. 어쨌건 간에 당시 수줍어서 사람 앞에 서는 것을 어려워했던 내가 혼자서 담임에게 호소할 수 있었던 것은 지금도 불가사의하다. 그만큼 싫은 것이었는지 혹은 친구를 사귀기 어렵다고 생각했을지도 모른다.

오사카의 조선인 집주 지역에 있는 중학교에서도 역시 조선인으로 보이는 것을 무서워했을 것이다. 감출 수 있는 것이라면 감추고 싶다는 생각이 있었을 것이라 생각한다. 직원실에 찾아간 동기에 대해서는 분명한 기억이 없다. 필시 조선인에게 편견을 가진 일본인에 대한 자위적 수단으로, 일본인이 왜 조선인을 싫어하는지는 몰랐지만, 지배하는 측의 부정적 조선인 상을 내면화했기 때문에 조선인이라는 것을 감추고 싶었을 것이다. 그렇게 추론할 수 있는 것은 자신 안에서 무엇에 대해서인지 모르는 채 분노가 있었다는 것을 기억하고 있기 때문이다. 그 분노의 이유는 그런 방침이 일방적인 통지였기 때문이었는지, 아직 세상 물정을 모르는 어린 조선인 아이를 괴로운 입장으로 내모는 것이기 때문이었는지, 두 가지 다였는지는 지금은 명확하지 않다. 정체를 알 수 없는 분노가 가슴속에 침전해 있던 것만은 기억 속에 있다. 어느 날 사회과 수업 시간에 담임이 조선에 관한 차별적인 발언을 했다. 일본인 학생이 많았던 급우들 앞에서 담임의 그 발언에 반론할 정도의 용기도 없었을 뿐 아니라, 직원실에 조용히 담판을 지으러 가지 못하고, 논거가 되는 지식도 없었기 때문에 그때는 항의도 반론도 할 수 없었다. 단지 분노로 몸이 떨렸던 것과 마음이 경직되었던 정경, 감각이 기억되어 아직도 당시의 감각이 남아있다.

중학교 시절에는 일본식 이름을 사용하고 싶다는 바람이 결국 받아들여지지 않았지만 크게 낙담했었던 기억도 없다. 단지 한 학생의 부모가 화내며 학교에 쳐들어갔었기 때문인지 일본식 이름을 사용할 수 있는 학생이 있었던 것을 알았을 때는 그 불공평한 대응을 이상하다고 생각했다. 그래서인지 그 학생의 얼굴과 사용하던 일본식 이름을 아직도 기억하고 있을 정도이다. 이와 같이 학교의 불공평한 대응이 나의 마음에 입힌 상처는 평생 사라지지 않을지도 모른다.

그것이 너무 억울했는지 명찰에 쓰여 있는 본명 옆에 일본식 이름을 지우고 싶다는 명찰 변경을 신청했다. 일본식 이름이 쓰여 있어도 본명이 있는 명찰이 싫어서 등하교 때에는 교복 주머니에 감추는 일도 있었지만. 나의 이런 태도 변화가 왜 생겼는지 지금까지도 스스로 알지 못한다. 의식의 안쪽에 침전할 수밖에 없었던 '민족의식'을 불러일으켰는지, 이름처럼 개인의 인격과 연결된 것이 본인의 희망대로 되지 않는다는 불합리함에 화가 났는지, 또는 교사들에 대한 반발 때문이었는지 알 수 없지만 결과적으로는 그것으로 충분했다.

고등학교에서 다시 일본식 이름을 사용했다. 중학교에서 본명으로 다녔기 때문에 그대로 본명으로 입학수속을 했다. 그런데 입학하기 며칠 전인 어느 날 고등학교에서 전화가 걸려왔다. "한국 이름으로 등록되어 있는데, 이대로 괜찮습니까?" 라는 확인 전화였다. 중학교 3년간 본명이었기 때문에 그대로 다녀도 괜찮다고 생각하면서도 한편으로는 마음이 흔들렸다. 몇 초간 생각한 뒤에 "일본식 이름으로 하겠습니다"라고 대답해 버렸다. 고등학교로부터의 확인 전화가 없었다면 일본식 이름으로 진학하지 않았을 것이다. 학교 측은, 내가 교내에서의 대인관계에 한국식 이름보다는 일본식 이름 쪽이 스무스하게 학교생활을 할 수 있다고 생각한 배려였을지 모르겠다. 그렇지만 지금 생각해 보면 그 '배려'라는 것은 편견이고 차별이었던 것이다. 나는 그것을 깨닫지 못한 채 그 일종의 달콤한 속삭임 같은 것에 넘어가 일본식 이름을 강요받지 않았지만 스스로 선택했다.

이것은 지금도 쓰라린 기억으로 남아있다. 민족 이름을 감추는 것으로 어려움을 피하려는 비굴함을 선택할 수밖에 없는 상황으로 몰린다. 이러한 쓰라린 기억이 새겨지게 되는 상황은 재일조선인 특유의 것일지도 모른다. 한편, 학교로부터의 연락도 '호의'나 '선의'였다고 해도 민족/인종 차별과 연관된 것이 내포되어 있기 때문에 억울한 기억으로 남아있다. 일본인 쪽에서는 '배려'로 했어도, 그 배려 자체에 무의식적으로 일본이 상위이고 조선이 하위라는 가치관 같은 것이 침재되어 있는 것이다. 필시 교원 쪽에서는 조선 이름으로는 괴롭힘이 있을지도 모른다고 걱정하여, 그런 상황을 피하기 위해 본인의 의사를 확인했을 것이다. 아니 그렇지 않다. 그런 설명은 전혀 없었다. 일본인 학생에게 조선인을 괴롭히지 않도록 교육하는 것보다 조선인이 없는 상황을 만드는 것이 손쉬웠을지도 모른다.

후술처럼 이 조선인에 대한 일본인의 '배려'라고 생각되는 행위는 반세기가 지난 지금도 일본 사회에 계속되고 있다.

공적 기관 등에서 일하는 사람들만이 아니라 자신의 가까이에 있는, 또는 여러 가게에서 일하는 일본인의 '보통' 시민이 무의식중에 '재일'이 본명인 한국식 이름을 사용하기 어려운 환경을 만들고 있다. 예를 들어 한국식 이름을 말하면 들으면 안 될 것을 들었다는 듯한 반응, 혹은 혐오하는 것 같은 말투로 무시하듯 '다시 한번 말해주세요' 라는 말을 들은 경험이 재일조선인이라면 누구에게나 있을 것이다. 아무리 천천히 발음해도 한 번으로 끝나지 않는다. 상대가 조선인인 것을 눈치채고 당황해 하는 것은 그들의 표정 변화와 목소리, 태도의 변화로 알 수 있다. 과장되게 말하면 '천황제'나 '단일민족 신화'에 의해서 라고 생각되지만, 일본 사람에게는 일본인 밖에 없는 그들만의 생활 공동체가 가장 편한 것 같다. 민족적 속성이 다르다는 것은, 일본에서는 배제되어야 하는 대상이다. '재일'로 살아가는 것은 일본 사회에 '부정적인 이질성', 즉 배제당하는 존재로서의 삶을 짊어지고 사는 것이다.

그래서 오랫동안 '재일'로 일본에서 살고 있으면 과잉 의식이라고 생각할 정도로 일본인의 언동이나 분위기에 신경 쓰게 되고 상대의 의도를 분석하려고 한다. 차별 체험이 있는 것은 자랑할 만한 일이 아니지만, 차별 체험을 통해서 보이는 것이 있다.

공공 기관에서 보이는 무의식의 차별성

수년 전 거래 은행에서 국외 송금을 할 경우는 마이 넘버 카드(새롭게 도입된 일본의 주민 지배 관리 제도)가 필요하다는 말을 듣고, 나 자신은 만들고 싶은 의사가 없었지만, 그런 어쩔 수 없는 사정에 떠밀려 마이 넘버 카드를 만들었다. 외국인 등록 카드(현재는 외국인 재류 카드)나 등록증명서(登録済證明書)로 일상생활에 있어서 필요한 행정적인 수속을 할 수가 있었는데, 마이 넘버 카드의 관리를 일원화하여 보다 지배를 용이하게 할 수 있도록 하려는 국가의 의도가 보인다. 외국인등록법만으로도 부조리한데, 이 마이 넘버 카드 제도라는 새로운 제도는 한층 더 일본 국가로부터 지배 관리 당하는 느낌이 들어 이 카드의 신청 요청에 그때까지 응하지 않았다. 어쩔 수 없이 신청했다고 하더라도, 신청한다는 행위는 내가 선택한 것이 되고 이것은 새로운 관리 체제에 복종한다는 의미로 느껴진다. 나는 그런 선택을 한 것이다. 새로운 관리 방식이 싫다는 주장이 받아들여지지 않아서 단념했다는 굴복감이 남는다. 체제에 순종해서 살아가면 갈등도 없고 굴복감도 없을 것이다. 재일조선인이기 때문에 일본 국가에 순종적으로 살 수 없고, 그러나 생활 우선인지라 타협할 수밖에 없는 것이다. 송곳니가 뽑힌 호랑이의 기분이랄까.

신청 후 시간이 지난 뒤 카드가 왔다. 카드에는 세 가지의 이름이 기재되어 있어 놀랐다. 영어 이름은 여권과 같은 표기였다. 국내용 관리 카드에까지 영어 표기가 있구나 하고 순간 생각했는데, 지금까지 재류 카드에는 사용하지 않았던 나의 일본식 이름이 기재되어 있었다. 일본식 이름의 기재는 나의 희망이 아니었는데, 이와 같은 것은 본인의 의사 확인도 하지 않은 채 '일본인'의 선의에서 기재했다고 해도 나는 그 '호의'에 납득할 수 없었다.

나의 외국인등록원표가 어떤지 모르지만 나는 몇십 년이나 전에 외국인

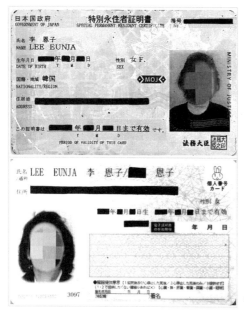

영주 카드와 마이 넘버 카드

등록증에 기재되었던 일본식 이름을 3년째, 5년째, 현재까지 8년째 등록을 갱신할 때마다 삭제해달라고 했었다. 그래서 그 후의 외국인등록증에는 이은자와 영어 표기만이 있다. 그러나 도착한 마이 넘버 카드에는 영문 표기와 이은자/일본식 이름의 성 ○○은자가 각각 명함 크기의 작은 카드에 기재되어 있다. 앞에서 언급한 것과 같이 나의 일본식 이름 부분은 한자를 사용하지 않고 히라가나로 되어 있다. 이와 같은 기재 방법은 처음이다. 관청의 규정이 아닐 것이다. 지금까지 일본 정부에서 발행하는 공식문서에는 이와 같은 기재가 없었다.

그래서 이번에 외국인 등록 갱신 때(2021년)에 시청에 갔다. 수속이 끝난 뒤 나를 부른 이름은 외국인등록증에 기재되어 있는 '이(李)'가 아니라 ○○ 씨라는, 일본식 이름이었다. 이와 같은 일이 이전에 오사카의 출입국 관리사무소에서도 있었다. 출입국 관리사무소는 일본인이 이용하는 행정 기관이 아니다. 외국인의 재류 기간 연장과 재류 자격 변경 등을 관리하고 수속하는 곳이다. 1년에서 4년, 그리고 현재는 최장 6년까지 가능한 재입국 허가를 얻기 위해 갔을 때도 수속이 끝났을 때 불린 이름은 일본식 이름이었다. 같은 일이 반복되었기 때문에 조금 감정적이 되었던 나는 창구의 직원에게 따졌다. '왜 나를 일본식 이름으로 부릅니까? 본명으로 불리면 싫어하는 사람이라도 있습니까? 일본식 이름으로 하면 나는 일본인이고, 그렇다면 외국인 등록 갱신 수속을 하러 올 필요도 없겠지요. 일본식 이름으로 부르라고 상사에게 지시받았습니까? 어떤 내규 지시 지침이 있어서 일본식 이름으로 부르라는 지도가 있었습니까? 일본식 이름으로 부르면 이쪽에서 기뻐할 것이라고 생각했습니까? 배려였습니까?'

감정적으로 따지는 나에게 직원들의 태도는 당황하면서도 매우 저자세였는데, 이런 임시방편의 저자세는 이 경우 꽤히 화가 난다. 그러나 나의 힐문에 대답할 수 없었는지, 아니면 대답하면 더욱 문제가 커질지 모른다는 우려에서였는지, 단지 예, 예 라며 정중하게 듣고 있을 뿐이었다.

일본인 직원에게는 '이런 사소한 것'으로 이렇게까지 따지듯이 추궁하는 내가 이해하기 어려울 것이다. 많은 일본인은 착실하고 성실하다. 그러나 착실하고 성실한 것만으로는 알 수 없는 것이 조선인과 일본인 사이에 가로놓여 있다. 식민지 시대는 '창씨개명'으로 일본식 이름을 강요받았고, 제2차 세계대전 후에는 조선인에 대한 민족차별을 회피하기 위해 일본식 이름을 사용한 재일조선인, 우리들에게는 이름과 관련된 괴로운 기억이나 분한 기억이 있다. 그런 기억은 그런 체험을 하지 않은 일본인에게는 알 수 없는 부분이 많을 것이다.

그래서 원만하게 일을 진행하기 위해 본인의 생각과는 관계없이 '일본식 이름'으로 부르고 있다면, 거기에는 하나의 가치관이 포함되어 있다. 일본식 이름이 상위이고 조선식 이름은 하위라는 무의식의 가치관과 같은 순위가 존재한다. 그리고 무의식, 또는 분명한 의식으로 그렇게 순위를 매기는 것은 조선인들 중에서도 나타나는데, 그것은 식민지주의가 초래한 지배자의 가치관까지 내면화한 무서운 하나의 결과이다. 많은 일본인이 있는 앞에서 조선식 이름으로 불리고 싶지 않은 조선인도 있을 것이다.

식민지 해방이나 해체 후에도 심리적인 식민지주의는 때에 따라서는 몇 세대나 이어진다. 조선인이 식민지주의 '청산'을 하지 못한 채로 있다는 것은 일본인이 식민지주의를 '청산'하지 않는 것과 같다. 심리적인 식민지주의가 '청산'이 되지 않은 채 살아가는 감정의 복잡함을 대부분의 일본인은 이해하지 못할지도 모른다. 그래서 나는 '선의'로 나에게 일본식 이름으로 불렀던 출입국관리국 직원을 힐난했던 것이다. 초조함과 쓸쓸함, 이러한 것이 이후에도 일어날 것이라는 예상이 다시 나의 기분을 복잡하게 만든다. 일본인에게 한 말이 부메랑처럼 나에게 돌아온다.

맺음말

이름을 둘러싼 문제는 일본 여성에게 있어서도 '재일'과 같은 갈등을 품고 있다. 그 갈등은 여성차별과 민족차별에 의해 초래한 것이라는 것을 써왔다. 개인마다의 차별을 비교할 때는 각 당사자의 소리에서 그 본질적 문제를 확인할 수 있다.

부부가 다른 성을 사용하는 문제에서 보이는 일본인 여성의 상실감이라는 것을 이 논고를 쓰기까지는 알 수 없었다. 확실히 태어났을 때부터 사용해 온 것이 공적 또는, 제도적으로 사용할 수 없게 되는 것이 마치 부모와 자매, 형제와 '연'이 끊긴 것 같아서 그런 감정이 상실감으로 나타나는 것은 상상력을 발휘하면 공감할 수 있다. 단지 일본인 여성에게 있어 결혼 전 성의 사용과 '재일'에게 있어서의 본명 사용에는 결정적인 차이가 있다. 일본인 여성은 그 개인에게 있어 '본래의 본인의 성'을 사용하고 싶은데 사용할 수 없는 것이 문제가 되는 것이라면, '재일'에게 있어서는 차별 당하는 것이 두려워 '본래 자신의 이름'을 사용할 수 없거나 사용하고 싶지 않다는 것이 문제라고 볼 수 있다. 이것이 결정적인 차이이다. 이름을 둘러싼 것이지만 처한 상황의 차이는 전혀 다르다. 이것을 먼저 인식한 후 공통의 과제가 된다. 그것은 일본인 여성은 결혼 전의 성을 되찾는 것으로 당연한 의미에서의 자신다움을 되찾는 것이 된다. 한편, '재일'은 설령 사용하고 싶지 않은 본명이라도 사용할 수 있는 상황을 만들기 위해 싸우는 것으로 본래의 자기다움을 되찾는 것이 되지 않을까. 일견 정반대로 보이는 차이임에도 불구하고 이름을 둘러싸고 쌍방에게 주어진 결과는 유사하다. 그것은 개인의 심리와 정신에 영향을 준다라는 것이다. 이것이 인격권의 문제라고 공통되게 말할 수 있는 소행일지도 모른다. 그래서 공통되게 인격권을 되찾기 위해서는 일본인 여성은 차별적 호적법을 개정하기 위해 싸우고, 다른 한편으로 '재일'은 법률에는 없지만 본명을 감춰야만 하는 사회적 압력인 차별, 동화와 싸우지 않으면 안 될 것이다. 그래서 이런 배후에 있는 지배 이데올로기가 공통된 인식을 상호간에 갖는 것으로 평등한 사회로 나아갈 수 있는 것은 아닐까.

제2장

민족 문화와 아이덴티티

문화에 관한 생각

　문화란 일반적으로 단순하게 정의할 수 없을 것이다. 또한 어느 문화도 하이브리드(Hybrid, 혼교·잡종)라는 것을 인정해야 한다. 그러나 일본에 사는 사람에게 있어서 일본의 전통문화라고 하면 긴 역사 속에서 배양하며 변하지 않고 계승되어온 '순수'한 것이라고 생각하기 쉽다. 그것은 지배 이데올로기, 예를 들어 일본인 우월주의와 외국인 혐오를 생성하는 가치관에 근거한 지배 문화의 규범을 재생산하기 위해 코드화되었기 때문이다. 한편으로 문화 속에는 억압받아온 사람들에 의해 창조되어 온 저항 문화도 있다. 그 저항 문화는 자신의 생을 긍정하는 '방법·무기'도 된다.

　'민족 문화'에 관한 활동이 재일 2세 사이에서 조금씩 퍼지던 70년대 후반부터 80년대에 걸쳐 일본 사회에서 국제화에 호응하듯이 이문화(異文化) 이해와 이문화 커뮤니케이션 학문과 실천이 등장했다. 그것은 현재도 왕성하게 이루어진다. 이러한 조어(造語)에는 그 당시부터 무언가 위화감이 든다. 그 이유 중 한 가지는 이문화의 경계가 대부분 국경, 즉 외국어나 외국 문화, 특히 구미가 중심이었기 때문이다. 이문화란 국경을 초월한 문화만이 아니라, 일본 국내 안에서도 당연히 이문화가 존재하고 있음에도 불구하고 이문화 커뮤니케이션이라는 것은 특히 영어와의 언어 문화 안에서만 사용, 그리고 인식되어 왔다. 두 번째로는, 이 영역에서는 불가시화 되어온 존재인 재일조선인 사회에 있는 이문화 등을 사정거리에 두는 일은 없었다는 것이다. 학문 영역의 방법론의 한계라고 말한다면 어쩔 수 없을지도 모르겠지만.

그런데 이 영역과는 다른 다문화주의나 다문화 공생이라는 사회운동이 성행하는 속에서 '재일'에 의한 조선의 무용과 전통 타악기에 대한 관심이 높아지기 시작했다.

그것은 일본인 아동이나 학생을 대상으로 이문화를 이해시키는 것이 목적이라고 한다. 하지만 이 다문화 공생의 활동은 문명 vs 야만이라는 도식을 방불케 할 정도로 일본 문화와 다른 문화가 히에라르키(Hierarchie, 서열관계 역주)에 있는 실천이라고 지적받고 있다. 그리고 이 지적은 보는 쪽과 보이는 쪽, 혹은 보여주는 쪽으로 분석하게 하는 문제나, 보여주는 쪽의 소수자성, 즉 '재일' 쪽에도 '공생'이 아니라 '강제'가 될 수 있다는 여러 가지 문제 제기가 되어왔다. 게다가 피로할 '민족 문화'의 내용· 질의 문제도 있다. 한반도의 분단 상황과도 맞물려 인적 자원의 부족과, 일본의 공교육 현장에 있어서 조선 문화에 대한 이해와 요구 수준이 낮기 때문에 '민족 문화'라고 칭해지는 여러 가지 내용의 질에 대해 그다지 문제 삼지 않았다. 물론 각 공교육 현장이나 여러 단체에서 실천하고 있는 다문화 공생 활동의 의의를 부정할 생각은 없다. 단지, 일본 사회에서 조선에 관한 것은 '민족 문화'뿐 아니라 '정치 도구'로 여겨져, 그 표상도 오랫동안 부정해 왔다. 그런 상황도 포함하여 '재일'의 존재를 공교육이나 사회운동권의 장에서 그치지 않고 널리 가시화시키기 위해서 '민족 문화'의 내실을 보다 고도의 '미(美)'나 보편적인 예술의 수준까지 추구하여 발전시키는 것이 긴요하다고 생각한다.

나의 '재일' 문화 형성의 주변

피차별의 원인을 알아보고 문제의 본질을 가리는 과정은 그 후의 아이덴티티 형성에 크게 영향을 준다. 여기에서 떠오르는 것이 있다. 그것은 어떤 일본인의 일인 연극에서 조금 더러운 치마저고리를 입고 재일 1세의 고생담인 '신세타령'을 하는 내용이 1970년대부터 1980년대에 일본 전국에 산재하는 시민단체에 의해 공연된 것이다. 그 공연을 본 대부분의 '재일'은 불쾌함과 비참한 기분이 들었다고 한다. 나도 한 번 본 적이 있었는데, 보고 있는 사이에 답답함을 느꼈다. 중단시킬 용기도 없고 더 이상 견딜 수 없었던 기억이 있다. 같은 것을 본 다음 세대의 젊은이들도 그러했을 것이다. 설령 시대적 제약이 있었다고 해도, 또한 재일 1세의 고생담을 공감시킬 목적이 있었다고 해도, 이 시도는 피억압자를 객체화하고 재일조선인의 고정관념을 재생산하며 결국 타자화하는 것으로 이어진다. 이와 같은 연극은 '민족 문화'라는 장르가 아니다. 그러나 '민족'의 역사에 관련된 것이다. 이와 같은 연극이나 춤 등은 개인이나 집단의 부정적인 표상으로 연결된다. 아니, 식민지주의로 만들어진 조선인 상, 표상, 생성에 가담했다고 해석할 수도 있다. 예를 들어 미국에서 백인이 흑인의 상징적인 의복을 입고 노예 시대 이야기를 한다면 두들겨 맞을 것이다. 일본인의 '양심'이 이와 같은 공연을 할 수 있게 한다면, 보다 질이 높은 대항 문화가 될 수 있다고 하는 인식이 필요하다고 생각한다.

식민지주의가 초래한 무서운 결과 중 하나는 자신이 속하는 민족집단의 문화를 '열성'으로 취급하는 것을 내면화할 뿐만이 아니라 지배 국가 문화의 좋은 점도 객관적이나 긍정적으로 보는 감성을 해치는 때도 있다.

어쨌든 지배 문화에서 생긴 가치 체계와 규범은 다수에 해당하는 일본인에게도 소수인 '재일'에게도 자각하지 못한 채 주입되어 받아들여지는 면도 있다. 하지만 재일조선인 2세인 나에게 있어서 일본의 지배 문화를 상대화 시키고 아이덴티티를 유지하게 시켜 저항 문화가 되게 하는 것은 무엇 때문일까?

먼저 첫 번째로 생각나는 것은 1세로부터 전해진 맛을 공유한 음식 문화와 고난에 타격을 받으면서도 오로지 살아내었던 1세들의 민중 문화의 생명력이다.

식문화의 계승은 조선인으로서의 아이덴티티의 발견이나 부정되어 온 문화를 긍정적으로 전환하고 유지해가는 것을 가능하게 한다. 그 이유는 혀로 기억한 것은 평생 남기 때문이다. 또한, 주지하는 바와 같이 오늘의 일본 사회에서 김치를 먹는 것은 조선인만이 아니라는 변화에서도 그 가능성을 볼 수 있다. 예전에 조선인과 김치는 등호(=)로 묶여서 차별의 좋은 재료가 되었다. 하지만 현재 일본인의 의식과 수용의 변화로 보면 마치 '재일'인 자신이 인정받고 받아들여진 것 같은 착각을 할 정도이다. 하지만 '일본인을 위한 일본의 김치'라고 주요 미디어에 소개되고 있는 것을 보았을 때는 어쩐지 '한국의 음식 문화'까지 식민지화된 것은 아닌가 하는 기분이 드는 것은 무엇 때문일까. '재일'에게 있어서 조선의 식문화가 가진 의미는 문화적 차원에 그치는 것이 아니기 때문이다.

그런데 식문화 이외에 내 안에 담긴 문화적 영향으로 언급할 수 있는 것에는 '민족 문화'는 아니지만, 기독교 문화가 있다. 기독교 가정에서 태어나 자라, 교회에서 들어온 찬송가의 멜로디는 열심히 조선 교회에 다니던 부모님의 모습을 상기시킨다. 특히 1세들이 위로받고 힘을 얻었던 많은 곡은 나의 체내에서 숙성되어 계속되는 중요한 문화이다. 불가사의하게도 1세들이 좋아한 찬송가 '주님은 우리를 사랑한다(Jesus loves me)'는 미국의 흑인 교회에서 여성들이 좋아했던 것과 같은 것이다. 곡과 가사가 간단하기 때문인지, 이중 삼중으로 억압받아 온 그녀들과 공통경험이 있어서인지는 알 수 없다. 교육의 유무에 상관없이 인간에게 주어진 능력의 하나인 상상력을 환기할 뿐 아니라, 침울한 정신 회복에 크게 작용하는 음악은 정말 위대하다.

우스갯소리일지 모르지만 간세이가쿠인대학에 취임하고 처음 도서관에 갔을 때의 일이다. 갑자기 찬송가, 그것도 애청해 온 곡이 흘러나왔다. 기독교 학교인 이 대학은 각 학부에서 최소 일주일에 세 번은 오전 중 수업 사이에 채플 아워(Chapel hour)가 있다. 그래서 그때 저녁예배도 있나 하고 조금 놀라워하며 직원에게 물었다. 그러자 DVD 등의 시청이나 반환이 저녁 6시까지라는 것을 알려주기 위한 것이라고 했다. 사용 목적이 어떠하든 그때 나는 '아아, 이 대학에서 살아남을 것 같다'라고 안도했다. '재일' 밀집지에서 태어나고 자라서 그 지역밖에 모른 채 미국으로 갔던 나는 사회인이 되어 일본인에게 둘러싸여 있는 환경에 있었던 적이 없었다. 그 때문에 일본에 있는 일본 대학 조직에서 일하는 것에 두려움에 가까운 긴장과 불안에 우울한 기분이 들었었다. 그러나 이 찬송가 음색으로 기독교 문화에 친숙해진 나는 그 순간 구출되었다고 느낄 정도로 안심했다. 비록 종교에 배타적인 측면이 있다는 것을 인식하면서도 말이다. 즉, 기독교의 교리와 이데올로기, 그리고 교회 제도 안에서 성직자에게 집중하는 권위주의적 가치관과 문화에 비판적이어도, 그것에서 체득하고 채택한 신앙 이해/해석과 문화가 내 안에 있는 것은 부정할 수 없다.

하지만 내 안에 있는 다른 문화적 영향, 특히 '민족'과 관계하는 것에는 어떤 것이 있을까.

나에게 있어 음식 문화와 기독교 문화가 있는 환경 속에서 자라 선택한 것이라면, 이른바 '민족 문화' 즉, 언어와 음악과 무용 등은 일본이라는 공간에서는 주어지는 것도 육성하는 것도 용이하지 않았다. 그런데도 나의 청소년기(1970년대)에는 '민족 문화'는 아이덴티티를 구성하는 중요한 하나의 요소라고 '재일' 사회에서 널리 인정되었다. 그런 시대적 배경 속에서 나도 조선의 전통 타악기를 배운 적이 있다. 그 일은 결과적으로 나의 민족 아이덴티티 형성에 어떤 영향을 주었을지도 모른다. 그러나 그 당시의 '재일' 사회에서 '민족 문화' 소양을 배우는 것이 민족 아이덴티티 형성에 크게 이바지한다고 했던 말에는 회의적이다. 한편으로는, 적어도 의식이 다양해지는 차세대의 '재일'을 위해 양질의 '민족 문화'에 접하는 기회와 만남의 장이 있는 선택지는 남겨두는 노력이 필요하다고 생각한다. 다음에 소개하는 무용가 변인자(卞仁子) 씨의 이야기는 그 선택지의 하나가 되었으면 하는 생각에서 소개한다.

조선의 전통무용과 재일 문화의 틈새에서

변인자는 조선의 민중에 의해 창조되어 발전되어 온 조선의 전통무용을 10살부터 배우기 시작했다. 그래서 지금은 프로 무용가로서 표현 활동을 하고 있다. 무용만이 아니라 조선 전통 타악기의 하나인 장구를 '재일'이나 일본인에게 가르치고, 그 기법을 생도와 함께 연구한 사물놀이로 한국에서 수상할 정도로 높이 평가를 받아 왔다. 변인자는 일본에서 '조선/한국'에 관련된 문화나 예술이 받아들여지기 쉽지 않던 시기에, 한발 앞서 습득하고 차세대에게 민족 문화를 가르치며 전승 활동을 시작한 '원조'라고 할 수 있는 사람이다. 가르치는 대상자는 젊은 층만이 아니라 중년층, 그들 중에는 '조선 총련 출신자'들도 포함하고 있다. 그들은 해방 후의 북한으로부터 발전해 온 독자적인 예술 문화 표현을 체득하고 있는 사람들이다. 덧붙이면 나도 20대 초에 반년 정도 변인자에게 장구를 배운 적이 있다. 몸으로 리듬을 습득해서 쳐야만 하는데 머리로 치고 있다고 지적받았던 것을 지금도 기억하고 있다.

장단이라는 전통무용과 전통악기의 기본인 독특한 리듬을 장구를 통해서

'여무(女舞)' 공연
2019년 11월 3일, 우메와카능악당(梅若能樂堂)에서

배우는 것이 싫지 않았지만, 어렸을 때부터 피아노를 좋아했던 나는 손가락을 사용하는 현악기인 가야금을 배우고 싶다고 생각했다. 그러나 장구가 적당한 가격의 악기라는 것과 변인자의 강한 권유, 그리고 교습을 받는 장소의 편의성도 있어서 장구를 배우기 시작했다. 결코 민족주의자가 되기 위해서는 아니었다. 변인자의 무용에 대한 확고한 생각에 매혹되었던 것 같다. 짧은 기간이었지만 장구를 배운 것은 결과적으로는 좋았다. 장단의 리듬은 기분을 편안하게 만든다고 할까 쾌활하게 만든다. '머리로 치고 있다'고 야단맞으며 익힌 리듬이지만 몸속 어딘가에는 남아있을 것이다. 그래서인지, 그 후 몇 년 뒤 캘리포니아 대학교 로스앤젤레스(UCLA)에서 개최된 한국학 이벤트에서 재미한국인 학생들이 사물놀이를 공연했을 때는, 그 리듬을 타고 등줄기가 서늘해지는 뜨거운 감정을 느꼈을 정도이다.

변인자는 장구 지도처럼 스스로의 춤에도 엄격했다. 좋아하기 때문에 엄격할 수 있을 것이다. 어쨌든 무용을 통해서 자신의 정신 세계를 표현해 왔다. 그 정신 세계를 지탱하는 뿌리는 '재일 문화'의 창조이며, 그것을 향한 노력과 정열적인 모습은 일종의 동경의 대상이 되었다.

변인자처럼 원트(Want)의 세계를 가진 것과는 대조적으로 당시 나는 하고 싶은 것보다 해야만 하는 머스트(Must)만 생각하고 있다. 바꿔 말하면, 살아가는 의미란 무엇인지, 어떤 생활 방식을 해야 하는지, 등을 자문자답했다. 생각해 보면 젊었을 때부터 계속 원트가 아니라 머스트만을 생각하고 살아온 것 같다. 이것은 정신 위생상 매우 좋지 않다.

암 환자의 터미널 케어(Terminal care)를 하는 정신과 의사가 텔레비전에서 인생은 머스트가 아니라 원트를 하는 것이 좋다고 말하고 있었는데, 그의 말에 동의하면서도 그와 같은 삶의 방식이 가능한 사람은 어느 정도 있을까 하고 생각했다. 성서 구절에 '문을 두드리면 열리리라'가 있다. 하지만 그 문이란 '재일 2세'에게 있어서는 전혀 없는 것이나 다름없었다. 가령 문이 있다고 해도 두드리는 행동을 해야 한다는 발상조차 갖지 못할 정도로 조선인으로서의 주체 형성이 어려운 시대였다. 이것이 민족차별의 결과가 가져오는 근원적 문제의 하나였다. 행동하기 전에 체념하지 않을 수 없는 것이 '재일 2세'를 둘러싼 현실이었다. 그런 시대 배경 속에서 변인자가 전통무용을 통해서 표현 활동을 계속할 수 있었던 것은 행운이었을지도 모른다. 하지만 그것보다는 오히려 그녀의 혼의 외침이라고 생각할 수 있는 전통무용에 대한 애정과 표현 활동에 대한 정열과 갈망이 있었다고 생각한다. 반세기 이상 항상 일관되게 춤추고 싶다는 기분이 변하지 않은 것은 아무리 프로라고 해도 드문 일이 될 것이다. '재일'의 문화를 창조하고 육성하는 사명이라고 할 수 있는 욕구가 결혼, 출산을 거쳐 오늘까지 변하지 않고 그 정열의 등불을 지속하고 있다.

하지만 변인자가 하는 '재일의 문화 창조'란 무엇일까. '재일' 사회, 나아가서는 일본 사회에 어떤 의미를 초래한 것일까. 조선 전통무용을 그저 일본에 전달하고 소개하는 것이 아니다. 오히려 전통무용으로 '재일'의 문화를 창조하려고 하는 것이다. 쉬운 것은 아니다. 무엇이 '재일'의 무용 문화일까. 같은 물음은 무용의 세계만이 아니다. 재일조선인 문학이라는 장르를 수립했다는 김석범(金石範) 작가는 일관되게 재일조선인 문학은 '일본어 문학'이지 일본 문학은 아니라고 주장해 왔다. 그 이유를 한마디로 하면 일본 문학의 주류는 사소설인데 김석범의 작품은 사소설이 아니라는 것이다. 물론 '재일' 작가 중에서는 사소설을 써온 사람들도 있다. 그러나 김석범이 말하는 '일본어 문학'인 재일조선인 문학은 작가의 역사적 배경, 거기서 생겨나는 역사적 문제의식, 즉 일본의 근대와 한반도의 관계를 제외하고는 성립되지 않는 작품세계이다.

그러면 변인자가 말하는 '재일 문화 창조'로서의 조선 전통무용의 관계성을 조금 생각해 보자.

무용을 잘 알지 못하는 초심자의 측면에서 보면 재일의 역사적 경험과 기억, 그리고 무용가 개인의 경험에서 생기는 문제의식이 무용의 세계에서 일체가 되고, 표현되는 문화라고 할 수 있지 않을까. 어떤 의미에서 흑인 음악도 그들이 놓여있던 억압 상황에서 생긴 것과 같은 경우이다. 구체적으로 예를 들면 살풀이라는 춤이 있다. 무속의 액막이 의식에서 발전한 무용이라고 한다. 젠더에 한정된 것은 아니지만, 여성의 슬픔과 괴로움 등의 내면의 세계를 표현하는 작품이다. 그 살풀이를 표현하기 위해 근간이 되는 조선의 문화적, 정신적 정서를 나타내는 대표적인 개념에 '한'이라는 것이 있다. 여성들의, 특히 피지배 민족이 놓여있던 부조리한 상황 속에서 깊이 침전한 감정을 상징하는 개념이다. 한자로 '한(恨)'이라고 쓰는데, 일본어 의미인 '원망스럽다(恨めしい)'라는 원념의 의미와는 전혀 다르다. 오히려 여러 가지의 모순에서 생기는 분노, 슬픔, 고통, 괴로움 등의 감정을 억누르며 꿋꿋하게 사는 저력이 있다. 그런 감정을 함부로 폭발시키는 것이 아니고, 그렇다고 해서 일본 문화의 미덕처럼 참고 견디는 것도 아니다. 오히려 어쩔 수 없이 축적된 분노, 비애와 고통의 감정을 승화하여 놓인 환경을 조금이라도 변혁하고, 내일의 양식을 위해 생명으로 향하는 에너지로 변환하는 것이 '한'이다. 체념하는 것이 아니라 일종의 석연찮은 현실을 일단 수용해서 초월하는 정서, 또는 각오 같은 것이라고 할 수 있을 것이다.

살풀이의 살은 '액막이'의 의미가 있
고, 그리고 풀이는 '풀다'라는 말의 명사
형이다. 즉 속박을 풀다, 즉 해방을 향한
혼의 외침을 춤추면서 억압받아 온 것
을 하나씩 풀어가 새로운 희망을 발견
하고, 오늘을 살아내고 내일을 향하는
생명력과 승화되는 '한'의 정념을 표현
하는 것이다.

재일 1세 어머니들의 경험을 돌아보
면 정말로 이 '한'의 세계를 살아낸 사람
들이다. 그것을 보고 함께 산 재일 2세
에게는 그 감정에 포함된 정과 의지의
강인함 등이 위대한 유산으로서 계승된

'여무(女舞)' 공연
2019년 11월 3일, 우메와카능악당(梅若
能樂堂)에서

것은 아닌가 하는 생각이 든다. 나는 그 위대한 유산을 변인자의 춤에서도
본다. 나는 전술한 것처럼 무용의 평론 등은 할 수 없는 문외한이다. 그러나
변인자와 다른 무용가들의 공연을 몇 번 보면서 역시 각 무용가의 춤의 내용
과 기법은 물론, 그 표현이 다름을 조금씩 알 수 있게 되었다. 여기에서 말하
는 다름이란 장단의 리듬이나 기법이 변인자의 신체에 스며들 듯이 일체화
되었다고 하는 것이다.

변인자의 무대 공연을 몇 번인가 보았지만, 이 논고를 쓰기 위해 그녀의
춤과 몇 개의 살풀이춤을 유튜브로 비교해서 봤다. 무대에서 보는 것이 올바
른 길이겠으나, 눈이 나쁜 나에게는 컴퓨터와의 거리가 춤을 보기에 알맞았
다. 변인자와 다른 무용가의 춤에서 다름을 재발견한 것이 있었다. 그것을
한마디로 말하면 살풀이를 어떻게 표현하는가에 따라 조선의, 특히 여성의
'한'의 경험에서 생긴 생명력의 강인함, 그리고 해방과 희망을 느낄 수 있게

해 준다는 것이다. 여기에 변인자 작품의 개인적인 감상을 조금 적어보겠다.

변인자의 춤은 손가락의 움직임이나 뒷모습에서도 표정을 느낄 수 있다. 손, 특히 팔의 둥그스름한 커브의 각도나 길게 뻗지 않고 팔을 올리는 방법에서 무언가를 표현하고 있는 것 같아서 보는 사람의 호기심을 자아내서 상상력을 환기시킨다. 각 신체의 움직임 중에서 미묘하게 변화하는 어깨 동작에서는 나오는 숨결까지 느낄 수 있다. 그리고 동작과 동작 사이의 처리나 품위 있게 고운 모양의 회전 속도는 별세계로 초대를 받은 것 같은 감각을 불러일으킨다. 음악 사이에서 살짝 움직이는 몸 전체의 순간적인 동작은 마치 성감대를 애무받았을 때 일어나는 움직임처럼 보는 쪽의 성적 본능을 자극한다. 춤추는 당사자가 이런 것을 생각하고 춤추지는 않았을 것이다. 정(靜)과 동(動)의 순간적인 표현을 놓치지 않도록 긴장시키는 한편, 춤에 흡수되는 순간에는 맡겨도 좋아요 라고 유혹하고 있는 듯한 감각이 해방으로 인도되는 것 같은 착각을 일으킨다. 이것이야말로 내가 바라고 언급했던 양질의 '재일' 문화의 하나라고 생각한다.

변인자는 조선 전통무용에서 중요한 것은 음악성과 동시에 마음을 무(無)/공(空)으로 하는 것, 그리고 호흡이라고 한다. 이런 기본적이고, 게다가 무용의 섬세함과 질을 결정짓는 자질과 재능을 변인자는 태생적으로 갖고 태어난 것 같다. 그러나 표현의 세계, 아니 어느 세계에서도 천부적인 자질만으로는 사람의 마음을 움직일 수 없다. 그 개인의 경험, 기억, 사고, 가치관, 지성과 감성, 그리고 상상이라고 할 수 있는 문제의식이 개개인의 춤의 차이로 나타나는 것이 아닐까. 그리고 보니 변인자가 한국 유학을 했던 시대는 민주화 투쟁이 한창이었던 시기였다. 그래서 예술을 풍부하게 하는 정치의식도 심화된 것 같은 생각이 든다. 그리고 변인자는 그런 요건을 '재일의 문화'를 창조하는 것은 무엇인가 하는 자문자답의 실천 속에서 실력을 키웠을 것이다. 그래서 한국의 전통무용의 대가에 속하는 유파가 아니라, 주위로부터 변인자류의 무용이라고 불리는 표현 세계가 탄생한 것 같다. 여기에서 잊어서는 안 되는 것은 그녀의 창작의 토대에 재일 1세 여성들의 성(性)과 생의 경험을 상기하는 집단으로서 '재일성(在日性)'이 있다는 것이다. 게다가 변인자가 궁극적으로 지향하는 것은 예술에서의 보편성이다. 그 연장선이라고도 할 수 있는 것이 한국 연주자들의 선정이다. 한국의 훌륭한 전통음악을 일본에 소개하고 싶다고 한다. 그것에는 조선의 것을 부정당해 왔던 일본 사회에서의 '재일'의 프라이드도 있을 것이다. 그뿐만이 아니다. 오히려 보편적 가치가 있는 조선 전통예술을 스스로 즐기고 일본 속에서 '재일'이나 일본인과 공유하기 위해서이다. 음악성이 있는 변인자가 연주자 선정에 있어서는 고집이 세다. 전통적인 음악을 보편적인 음악으로 연주할 수 있는 사람들을 선정한다.

수년 전 행해진 변인자의 공연을 도쿄 근교에 사는 친구들에게도 알려서 함께 보러 갔었다. 공연 종료 후 오스트리아인 동료가 "재즈를 듣고 있는 것 같았다"라고 했다. 그리고 그 옆에 있던 일본인 친구는 시카고에 오랫동안 산 적이 있어서인지 "그래 그래, 시카고 재즈와 비슷해"라고 조금 흥분해서 말했다. 오사카로 돌아오는 신칸센 안에서 공연 프로그램을 읽고 있으니 한국에서 국악이라고 하는 전통음악은 '한국의 재즈'라고 한다고 쓰여 있다. 그것을 읽으며 보편성이란 이런 것이구나 하고 왠지 감개무량했다.

개별과 보편, 그 개별의 기반이 변인자에게 있어서는 '재일성'일 것이다. 그리고 조선의 전통무용의 기법을 기초로 변인자의 표현 세계는 보편적인 '춤' 즉, 예술의 미와 가치를 만들어 온 것은 아닐까 하는 생각이 든다.

변인자의 '재일성'을 반영하고 있다고 할 수 있는 활동 중에는 '비빔밥 클럽'이라는 록 밴드에서 장구 연주자 역할을 하는 것이 있다. 구성원은 '재일'과 일본인, 그리고 일본인과 '재일' 사이의 혼혈이다. 그룹명이 상징하듯이 록과 장구의 리듬이 융합되어 독자적인 음악을 만든 그룹이다. 이 하이브리드성과 변인자가 말하는 '국가에 구애되고, 민족에 구애되고, 재일에 구애되어 왔다. 장구와 무용을 한 것도 그 구애되는 것 때문이었다'라고 한 것은, 한편으로는 모순된 것 같은데, 그 구애됨이 있기 때문에 비빔밥에서의 활동도 할 수 있었을 것이다. 밴드의 리더인 가스가(春日) 씨는 장구의 리듬에 끌려 변인자에게 배우러 갔다고 한다. 그 만남에 대해서 변인자는 '장구가 좋다고 찾아왔다. 그때까지 알고 있던 일본인과 한국인의 도식에는 그런 것은 없었다'라고 말하고 있다.

게다가 변인자가 체현하는 '재일'의 기반으로부터 출발하는 독창성은 의상의 색상에 반영되었다고 한다. 그것에는 일본적 문화의 색상도 반영하고 있다. 예를 들어 원색보다 옅은 색조나 은은한 색을 좋아하는 일본의 문화적 배경은 '재일'에게도 적지 않게 영향을 주고 있다. 변인자는 이 문화적 배경에 동화하지 않고 감성과 기호의 차원에서 무대 의상을 제작하고 있다. 나는 여기에도 본국의 전통문화와 차이가 있는 '재일성'이 있다고 감탄하고 있다. 그리고 차세대 육성의 목적으로도 생각되는 것은 '재일' 출신의 무용가와 음악은 한국에서 온 연주자의 구상에 의해서 '여무(女舞)'라는 공연을 부정기적으로 개최하고 있는 것이다. '여무'라고 해도 '여'를 고집하는 것은 아니다. 조선 전통무용에는 승무(僧舞)나 한량무(閑良舞) 등 성별이 필요하지 않은 것이 그 근저에 있어서 조선 전통무용의 깊이를 알 수 있게 해준다. 그 깊이는 한층 더 보편적인 예술을 지향하여 이후로도 계속될 것이다.

지금까지 '재일'의 '민족 문화와 아이덴티티', 그리고 양질의 '재일' 문화 창조의 필요성과 가능성을 생각하여 무용가 변인자의 이야기와 내 개인의 문화적 영향에 대해서 기술했다. 물론 변인자가 친구이기 때문에 그녀에 대해서 쓴 것은 아니다. 정의할 수 없는 개방적인 공간이라고도 할 수 있는 '재일'의 문화 창조의 선구자라는 것과, 변인자의 무용이라는 예술 세계에 대한 철학과 자세, 그리고 그녀의 실천은 일본 사회로부터 부정되어 오거나,

재일 사회로부터 관심을 못 받거나 한 '민족 문화'를 긍정적으로 만들고, '재일의 문화'로서 채택해야 할 것을 제시했기 때문이다. 또한, 남북 분단이라는 현재의 정치 상황에서는 남북의 사람들이 같은 공간에서 함께 즐기는 것이 어렵다. 변인자의 활동은 결과적으로 일본이라는 차별 사회의 공간을 마치 거꾸로 쥐듯이 남북 분단을 지양할 수 있는 하나의 장을 만들었다고 할 수 있다.

그것은 전술했듯이 한국의 전통무용과는 다른 '북한'이 독자적으로 발전시켜온 무용 문화를 '조선 총련' 조직 내에서 연마해 온 사람들에게 한국 전통 예술의 기본인 장구의 리듬과, 그것에 맞추어 춤추는 기능을 가르친 것이다. 이것의 역사적 의미는 크다.

변인자는 이런 말을 했다.

"조선 전통무용 음악은 깊이가 있고 은근한 정취가 있다. 그래서 견딜 수 없이 좋다!"

변인자만이 아니라 '재일'의 실재적 역사와 마주하고자 하는 자에게 있어서 좋은 조선의 전통무용과 음악에 접하는 것이 비타민제와 같은 영양을 보급받는 것은 아닐까. 그 보급은 차세대 '재일'이 자라는 한, '재일 문화'의 확립이 아니라, 변용하여 유동적으로 이어지는 것은 아닐까. 그것은 바야흐로 문화의 본질인 하이브리디티(Hybridity, 혼교성·잡종성) 일 것이다. 그러므로 거기에서 보편적인 예술이 생겨난다.

제2부

섹슈얼리티를
둘러싼
만남과 기억

제3장

섹슈얼리티에 대한 생각*

인생에서 행복의 기준이나 만족도가 저마다 다르단 것은 두말할 것도 없을 것이다. 한편으로, 인간의 생존에서 중심이 되는 의(衣)·식(食)·주(住)의 충족도는 개인의 행복도에 따라 크게 영향을 준다.

소득이나 분배 레벨에서 격차가 만들어 내는 문제는 제쳐두더라도, 의·식·주 중 가장 사활적인 의미로 중요한 것은 '식'일 것이다. 그리고 '의'는 개인의 만족과 기쁨과 관련된다. 또한 '주' 속에서 생활하고 있는 가족을 중심으로 한 인간관계는 인간의 정신이나 감정, 더 나아가서는 행복도에 커다란 의미를 부여한다. 이 '주'의 생활공간에서 영위와 관계된 한 가지의 사례가 성적 지향, 즉 여러 가지 성행위의 모습이다. 물론, 행위라고 말해도 무성애자나 비성애자인 사람들도 포함해, 그 행위를 하는지 어떤지는 별개이다. 이 사적 공간에서의 행위는, 가정 내 폭력 등으로 이어지는 것은 논외지만, '주'라는 사적인 영역과 밀접하게 관련해 왔다. 즉, 타인이 침해해서는 안 되는 영역이다.

누가 어떠한 성적 지향을 가지고 그것을 실천하는지는 완전히 개인의 자유여야만 한다. 그러나 인간은 사회적인 존재라는 이유로, 성소수자는 사회와의 관계 속에서 사적인 영역마저도 침해당해 왔다. 성소수자가 안고 있는 문제는 사회적 응답 책임이 필요한 '공(公)'의 문제이기도 하다. 그 문제를 고려하더라도 사적 공간에서 관계성의 모습은 타인이 침해해서는 안 된다고 나는 생각하고 있다.

그런데 이성애주의의 이데올로기에 뒷받침된 자본주의와 가부장제 사회는, 이 사적 공간조차 체제 유지를 위해서 이용해 왔다.

커밍아웃이라는 말은 성소수자만이 아니라, 그 '출신' 배경을 숨기지 않을 수 없는 상황에 내몰린 '재일'도 자신답게 살아가기 위해 공언할 때 상용되고 있다. 그러나 이 용법은 개인적으로 이상하다고 생각하고 있다. 커밍아웃은 자백하는 의미를 갖고 죄의 고백처럼 고백 측의 그름을 전제로 한, 이성애자가 '정상'이라는 규범에서 출발하고 있는 듯이 생각되기 때문이다. 성소수자의 커밍아웃이라는 행위는 갈등이 동반하는 행동이기 때문이 그 용기에 탄복하면서도, 이성애자의 성적 지향은 표명하지 않아도 추궁당하지 않는다는 규범을 자명한 이치로 나타내는 것으로 이어질지도 모른다. 소수자 측의 커밍아웃을 어떻게 볼 것인가라는 논의도 있어야 하지 않을까 싶다.

가부장제와 대비된다는 이성애주의가 사회 구조나 여러 제도 속에 편입되어, 남성 중심주의의 가치관이나 규범을 재생산해 온 것은 잘 알려져 있다. 공공에서의 언설, 가정에서의 대화, 여러 사회 관계하에서 행해지는 대화 속에서 성소수자에 대한 차별적 언동이 드러나는 것은 현행 제도나 지배 이데올로기에 이바지한 개인 레벨의 무의식이 생산되고 있기 때문이다.

일본인 중 성소수자들 속에서 '일본 국민'으로서 스스로 역사, 특히 근대 역사 속에서 형성된 조선에 대한 배외주의, 침략성이나 지배성에 대해 자각하고 있는 사람은 과연 어느 정도나 있을지 모르겠다. 설령 성소수자 당사자 속에서 식민주의에 대한 문제의식을 느끼고 있는 사람이 존재한다고 하더라도, 일본이라는 공간에서 일본인이라는 '특권적 위치'를 철저하게 자기 분석할 수 있는 사람은 많지 않을 것이다.

여러 속성의 소수자들이 권력자의 이데올로기 등으로 인해 분단되지 않기 위해서, 서로의 소수자성을 어떻게 생각해야만 할 것인가.

본고에서는 이러한 문제의식을 기반으로 '민족적' 소수자와 성소수자에
존재하는 차이와 동질성을 고찰하고 싶다. 그 목적은 소수자 피해에 대한
경중 비교에 있지 않다. 오히려, 여기서 소개하는 사례에 대한 해석에서 성
적 지향을 둘러싼 현재의 내 생각을 말해보고 싶다.

소수자란 누구를 말하는 것인가

예전에 '재일' 커뮤니티 속에서 나의 기억에 남는 두 가지 논의가 있었다.
하나는 잘 알려진 본국 지향 또는 '귀국론'과 일본에 대한 '정주화론'이다.
또 하나는 재일조선인은 한반도에 연유한 민족이기에, 소수민족이라는 카
테고리에 해당하는 게 아닌가 라는 논의였다. 이는 일본 사회 속에서 소수자
화하는 것에 대한 분석 개념에서 파생된 것이 아니다. 또한 '귀국론'은 '재일'
을 한반도에 이어진 민족이라고 평가하는 것이고, '정주화'론은 '재일'을 타
민족 국가에서 살아가는 소수민족이라는 의미가 아닌, '재일'을 둘러싼 정
치, 사회 상황을 상징적으로 표현한 의미로서 소수자성에 초점을 맞추고 있
었다. 즉, 이들의 의미에서 두 가지는 '재일'의 소수자성을 논의하며, 재일조
선인의 역사적 상황을 집어넣은 것이다. 그럼 소수자의 의미가 그 수에서의
소수성이 아니라면, 그 이외에 어떠한 정의가 가능한 것일까.

사회 속에서 주변화되어 정치 결정권은 물론 여러 가지 상황에서 결정권
을 빼앗긴 사람들, 개개인의 속성 차이로 인해 차별이나 배제된 사람들, 원
하든 원하지 않든 제쳐두고, 아무리 노력한들 이 사회 상층에 도달하지 못한
사람들. 민족적 소수자, 장애인, 빈곤층, 모자가정, 혹은 성소수자, 종교에
의한 소수자 이외에도, 상정된 사람들이 있을 것이다. 이렇게 카테고리가
된 사람들이 각자의 아이덴티티를 존중받으면서 살 수 있는 사회가 바람직
하다는 것은 당연한 일이다. 그러나 그렇게 되기에는 너무 멀다. 인간은 세

속 사회에 살아가는 존재이며, 각각의 집단 속에는 여러 사람이 존재하고 있다. 금전욕이나 물욕이 사람의 행동을 지배하는 한, 사회 변혁을 위해 '연대'해 가는 것은 쉬운 일이 아니다. 내가 우연히 만난 어느 '사건'을 사례로 들음으로써, 이 어려움과 가능성을 탐색하는 전제가 될 양자의 소수자성의 차이와 동질성을 논의하는 것부터 시작해 보고 싶다.

민족적 소수자와 성소수자의 차이와 동질

1998년이었던가. 재입국 허가 연장을 위해 미국에서 일본으로 돌아왔을 때, 어느 강연회에 참가했다. 강연회를 주최한 것은 재일대한기독교회 청년들이며, 레즈비언인 일본인 목사를 강사로 초빙한 프로그램이었다. 그런데 강사가 레즈비언 목사라는 이유로, 당초에 개최 예정 장소였던 교회 목사나 신도로부터 반대 의견이 나와 강연회가 결국 다른 장소에서 개최된 것이다. 강연 내용은 전혀라고 말해도 될 정도로 기억나지 않지만, 장로 한 명이 영문도 알 수 없는 의견을 떠들어대듯이 발언했던 것은 인상적이었다. 그 장면에서도 이 강연회를 개최하기까지 많은 어려움이 뒤따랐음을 쉽게 짐작할 수 있었다.

강연회 그 자체는 무사히 끝날 수 있었다. 그러나 이 강연회에 앞장선 다른 청년연수회에서 그 동성애자 목사에 대한 차별적 폭언이 있었다. 복수의 교직자로부터 '동성애는 죄다' '동성애를 인정할 것이라면 죽는 것이 낫다' 등, 조금이라도 상식적인 성인이라면 입에 담아서는 안 될 말을 내뱉었다고 한다. 그 발언을 둘러싸고 교단 내에서 교회 지도자와 청년, 그리고 폭언을 내뱉은 목사 사이에서 사죄를 둘러싼 분쟁이 일어나 시끄러웠다. 그 과정에 대한 자세한 경위는 당사자인 목사가 추후, 「피해 당사자로서 소수자 간의 배제 문제와 연대 가능성에 대해서(被害当事者としてマイノリティ間の排除の

問題と連帯の可能性について)」라는 논문에서 발표하고 있기에 여기서는 더 이상 상술하지 않겠다.

나는 그 사건으로부터 몇 년이나 지난 후에 강연회 전후에 일어난 여러 문제에 대해서 단편적이지만 교단 내의 사람들에게 물어보았다. 그러나 피해 당사자에게 이 사건에 대해서 직접 듣는 것은 소홀히 했다. 그러한 기회를 만들지 않았던 것은 물리적인 이유도 있었지만, 아마 그 강연회에 참가했던 것이나 교단 내의 사람에게 단편적으로 이야기를 들었기에 내 나름대로 생각했던 점이 있었기 때문이다. 좀 더 사실대로 말하자면, 앞서 서술한 일본이라는 공간에서 생활하는 일본인 성소수자의 위치에 어떻게 마주하고, 어떻게 이 사건을 해석해야만 하는 것인지 정리할 수 없었기 때문이다. 또한 피해 당사자뿐만이 아니라 강연회를 주최한 청년들도 마음의 상처를 입었다고 들었다. 사건의 경위는 둘째 치고, 교회 내에서 목사의 권위를 방패로 한 행동이 널리 퍼져 그 권력 행사가 제멋대로 행해지고 있는 모습을 아는 나에게 있어서는, 청년들이 자신들이 속한 교단 지도자의 난폭함이나 저열함에 대해 분노나 실망을 금하지 못한 것에 더해, 공격받은 피해자가 목사라는 점도 더욱 그들에게 심리적 타격을 주었으리라 추측할 수 있었다. 그러나 피해 당사자의 상처와는 비교가 안 된다고 말할 수 있다.

인간적으로도, 원칙론으로 말해도 폭언을 내뱉은 목사들은 용서하기 어렵다. 피해 당사자의 분노, 원통함, 그리고 마음의 상처에 나는 감정적으로 다가갈 수 있다.

그럼 무엇이 내 안에서 정리할 수 없는 문제로 남아있는 것일까. 피해 당사자는 그 논고에 있어 가해자 목사가 보수적인 신앙에 기반한 성서 이해를 토대로 동성애를 단죄한 사례를, 민족 소수자 속에서 내재하는 차별성으로 지적하고 있다. 이 지적은 원칙적으로도 연대를 위한 운동론으로서도 당연히 옳다. 그러나 어느 개인의 언동을 집단 속에서 내재하는 차별성처럼, 앞으로의 과제를 위한 문제에 집약하여 수용해버려도 괜찮은가 라는 의문이 남는다.

대부분의 목사는 그 보수적 신앙 내용으로 보아도, 이 사건의 가해자와 같은 사고를 갖고 있는 것으로 보인다. 성소수자는 일본인이나 한국인이라는 민족의 차이를 넘어서 혐오해야만 하는 것으로 생각하고 있을 것이다. 오히려, 조선인 성소수자에 대해서는 좀 더 폭언을 내뱉는 가능성도 있다고 생각된다. '자민족'의 수치라고 생각하고 있을 것이기 때문이다. 물론, 이러한 가설은 무의미하다. 그러나 피해자가 '소수자 사이에서의 차별이나 배제 문제'를 일본인 성소수자와 민족적 소수자인 이성애자 다수자와의 대립축을 세워, 가해자에 의한 '개인적 발언'을 '사건화'하고, 민족적 소수자 사이에도 있는 차별과 배제라는 문제 설정의 자세—운동으로 보면 전략, 논문에서는 방법론 또는 수법—에 대한 의문을 느꼈다.

게다가, 본래 각각의 소수자가 놓여있는 상황을 좀 더 세밀하게 분석하기 위한 개념인 '복합적 차별'이나, '차별의 중층성' 등을 채용하여, 소수자 사이에 일어난 모순이나 한계를 분석하고 있는 것에 동의할 수 없음을 느낀다. 백 보 양보해서, 이 문제 제기를 '재일'과 일본인 사이의 연대라는 이상주의적 운동론으로 이해할 수 없는 것도 아니다. 그러나 당연하겠지만, 각각의 소수자에 대한 지배 구조와 형태, 그리고 당사자의 역사적 배경은 다르다. 이러한 기본적인 것은 이 사건의 피해 당사자도 충분하다고 말해도 될 정도로 이해하고 있을 것이다. 그렇다면 왜 이 사건에 대해서 그녀는 종이 매체를 통한 편저서에 실은 논문을 더 광범위하게 접속할 수 있는 인터넷상의 언설 공간에서 발표하고 있는 것인가. 솔직히 말해 연대를 위한 제언일지라도 나한테는 이해하기가 어렵다.

함께 싸워야만 한다는 원칙도 같은 함정에 빠질 가능성도 있다. 이 사건의 피해자는 연대의 가능성을 찾기 위해 교단 내의 문제를 사건화했을 것이다.

그렇기에 다수자 속에 있는 소수자성, 그리고 소수자 속에 있는 다수자성의 문제에 빛을 비췄을 것이다. 그러나 연대를 위한 운동론 상황과 일본이라는 정치적 공간에서 일어나는 일상의 차별을 생각하는 문맥은 분리해서 생각해야만 하지 않을까. 즉, 일본이라는 공간에서 일본 국민이라는 것에서 발생하는 '특권'적 지위와 옛 식민지 종주국에서 사는 민족적 소수자인 '재일' 이성애주의자가 '다수자'로서 누리는 '특권'이 함께 특권으로서 묶여버린다면, 어디에 차이를 두어야 하는지가 초점이 된다. 피해 경험의 내용과 후유증은 표면적인 차이뿐만 아니라, 질도 다르다. 반복하게 되지만, 성소수자인 일본 국민으로서의 특권에 대한 '우위성'은 이성애자인 조선인에 주어지지 않았다. '우위성'이든 '열위'이든, 이 일본에서 조선인에게 주어지고 있는 특권이라는 것이 애당초 있는 것일까.

이 사건에 있어서 피해자와 교회 사이에 선 재일교회의 청년회에 속한 어느 한 명이 스스로 이성애주의자인 다수성, 즉 억압자의 위치에 있는 것을 사건을 통해 깨닫게 되었다는 것에 대한 반성이 피해자의 논고에 소개되어 있었다. 이 청년의 '고백'하는 듯한 반성문을 소개하는 의도에 대해서도 알 수 없다. 이성애자인 것 그 자체가 억압자 입장에 있다고는 생각하지 않기 때문이다. 다른 사람, 특히 소수성을 안고 있는 사람들에 대해서 의식적이건 무의식적이건 차별하는 점이 문제이다. 이성애자를 그 다수성을 근거로 하여 억압자 측과 등치한 도식적 문제로 내세우는 방식에 왜인지 사건의 본질이 벗어난 것은 아닌가 하고 느낀다.

최근, 급속하게 들리기 시작한 성소수자의 다양성은 레인보우로 표상되고 있다. 여담이지만, 성의 다양성을 표상하는 데 레인보우라는 말이 선택되어 유통하고 있는 일본 사회에는 놀랄만한 일이 있다. 이 무지개의 상징을 맨 처음에 사용한 제시 잭슨과 목사들이 미국에서 1980년대에 세웠던 레인보우 연합은, 인권이나 에스니시티(Ethnicity) 등의 다양성을 포함하고 있었다.

어느 쪽이건, 이 무지개의 상징은 집단 속에서 매몰되기 쉬운 개인의 다양성을 인정하는 의미가 있다는 것을 지금은 많은 사람이 알고 있을 것이다.

이 의미를 일본인의 특권을 고찰하기 위해 우산으로 비유해보자. 일본인 성소수자는 자신의 섹슈얼리티에 따라 소유한 우산의 색을 정할 수가 있다. 배제, 차별, 편견의 대상이어도 그 색 때문에 그 존재는 인식된다. 한편 '재일'이 소유한 우산의 색은 불가시화되는지, 조선인이라고 낙인찍혀 한 가지 색으로만 칠해져 있다. 그 우산을 소유한 '재일' 중에는 세대, 귀화에 의한 국적 변경자, 하프(Half, 혼혈)라는 식으로 다양한데도 말이다. 우산 색은 일본인 입장에서 보면 같은 색인 것이다. 집단이건 개인이건, 그 우산을 소유하고 살아가는 '재일'에게 있어서 일본 사회는 제도적으로는 전혀 상냥하지 않은 사회인 것이다. 그러나 일본인 성소수자에 있어서 일본이라는 토양은 차별이나 배제를 낳는 토양이어도, 일본인인 이상은 다양한 영양소를 흡수할 수 있다. 그 차이를 확실하게 인식하지 않으면, 일본인 소수자가 안고 있는 문제와 소수자로서 '재일'이 안고 있는 문제는 겹치는 부분도 있고 겹치지 않는 부분도 있다는 것이 머리로는 이해할 수 있어도 감정적으로는 이해할 수 없을 것이다. 설령 이 토양이 모든 일본인에게 유익할지 아닐지는 의문이 들더라도 말이다.

『귀향Home Going』이라는 7세대에 걸친 흑인 가정의 인종차별을 그린 소설이 있다. 흑인들은 '타지에서는 인종차별로부터 도망칠 수 없다. 사후, 천국 즉, 홈만이 인종차별이 없다'라고 생각한 점에서 죽기 직전의 말로 전해 내려오는 것을 가리킨다고 하여 제목을 붙인 것 같다. 이 책에 대해서 재미한국인 친구와 이야기했을 때, 백인의 특권은 무엇이라 생각하냐는 나의 질문에 '부모가 빈곤한 노동자 계급이어도, 그 아이는 교육이나 다른 기회를 통해서 백인의 특권을 누릴 수 있다'라고 말했다. 확실히, 흑인은 이 소설 속에 소개되고 있듯이 7세대에 걸쳐서도 인종차별의 대상이다. 이 유추를 일본이라는 토양에 사는 '재일'의 상황에 대입해 보고 싶다.

나의 학생 중에는 4세대인 '재일'도 있고, 그중에는 귀화한 학생이나 부모 중 한쪽이 일본인인 경우도 있다. 부모나 조부모가 '재일'이라는 것 때문에 몹시 괴로워하며, 완전한 자존감을 유지할 수 없다고 느끼고 있다. 이것이 조선인을 둘러싼 일본이라는 토양이다. 이러한 상황 속에서 성소수자인 일본인과 '재일'인 이성애자, 그리고 그 커뮤니티에서 돌아보지 못했던 '재일' 성소수자가 만나는 시점은 어디일까.

개별의 차별 상황, 또는 그 수용 방식, 여러 차이를 이야기하는 곳에서 '상호이해' '연대'나 '공투'가 생기는 것일까. 당사자의 목소리를 듣고 다가가는 것이 운동의 한계를 뛰어넘는 것이라고 이야기되어 왔다. 그것은 강조되어야 마땅할지도 모른다. 그러나 국가에 저항하는 '비국민'인 일본인이어도 '일본 국민'으로서 살아가는 한 그리고 그 공간과 토양에서 얻은 특권을 일상적이라고 생각할 정도로 신체화가 되어 있지 않은 한, 소수자 간의 연대는 성립되지 않는다고 생각한다. 즉, 자유로운 일본인은 '재일'과 만나거나 관련 서적을 읽거나 할 때는 계속되는 식민지주의의 문제와 일본인으로서의 특권을 생각할지도 모른다. 그러나 문제의식을 느낀 '재일'은 물론, 그렇지 않은 '재일'도 일상 속에서 스스로 '민족성'에 기인하는 문제와 충돌했을 때 도망칠 수가 없다. 여러 가지 소수자 속성을 가진 일본인과 개인적인 관계성은 만들 수 있어도, 역사적 집단으로서 '재일'과의 공정하고 대등한 관계성은 이 토양에서 얻을 수 있는 특권을 깊게, 그리고 세밀하게 인식하고 있지 않은 한, 쌓는 것은 어려울 것이다.

억압자이건 피억압자이건, 자신 안에 있는 모순은 관계성 속에서 발견되어 갈고 닦아야만 하지만, 궁극적으로는 스스로 생각하고 재검토해 나가야 한다고 생각한다.

물론, 앞에 서술한 피해 당사자의 '소수자 간의 배제 위험성'을 지적하는 것에서 연대의 가능성을 찾는다는 의도는 이해한다. 그러나 그 입론의 발상과 동기에는 의문을 갖지 않을 수가 없다. 꽤 이전의 사건이기에 당사자나 사건에 관련되었던 사람도 생각이 바뀌고 있을 가능성이 있다. 소수자 간의 차이와 동질성, 그리고 그 논의 문맥에 대해서는 계속해서 검증해 가야만 한다. 그 전제에서 섹슈얼리티를 둘러싼 이론의 틀에서 자주 거론되는 플루이디티(Flulidity, 유동성역주)을, 지금까지 만난 성소수자들을 통해서 생각해 보고 싶다.

젠더·아이덴티티는 필요한가

나의 박사과정 시절 친구 중에는 바이섹슈얼(Bisexual)인 사람이 있다. 졸업하고 오랫동안 연락하지 않고 있었지만, 이 수년 동안 해왔던 미크로네시아인과 일본인 사이의 혼혈인 사람들에 대한 필드 리서치의 협력을 얻기 위해 그 친구가 사는 미국을 방문할 기회가 있었다.

오랜만에 재회한 그녀는 목사로서 정년을 맞이한 후, 어느 남성과 긴 결혼 생활을 끝내고 같은 바이섹슈얼 여성과 시애틀 교외에서 살고 있었다. 그녀의 파트너도 결혼 이력이 있고 아이도 3명 있었다. 시애틀에 가기 전에 최근에는 어떻게 지내고 있는지 묻자, 파트너의 딸 부부가 부동산 사업에서 법률 위반을 하여 형무소에 수감되었기 때문에 파트너 손자를 돌봐주고 있다고 했다. 실제로 시애틀에 가보자, 인심 좋은 친구는 자기 손자가 아닌 아이들의 보살핌을 푸념하면서도 잘해주고 있었다.

조사를 위해서 이곳저곳 친구가 운전해 주었는데, 학생 시절 때보다 여러 가지 이야기를 한 기분이 든다. 언제부터 자기 자신의 섹슈얼리티를 발견했냐는 나의 질문에 대해서는 현재의 상대를 선택한 후였다고 한다. 그리고 거기에 한마디를 더했다. "나는 이성애자와 결혼한 경험도 있고, 섹슈얼리티에 대한 이론서를 많이 읽어왔지만, 나를 제일 납득시킨 것은 플루이디티였어"라는 것이다. 이 단어를 동료인 영문학자는 '발견'이라고 직역하고 있다. 자신 안에 있는 성적 지향의 재발견이라는 의미로도 적절할지도 모른다.

이 사고방식은 퀴어 이론이 탄생한 배경과 연결되는 것이 아닐까. 젠더 연구나 페미니즘 연구가 이성애자의 사고나 규범에서 시작되고 있다는 비판에서 탄생한 것이 퀴어 이론이라면, '플루이디티'도 그 연장선상에 있는 것이 아닐까. 물론, 이렇게 단순화할 수 없다는 것은 알고 있다. LGBT 커뮤니티 내에서도 사고방식이 다양하고, 그 커뮤니티 속에서도 다른 그룹을 존중하지 않고 히에라르키적인 견해나 태도가 당연한 것처럼 존재한다. 그러나 이 플루이디티 사고방식은 사람들의 성행위 폭을 넓게 한다. 이 개념으로 보면, 이전에 나의 지도교수 수업 중에 느꼈던 점으로 설명된다.

나의 지도교수도 한 번은 남성과 결혼했다. 그러나 결혼 후에 남편이 게이 남성으로서 살아가는 것을 결정했기 때문에 결국 이혼했다. 내가 이 선생과 만난 시기에는 그녀는 이미 여성 파트너가 있었다. 그녀는 어느 공개 강연회에서 "레즈비언이라는 것이 육체적인 관계만을 상정하는 것이 아니라, 여자가 여자를 사랑하는 것이라고 알려주었다"라고 이야기했던 적이 있다. 이것은 동성애자라고 하면 성적인 관계만을 연상하는 사회와, 그것을 내면화하는 개인에게의 문제 제기이기도 하다. 즉, 누군가를 사랑한다는 것은 젠더나 섹슈얼리티의 차원을 넘는 것이고, 인간으로서 어떠한 속성도 사람을 사랑하는 데 폐해가 되지 않는다는 것이다.

나는 성소수자의 성에 대한 태도를 '변태'로 보거나 배제하거나 하는 것은, 가부장제와 한 쌍이 된 이성애주의가 가진 이데올로기성에 기인하고 있다는 것을 잊은 적이 없다. 그러나 플루이디티라는 사고방식을 알기 이전에는, 자기 자신의 성적 지향에 대해서 생각해본 적이 없었다. 굳이 말하자면, 나는 '이성애자'이다. 그러나 이 지도교수의 수업을 듣고 있을 때 왠지 모르게, '아아, 이 사람과 making love(애무)하는 것은 가능하겠지'라고 생각했던 적이 있었다. 이 지성에 끌렸는지는 모르겠지만, 몇 번인가 그렇게 느꼈다. 이 감각을 플루이디티라는 개념으로 생각해 보면 개인의 성적 지향은 항상 흔들리고 변화한다. 그리고 새롭게 발견하는 것이며 나는 그 프로세스를 거쳤다고 생각하면 납득이 간다. 다른 말로 바꾸자면, '이성애자'나 LGBT를 비롯한 모든 사람이 그 섹슈얼 아이덴티티에서 변화의 가능성을 인정해야 하지 않을까. 남자인지 여자인지, 동성애인지 이성애인지라는 이원론적인 사고를 넘기 위한 수단이 되지 않을까. 성적 지향이 바뀌지 않는 사람도 있다면, 바뀌는 사람도 있다는 것을 이해함으로써, 인간의 관계성이나 상상력, 그리고 감성은 좀 더 풍부해지리라고 생각한다.

맺음말

정체성 정치나 탈식민지주의라는 개념은, 일본에서는 그다지 퍼지지 않은 채 과거의 것이 되었다고 지적당하고 있다. 일본인 연구자에게 있어서 자신의 문제 영역이 되기 힘들기 때문일 것이다. 한편, 섹슈얼리티에 관한 연구자는 늘어나고 있고, 또한 사회운동이 정체하여 오랜만에 일본에서도 레인보우 위크(Rainbow week, 1990년 5월 17일 세계보건기구가 동성애를 국제 질병 분류에서 배제한 것을 기념하여 성의 다양성을 존중하기 위한 모임을 하는 주간을 말한다역주) 데모 행진 참가자는 늘고 있다. 비즈니스적 마케팅으로서 성소수자의 존재는 가시화되어 가기도 한다. 이유가 어찌 되었든, 성적 지향의 자유에 대한 인식의 폭이 넓어져 가는 것은 좋은 것이다.

그러나 민족 소수자인 재일조선인은 최근 동화가 진행되고, 나아가서 불가시화되고 있다. 정치적으로 취급하기 어렵다고 받아들여지기도 하여, '재일'의 낙인화된 입지는 영구적이지 않냐며 비관적이다. 그러나 여기서 논의해 온 일본인 성소수자의 의식이 '재일'을 둘러싼 역사인식이나 정치의식으로 향함에 따라 '재일'의 사회적 그리고 정치적 상황도 바뀔 수도 있다는 희망은 존재한다. 모든 소수자의 상황을 바꾸는 것은 선거권을 가지고 있는 일본 국민이기 때문이다. 성소수자인 일본인이 어려움을 동반하면서도 제도적, 그리고 사회적 보상운동을 계속함에 따라서 일본이라는 공간에서 일본인으로서의 주장은 서서히 가시화되어 권리를 쌓아갈 수 있을 것이다. 일본인 성소수자만이 아닌 한 명이라도 많은 일본인이 세계 각국과 '재일'을 포함한 전 사회는 이어져 있다는 정치의식을 가질 것으로 기대된다. 그리고 '재일'도 일본인도 스스로 섹슈얼리티 뿐만 아니라 여러 속성이 항상 흔들린다는 것을 깨달음으로써, 자신에게도 다른 사람에게도 관용을 베풀 수 있지 않을까. 그 관용성은 항상 차이와 동질성을 검증함으로써 좀 더 보편적으로 되고, 그로 인해 부조리에 대하여 저항하는 힘이 되지 않을까.

제4장

왕복 서간 대담
섹슈얼리티 관점에서 고찰하는 '재일성(在日性)'

본 장은 재일 2세의 전형적 세대, 1970년대에 20대이며 민족의식이나 정치의식에 눈뜬 층 중 한 명인 내가, 재일 2세 아버지와 일본인 어머니를 둔 재일 세대로, 말하자면 3세 그리고 게이라고 자기 인식하는 젊은 연구자인 에다 하루키(江田陽生, 미국 럿거스 대학 사회학 박사과정 수료, 2022년 5월 박사 학위 취득) 씨와 왕복 서간 형식으로 지면 대담을 시도한 것이다. 이를 본서에 수록하려고 생각했던 것은 본서의 테마가 되는 문제의식과 일치할 뿐만 아니라, 재일조선인, 특히 아이덴티티를 둘러싼 논의 중에서도 성소수자를 포함한 것은 전무한 것이나 다름없기도 했다. '재일'의 다양성에 대한 논의가 요구되는 현상에서, 이들 세 가지가 교차하는 점을 대담 형식이긴 하지만, 활자화하는 것은 중요하다 느꼈다. 단순히 개인의 다양성을 인식하는 것뿐만 아니라, 새로운 세대의 아이덴티티 구축이라는 시각의 틀을 뛰어넘는 것으로 제시할 수 있었으면 한다.

제1신 이은자 → 에다 하루키, 2021년 9월 10일

요전에는 뉴저지에서 맨해튼까지 나와주셔서 감사했습니다. 첫 만남인데 처음부터 끝까지 이야기가 활기를 띠어서 즐거웠을 뿐만 아니라 대화를 통해 많은 생각을 하게 되었습니다.

이번에 에다 씨를 직접 만나 뵙기 전에, 한번 제가 소속된 대학에서 인권 교육 강연회의 강사를 추천했던 일이 있습니다. 그 시점에서는 '재일'과 일본인의 혼혈이며 게이이고 럿거스 대학의 대학원생이거나 강사라는 것밖에 알 수 없었습니다. 사람들에게 들은 그 미미하고 복합적인 배경과 정치적 입장에 흥미를 느끼고 추천했었습니다.

NY 타임스 스퀘어에서, 2021년 8월 28일

뉴욕에는 2년 만의 방문이라고 하지만, 코로나 바이러스 감염 확대로 인해 봉쇄 상태인 1년 전과는 달리, 평상시로 돌아가고 있다고 들었습니다. 마스크 착용과 음식점 앞의 도로에 임시로 세워졌던 노점풍의 공간이 봉쇄정책을 취했다고 떠올리게 하는 것 외에는 코로나 사태라는 것을 느끼지 못했습니다. 확실히 평소보다는 왕래가 적다고 느꼈지만요.

태국 요리점에서 점심을 먹으면서 계속 이야기했는데도 이야기가 끝나지 않아 타임스 스퀘어 앞 광장에 놓여있는 의자에 앉아서도 우리들의 대화는 계속됐었죠.

헤어질 때 "오늘 이야기한 내용을 활자로 하고 싶네요"라고 반은 농담조로 말한 서로의 생각이 이 왕복 서간 형식의 지면 대담이 되었습니다. 개인적인 것부터 정치적인 것까지 퀴어 이론의 현황 등의 연구 활동부터 정치, 사회 활동, 그리고 '재일'의 아이덴티티와 섹슈얼 아이덴티티의 복합적인 아이덴티티성 등등, 여러 분야에 걸쳐 이야기했습니다. 그 대화 내용을 정확하게 복원하는 일은 불가능할지 모르겠지만, 활자화 속에서 서로의 사고를 정리하고 쌓아나갔으면 합니다.

제1신 회신 에다→이, 2021년 9월 16일

저야말로 만나 뵙게 되어 정말 반가웠습니다. '재일' 게이로서 미국에서 활동하고 있다는 것뿐인 정보에도 관심을 가져주셔서, '그런데 실제로 만나보니 재미없는 인간이었다'라고 생각되지 않도록 정신을 집중했었습니다. 굉장히 솔직하고 소탈하게 말씀하셔서 그런 걱정은 필요 없었고, 더욱이 서로 간사이 사투리로 이야기할 수 있어서 시간 가는 줄 몰랐었습니다.

저희 부모님은 고베시의 나가타구 출신으로, 저는 시가현 남부에 있는 고카시에서 자랐습니다. 아버지는 1954년생으로 재일 2세이며, 선조는 경상북도 대구시에 있습니다. 고등학교 때까지는 통명을 사용하였으며 20대에는 통명을 버리기로 결심했다고 말씀하셔서, 저보다 5살 위의 형도 아버지와 마찬가지로 박씨 성이자 한국 국적입니다. 특히 강한 민족의식을 갖도록 키우시진 않았지만, "우리 가족은 성이 2개나 있어 색다른 데가 있어"라고 부모님께서 말씀하셨기 때문에, 그 영향인지 어릴 때부터 한국인이라는 사실을 주위에 자랑하고 다녔었습니다. 근처에 조선인 마을도 없는 시골이었기에, 거기서 알게 됐던 일본인 친구도 역사를 모르는 동지이기에 쉽게 서로를 받아들였습니다. "헤에 그렇구나. 한국어 아무거나 말해봐"라는 말에 곧바로 "안녕하십니까" "감사합니다"라고 자신감 있게 대답하는 패턴이었습니다. 제 성은 엄마 쪽인 에다 성이기에 이름만으로 눈에 띄지 않고, '재일'이라는 사실은 숨기지도 않지만 날마다 고민하는 일도 전혀 없고 좋은 곳에서 무럭무럭 자랐다고 생각합니다.

분방한 어린 시절에 전환기가 찾아온 것은 초등학교 5학년 때였습니다. 근처 쓰타야라는 서점에서 『바디』라는 게이 잡지를 발견한 것입니다. 그때까지도 남자의 몸에 흥미는 있었지만, 같은 반 여자아이에게 호의를 갖고 있었고 자각은 없었습니다. 야한 책이기도 하고 정치적인 내용도 충실히 담고 있는 이 잡지를 통해서, 어느 날 갑자기 '호모'가 아닌 '게이'라는 말을 손에 넣은 것입니다. 자신의 성적 지향을 자각함과 동시에 아이덴티티와 커뮤니티 양쪽을 그때 부여받은 것입니다. 좀 더 분방하게 살아갈 길을 제시받은 순간이었습니다.

그로부터 수년간은 매달 서점에서 서서 읽으며 구석구석까지 '공부'했었습니다. 그때 읽은 것은 지금은 대스타인 마츠코 디럭스(マツコ·デラックス)씨도 기자·편집자로서 종사하고 있었던 잡지로, 일본 성소수자의 인권운동에 대해 조금씩 배우는 사이 저도 관여하여 공헌하고 싶다고 생각하게 되었습니다. 부모님께는 미국에 오기까지 커밍아웃은 하지 않았지만, 전혀 문제없다고 알고 있었기에, "내가 안 하면 누가 하겠어"라는 마음가짐이었습니다. '재일'이자 게이로서의 특별한 인생을 얻었기에, 이른바 평범한 삶에 휩쓸리지 않기 위한 동기부여가 되었다고 생각합니다.

아버지가 고졸이었기에 고등학교에 진학했을 때는 대학에 갈 생각이 없었지만, 미국의 대학이라면 가도 괜찮겠다는 생각이 들어, 기왕 이렇게 된 김에 LGBT운동 중심지인 샌프란시스코의 대학에서 이론과 실전 양쪽을 익히자고 결심했습니다. 운동가가 되자는 목표 이외에 취직 같은 것엔 전혀 무계획이었습니다. 지금도 그렇습니다. 공부와 사회운동에 4년간 푹 빠져 있는 사이에, 한국인·미국인인 LGBT 동료나 재일조선인 동포와도 만나고, 자신의 존재에 대해서 유럽과 미국, 일본의 제국주의 역사와 인종 억압 구조, 그리고 이성애 가부장제의 문맥으로 객관적인 생각을 할 수 있게 되었습니다. 피억압 인종이자 성소수자의 위치에 있는 동료들, QTPOC(Queer/Trans People of Color)라는 연대의 틀에서 나오는 에너지의 왕성함에 사로잡혀, 한반도 통일을 향한 실마리를 찾기 위해 연구의 길로 들어섰습니다.

제2신 이 → 에다, 2021년 9월 25일

답장 감사합니다. 비교적 축복받은 환경에서 자라서인지, 당신의 성격인지는 모르겠지만, 세월에 걸쳐 자칫하면 깊은 갈등이 수반되는 자기 형성의 과정을 가볍게 극복하고 있다는 인상을 받았습니다. 아마도 판에 박힌 표현법이 되겠지만, 이른바 하프/더블인 사람은 동질성을 요구하는 일본 사회에서는 절반이 일본인이라는 것을, 특히 절반이 일본의 옛 식민지 출신인 조선인이라는 점에서, 본래라면 하지 않아도 될 갈등을 경험할 수밖에 없고 재일 2세나 3세와 마찬가지로 심리적으로 부담이 있는 상황에서 자기 형성을 해야 하는 사람도 많다고 생각합니다. 에다 씨의 유년기, 사춘기는 조금 양상이 다르네요. 자신의 섹슈얼리티를 깨달아 무언가의 대답을 게이 잡지를 탐독함으로써 해소해 간 것 같지만, 거기서 얻은 사고방식 QTPOC라는 아이덴티티의 구축까지 순조로웠나요? 물론, 괴로운 갈등이 있어 당연하다는 생각이 들지는 않지만, 당신의 발랄한 낙관성이 무엇에 의한 것인지 들려주실 수 있나요? 부모가 '재일'의 존재 이유나 생활 배경을 어린 시절부터 제대로 가르쳤기 때문인지, 아니면 일본인에 대해서는 '재일'의 성을 사용하지 않는 것이 차별의 체험을 심화하지 않고 이를 통해 차별의 내면화를 피할 수 있었는지. 아니면, 잠깐 언급된 시가현이라는 '시골'의 문화 풍토에 의한 것인지, 오히려 폐쇄적 아니면 보수적이라는 선입관이 있지만, 자민당 지지자가 적은 지역이라서인가요? LGBT 중에서도 남성 게이라는 점과 어머니가 일본인이라는 점의 '우위성' 때문인가요? 에다 씨가 미국의 진보적인 커뮤니티에서 얻은 입장에서 가진 기억의 단편은 그 해석을 읽는 사람인 제게 발랄함을 느끼게 한 것일까요?

제2신 답신 에다→이, 2021년 9월 30일

날카로운 질문, 감사합니다. 간단히 말하자면 전부 맞다고 생각합니다. 소수성이라고는 말하지만, 결국 남자라는 특권도, 시골이면서 비교적 진보적인 시가현의 풍토도, 일본인으로서 이름도 국적도 있다는 특징도, 지식인이며 자유로운 부모님도, 정말 축복받은 환경이라고는 자각하고 있습니다. 동시에 애당초 낙관적인 성격이라고 할지, 우주관이라고 할지, '결국엔 자신이 할 수 있는 것을 하는 것뿐'이라는 개인적인 타협점도 어린 시절부터 갖고 있었습니다. 게다가 문장을 쓰는 자로서, 그리고 역시 간사이 사람으로서, 읽고 재미있어야 할 것을 쓰고 싶다는 생각도 밑바탕에 깔려있습니다.

확실히 동급생과 거짓말을 섞어 이야기하는 꺼림칙함이라던가, 아버지에게 추천받아 가네시로 가즈키(金城一紀)의 소설『GO』를 읽어도 전혀 감이 오지 않았던 때에 생기는 재일 사회와 자신의 차이 등은 항상 느끼고 있었습니다. 그래도 자신의 존재나 아이덴티티에 대해서 고민하고 괴로워한 적은 없습니다. 자연에 둘러싸여 자라서인지, 어린 시절부터 독서 습관이 있어서인지, 문제는 내가 아니라 어른이 만든 사회라고 직감적으로 이해하고 있었습니다. 저 이외에도 재일조선인 LGBT가 있겠지만, 분명 공공연하게 발언할 수 있는 환경이 없는 것임이 틀림없다고 추측하고, '그럼 환경에 축복받은 나는 무엇을 할 것인가'라는 명제와 대치하며 10대를 보냈습니다. 그 점에서 확실하게 갈등했다는 자각은 없지만, 제 말로 깊이 생각했다는 자부는 있습니다. 지금의 제게는 아직 부족하고, 할 수 없는 것이 나날이 밀려오는 가운데 미래의 내가 그것을 극복하기 위해 어떻게 하면 좋은가, 그 답이 미국 대학으로의 유학이었습니다. 스스로를 알리는 데 필요한 직함, 지식과 경험을 동시에 손에 넣으려고 계획했습니다.

미국으로 가서 1년이 지났을 즈음에 처음으로 수강한 사회학 수업에서,

사회 구조와 대비되는 에이전시(Agency, 목적을 추구하고 결정권을 행사하는 개인 또는 집단(역주))라는 개념을 배웠을 때, 그때까지의 제 직감을 전면 긍정하는 기분이 들었습니다. 지금도 일본어로는 직역할 수 없지만, 의역으로는 '세계와 마주 보는 생명력의 불꽃'이라는 표현에 가까울 것으로 생각합니다. 누구나가 불평등하고 부조리한 세계 속에서 살아왔다, 물론 책임은 권력 구조에 있다, 그렇다면 우리들의 다음 한 수는 무엇인가. 최종적으로는 자기 자신을 최대의 적이라고 항상 인지하며 행동할 수 있는가 없는가라고 생각합니다. 그 구체적인 움직이는 방법·움직이게 하는 방법을 먼저 명확하게 제시해 주었던 것이 QTPOC의 커뮤니티였습니다. 빈곤이나 차별, 전쟁 난민 생활, 가족으로부터의 박해, 자기 혐오, 그리고 HIV 팬데믹이라는 끊임없는 폭력과 끝까지 싸웠던 끝에 있는 생명, 그런데도 서로 모이는 고귀함과 풍족함. 무슨 일이 있더라도 자신을 용서하고 인정하고 다루고 사랑하는 각오를 가져야 비로소 타인을 위로하고 지킬 수 있다는 강함과 상냥함. 그러한 정신적인 표현을 사회과학으로 좀 더 이론화할 필요가 있다고 느꼈습니다.

한번 전부 상대화하여 객관성이라는 것을 의문시하는 일은 물론 필요하지만, 개인 각자의 진실로 만족해서는 안 됩니다. 다양성은 단순한 현실이며 대답이고 뭐고 아무것도 아닙니다. 서로를 이해하는 일의 끝에 있는 것이 그저 'agree to disagree(사고방식의 차이를 인정하다)'면 더는 할 말이 없습니다. 이미 지구가 파괴되기 시작했는데, 최대의 적이 누구인지에 대한 틀린 판단을 할 때가 아닙니다. 그런 의미에서 실제로 행동하기 위한 연대를 테마로 생각한 결과인 포스트모더니즘의 한계는 벌써 왔습니다.

정체성·아이덴티티에 대한 답은 없지만, 생물로서의 정답이 요구되고 있는 위기의 시대에 알맞은 수단이 민족 문화의 아이덴티티입니다. 어차피 모든 것은 신화나 이야기라면, 그 뒤를 완전히 뒤바뀐 이 세계에서 이어가면 됩니다. 정말로 신성한 것은 '지금' '여기'에 나타나려 하고 있습니다. 조상의 망령과 미래의 세대에게, 우리가 목숨을 걸고 커뮤니티를 구축하기 위해서는, 아이덴티티라는 문명의 이기를 다시 다듬고, 좀 더 잘 사용하기 위한 신체적인 훈련을 할 필요가 있습니다. 이러한 집단 실천의 과정을, 제 박사 논문에서는 지정학적 치유(Geopolitical Healing)라고 해석하고 있습니다. 특히 조국 분단과 디아스포라(Diaspora) 경험 틈새에서 제국주의와 싸우는 LGBT의 조선인은, 이러한 정치적 의료기술이 뛰어난 부족입니다.

결국은 자신이 할 수 있는 것을 할 뿐. '재일'인 게이, 엄밀하게 말하자면 퀴어 자이니치(Queer Zainichi)로서 미국에서 조선인 커뮤니티 운동에 10년 이상 관여하며 연구를 계속하고, 불교의 철학도 배우면서 깊게 생각해 보았습니다.

제3신 이 → 에다, 2021년 10월 2일

자신의 아이덴티티나 정치성에 대해 재밌게 이야기할 수 있는 '재일'은 그렇게 많지 않다고 생각합니다. 당신은 현재 자신의 생활을 충실하게 보내시는지, 혹은 자신의 아이덴티티나 삶의 방식이 정리되어 있고, 현재 자기 자신이 선 위치에 자신감이 있어 단숨에 과거를 정리하셨나요? 당신과는 반대로 이번 편지를 쓰는데 왜인지 마음이 내키지 않아 답신이 늦었습니다. 학기가 시작하여 바쁘다는 것과는 별개로, 자신들만의 세계에 틀어박혀 현실을 외면하는 듯한 일본에서 사춘기를 보내면서도, 좌절하지 않았다고 읽히는 당신의 초기 아이덴티티 형성의 기억을 읽고 솔직히 조금 당황했습니다. 왜냐하면 제 안에서의 '재일'은 고민해야 마땅한 조건에 있는 사람이 많다는 현실이 있을 뿐만 아니라, 고민하지 않는 '재일'은 현실도피 또는 문제의식이 없기 때문이라는 확신이 있어, 거기에 해당하지 않는 환경에 태어난 사람에 대해 어떠한 위화감이 있는 것인지도 모릅니다.

이 회신을 쓰기 전에 '재일'인 게이에 대해 논문이 없는지 검색해보았습니다. 재일 3세 연구자인 김태영(金泰永)이라는 사회학자가 쓴 재일 정신장애인의 사례보고 「재일한국인에 대한 복합적 아이덴티티와 정신장애(在日コリアンにおける複合的アイデンティティと精神障碍)」라는 것을 발견했습니다. 이 저자는 실로 말하자면 꽤 이전에 몇 번인가 만난 적 있는 지인으로, 당시는 민족 교육 등 교육학에 관심이 있었다고 기억하고 있습니다. 어느 쪽이든 김태영 씨가 논문에서 거론하고 있는 사례의 라이프 스토리는 당신과 완전히 반대라고도 말할 수 있을 정도로 어둡고 마음이 무거워지는 내용이었습니다. 당사자인 A씨는 당신처럼 '재일'의 부친과 일본인인 모친을 둔 트랜스젠더입니다. 복합적 소수성의 배경을 갖고 살아가는 것이 힘들어 몇 번이고 자살미수를 일으키고 있습니다. 언뜻 보면 에스니시티나 섹슈얼리티 등등, 주연화가 되는 요인은 공통임에도 불구하고, 각자의 인생 차이를 생각하게 만듭니다. 물론, 세밀하게 보면 많은 차이가 있고, 각자의 작용 차이에 따라 다른 결과가 나타난다는 원리를 고려해도, 논문 속의 A씨와 당신의 인생에서의 '마음의 상처'나 '마음의 갈등'에는 커다란 차이가 있다고 생각했습니다.

차이에 대한 설명은 여러 가지 가능하다고 생각하지만 결정적으로 다른 점은 경제적 이유 등으로 인해 일본에서 계속 거주해야만 하는 선택지밖에 없었던 자와 '게이의 해방구'라고도 말할 수 있는 샌프란시스코에서 시작해 미국의 자유로운 대도시에서 살아왔고 자라난 점이 크지 않냐는 것이 제 결론입니다. 당신이 후반에 쓴 것처럼 조금 관념적, 혹은 너무 이상론적인 것이 아니냐고 생각되는 정치단체와의 관계도, 당신의 밝은 성격과 적극적 사고를 유지하게 하는 것이겠죠.

제 주변에 있는 사람들은 적잖이 피차별 경험이 있어 어떤 자는 트라우마로 평생 질질 끌고 가는 것이 아닌가 하고 우려되는 경우도 있습니다. 한편으로, 조선인이라는 것을 숨겨온 제 주위 사람들과의 경험이나, 그 시대와는 달리, 최근의 '재일'인 젊은 사람은 일본 이름을 말하면서 당당하게 조선인이라는 것을 말하는 사람이나, 귀화한 후에도 한국 이름을 쓰고 조선인이라는 것을 공표하는 사람도 있습니다. 또한, 부모님 중 한쪽이 조선인이라는 사실을 아무 주저 없이 자기소개할 수 있듯이 다양한 '재일'도 늘어나고 있습니다. 이러한 사람들의 존재는 '재일'은 차별, 트라우마, 그리고 '힘든 인생'에 묻혀있다고 합니다. 모종의 패턴화된 이미지에 대한 문제 제기가 되겠죠. 그러나 일본 정부는 식민지 지배 및 그것이 한반도를 분단시켰던 역사적 원인이었던 점에 대하여 성실히 제2차 세계대전 후의 책임을 지지 않고 있고, 혐오 발언, 재일조선인에 대한 낙인화, 동화, 그리고 사회적 차별은 지금 다시 재생산되고 있습니다.

그런데 뉴욕에서 만났을 때 당신의 형은 1985년의 국적법 개정 전에 태어났기 때문에 국적은 한국 국적이고 한국 이름만으로 살아왔다고 말했습니다만, 형도 재일조선인이라는 것에 고민하고 갈등하지 않았습니까?

제3신 회신 에다 → 이, 2021년 10월 21일

재밌게 쓸 수 있던 것은 분명 자신의 연구 테마에 대해서 일본어로 언어화할 수 있었기 때문입니다. 실제로 10년에 걸쳐 박사 논문을 쓸 정도로 커다란 아이덴티티나 정치성이라는 의문에 대해서, 사회운동 동료들과 대화를 계속하는 사이 답을 내왔다는 자부는 있습니다. 물론, 공간적 조건에 대한 행운도 있고 대학 유학을 하지 않았더라면 어떤 삶의 방식을 살았을지 도저히 상상할 수 없습니다. 애당초 '재일'인 더블로서 태어나, 더욱이 게이로서 사춘기를 맞이한 시점에서 이건 이미 운이 좋았다고 생각할 수밖에 없다며 여러 가지를 포기했습니다. 다만 단순히 트라우마가 없다는 것에 더해 만 12세 전후로 자신의 운명을 받아들였던 것도 이후의 적극적인 자세로 이어졌다고 생각합니다.

그에 비해서 형은 소극적인 삶을 사는 듯이 보입니다. 5살 위인 그가 중학생이 되었을 때부터 별로 대화하지 않게 되었습니다. 성적도 중하위 정도고 커다란 뜻이나 강한 신념을 갖고 진로를 정하고 있는 것처럼 보이지 않고, 직업훈련학교를 나온 이래 쭉 지방에 있는 자동차 공장에서 담담히 일하고 있습니다. 그 나름대로 갈등이나 고민은 물론 있겠지만 가족에게 그러한 주제를 언급하지 않아 저로서는 어렴풋이 상상할 수밖에 없습니다. 저와 그의 성장이나 정신성의 차이를 사회학적으로 보면 이름이나 국적의 차이로 관련짓는 것은 쉬울지도 모르지만 제게는 그것만으로 결론짓기 어렵습니다.

제 개인의 운이 좋았던 경험이 재일조선인이나 성소수자에 대한 구조적 차별이 없다든가 약해졌다는 분석으로는 이어지지 않는다는 점은 동감합니다. 한편으로 제가 최근 우려하고 있는 것은 '다양성'이라는 말이 가진 폭력성입니다. 다문화 공생이라던가, 다양성이라던가, 결국 어떤 물질적 의미도 가지지 않는 기호만이 국가나 자치단체나 기업의 마케팅에 사용되고 있는 것은 꽤 이전부터 미국 사회에서 반복되어 지적해 온 것이기도 합니다. 일본 사회의 특수성으로서, 가부장제에 기반한 강제 이성애주의의 문제와 일본의 식민지 지배와 제2차 세계대전 후 책임의 문제는 전부 천황제에 귀착한다고 배웠습니다. 이러한 구조적인 문제를 참으로 주관적인 '삶의 괴로움'이나 3·11 동일본대지진으로 인한 후쿠시마에서의 재해 이후, 코로나 사태에도 떠들썩한 '안심 안전'이라는 말로 이야기되는 것에 '재일'인 게이로서 날마다 신경을 곤두세우고 있습니다. 저 자신에게 트라우마가 있건 없건, 억압구조를 과학적 사실로써 대중에게 인지시키는 일도 사회학자로서 해야 할 역할이라고 생각하고 있습니다.

더욱이, 제가 '세계와 마주하는 생명력의 불꽃'에 대해서 계속 생각할 수 있는 것도, 이렇게나 부조리한 세상에서 살아가는 것의 의미로부터 도망치지 않기 위해서입니다. 트라우마가 있든 없든, 인간이 적어도 오늘 하루를 살아가는 것은 왜인가. 그리고 왜 내일도 죽어가는 것인가. 나는 어떨까. 저는 운이 좋고 많은 특권도 갖고 있지만 트라우마만이 전부가 아닌 삶의 방식이 있을 테고 가능하다면 동료와 함께 그것을 모색해 가고 싶습니다. 고통에 저항하는 것만이 끝나는 것인가, 아니면 희망을 찾아내는 것을 포기하지 않고 다른 사람과, 그리고 세계와 마주할 것인가. 운동과 관련한 사람으로서 서로 신뢰관계를 쌓는 과정이야말로 희망의 원천이라고 생각합니다. '포기하지 않으면 언젠가 반드시 무언가 바뀐다'라고 까지는 생각하지 않지만, 피억압체로서 자신들의 감성이나 직감만으로도 계속 믿지 않는다면, 더이상 아무것도 남지 않으리라 생각합니다.

조금 조잡해졌지만, 애당초 트라우마나 말로 표현되지 않는 소외감이나 고독감을 체험하지 않고 지나치거나 설령 경험했다 하더라도 대처할 필요나 방법도 없이 살아가는 것은 백인이나 남성 등의 특권계급에 많다고 추측하고 있습니다. 커뮤니티 레벨로 보면 권력 구조를 면밀하게 분석해서 거기에 맞서 싸우는 문화를 계속해서 가꿔왔던 것은 우리 피억압자입니다. 가해자와 피해자의 관계성 그 자체가 치유할 수 없는 한, 어떠한 형태로 언젠가 책임 추궁을 달성할 수 있다 하더라도 정말로 서로 존중하는 사이로는 나아갈 수 없다고 생각합니다.

제4신 이 → 에다, 2021년 10월 26일

저번의 제 물음은 사적으로 세부적인 부분까지 미치고 있어서, 서면에서는 논의하기 힘든 면도 있었을지도 모릅니다.

일반적으로 많은 사람은 가족에 대해서 때때로 자랑하려고 하지만 그 이외의 것은 이야기하려고 하지 않습니다. 그럼에도 불구하고 형에 대한 것을 말해줘서 감사합니다. 모종의 대조적인 인생을 걸어올 수 있었던 형은, 사회학적으로 보면 한국적이라는 것과 한국 이름밖에 가지지 않은 '반은 일본인'인 '재일' 3세니까 '소극적'인 삶을 살고 있다고 말할 수 있을지도 모르지만, 가족이기에 그것만으로는 설명할 수 없는 마음을 잘 알고 있습니다. 타인이라는 무책임한 관점에서 말하면 국적이나 이름으로 규정되어 딴사람이 된 환경이나 조건의 영향을 받아, 형제여도 대조적인 성장 방식, 삶의 방식을 살았던 것이 아니냐고 생각해 버립니다. 그것들만으로는 설명할 수 없는 개인의 성격 형성에 미친 영향이 있을 것이라고 이해하고 있다 하더라도요.

모친이 일본인이기에 형은 일본 국적으로 변경하고 일본명을 만드는 등, 다른 '재일'보다도 '귀화' 절차가 쉬웠을 것이고, 자신의 아이덴티티 표명에 임해도 심리적 부담이 적었던 것이 아니냐고 생각합니다. 형에게는 재일조선인이라는 삶의 방식을 계속 선택하고 있는 특별한 이유가 있을지도 모르겠군요. 이 물음 자체가 일본이라는 환경이 낳은 특유의 것이라고 생각하지만요.

정치적 또는 역사적인 문제의식을 느끼고 있든 없든, 국적과 이름은 한 사람의 재일조선인 인생에 크게 영향을 끼치고 있습니다. 그러한 현실이 있어서인지 모르겠지만, 『코리안 디아스포라와 동아시아 사회(コリアンディアスポラと東アジア社会)』(마츠다 모토지·정근식 공편)라는 서적에서 재일조선인의 아이덴티티라는 테마 논문은 거의 모두 국적과 이름에 관련된 것입니다. '단일민족'을 표방하는 일본에 있어서 이 사회는 국적과 민족이 직결하고 있는 것이니까요. 게다가, 무라샤카이(村社會, 폐쇄집단을 배타적인 마을에 비유하여 일컫는 말역주)의 문화가 온존되어 있는 일본에서 그 뒤틀림은 '재일'의 인생에 커다란 영향을 끼쳐왔습니다. '국적 = ○○인'이 도식화되어, 일본어가 제1 언어라도 이름이 조선인이면 타자화하는 것이 현재 일본 사회라고 말할 수도 있습니다. 그러한 사회에서 조선인으로서의 아이덴티티를 지키기 위해서, 또는 아이덴티티를 가지지 않아도 일본인으로서 살아가는 것

에는 그 나름의 결의와 갈등이 발생합니다. 자기 가족이나 '재일' 커뮤니티를 배신하는 행위가 될지도 모릅니다. 자신을 속이고 있다는 죄악감을 가진 듯한 감각을 가진 사람들도 있을 것입니다.

젊은 '재일' 3, 4세 중에는 그러한 고민이나 갈등이 없는 사람들이 있습니다. 저의 학생 중에도 어안이 벙벙할 정도로 딱 잘라 생각하고 있는 사람이 있습니다. 단순히 그들이 동화하고 있어서라고는 단언할 수 없을 정도로 다양한 의식을 가진 '재일'의 젊은 세대가 대두되고 있습니다. 그런 신세대들의 사고방식과 부딪힐 때마다, 저도 '차별을 내면화한 비장한 재일조선인'이라는 이미지만을 무의식적으로 받아들인 것은 아닌가 하고 문득 생각하기도 합니다. 조선 이름이나 국적으로 인한 고민은 식민지 지배라는 비대칭 권력관계가 낳은 것이며 역사적 기원을 가진 것인 만큼, 이 젊은 세대가 수용하는 방식에 당황하기도 합니다.

자신의 국적이나 이름 때문에 복잡한 감정이 들고 갈등하고, 각오를 다지도록 보이지 않는 힘이 작용하는 나라는 일본만이 아닐까 하고 자주 생각하고 있습니다. 세계 어느 사회에서나 젠더, 에스니시티·인종, 그리고 섹슈얼리티 등을 둘러싼 차별이 있습니다. 그러나 자신들의 국적이나 이름을 숨긴다는 행위에서 오는 불안이나, 숨기며 살아갈지 어떻게 해야 할지에 대한 망설임과 함께 심리적 압박과 갈등을 겪어야 하는 나라는 적지 않나요? 식민지 지배의 형태는 유사한 점이 많고 각국의 탈식민지주의적인 모순이 가져오는 문제가 있겠죠. 그러나 조선인과 일본인의 신체적 동질성은 '재일'에 대해서 스스로 '태생'을 숨기고 살아갈지 어떻게 해야 할지라는 '유혹'과 '일본인'으로서 살아갈 수 있다는 환상을 줍니다. 일본인으로서 살아가는 일이 개인의 행복으로 이어질지 어떨지는 모르지만, 그 편의성이 있는 만큼 논의는 피할 수 없겠죠.

대다수 일본인은 다른 나라에서는 생각하기 힘든 이러한 심리적 갈등을 재일조선인에게 일으키고 있다는 것에 전혀 자각하지 못합니다. 예전에는 미국에 사는 유대인이 그 '태생'을 숨기고 살아가고 성을 바꾼 사람도 있었습니다. 현재 미국 사회에서 유대인 차별이 없어졌다고 말할 수는 없지만 경제, 미디어, 그리고 교육을 장악하고 미국 사회를 뒤에서 움직이는 듯한 권력 형태를 보면, '태생'에 대한 갈등 등은 날려버린 것처럼 느껴집니다. '재일' 사회가 그러한 권력을 축적하는 것은 불가능하다고 생각합니다. 또한, 그러한 것이 필요하냐는 가치판단은 별도로 하고 애당초 재일조선인의 사회적 위치는, 만일 경제적으로 성공해도 크게 변화는 없겠죠. 그것은 식민지주의의 잔재라는 것도 있지만 그보다도 일본인으로서 국민적 정체성을 키우는 '바탕' 같은 것이 필요하기 때문입니다. 조선인에 대한 증오 표현으로 '바퀴벌레 조선인은 모두 죽어, 죽여주겠어'라고 외치는, '미쳤다'라는 말밖에 안 나오는 사람들의 대낮 시위가 표현의 자유라는 이름 아래에서 태연하게 통하고 있습니다. 이 사회의 자기 편애적 이상성은 대상이 조선인이기 때문이라는 것만으로 설명이 되지 않습니다. 타인이나 사회에 대한 최소한의 윤리성 결여, 즉 개인의 존엄이나 인권에 대한 가치관이나 관심의 결여 표현이 아닐까요? 그것을 우려하는 일본인은 70년대나 80년대에 비하면 명백하게 감소하고 있다고 느끼고 있습니다. 당신이 말하는 '트라우마나 말로 표현되지 않는 소외감이나 고독감에 대처할 필요나 방법도 없이 살아가는 것은, 백인이나 남성 등의 특권계급에 많다'는 추측에 동의하면서도, 문제는 당사자인 백인이나 일본인, 이른바 다수성 측에 있는 사람들은 자신들이 소수성에 가하는 압박감이나 차별의 존재를 자각하고 있지 않다는 것입니다. 피해자 의식에 대응하는 가해자 의식의 부재와 가치관, 즉, 우월감을 내면화하고 있는 것에 대한 무자각이 문제의 해결을 어렵게 하고 있습니다. 가해자와 피해자라는 양쪽 입장의 관계성을 복원하는 길은 가해자의 책임 자각이 선천적인 조건이 된다고는 생각하지만, 과연 그것이 많은 사람의 동의를 얻을 수 있을지는 어쩐지 불안합니다.

형 이야기에서 꽤 벗어난 느낌이 듭니다. 다시 이어서 말하자면, 1985년 국적법 개정은 부모 어느 쪽의 국적으로도 선택할 수 있다는 남녀평등이라는 점 등에서 보면, 언뜻 진보했다고 말할 수 있을지도 모릅니다. 한편으로, 일본인화라는 동화에 대한 길에 박차를 가하고 있습니다. 동화/일본인화하는 것도 재일 한 사람 한 사람의 주체적인 선택이라고는 생각하지만, 그 '주체적인 선택'이 편의성에 의한 것이 아닌 '일본, 그리고 일본인이 더 우수한 나라이자 민족이다'라는 식민지 언설에 대한 부(負)의 유산으로부터 해방된 후에 이루어지고 있는지를 추궁할 필요가 있다고 생각합니다. 그러한 의미에서는 당신이나 당신의 형도 국적을 '주체적으로 선택한다'라는 행위를 하고 있지 않습니다. 형은 태어날 때 부계혈통주의의 국적법 기반으로 한국 국적이 부여되었고, 성인인데 일본 국적으로 변경하고 있지 않은 이유는 어찌 되었든, 적어도 일본인을 우위라고 보는 '덫'에 빠지지 않아 다행이라는 견해도 들 수 있습니다. 한편, 당신은 양계혈족주의를 기반한 국적법 개정으로 인해 일본 국적이 부여되어, '주체적 선택'이라는 상황에 쫓길 일은 없고, 일본인과 '재일'을 둘 다 수용하며 살아온 것도 있으며, 일본인의 '우위성' 등이라는 환상을 내면화하지 않은 채 다른 하나의 아이덴티티인 게이라는 사실이 더욱더 자신의 가능성을 추구해 미국에 가게 되었을지도 모르겠군요. 거기서 당신 나름의 세계관이 더욱 축적되어 갔던 것이겠죠.

제4신 회신 에다 → 이, 2021년 11월 23일

형의 삶에 대해서 어렴풋이 추측했던 것이 이은자 씨의 타인으로서의 시점을 통해 조금 더 확신에 가까워진 기분이 듭니다. 확실히 그는 주체적으로 일본 국적을 선택하지는 않았지만, 한편으로 한국 국적인 것을 주체적으로

수용했었는지는 이야기하지 않으면 모릅니다. 제 아버지는 통명을 버림으로써 '재일'이라는 것을 쟁취했지만, 그런 통과의례적인 순간이 형에게 있었는지는 상상하기 어렵습니다. 성이 박씨이고 이름은 일본인 같으며 자주 있는 통명과 민족명의 갭을 느낀 적도 없었던 것이겠죠. 형의 의지가 어떻든 간에 역으로 '아무래도 좋다'라는 자세도 어떤 의미에서 나쁘지 않을 수도 있겠다고 생각합니다. 무관심과는 또 다른, '그럴 때가 아니야'에 가까운 스탠스입니다. 개인의 레벨로 국적이나 국가에 대치하는 것에 구애되지 않음으로써, 그러한 구조의 정당성 그 자체를 부정하는 것으로 이어질지도 모릅니다.

왜냐하면 2000년대 후반 미국에서 동성혼 합법화에 대해 논의가 높아졌던 시기에, 권리를 확보하는 일과 권력 구조에 동화하는 일에 대한 복잡함을 지적하는 목소리가 계속 있었습니다. 애당초 유복한 백인인 게이 이외에는, 결혼은 고사하고, 트랜스젠더의 권리를 포함해서 인종차별이나 경제 격차의 문제와 동시에 이야기하지 않으면, 결국 자본주의·가부장제 아래에서 이상적으로 여겨지는 가족상을 보강하게 된다는 시점입니다. 저도 20대였기에 그 근본적인 분석에 자극을 받아, '나는 절대 결혼하지 않아'라고 생각하게 되었습니다. 그러나 2015년에 미국 전체에서 동성혼이 합법화된 이래, 확실히 성소수자의 사회적 지위가 높아졌다고는 느끼면서, 권리가 보장된 것에 대한 중요성을 재검토했습니다. 최근엔 현재 남자친구와 결혼할까 하고, 편의성도 포함해 생각하게 되었습니다. 동화를 거절하는 것에 구애되어 이길 전투조차 부정하는 것보다 항상 앞을 보며 '그건 달성했어, 그러나 아직 이게 남아있어'라고 되풀이해서 말하는 형태도 있다고 생각합니다.

재일조선인의 문제로 말하자면, 권리를 보장시킨 점과 동화를 강제한 점은 반드시 대치되어 있습니다. 일본 국적을 취득하는 것은 호적을 가짐으로써, 상징 천황제의 틀에 들어갈 수 있게 되기 때문입니다. 설령 민족명을 유지하고 있다고 하더라도 호적을 갖고 있지 않은 왕족과 대비 구조에 편입된다는 것에는 변함이 없습니다. 귀화는 거부하고, 그래도 권리는 주장한다는 포지션이 세계적으로 봐도 재일사회의 최대 강점이라고 생각합니다. 동시에 개인의 레벨로서 어느 정도 '아무래도 좋아, 어차피 동화 따위 되지 않아'라는 경지도 삶의 방식으로서는 정답 중 한 가지라고 생각하고 있습니다.

형이 애매모호한 태도를 하는 한편, 네 살 아래의 여동생은 성인식에 치마저고리를 마련하고 있었습니다. 어머니한테는 전혀 지식이 없는 분야이기에 고생하신 듯하지만, 기모노(振袖, 후리소데)보다도 싸게 지었다고 기뻐하셨던 것을 기억하고 있습니다. 여동생에게 있어서는 그것이 바로 '재일' 아이덴티티를 쟁취하는 통과의례였던 것이겠죠. 대학 시절에 교제하고 있던 일본인 남성과 조용히 결혼했지만, 상대 부모는 여동생이 반은 조선인이라는 것에 몇 년 전 만나는 것조차 거부했었습니다. 조금 돈이 많은 가정이라고 들었습니다. 그때 그는 자기 집을 나와 이쪽의 데릴사위가 되는 것도 생각했던 모양으로, 일단 정상적인 인간이라는 인상을 가졌습니다. 저희 엄마는 놀란 듯이 이 이야기를 했지만, 저로서는 '재일'에게 지금도 자주 있는 일이라고 인식하고 있어, 어머니는 역시 재일조선인 당사자가 아니구나 라는 감회가 깊었던 사건입니다. 그렇다 치더라도 자기 장남의 결혼을 축하할 수 없을 정도로 일본의 식민지 지배를 아직도 생각하고 있다니, 얼마나 비참한 쁘띠 부르주아 일본인인가요.

말씀하신 대로 제2차 세계대전 후의 책임 추궁 달성은 대전제입니다. 적어도 일본 정부가 반드시 사죄하고 역사 교육을 철저히 하고, 천황제를 영구 폐지하기까지 우리들의 싸움은 끝나지 않습니다. 간접적으로도 직접적으로도, 일본에 대한 동화를 재촉하는 구조가 식민지 시대와 전혀 바뀌지 않은 시점에서 재일조선인이라는 역사적 주체의 존재 그 자체가 일본 국가라는 환상·모순·폭력을 계속 보여주게 되는 것입니다. 동시에, 재일조선인 커뮤니티 내의 과제도 복잡화되어가고 있겠죠. 3, 4세의 의식이 다양화되고 있는 것도 당연하다고 하면 그렇습니다만, 실제로 차별의 고통을 전혀 경험하고 있지 않은 세대가 역사의 흐름을 모른 채 자기 긍정을 해도 의미가 없다고 생각합니다. 그것이야말로 '일본도 한국도 양쪽이 '뿌리(Roots)'라는 자기들 이야기에 식민지 지배의 사실이 빠져버리면, 그것은 결국 다문화 자유주의에 먹힌 개인의 긍정으로 끝납니다.

특히 어려운 것은 일본제국의 식민지 지배와 미국과 유럽의 제국주의 차이를 명확하게 분석하는 것이라고, 미국 동부에 있는 대학에 소속하면서 느끼고 있습니다. 애당초 미국제국의 비판 자체가 과학적이라고 간주하지 않는 것은 제쳐두더라도, 인종 문제 등의 연구자 시점은 정말로 미국 중심이며, 일본 천황제에 기반한 권력 구조에 관해서 설명하는 데 어려움을 겪어 왔습니다. 물론 근본적인 억압 구조는 미국과 유럽이나 일본이나 같다는 분석도 필요하지만, 재일조선인의 문제를 연구하는 데 있어서 일본 사회에 특유의 가치관이나 세계관을 풀어내는 것이 필수적이라고 생각합니다. 한국인·미국인 동료들에게는 '한반도 vs 미국제국'이라는 읽는 법이 알기 쉽게 침투되고 있지만, 일본의 식민지 지배 영향을 미국제국의 권력 범위에 통틀어버리는 경향이 있어, 어떻게 된 일인가 하고 우려하는 중입니다.

게다가, 한국인·미국인의 역사적 주체성은 근본적으로 조국 지향(Home-land Orientation)이랄까, 한국 국적이건 미국 국적이건 일단 법적으로 존재가 보장되어있는 만큼, 재일조선인이 일정하게 가지고 있는 국가라는 것에 대한 거부 반응이 옅습니다. 주권이란 무엇인가, 하는 문제를 생각하면 제3세계의 언설에 따른 한국인·미국인 관점에서는 조선민주주의인민공화국의 주권이 그 운동을 하는 단체에게는 중요시되는 경향이 있다고 생각합니다. 말하자면 조선 총련 커뮤니티 이데올로기에 가깝다고 말할 수 있겠죠. 물론, 애당초 거기까지 사회주의 국가에 대한 이해가 있는 한국인·미국인은 적지만, 결국 목표인 비전은 한반도 통일과 주권 국가의 건설입니다. 저도 일단 찬동하고 있지만, 게이인 '재일'로서는 거기서 끝날 리가 없다고 생각합니다. 샌프란시스코의 공립 종군위안부 기념상의 설립 과정을 모방하는 제 연구에서는, 주권이란 기도에 가까운 '바치는 것'이라고 분석하고 있습니다.

'재일'이자 게이인 삶의 방식과 자신의 연구 내용과는 뗄 수 없는 관계에 있지만, 이은자 씨는 '나는 누구인가'라는 의문과 자신의 연구자로서 커리어에 대해 어떠한 관련성이 있다고 생각하십니까? 저는 곧 박사 학위를 취득하는 데 앞서서, 학문 세계는 솔직히 이제 질려버렸습니다. 짜증도 나고, 왠지 모르게 그 너머가 보여버렸기에 잠시 만족하고 시작하고 있습니다. 박사 논문을 서적으로 내기까지는 일단 지금의 연구는 계속하겠지만, '어느 정도 유명한 대학의 교수가 되고 싶네'라는 어렴풋한 희망만으로는 동기부여가 약하고, 코로나 바이러스 덕분도 있어 후련해질 정도로 아무래도 좋게 되었습니다. 커뮤니티 운동에서의 활동은 어차피 계속해갈 것이기에, 어차피 돈을 벌 것이라면 또 다른 새로운 것에 도전하려고 생각하고 있습니다. 이제까지의 연구자·운동가로서의 걸음을 되돌아보며, 이은자 씨가 대치해 왔던 문제와 주어진 결단에 대해서 부디 듣고 싶습니다.

제5신 이 → 에다, 2021년 12월 5일

순식간에 끝을 맞이했습니다.

이번 편지에서도 가족에 대해 언급하셔서 그 내용을 흥미 깊게 읽었습니다. 아버지와 여동생이 조선인으로서 살아가는 것을 당신의 표현을 빌리면 '쟁취했다'라는 대목이 있죠. 이전 편지에서도 다뤘지만, 조선인으로서 살아가는 것에 각오나 갈등이 동반되는 나라는 한국인 디아스포라가 산재하여 거주하는 각국 중에서도 일본밖에 없지 않나 하고 생각하고 있습니다. 옛 식민지 종주국에 사는 피식민지 출신인 사람들은 전 세계에 존재하고 있고, 또 인종차별로 실업에 직면하거나 그 외 여러 가지 불평등으로 고생하거나 하고 있는 사람도 많이 있겠죠. 그러나 옛 식민지국 출신이기에 그 '민족적' 배경의 차이에서 발생하는 심적 갈등은 있을 수 있어도 '살아가는 각오'와 같은 것까지는 별로 필요로 하고 있지 않다고 생각합니다. 일본 사회가 외국인에 대해서 폐쇄적인 사회이기 때문이라는 설명만으로는 부족합니다. 일본의 식민지주의 지배 정신성과 그것을 기초로 됐던 정책이 제2차 세계대전이 끝난 후에도 반복되고 있는 것은 왜일까? 일본의 정치가나 우익에서는 그 이데올로기를 침투시키기 위해 '열등 민족'이라고 자리매김할 조선인이 필요하고, 이용 가치가 있겠죠. '가상의 적'은 일본 국민을 지배하기에 유용한 사정도 있겠죠. 이 이데올로기를 기반으로 한 정신성은 당신도 말하고 있는 천황제를 지킴으로써 유지, 재생산되고 있습니다.

'"재일"을 쟁취한다'라는 당신의 말로 일본에서 살아가는 재일조선인이란 무언가를 다시 생각하게 되었습니다. 저는 20대 때에 '재일'의 사회 문제와 관련된 것 중에서 민족적 아이덴티티를 '회복'하는 것의 의의에 마주했었지만, 조선인으로서 살아가는 것을 쟁취했다는 의식은 없었습니다. 주위에서 '재일'로서의 주체를 '회복'하고 해방시키기 위해서는 먼저 한국에 가야만 한다고 들었던 적도 있고, 20대에 3개월 정도 한국에 가서 70년대 민주화운동의 현장에 참여할 기회가 있었습니다. 이때의 경험에서였을까요, 저는 '조선인으로서, 여자로서, 어떻게 살아갈까'를 기점으로 '자기 해방이란 무엇인가'라는 물음에 무게를 두기 시작했다고 생각합니다. 그러한 경위도 있고 '나는 누구인가'라는 질문을 거친 것이 아닌, '재일'로서 살아가는 것을 '선택해 가졌다'라는 생각도 가진 적은 없습니다. '자신이 사는 사회의 가치관에 얽매이지 않고, 자유롭게 살아가고 싶다'라는 욕구 쪽이 강했던 겁니다.

그러나 지금은 그러한 욕구도 없습니다. 제 나름대로 자기 해방을 완수했기 때문인지, 아니면 연령에 의한 것일지도 모릅니다. 아이들이 일본에서 조선인에 대한 부정적인 반응이나 차별적인 태도에 직면하고 트라우마를 안으면서 그것을 극복하기 위해, 즉 '정신의 탈식민지화'를 향해서 분투하고 있는 것을 보면, 저의 자기 해방이란 것은 모종의 관념적인 소원이며, 그런 것은 이미 어찌 되든 좋다고도 말할 수 있습니다. '자유'라는 말 앞에 요구하는 것이 변화해 왔을지도 모릅니다. 당신이 말했듯이, '국적이나 국가에 대치하지 않고 살아간다, 어찌 되든 좋아'라는 사고방식을 가지면서, 조선인이라는 조상을 인식하며 살아가는 자세를 가진 삶의 방식도, 그것만으로 충분하다고 말할 수 있지 않나 하고 생각합니다.

본래라면, 차별하는 측이 생각하고 고민해야만 하는데, 왜 차별당하는 측이 고민하고 상처받아야 하는가 하고 외치는 기분은 있습니다. 우리 아이들에게 말을 시키면 '재일조선인으로서 살아간다, 존재하는 것 자체가 레지스탕스이다'라고 합니다. 저는 이 의견에 깜짝 놀랐습니다.

일본 정부에 있어서는 일본인과 다른 이상이나 가치관을 지니고 동화하지 않은 조선인으로서 살아주지 않으면 곤란합니다. 일반 외국인과는 차이를 둬야만 하는 역사적 배경을 가진 재일조선인을, 민족적 소수성으로서 문제화하고 싶지 않습니다. 빨리 동화해 줬으면 한다는 바람 때문인지, 귀화 신청도 꽤 간략하게 되었습니다. 이러한 의혹 속에서 '재일'로서 살아가는 것 그 자체가 레지스탕스라는 사고방식이 있어도 괜찮지 않나 하고 깨달았습니다.

한편, '선택해 갖는' 행위를 의지적으로 할 수 있는 '재일'은 경제적으로나 정신적으로 여유 있는 층에 한정된 것도 '재일'의 실태가 아닐까요? 있는 그대로 살아갈 수 있는 사회라면 '재일'로서 살아가는 것 그 자체가 저항이 된다는 사고방식도 필요하지 않겠죠. 그러나 세대가 내려갈 때마다 하프나 쿼터의 사람이 증가하고, '재일'로서 살아가는 것의 내막도 시간의 경과와 함께 변화하고 있습니다. 일본 정부가 바라는 것처럼 가까운 장래에는 '재일 조선인이란 누구를 말하는 것일까'라고 물어버릴 정도로, '재일'을 둘러쌌던 실태는 잊혀지고 더욱 불가시하게 되어버리는 때가 올지도 모릅니다.

제가 젊었을 적에 경험한 일상에서 조선인이라는 사실에 두근두근하거나, 숨기거나 하는 듯한 경험을 할 필요가 없는 사회가 되기 위해서는, 일본 정부는 한반도 정책을 극적이며 구체적인 내용으로 변경할 필요가 있지만, 그 가능성은 거의 없습니다. 한반도에 대한 제2차 세계대전 후의 책임은 본질적으로는 뒤로 미뤄둔 채입니다. 한반도의 분단은 일본의 정치적인 '국익'과 직결하고 있기 때문이겠죠.

그러니까 일본인이 바뀌지 않아도 우리 자신들이 자유로워지기 위한 방도를 스스로 만들어가는 것 외에 선택의 여지는 없다고 생각합니다.

이번 회신을 받고 여동생의 이야기가 신경 쓰였습니다. 일본 국적, 일본 이름을 가지면서도, 조선인으로서 삶의 방식을 '쟁취했던' 여동생은 일상적으로 어떤 방법으로 조선인이라는 것을 표명하고 있나요? 대외적으로는 '재일'이라는 사실을 묵인하는 것처럼 생각되지만, 조선인으로서 살아가는 것을 '쟁취했다'라는 것을 어떻게 관철하고 있나 라는 의문을 가졌습니다. 조선인으로서 살아가는 것을 '쟁취했다'라는 것은, 일본인에게 향하는 것이 아닌, 자기 자신을 향한 것일지도 모른다고 생각했습니다. 차별에 대한 저항의 상징으로서, 또는 사회적 약자의 입장 시점에서 구축한 세계관이나 가치관을 표명하기 위해서였을 것이라는 추측도 하고 있습니다.

'다양한 재일상'이라고 하면, 당신이 재적한 '재일'의 그룹에는 미국에 살면서 일본어를 할 수 없지만, '재일'로 자기 인식을 하는 사람도 있다고 들었습니다. '재일'도 한국에서의 신이민, 러시아계 유대인과 재일 2세, 재일 2세와 재미한국인, 귀화한 재일과 일본인, 그리고 '재일'로서 자기 인식하는 것에 어떠한 의미를 추구하고 모이는 것일까요? 또한 당신은 재미한국인이 중심인 정치단체와 이 '재일성'을 강조한 그룹 둘 다 참가하고 있다는 것인데, 어떻게 공존하면서 참가하고 있는 것인가요?

저는 양쪽 그룹에 직접적으로 알고 있는 사람이 있지만, 멤버 전원이 성소수자에 대한 차별을 자신들의 과제라는 공통인식을 갖고 있다고 들었습니다. 또한 그 차별을 받고 있는 당사자가 많다는 것도 그래서 이들이 뉴욕시나 캘리포니아 베이 에리어(Bay Area)와 같은, 미국 중에서도 진보적인 도시부 주변에 멤버들이 거주하고 있는 경우도 있겠죠. 미국에서는 사회운동이나 정치운동을 하는 커뮤니티에서 성소수자의 사람들을 배제하며, 그 활동에 나아가는 것이 현재로선 꽤 어렵다는 배경도 있을지도 모릅니다. 진보적인 커뮤니티에서 인종차별을 남기면서 성소수자에 대한 차별은 민감하게 의식하며, 금기시하고 있다는 인상을 받습니다.

'재일'의 사회 및 정치 활동을 하는 커뮤니티에서는 성소수자의 과제를 기성의 정치 활동과 연결해 실천하고, 생각하고 있는 그룹은 거의 없다고 생각됩니다. 또 일본인의 LGTQIA+ 커뮤니티에서 한일 관계나 '재일'의 상황 및 역사를 확실히 인식하고 있는 사람은 아마도 극소수겠죠. 단순히 제가 모를 뿐인 이야기일지도 모르지만요. 꽤 이전에 재일교회의 청년들이 레즈비언인 일본인 목사를 강사로 초빙하여, '사건'이 된 일은 알고 있습니다(자세한 것은 본서 제3장을 참조). 당신이 말한 '기도/바친다'의 개념의 논문이 이 '사건'을 분석하는 것에 유효할지도 모릅니다. 한반도 통일을 향한 과제가 너무 크더라도 지금 시대의 조직 중에 있는 가부장적 발상을 무비판에 내재시키면서 하는 활동에는 설득력이 없다고 생각하기에, 그 논문을 부디 읽어보고 싶다 생각합니다.

마지막으로 제 개인적인 배경도 포함해 학문 세계에 관한 질문에 대답하고 끝내려고 합니다. 먼저, 저는 연구자 또는 대학 교원이 되기 위해서 학위를 취득한 것이 아닙니다. 이 점에 관해서는 몇 가지의 논고에서도 다뤘기에,

여기서는 현재 대학 교원으로서의 감상을 조금 이야기하려고 생각합니다.

대학이라는 공간이 그렇게 만드는 것인지, 또는 대학 교원이 되기까지 선생 쪽의 계급이나 환경이 닮아서인지는 모르겠지만, 개성적이며 재밌는 사고방식이나 삶의 방식을 하고 있다고 느끼는 사람은 적다고 생각합니다. 일단 일본에서 전임교원이 되면 경제적으로나 사회적 지위가 안정되기 때문인지, 연구자보다 공무원적 발상에 가득 찬 문화를 가진 경향을 많이 볼 수 있습니다. 단, 제가 소속한 국제학부에서는 어찌 됐든 간에 학생들이 교환 유학생도 포함해서 세계 이곳저곳에서 오고 있다는 점도 있어서 학생들과 서로 이야기를 나눌 때 자극을 많이 받고 있습니다. 일본에서 자란 학생도 취직 활동에 유용하다고는 생각되지 않는 저의 젠더나 인종 문제 등의 세미나에 등록할 정도니까, 반응을 보이는 학생이 대다수입니다.

학계의 하찮은 가치관, 저는 그것을 일측면만의 가치관이라고 표현하고 있습니다. 이것은 연구자로서 당연할지도 모르지만 얼마나 권위가 있는 출판사에서 어느 정도 책을 냈다라든지, 학회에서 상을 받은 것, 대학 내에서 요직에 오르는 등, 이들의 굳건한 가치관은 깊게 뿌리박혀 있습니다. 전체적인 문화는 어느 세계에서도 그렇지만 역시 성과주의며 권위주의입니다. 저는 그러한 가치관을 때마침 이 세계에 들어가기 전부터 갖고 있지 않았기 때문에, '재일'의 다수성에서 단련된 사상성은 지배적인 가치관에 휘둘리지 않고, 비교적 자유롭게 살아왔다고 생각하고 있습니다.

대학 교원이라는 것은 주관적으로 어떻든 간에 기업과는 다른 특권이 있습니다. 예를 들어, 미크로네시아, 한국, 미국, 오키나와에서 연구자뿐만 아니라, 예술가나 다큐멘터리 필름 작가 등 제 개인적인 네트워크를 사용하여 다양한 영역의 사람을 초대해 공개 강연회를 개최해 왔습니다. 이러한 것은 대학 교원이라는 직책을 얻었기 때문에 가능했던 것입니다. 이는 정말로 축복받은 특권이라고 생각합니다. 자신이 하고 싶은 일(연구 테마)을 하며 먹고 살아갈 수 있으니까요. 당신은 몇 번이나 '구조적 억압의 원인을 설명하는 일도 사회학자의 사명이며 그것을 떠맡고 싶다'라고 주지하셨죠. 학계의 추잡하고, 혹은 하찮은 문화나 사고방식은 무시하며 박사 논문까지 쓰셨으니, 이 세계에 머무는 것도 좋은 생각일지도 모릅니다.

물론 사회학 연구자로서의 사명을 다하는 것이 대학만은 아니지만요. 어느 쪽이든 저는 예기하지 못했던 듯한 만년을 즐기고 있고, 그러면서도 생활이 보장되는 자리가 주어진 것에 너무 감사하고 있습니다. 단 다시 태어나도 같은 직업에 종사하고 싶을지 어떨지는 모릅니다.

서면을 통한 대담은 여기까지 하고 다음에는 언젠가 뉴욕이나 일본에서 대면하며 맛있는 음식을 먹으면서 이야기합시다.

제5신 회신 에다→이, 2021년 12월 16일

며칠 전 3년 만에 일본으로 귀성하여 숙박 시설 대기도 벗어나 친정에서 이 최종 회신을 쓰고 있습니다. 정말 아직 이야기하고 싶은 것이 산더미입니다.

먼저, 가족이나 동료가 직면한 상황에 대해서 '자기 해방 따위 아무래도 좋게 되었다'라는 점에서 느낌이 팍 왔습니다. 최종적으로 자기를 해방할 수 있는 것은 저 자신뿐이니까라고 생각합니다. 그 때문에 주위의 사랑하는 사람들이나, 혹은 좀 더 보편적인 전 세계를 위해서 자신이 할 수 있는 일을 묵묵히 계속해 간다는 과정이야말로 해방인가 하고 느끼고 있습니다. 극단으로 투쟁적인 운동가에게는 통하기 어려울지도 모르지만, 아무리 노력해도 이뤄지지 않는 것은 있고, 오히려 어쩔 수 없는 경우가 대부분입니다. 구조적인 억압의 책임을 지게 하는 것을 멈춰서는 안 되는 것은 물론이지만, 페이스 배분이라고 할까, 한정된 시간과 체력을 사용하는 방법을 연구할 필요는 있다고 생각합니다. 자신을 피해자 이외의 캐릭터로 평가하는 것이 불가능해졌거나, '모두 괴로워하고 있으니까 나도 행복해지면 안 돼'라고 생각해버리는 경향도 '재일'이나 LGBTQ할 것 없이 눈앞까지 왔습니다. 그 점에서 '존재야말로 레지스탕스'라는 태도도 어떤 의미에서 '용서'의 형태일지도 모릅니다. 단, 가능하면 개인의 존재가 아니라 커뮤니티의 존재에 중점을 둘 필요는 있다고 생각합니다. 젊은 사람이라면 모를까, 언제까지나 자신의 존재만 구애되어서는 곤란하고, 아까우니 빨리 커뮤니티에 참가해주었으면 합니다. (웃음) '축제는 이미 벌써 시작했다고!'라고 모두에게 말하고 싶습니다.

세세해지지만, 저도 "'재일'의 아이덴티티를 쟁취한다"라는 표현은 써도 '선택해 가진다'라는 것은 모릅니다. 선택지가 깔끔하게 차려져 있지 않기 때문입니다. 말씀하신 대로 선택해 가질 수 있는 쪽은 여유 있는 자에게만 해당이 되겠죠. 그러나 '쟁취한다'라는 것은 살아남는 것과 관련된 행동입니다. 게이인 제게는 '재일'이라는 것, 적어도 넓은 의미에서 한국인이라는 사실을 쟁취하지 않으면 살 수 없었을 것으로 생각합니다. 과장일지도 모르지만, 현재 이렇게나 확실하게 느낄 수 있을 정도의 생명력도, 재일의 아이덴티티를 '회복'시키는 싸움에 몸을 던지지 않았다면 접근할 수 없었다고 다시한번 느낍니다. '재일'에게는 일본 국가에 빼앗겨 버린 것을 자신들 속에서 다시 몇 번이고 발견해, 다시 쌓아 올릴 수 있다는 것이 저항, 해방, 그리고 또 운명이라고 생각하고 있습니다. 빼앗을 수 있으면 빼앗아 봐라. 이렇게 생각할 수 있게 되었던 것도 역시 샌프란시스코에서 처음 재일조선인과 만나 활동을 시작했던 것이 계기였습니다.

캘리포니아에서, '재일'(및 고유 형용사로서의 자이니치) 그룹인 이클립스라이징(Eclipse Rising)으로 활동을 시작했을 당시는, 드디어 평생 활동할 장소를 찾았다고 생각했습니다. 일본의 '재일' 커뮤니티에도 LGBTQ 커뮤니티에도, 자신의 아이덴티티를 전면적으로 내세우며 활동할 수 있는 장소는 없다고 확신했었기에, 멀리 있는 바다 반대 측에서 저와 같은 모두와 만났을 때는 놀라면서도 '나여도 괜찮을까'라고 생각했던 때도 기억합니다. "내가 '재일'이라는 사실에 자신감을 가지지 않는 것이야말로 자이니치의 경험이다"라고 하기에, 그러한 생각을 서로 확인하고 난 후부터는 열등감을 느끼는 것은 없어졌습니다. 이전에 일본계 외국인인 단체 등과 회합을 가졌던 때에 타이밍을 가늠하고 게이인 것을 공언했더니, LA의 교원 조합 리더인 여성이 "당신의 용기에 감명받았어요"라고 말했습니다. 그때 이미 용기를 내고 공표했다는 마음가짐은 없었지만, 그녀의 반응은 강하게 인상에 남아있습니다. 지금은 동성혼이 합법화되어 차별은 조금 누그러진 느낌이 있지만, 대학 시절에 아시안계 LGBTQ의 활동에 관여하기 시작했던 때부터 한국인에 한하지 않고 아시아에 문화적 뿌리를 가진 커뮤니티에서 뿌리 깊이 존재하는 편견과 마주 보기 시작했습니다. 어떤 문화가 특히 악질이라던가, 역사의 문맥이나 사회제도 등을 무시하며 이야기해도 무의미하고, 그것은 논점이 아닙니다. 그저 제 입구가 거기였기에, 그 후 어떤 운동에 관여하더라도 인종 차별은 물론, 성소수자에 대한 차별 문제를 제대로 논의하지 못한 듯한 정치적으로 유치한 공간과는 관계를 맺고 있지 않습니다. 그러나 연대를 넓게 쌓아 올리는 일은 어려운 작업입니다. 영원히 차별하는 사람은 제쳐두고, 예를 들어 당사자를 포함하여 LGBTQ에 꽤 '관용'적인 한국인·미국인 단체에서도, 결국 가부장제에 기반한 성차별 문제와 자본주의가 일으킨 냉전 체제, 그리고 사회주의 국가가 해결할 수 없는 여러 가지 모순에 대해서 복합적으로 분석할 수 있는 장소는 아직 거의 존재하지 않습니다. 그렇다면, 9·11테러 이후 유럽과 미국, 여러 국가에서 현저했던 'LGBT에 관대한 우리들의 사회야말로 우수하다' '동성애를 혐오하는 나라나 문화는 응징해야만 한다'라는 호모 내셔널리즘의 언설에 사로잡혀 버립니다. 역시 젠더와 섹슈얼리티 문제와 국가나 분단 통일 등의 지정학적인 문제가 어떻게 관련하고 있는지, 연구와 운동을 통해 명확하게 해나갈 필요가 있다고 생각합니다.

애당초, 어디를 가더라도 제일 진보적인 활동을 하는 공간에서는 당연하듯이 LGBTQ 당사자가 리더십을 맡고 있습니다. 이는 성소수자의 인권단체에 한하지 않으며, 예를 들어 제가 소속한 한국인·미국인 조직 노둣돌(Nodutdol)에서도 그렇습니다. 좌익의 아시아인·미국인의 대중운동에 관련해 있으면, 어떤 민족 문화의 그룹이든 이형의 남성이 중심인 것이 적다는 것을 깨닫게 됩니다. 비자 등 정식 서류를 가지지 않는 이민의 권리운동에서도, LGBTQ 당사자가 선두를 달림과 동시에 'Coming Out of the Shadow'라는 슬로건을 사용해, 명백하게 LGBTQ 운동에서 영향을 받았다는 것을 전면에 내세우고 있습니다. 이것이 규모가 큰 NPO나 학계 등이 되면, 금전적 자원이나 사회적 지위와의 관계가 가까워지게 되고, 거기에 끌려서 특권을 가진 신체가 늘어나는 것은 어디든 똑같겠죠. 설득력이 없다고 해야 할지, 도움이 안 되고 방해일 뿐이지만, LGBTQ가 없거나 혹은 있어도 급진적이 아니면 자본은 쉽게 모여든다 생각합니다.

그래도 조금씩, LGBTQ인 한국인·미국인에 특화한 커뮤니티가 대중운동 속에서 생겨나기 시작했습니다. 2013년에 다리 프로젝트(Dari Project)라는 뉴욕시 근교에 있는 유지 모임이 당사자의 라이프 스토리를 영어와 한국어로 동시 게재한 앤솔로지를 출판한 이래, 정기적으로 회합을 열거나 온라인으로 교류를 주고받거나 하고 있습니다. 2018년에는 미국 전체에서 처음으로 KQTCon(Korean Queer&Trans Conference)이 개최되어, 3일간 200명 이상의 참가자가 미국 전역과 미국 이외의 지역에서 모였습니다. 특히 20대 젊은이가 많았다고 생각되는데, 당사자인 부모가 적극적으로 서포트를 제공했던 것이 인상적이었습니다. 합계 20개 정도의 워크숍에서는 사전에 조사한 요구를 기반으로 정신 건강, 가족 관계, 그리고, 종교 신앙을 주요 테마로 다루고, 기조 강연에서는 양자로 자란 장애인 권리 운동가인 미아 밍거스

(Mia Mingus) 씨가 감동적인 스피치로 회장 전체를 눈물 바다로 만들어버렸습니다. 참가한 많은 당사자에게 태어나서 처음으로 영혼 깊숙이 '어서 와'라고 말한 듯한 감각입니다. 그러나 저로서는 팸플릿이나 웹사이트에 레인보우 깃발과 한국기만이 상용되었다는 것에서 실망스러웠던 점도 있었습니다. 특히 다뤘던 세 가지 테마들이 결국 개인에게 집약되는 방향으로, 식민지 지배나 미국에 의한 분단 역사 등 정치적인 논의가 쏙 빠져 있었던 것이 참으로 답답했습니다.

집결하여 억압 구조를 바르게 하겠다는 것보다 사회 복지 서비스적인 단면에 중점을 두어, 물론 그것도 필요하지만, 미국제국 비판에 대한 의식이 높지 않다고 느꼈습니다. '한국인 디아스포라'라고 묶는 방식은 많이 사용되고 있는 한편, 아직 '미국/한국'의 이차 구조에서 탈각되지 않는 집단 아이덴티티의 형성이라고 생각합니다.

그에 비해 같은 LGBTQ 당사자들만 있는 노둣돌에서는 추상적으로 '퀴어에 우호적(Queer friendly)인 한반도 통일을'이라고 외치는 것보다도, 반제국주의 운동을 전개하는 사이에서 날마다 커뮤니티를 형성하는 방법 자체가 상냥함과 배려, 그리고 사랑이 넘친다고 느껴집니다. 국가로부터이건, 가족으로부터이건, 폭력에 가장 가까운 장소에서 살아가는 사람으로서, 그래도 일단 거주하는 장소나 수입이 있는 사람으로서, 자신들이 물질적으로 할 수 있는 일은 무엇인가를 필사적으로 생각하고 있습니다. 전략적 우선순위가 아닌, 애당초 목표하는 장소가 상당히 멀리 있어서, 자본주의 국가에 권리를 인정받았다 하더라도 엄청난 진보가 아니라는 인식입니다. 사용하는 말 한마디라도 시선을 두는 방식이나 이야기를 듣는 자세 등의 동작이라도, 신체감각의 레벨에서 다시 생각하고 다시 단련해 가는 과정의 선두에 있는 것이 LGBTQ 당사자라는 것이 제 고찰입니다. 무언가 긴급사태가 일어나면 제일 먼저 악영향을 받는 처지에서 바로 지금의 현재 상황이 긴급사태 자체라는 분석을 공유함으로써, 서로 신뢰할 수 있는 관계를 장기적으로 쌓아 올라갑니다. 위의 활동처럼 특화된 장소를 만드는 것도 중요하지만, LGBTQ 당사자가 조선인이라는 점을 디아스포라를 통해서 생각한 결과, 분단 통일의 문제는 그냥 지나칠 수 없습니다. '나'나 개인에게 집약되기 쉬운 성소수자의 갈등을, 신체감각을 포함해 '공적(公)'인 구조로서의 섹슈얼리티 문제로 대체함으로써, 민족 아이덴티티와 가부장제를 동시에 물을 수 있습니다.

경제 제재라고 해서, 전시 중이라고 해서, 용서받을 수 있는 것이 아니기 때문에, 이상을 놓치지 않고 생명 자체를 긍정하는 커뮤니티를 실천하고 체험해 나가는 것이 요구되고 있어서 완벽하지는 않더라도 노둣돌의 활동도 그 한 예로서 관여하려고 합니다.

물론, '재일'에게 있어서도 통일 문제와 가부장제·섹슈얼리티 문제가 이어져 있는 것을 지금까지 둘이서 몇 번이고 강조해 왔지만, 일본 국가의 구조로는 이름, 호적, 천황제와 직결하고 있다고 다시 한번 생각해 보는 계기가 되었습니다. 이것을 LGBTQ의 문맥에서 읽으면, '가족 이외의 가족'이 키워드가 될지도 모릅니다. 아니면 좀 더 엄밀하게 말하자면 '가족을 포함한 가족 이외의 가족'이라는 선문답 같은 표현이 되려나요. 안이한 귀화를 거부함과 동시에, 호적이나 이름으로 민족의 구별을 하지 않고, 그렇다고 해서 강제 이성애를 전제로 한 기존 커뮤니티의 재생산에만 신경을 쓰지 않는다면, 지연과 혈연의 양자택일밖에 준비되지 않는 국적이라는 구축물을 비판하고 웃어넘길 수 있다고 생각합니다. '다양한 가족의 모습' 같은 개인주의·자유주의의 마케팅이 아닌, '당신들의 구조는 구멍투성이야'라고 말하면서 언제까지나 가능한 한 뻔뻔하게 눌러앉아, 피나 땅에 국한되지 않고 '지(知)'로 유대를 이어 언젠가 '천황제를 쳐 날리자'라고 남의 눈에 거리낌없이 외칠 수 있는 날을 꿈꾸고 있습니다.

광산을 열었던 사람이나 비행장을 만들었던 사람이 조선인이라면, 메이지 이후 일본 국가의 조직이나 제도 구축에서 가상의 적 또는 지배 객체로서 일본인의 잠재의식에 크게 차지해 왔던 사람도 조선인입니다. 그리고 부부별성이거나 동성혼이거나의 레벨이 아닌, LGBTQ 당사자와 재일조선인이 결탁해야만 하는 오키나와·아이누 부락 문제도 있어, 역시 지정학적인 비판 없이 개인의 몸으로서 섹슈얼리티에 초점을 맞춰도 장기적으로는 무의미합니다.

퀴어 정치학(Queer Politics)이란 무엇인가 하고 파고들자면, 저로서는 역시 공유하기 위한 신체감각이며, 제2신 회신에 썼던 '세상과 마주 보는 생명력의 불꽃'이며, 말하자면 태도라고 생각합니다. 재일조선인의 역사라고 하면, 예를 들어 '불령선인(不逞鮮人)'이라는 표상은 3·1독립운동 제압 시의 신문 미디어에서 생겨나, 간토대지진에서의 학살에서도 사용되었지만, 항일 무정부주의자인 박열(朴烈)과 가네코 후미코(金子文子)는 이 기호를 역이용하여 '불령사(不逞社)'를 설립하고 『불령선인(太い鮮人)』을 출판했습니다. 이 언어적 작업은, 성소수자에 대한 차별어인 '퀴어'를 개인의 자율권을 위해서 탈환하고 재이용(Reclaim)하는 흐름으로 통하는 경우가 있습니다. 단지 단순히 남성성·여성성이나, 이성애·동성애 등의 이항 대립을 부정하는 것뿐만 아니라, 주체성이라든가 행위자를 근본적으로 다시 묻는 것이 퀴어 정치학이며, 거기에는 불굴의 정신과 맹렬한 자애가 동시에 개재하고 있다고 생각하고 있습니다.

저번에 '결혼할까 생각하고 있다'라고 말했던 남자친구는 실은 미국 해군 출신인 전직 군인입니다. 옛날이라면 오기로라도 안 사귀었으리라고 생각하지만, 정치 신조뿐만 아니라 남부의 가난한 시골에서 벗어나기 위한 수단으로 입대했던 과정 등의 이야기를 듣다 빠져서 제 시점도 변하기 시작했습니다. 흑인 소년이었던 그에게 주어진 거의 유일한 진로를, 자유롭게 살아왔던 제가 선인지 악인지 만으로 이야기하는 것은 오만에 불과하다고 생각하고, 무엇보다 그의 영혼이 멋있어서 좋습니다. 그리고 한국인이 전쟁 후에 미국으로 이주하고 커뮤니티를 형성해 왔던 역사 속에서 미국 군인과 결혼하여 영주권을 얻고 다른 가족을 데리고 온 여성들이 한편으로는 성 노동과의 관련성으로 인해 가족의 수치처럼 여겨져 왔던 것도 항상 머릿속에 있습니다.

그러니까 동성혼이라는 제도를 크게 이용하여 일본에도 미국에도 뻔뻔하게 눌러앉아 주겠다는 태도도 좋다고 생각하고 있습니다.

아이들에 대해서는 어느 쪽이든 좋습니다. 수영 교실에서 아이들을 상대해 온 경험도 있어 다루는 일에는 익숙하지만, 한국에서 태어나 미국 백인 가정에서 양자로 자란 한국인 동료들이 그 제도에 대해 비판적이기에, 역시 신중해지게 됩니다. 아이들을 양육할 정도로 열심히 일하고 싶지 않아,라는 것이 본심이기에 적극적으로는 못 하지만, 이것도 전부 인연이 아닌가 하고 생각합니다. 그저 '인류의 미래가 이렇게나 암울하니까 아이를 낳지 않을 거야'라는, 자주 있는 견해는 개인적으로 잘못됐다고 느끼고 있어, 자신의 아이든 타인의 아이든, 오히려 인간이건 지구 환경이건, 미래를 지키도록 책임을 갖고 지금을 살아가는 것은 당연하다고 생각하고 있습니다. 저도 교육자로서 학생과 진검승부를 하는 것으로 사람을 키우고 자신을 키우고 있는 일에 강한 기쁨을 느끼고 있습니다.

잠시 학계와 결별하면서 여기저기 여러 대상의 장점만을 취합하는 것을 목표로 하려고 합니다. 운동 동료나 학생들과 함께 살아간다는 의미에서도 '가족도 포함한 가족 이외의 가족'이라는 것이 '재일' 게이로서 세계에 대한 제 불굴의 정신과 맹렬한 자애의 형태입니다.

이은자 : 5개월 가까이에 걸쳐 같이해 주셔서 정말로 기쁘고, 또 감사합니

다. 편지 형식이기에 서로 생각이나 사고의 깊은 부분까지 표현했을지 어떨지 잘 모르지만, 적어도 이 대담을 보신 분에게는 독특한 기획 내용이 전달되지 않았을까 생각합니다. 감사했습니다.

제3부

식민지주의가
가져온 것

| 제5장 |

잊힌 또 하나의 식민지
구 남양군도에서의
종교와 정치가 가져온 문화적 유제

2014년은 제1차 세계대전 개전으로부터 약 100년에 해당한다. 일본은 100년 전의 8월 23일에 독일과 국교를 단절하고 선전포고해서 10월 3일, 독일령에 있었던 괌을 제외한 북마리아나 제도, 캐롤라인 제도, 마셜 제도를 점령했다.

그 점령지는 서태평양의 적도 이북에 위치한 남양군도라고 불려 왔던 도서 지역이다. 섬들의 해역은 동서 5,000킬로·남북 2,400킬로로 광대하고, 역내에 있는 섬의 수는 약 1,400여 개 정도 되지만, 총면적은 도쿄도와 거의 같은 정도라고 한다. 남양군도는 영어 표기 발음으로 '미크로네시아'라고 불려왔는데, 이것은 그리스어의 '작은 섬들'이라는 의미에 해당하는 micro (작은), nesia(섬)을 어원으로, 1831년에 프랑스 지리학자에 의해 붙여졌다.[1] 이 작은 도서의 해역에는 현재 4개의 '국가', 팔라우 공화국, 북마리아나 제도 자치 연방, 마셜 제도 공화국, 그리고 미크로네시아 연방이 성립해 있으며, 전 지역의 총인구는 30만에도 미치지 않는다.

그러나 이 지역은 16세기 이후 스페인, 독일, 일본, 미국이라는 제국의 식민지로 중요한 존재였다. 그 증거로서 100년 전의 일본도 그렇지만, 현재는 미국에 의해 군사·외교권을 좌지우지당해, '독립국가'라는 이름뿐인 '종속국가'로 존재하고 있다. 바꿔 말하자면, 이 4개의 '국가'는 현재 미국과의 자유 동맹국(Compact Free Association) 또는 자치 연방구(Common Weles)라는 지위 협정을 바탕으로 '반식민지' 상태에 있다고 할 수 있다.

지역 또는 사람들의 총칭으로서 사용되고 있는 미크로네시아·미크로네시안은 4개 국가 중 1개의 국가명(미크로네시아 연방)으로도 사용되고 있기에 혼란하기 쉽지만, 이 미크로네시아 연방을 구성하는 4개의 행정 주(야프 섬, 코스라에 섬, 포나페 섬, 추크 섬·구 트루크 섬) 중 2개의 주, 포나페와 추크에는 옛 일본인 선교사단인 '남양 전도단'이 제1차 세계대전 후, 일본 해군성의 의뢰로 파견되었다. 그러나 그 선교사 파견의 역사적 배경에 관해서는 선행연구도 적고, 이 지역 전반에 관한 연구도 최근 조금씩 늘기 시작했으나, 과거 그 땅이 '대일본제국'의 식민지 중 하나였다고 보는 연구 자료는 많지 않다.

현재, 이 지역을 향해 일본에서 여행할 경우 직항편은 없고 괌에서 환승해야 한다. 게다가 환승 연결편은 주 3회로 적고 괌에서의 연결을 위한 대기 시간은 길다. 직항이면 4~5시간 정도인데, 현재는 거의 하루 종일 걸린다. 지리적으로 '가까우면서 먼 나라'[2]이다. 거리적으로는 가깝지만, 감각적으로는 먼 나라이다. 전쟁 경험이 없는 세대에게는 관광 리조트로 알려진 북마리아나 제도의 중심 섬인 사이판 섬은 잘 알려져 있지만, 포나페, 추크는 지리적 위치는 물론이거니와, 감각적으로도 파악하기 어려운 먼 땅이라고 할 수 있겠다. 그러나 이 땅에 대한 근대사를 펼치면 일본과 깊은 관계가 보인다.

근대 제국주의의 마지막 식민지 지역이라고 일컬어져 온 이 태평양 지역을 '일본제국'은 일찌감치 메이지 초기부터 식민지로 삼기 위해 호시탐탐 노려왔었다. 그 정도로 출범한 지 얼마 안 된 메이지 정부에 있어서는 중요한 지역이었다.

1887년 전후 무렵 나타난 여러 가지 '남진론'에 이 지역의 기후나 문화에 대해서 언급되었다. 여기에 앞서 1873년, 근대국가를 확립하기 위해 서양 시찰을 목적으로 조직된 '이와쿠라 도모미(岩倉具視) 사절단'이 2년 반이라는 긴 기간을 걸쳐 갔었던 서양 시찰의 귀로에 '인도 남양에 들렀다'라는 기록에서도, 태평양 섬들은 일본제국에 있어서 대륙 진출과 더불어 중요한 지역이라고 말하고 있다.[3]

일본과 미크로네시아와의 최초의 관계는 '국가'가 직접 개입하기 이전인 1880~1890년대에 개인의 모험적 입도에서 비롯됐다. 그 개인의 원양 항해만 해도 메이지 초기, 중기의 팽창주의자를 특징짓는 낭만주의, 이상주의, 열광적 애국주의에 물든 해외 팽창 지향의 파도와 무관하지 않았다.[4] 개인의 야심이나 낭만에 기반한 이동에서 비롯되어 국가적 야망과 이익의 대상이 되었던 이 땅은 현재도 일본에게 지정학적, 생태·환경학적, 경제적, 그리고 군사적 측면에서도 중요한 지역으로 평가되고 있다.[5]

남양 전도단에 관한 선행연구는 극히 한정되어 있어, 본고는 그 한정된 선행연구[6]와 당시 일본 해군의 자료, 그리고 현지에서의 필드 리서치를 바탕으로 검증하고, 또한 종교와 정치가 초래한 문화적 유제, 즉 선교사가 현지에 가져온 이문화와의 조우가 현재의 섬 문화, 그리고 정치·사회에 어떠한 영향을 미쳤으며 그 영향이 지금까지 어느 정도 남아있는지를 살펴보려고 하는 것이다.

'남양 전도단'을 보낸 역사적·정치적 배경

일본인 선교사단인 '남양 전도단'이 남양군도에 파견된 시대적 배경은 제1차 세계대전 후에 창설된 국제연맹하에서 위임통치라는 제도가 시행된 기간이었다.

위임통치제도 시행 한 달 후인 1920년 2월에 일찌감치 제1진을 보냈고, 그들의 활동은 제2차 세계대전이 종결하는 1945년까지 계속되었다. 그 사이 1931년에 일본은 만주사변을 일으켰고 1933년에는 국제연맹을 탈퇴했다. 그럼에도 불구하고 일본의 통치는 계속됐다. 통치가 계속되었기에 선교사들도 계속 그 땅에 머물렀다. 제1차 세계대전의 발발 직후 남양군도에 선포된 군정은 전쟁 종결 후에도 위임통치제도하에서 민정으로 이행하고, 일본은 그 땅을 계속 지배했던 것이다.

일본 지배의 대의명분이 되었던 위임통치 수임에 이른 경위는 일본이 제1차 세계대전에 참전하고 전승국의 일원이 되었던 것, 전쟁 후의 처리를 둘러싼 관계 각국의 생각이 교착한 사이 일본이 그 땅을 실질적으로 통치했다는 기성사실 등이 크게 작용했던 것과 관련이 있다. 따라서 이 전쟁에 대해서, 그리고 위임통치제도에 대해서 조금 살펴보고자 한다.

2014년은 제1차 세계대전 발발 100년째임에도 불구하고, 이 전쟁에 관한 일본의 관여에 대해서 각 논단이나 미디어에서 크게 다루지 않았던 것 같다. 제2차 세계대전에 비해 너무 언급하지 않는 이유는 제1차 세계대전은 제2차 세계대전 정도로 심각하고 커다란 영향이나 피해를 일본에 끼치지 않았기 때문일 것이다. 그에 비해서 제2차 세계대전은 일본이 연합국에 패배하는 것으로 종결을 보았기 때문에 그 피해와 영향은 컸다.

제2차 세계대전은 러시아나 중국 대륙을 커다란 전쟁사태로 덮었을 뿐만이 아니라, 유럽 여러 국가나 아프리카 대륙도 전장으로 만들었다. 그 인적 피해는 전 세계 중에서 6,000만 명으로 간주하고 있다. 그 점을 통해, 제1차 세계대전은 기본적으로는 당시 유럽이 주요 전장이었기에 유럽 전쟁이라고도 불렀다. 제1차 세계대전은 이제까지의 어느 전쟁보다도 커다란 인적 피해를 남겼고, 제2차 세계대전이 일어나기 전까지 인류사상 최대의 희생자를 만든 것으로 알려져 있다. 그뿐만이 아니라, 전쟁 결과로 3개의 제국이 해체되어 힘의 균형(Power of balance)이라는 개념이 생길 정도로 국제 정치, 국제 질서의 모습에 결정적으로 영향을 준 전쟁이라고 일컫는다.[7] 20세기를 '전쟁의 세기'라고 표현한 먹구름 시대의 개막을 의미하는 전쟁이었다. 그리고 그 '전쟁의 세기'는 21세기에 들어서 '반테러 전쟁'의 시대를 낳았다. 제국주의 국가 간의 세계전쟁이 국지전적인 전쟁으로 모습을 바꿨다고는 하지만, 현재도 국가 간의 '본질적' 이해관계의 연속성을 볼 수가 있다.

제1차 세계대전은 여름에 시작해 크리스마스까지에는 끝날 것이라고 단기전을 상정했던 각국의 전망에 반해, 전쟁은 예상을 뛰어넘어 장기화가 되고, 일본을 뺀 참전국의 많은 '국민'이 희생당했다. 수많은 피식민지의 사람들도 전쟁의 제1선으로 달려나가 종주국이 시작한 전쟁에 희생되었던 전쟁[8]이었다.

일본은 아시아에서 유일하게 식민지를 획득한 나라임과 동시에 유럽에서 일어났던 전쟁에 참여한 유일한 국가이다. 식민지 종주국 또는 '제국'의 일원이기에 당연한 흐름이라고 말할 수 있을지도 모르지만, 일본에 있어서 이 전쟁에 대한 참여 성과는 그 피해자 수에 비하면 큰 것이었다. 전쟁이 초래한 이익은 가늠할 수 없을 정도로 막대한 것이었다. 실질적인 경제적 이익뿐만 아니라, 결과로써 '서양' 제국과 어깨를 나란히 하게 되었고, 전승국의 일원이 되었던 것은 청일·러일 전쟁의 승리와 이어진 일본의 '제국'화를 향해 더욱 자신감을 주었다. 확실히 메이지 유신 정부의 국가 지침인 '부국강병'을 보다 구현화시키고, 서양 열강에 그 존재를 강하게 어필하는 것이 되었던 전쟁이었다고 할 수 있다.

일본의 통치자, 특히 군에 있어서 바랄 나위 없는 '행운'이었던 이 전쟁에 일본이 참전한 배경은 무엇이었을까? 프랑스와 독일의 역사가인 베켈과 크루마이히는, 저서『불독 공동통사·제1차 세계대전(共同通史·第 1 次世界大戰)』속에서 일본의 참전 이유 두 가지를 열거했다. 첫 번째는 1902년에 맺어진 영국과의 동맹관계. 참전은 제3차 영일동맹을 갱신할 때인 1911년 후로, 상호 동맹관계에 의한 쌍방의 의무가 감소했었던 시기였음에도 불구하고, 일본은 영국의 참전 요청에 응했다고 설명하고 있다. 즉, 동맹관계의 정치적 의무가 경감되었던 시기였음에도 불구하고, 적극적으로 그 요청에 응했던 것이다. 그것은 주지하는 바와 같이 대만에 이어서 조선을 식민지화하고 제국을 향한 길을 거침없이 매진하고 있던 일본에게 있어서 절호의 기회였을 것이다. 간단히 말하자면, 일본에게 있어서는 당연한 응답이었다고 말할 수 있을 것이다. 두 번째는 대전 국가인 독일이 중국의 산동반도의 청도(靑島)에 조차지를 설치했던 것과 태평양 섬들—솔로몬, 캐롤라인, 마리아나, 마셜 제도를 점유하고 있었기에, 일본은 독일로부터 조차지와 영토를 빼앗기 위해서 참전했다고 지적하고 있다.[9]

예를 들어, 러시아의 남하정책에 대항하는 목적 중 하나였던 한반도의 식민지화를 1910년 달성하였던 일본에 있어서 한층 더 '북진', 즉 대륙에 대한 침략을 추진하는 데 있어서, 산동반도에 대한 영토적 야심이 컸던 것은 쉽게 상상이 간다.

또한, 베켈과 크루마이히의 설명에서도 명백하듯이 일본제국의 근대 야망—대륙을 향한 '북진'과 남양에 대한 '남진'—을 동시에 가속도로 달성하고, 한층 더 제국화를 향한 디딤돌을 얻기 위해서라도 제1차 세계대전에 대한 일본의 참전은, 영일 동맹관계라는 조약상의 요청 또는 책무 때문이라기보다 영토적 야심을 채우기 위한 것이었다고 말할 수 있다. 바꾸어 말하자면, 동맹국이었던 영국으로부터의 참전 요청은 계기이기는 했지만 제국주의 국가의 새로운 일원으로서 대두되는 일본의 통치자, 군 관계자에게 있어서 참전 요청은 군사력을 시험할 수 있는 적절한 기회이며, 뜻밖에 얻은 요행이었다고 말할 수 있다.[10]

4년에 달한 전쟁에 영국과 프랑스 측이 승리하면서 독일이 보유하고 있었던 식민지의 양도나 분할에 대해서 서로 논의하기 위한 강화회의가 시작됐다. 1919년 1월에 제1회 전쟁 후 처리에 관한 회의가 파리에서 시작되어, 같은 해 6월에 베르사유 강화조약이 체결면서 전쟁 후 처리에 관한 회의는 막을 내렸다. 전쟁 후 처리에 대한 방침은 이미 전쟁 종결 1년 전인 1917년에 연합국 사이에서 비밀회의가 열려, 그 자리에서 논의되었다. 예를 들어, 일본과 영국과의 사이에 맺어진 밀약에서 제1차 세계대전 후 일본이 남양군도를 영유하는 것을 영국 측이 이미 승인을 한 것이었다.[11] 이러한 두 국가 간의 밀약, 교섭뿐만이 아니라 패전국 독일의 식민지 반환 요구나 영국자치령(오스트리아, 뉴질랜드, 남아프리카)에서는, 참전한 대가로 전시 중에 점령했던 영토를 전쟁 후에도 계속해서 관리 지배하겠다는 주장이나 요구 등, 종전 후를 예상한 여러 가지 의도가 각국 간에서 서로 얽혀, 물밑 교섭이 시작되고 있었다. 그들의 논의 과정에서, 윌슨 미국 대통령의 '영토 비병합, 민족자결'이라는 원칙은 미국이 대전 도중부터 참전했지만, 연합군 측의 승리를 이끄는 데에 결정적인 역할을 한 만큼 그 발언의 영향력은 컸다.[12]

참전 각국이 승리의 전리품으로 새롭게 획득한 지역을 포함해, 기존의 지역을 식민지로 재지배하지 말자는 '영토 비병합, 민족자결' 이상은, 영국군인 스마츠(Smuts)의 아이디어였는데, 초기의 안은 남양군도를 포함하지 않는 구 식민지에 대한 방안이었다. 그러나 미국은 '남양군도도 포함해야 한다'라고 주장했다. 제안의 배경에는 대전 도중에 참전한 미국의 의도가 있었다. 전쟁 종결 전부터 전승국 간에 오갔던 식민지를 재분할하자는 논의의 흐름에 늦게 편승했던 미국에게 있어서, 미국을 제외한 전승 열강 간의 전리품으로 식민지를 재분할하는 방안은 미국 세력권에도 영향을 미쳤기 때문이다.[13]

어느 쪽이든 '영토 비병합' '민족자결의 원칙'은 제1차 세계대전 후에 설립하기로 결정된 국제연맹(League of Nations)에서 표방한, 공동 관리를 통해 수행해야만 하는 목표와 이념이 되었다. 그러나 현실적으로는 '연맹'이 직접 공동 관리하기는 어렵다고 판단되어 관계 각국에 위임한다는 형태로 정착되어, 그 '통치'를 연맹이 감독한다는 일종의 타협안으로서 태어난 것이

이 '위임통치제도'이고 영어로는 맨데이트(Mandate)였다.[14]

'영토 비병합, 민족자결'이라는 대의명분의 수행은 수임국의 의무가 되었고, 수임국에게는 담당했던 해당 지역의 자립을 지원한다는 과제가 내려졌다. 위임통치된 지역은 그 영토 면적, 인구, '문명도'에 의해 A, B, C식으로 순위를 매기게 되었다. 그리고 일본이 통치하게 되었던 남양군도는 가장 '문명도'가 낮아 자립되지 않은 C에 분류되었다. 일본은 수임국으로 국제연맹에 통치 내용을 보고하는 의무가 내려져, 그 의무를 완수함으로써 통치권을 얻었다. 그러나 통치 내용은 실질적으로는 여느 식민지 통치와 다를 바 없었다. 위임통치 수임국 일본은 이 제도를 바탕으로 그곳의 시정·입법에 대한 전권이 부여되어, 일본 국내의 법규도 적용할 수 있게 되었다. 한편, '연맹'은 일본의 통치를 조사하는 권한은 없었고 '연맹'에 대한 보고 의무를 감독하는 것만이 있었다.[15] 그리고 1922년 팔라우에 남양청이 설치되었는데 이는 명분상 군정에서 민정으로 바뀌었을 뿐 일본의 지배는 제2차 세계대전 종결까지 이어졌던 것이다.

남양군도의 종교정책

'남양 전도단'이 보내진 경위와 그 배경인 국제연맹의 위임통치제도, 그 위임통치를 수임하는 데에 이르렀던 제1차 세계대전에 대한 일본의 참전을 살펴보았다. 여기서는 누가, 왜, '남양 전도단'을 보냈는가, 그 직접적 배경이 되는 일본 정부의 이 지역에 대한 종교정책에서 '남양 전도단'이 보내진 배경을 더욱 구체적으로 살펴보고자 한다.

몇 안 되는 '남양 전도단'에 관한 선행연구에서도 파견의 1차적 요인으로 해군으로부터의 의뢰가 거론되었다. 그것도 그들의 연구에 공통된 인식은 이하의 국제연맹 위임통치 수임 의무 조항 22조 내용에 근거한다. 이하 조금

길지만, 원문을 인용한다.

제22조 [위임통치]

1. 해당 인민의 복지 및 발달을 계획하는 것은 문명에 대한 신성한 사명이 될 것.

2. 이 주의를 실현하기 위한 최선의 방법은 해당 인민에 대한 후견의 임무를 선진국에서 하고 자원, 경험 또는 지리적 위치를 통해 이 책임을 인수하는 데에 가장 적합하거나 이를 수락하는 자에게 위임할 것.

3. 위임의 성질에 대해서는 인민 발달의 정도, 영토의 지리적 지위, 경제적 상태 그 외 유사한 사정에 따라 차이를 만들 것을 요한다.

4. 전기한 위임국의 선정에 대해서는 주로 해당 부족의 희망을 고려할 것을 요한다.

5. 무엇보다도 수임국은 공공질서 및 선량의 풍속에 반하지 않는 한 양심 및 신교의 자유를 허용하고, 노예의 매매 또는 무기 아니면 주류 거래와 같은 폐습을 금지하고, 아울러 축성 또는 육해군 근거지의 건설 및 경찰 또는 지역 방위 이외의 목적으로 하는 원주민의 군사 교육을 금지할 것을 보장하고, ...[16]

여기에 나타난 제5항목 '신앙의 자유를 인정한다'라는 수임 의무에 대한 대응이 배경이 된 것이 공통된 인식이다. 또한 신앙의 자유와 같이 중시된 것이 제1항목의 인민의 복지 및 발달을 꾀하는 것이다. 그리고 이 복지 향상이란 것은 '문명화' 즉, '야만' 또는 '미개'한 사람들을 '문명인'으로 하는 것으로, 그 일환으로서 현지 주민의 수장(난마르키) 등을 일본으로 관광 시찰을 보내기 위해 '내지 관광단'으로 칭하고 초대한 일도 있었다.[17] 그리고 '문명화'의 해석을 물질적인 풍요로움이라고 하여, 경제적 발전을 위해서 군정

시대에서의 척식사업인 제당업에 가장 힘을 쏟아 위임통치에 있어 산업을 중심으로 한 시책이 취해지고 있었다.[18]

'남양 전도단' 파견의 배경이 위임통치 의무 조항 제22조 제5항의 '신앙의 자유'를 보장하기 위한 시책이었다는 설명은 과연 수임국의 의무 수행을 위한 것만이었을까? 이 질문에 연결시켜 생각하면 그 대답은 아니라고 말할 수 있다. 정부가 종교에 대해 적극적으로 대응해야만 하는 이유에는 당시 남양군도가 스페인, 독일 통치 시대를 지나 이미 기독교화되었고, 게다가 미국의 선교단 '아메리칸 보드(American Board)'가 일본의 통치 이전인 1852년에 입도하여 선교 활동을 전개해서 주민의 대부분이 크리스천이었다는 현상이 있었다.

그런 현상이 수임 의무로서 신앙의 자유를 지킨다는 것으로 이어지고, 이는 연맹에 대한 대외적 응답으로서만이 아닌, 주민 통치상 무시할 수 없는 사정이 있었기 때문이다.

그뿐만이 아니라, 실제로 남양군도에서의 종교정책은 위임통치하의 민정 시대에 비롯된 것이 아니라, 군정시대에 이미 일본 해군성의 통치 입안 속에 일찍부터 포함되었다고 지적하고 있다.[19] 그렇다면 일본 해군성의 종교정책 입안은 원활한 통치 목적만이었을까?

'무혈' 점령이라고 불린 남양군도의 지배에 기독교가 유효하다는 것은 그 주민의 대다수가 크리스천인 실정에서도 추측할 수 있다. 그러나 주민의 저항을 예기한 사람들에 의한 길들이기식 수단으로서뿐만 아니라, 경제적인 이유도 있었다고 생각된다. 그것은 독일인이 가지고 있었던 현지 교육 기관의 토지건물과 그들이 주민에게 초래했던 교육의 영향이었다. 즉, '일본식' 교육에 대한 이행을 원활하게 추진하기 위해서도 기독교와 협력 체제를 쌓은 후 접수한 독일의 교육 시설이 필요했다고 말할 수 있다. 물론, 그 협력 체제의 구축은 적극적인 의미가 있어서는 아니었다. 오히려 기독교화되어 있는 현실과의 타협에 대한 산물이었다고 말할 수 있다. 왜냐하면, 해군성은 점령 직후부터 잔류했던 독일인에게 퇴거명령을 내리거나, 학교 사업 금지 방침을 내리거나 했지만, 재정적인 사정으로 독일인들이 설립한 교육 기관에 주민 교육을 의존해야만 하는 사정 등 때문에 점령 반년 후에는 일단 그 금지령을 중지했다. 또 독일인 퇴거는 일본이 여론의 비판을 받는 문제도 안고 있었다. 이러한 딜레마 속에서 어떻게 대처해야만 하냐는 문맥 속에서 종교정책을 입안해야만 했다. 그 딜레마는 국제 여론과 현실적인 이해와의 틈새에서 발생한 조정상의 문제이기도 했다.

독일인 퇴거 과정에서 그들의 안부 확인을 위해 YMCA에서 그 처우에 대한 조회 의뢰를 받는 등 국제 사회에서 독일인 선교사의 처우에 관한 관심이 높아진 사이, 일본 해군성은 1916년 3월에 독일인 퇴거명령 발령 후 1년도 지나지 않아 독일인 퇴거를 원칙적으로 금지하는 180도 다른 정책 변경을 했다.[20]

일본의 통치에 불만인 인물·단체는 재빨리 내쫓아야만 한다는 방침과 종교단체를 중심으로 한 국제 여론의 반응, 게다가 서양인 선교사들이 현지 주민에게 끼친 여러 가지 면에서의 영향을 간과할 수 없다는 현실과의 갈등 속에서 현지 사령부는 문부성 종교국에 그 실정을 호소했던 것이다.[21]

또한 독일인 퇴거 과정에서 일본 해군성은 빈번히 남양군도에 대한 시찰을 계획하지만, 그 보고의 대부분이 독일인 선교사 퇴거 후의 종교정책에 관한 제언이었다고 전해지고 있다.[22]

이러한 움직임에서도 엿볼 수 있지만, 일반적으로 국가의 종교정책이라는 것은 대내적 통제의 수단으로 간주하는 한편, 국제 정치 또는 국제 여론과의 긴장 관계 속에서 입안이 시행되어 왔다고 말할 수 있다. 특히 당시의 일본에게 있어서 군정을 지나 연맹을 제창하는 위임통치하의 민정으로 이행했던 경위에서 국제연맹과의 관계나 국제 사회의 일원이라는 것의 중요성을 의식해야만 했을 것이다. 그것은 가톨릭 신도에 대한 대응을 고심하고 있었다는 사실에서도 알 수 있다.

남양군도는 독일이 전에 스페인 지배하에 있었기에 가톨릭 신자가 많았고, 그 사람들에 대한 방침을 세우기 위해서 대해서 일본 정부는 파리에 있는 야마모토(山本) 해군 대령에게 의견을 구했다. 이에 대해 야마모토 대령은 '가톨릭 포교자도 파견해야만 한다'라고 전했다.[23] 또한 파견하는 신부도 가능하면 일본인일 것을 해군은 바랐지만, 당시 일본에서는 가톨릭 신부가 50명 정도밖에 없었기 때문에 파견은 어려웠고, 그렇다고 해서 가톨릭 신자를 방치할 수도 없었다. 방치하면 로마법 왕정이나 영미에서 비난받을 가능성이 있다고 판단해 야마모토 대령은 '영미로부터 반일 여론 양성에 이용당할 가능성이 있으므로, 충분한 대응이 필요하다'라고 제언했다.[24]

게다가 일본 해군성은 가톨릭 측도 가능하면 일본인 선교사를 보내고 싶다고 생각했지만, 당시 남양군도는 로마 법왕청 직할의 필리핀의 본부인 포교 관구였기 때문에 일본에서 선교사를 파견할 수 없었다. 그 때문에 일본에서 포교를 담당하고 있는 '천주공교포교회'의 포교 관구로 다시 설정한 뒤, 일본인 선교사를 파견하는 것이 좋겠다고까지 해군은 생각하고 있었다.[25] 그러나 그것은 가톨릭 내의 제도상 불가능했기 때문에, 결과적으로는 적국인 독일이 아닌 스페인에서 신부를 파견하는 것으로 타협을 보았다.

우여곡절 끝에 '적국'인을 추방하는 과정에서 상술한대로 종교정책은 일관된 것은 아니었지만, 최종적으로 시간을 들여서 독일인의 퇴거와 독일선교단체 리벤젤 미션(Liebenzell Mission)에게 퇴거명령을 내렸다. 그리고 파리 강화조약이 집결된 1919년 6월에는 모든 독일인 선교사와 비즈니스 등 그 이외의 관련 때문에 거주하고 있었던 독일인을 퇴거시키기에 이르렀다.[26] 또한 외국인에 대한 경계심은 '적국인'인 외국인뿐만이 아니었다. 위임통치하에 민정으로 이행한 후에도 일반 외국인은 일본의 이익을 침해하는 존재라고 잠재적으로 간주했었다. 그 때문에 여러 가지 구실을 마련하여 외국인의 방문을 인정하지 않으려는 시책을 내세웠다.[27]

이러한 위임통치 이전부터 현지로부터의 보고나 시찰을 통해서 외국인 배제를 목적으로 한 일본 해군성의 종교정책에 대한 경위를 본다면, 그 연장선상에 '남양 전도단' 파견의 목적도 있었다고 추측할 수 있다. 즉, 위임통치 이전의 군사 점령 직후부터 종교정책을 입안시킨 경위 그 자체와 '남양 전도단'을 파견하는 데 이르렀던 목적은 같다는 것이다. 단지, 군정시대의 통치와는 달리 형식적이었다 하더라도 국제연맹의 감독하에 있는 위임통치하에서는 통제 목적뿐만이 아니라, 이 지역 통치 모습이 국제연맹의 일원으로서 일본의 이미지를 대외적으로 어필하는 것이 되었다. 각국에서의 여론 형성에 커다란 영향을 준다는 것에 관해서는 군정시대에 비해, 더 민감할 수밖에 없는 처지가 되었다고 말할 수 있을 것이다.

이러한 정치적 문맥에서 생각해 보면 일본인 선교사를 고집하여 '남양 전도단'이 조직되었던 것은, 여러 시책의 입안 과정에 대한 시행착오와 갈등을 거쳐 확실하게, 그리고 주도면밀하게 준비된 정책이었다고 말할 수 있을 것이다.

다음 원고에서는 남양 전도단이 조직화하여 실제 활동에 이르렀던 과정을 이에 협력했던 조합교회 측에서 검증하려고 한다.

'남양 전도단' 파견의 직접적 배경과 목적

결과적으로 이들 문맥에서 보면, '남양 전도단'이라는 조직이 일본인에 의해서 구성되고 선교사가 보내겼던 것은 '자연'스러운 흐름이라고 말할 수 있다. 그렇다면 '남양 전도단'은 어떻게 조직되고 어떠한 기대를 하고 선교의 땅에 부임했던 것일까. '남양 전도단' 발족의 발단은, 당시 일본 기독조합교회인 레이난자카(靈南坂) 교회 목사이자 도시샤대학 2대 총장이었던 고자키 히로미치(小崎弘道)가 일본 해군성으로부터 의뢰를 받았던 때부터 시작되었다.[28] 고자키에 앞서 같은 조합교회 목사이자 순회전도사였던 기무라 세이마쓰(木村清松)를 불렀는데, 그는 외유 중이었기 때문에 고자키가 대신해서 내청하게 되었다. 시기는 베르사유 강화조약이 맺어진 1919년 6월 28일 직전인 6월 3일이었다. 그 의뢰의 목적은 이하의 문서에 명백하게 나타나 있다.

남양 통치상 종교의 힘은 대단히 중요시되어야만 하는 실정이기에……적국인 선교사를 대신할 상당한 포교사를 즉시 입도시키지 않으면, 미신을 깊이 믿는 도민은 정신상 미신에 빠져들 우려가 있을 뿐만 아니라, 다른 외국 선교사가 강화조약 집결 후, 재빨리 입도하여 금전과 노력을 아끼지 않고.[29]

적국인 선교사를 대신할 뿐만 아니라, '선교를 통해서 현지 주민을 교화한다'라는 목적이 명백하게 나타나 있다. 그리고 그러한 목적 수행을 위해 의뢰받은 고자키는 아래와 같이 답하고 있다.

(1) 개인적으로는 조합교회의 사업으로서 추진해 남양 포교에 따라갈 의향을 갖고 있지만 이사회의 결의에 따르지 않으면, ママ 답하기 어렵다
(2) 관에서 걸맞는 후원을 받지 않으면, 성공하기 어렵다
(3) 통치나 해군과 떨어지는 상황에도 방침에 변화가 없음을 ママ하지 않으면, 착수하기 어렵다[30]

여기에서 고자키는 '교단 이사회에 상정해야만 한다'라고 하면서도, 개인이 아닌 교단의 조직으로 추진하고 싶다는 꽤 적극적인 자세를 보이고, '재

정적 지원이 있으면 받을 수 있다'라고 한 것은 매우 의욕적이라고 파악되는 태도로 읽힌다. 더욱이, 정치적 교섭과 적극적인 의욕, 모종의 기세가 강한 태도로도 해석할 수가 있다. 그러나 고자키는 교단 이사회 '위원회'에서는 동의를 얻지 못한 채 사업을 추진하는 것이 되었다.[31]

이하의 정부문서는 남양군도에 일본인 선교사를 보낸다는 각의 결정의 일부이다.

1. 남양군도 신교 포교단을 조직하고 고자키 히로미치 씨를 회장으로 한다. 단원을 조합교회 및 다른 신종교파 중 지원자로 할 것.
2. 본 포교단의 사업에 관해서는 당분간 관에서 상당한 보조를 지원한다. 본년도의 보조금은 약 2만 엔으로 한다. 임시 군사비로 처리하고 다음 연도 이후는 시기와 형편에 따라 결정할 것.
3. 본 포교단은 포교 사업에 관해서 남양군도 민정부의 감독 지시를 받을 것.[32]

연 예산 2만 엔이라는 금액도 그렇지만, 현지 주민의 인구수나 다른 종교단체, 예를 들어, 불교 교단 등에 대한 원조에 비하면 파격적인 예산을 지원받아 남양 전도를 시작한 기초가 되었다. 그리고 고자키를 중심으로 '남양 전도단'을 파견할 위원회가 1919년 11월에 조직되었다. 위원 멤버는 단장인 고자키 히로미치, 간사 이와무라 세이시로, 이사 히라타 요시미치, 기무라 세이마쓰, 후쿠나가 분노스케, 마츠야마 쓰네지로로, 후에 쓰나시마 가키치와 전원이 조합교회에 관계된 자였다.[33]

단장이 된 고자키가 내청한 후 5개월도 채 안 되어 위원회가 나섰다는 것은 꽤 빠른 움직임으로, 그 신속한 조직화가 가능했던 것은 역시 전 항목에서 서술한 군정 시대 정부의 종교정책에 대한 적극적인 자세에 의한 것이라고 말할 수 있다.[34] 물론, 당시 정부의 종교정책은 남양 통치에 한했던 것은 아니다. 예를 들어, 일본의 팽창주의, 식민지주의가 확대된 동시대에는 대륙에서의 해외 선교가 교파마다 행해졌고, 각 교파는 소속한 선교사를 파견하여 선교에 임했다. 그들은 만주의 열하 전도, 동아 전도회, 만주 개척촌 위원회, 조선 전도 등이며, 모두 국가 원조를 크든 작든 간에 받으면서 교파마다 선교 활동을 추진했다.[35]

그러나 이들의 선교 활동의 시작은 '남양 전도단'과는 다르고 전도단 발족 시에 해당하는 초기 단계부터 정부의 개입이 있던 것이 아니었다. 전도단은 현지에 이주한 일본인을 선교 대상으로써 발족했지만, 마침내 현지 주민도 대상으로 하는 전도 활동으로 퍼져나갔다. 또한 정부로부터의 지원, 지원은 얼마 뒤부터였지만, '남양 전도단'의 경우, 전도 목적의 대상은 전 항목에서 서술했듯이 맨 처음부터 현지 사람들이었다. 그 전도 목적으로는 주민에 대한 효과적인 통솔에는 종교가 유효하다는 판단이었다. 그리고 그 임무를 수행하는 것이 일본인 선교사이며 위임통치의 명분인 '문명화'를 위한 교육을 '국민화' 교육으로 하는 데 유리한 판단도 있었을 것으로 추측할 수 있다. 왜냐하면, 후술할 전도단의 활동 중에서 신학교 건설이라는 것은 있었지만, 그 커리큘럼 중에 수신 교육이 있었던 점에서 그러한 해석이 가능하다.

적국인인 독일인의 대체를 일본인으로 한다는 점에 관해서는 그 목적이 독일인만이 아닌, 다른 외국인에 대해서도 경계를 늦추지 않고 배제한다는 방침에 있었다는 것은 전술했지만, 그중에서도 특히 미국인에 대한 경계심은 강했다. 그것은 당시 미국이 필리핀을 지배하에 두고 있었고, 남양군도는 그 필리핀에서 지리적으로도 가깝다는 것, 국제 정치에서의 미·일의 미묘한 관계 때문이었다. 일본 정부는 남양군도에서 미국인 선교사의 활동뿐만 아니라, 조선에서의 활동도 주시했었다고 추측할 수 있다. 그렇다는 것은 강화조약이 체결되기 3개월 전에는 조선에서 3·1 독립운동이 일어나, 일본 관헌에 의한 기독교 탄압에 대해서 미국 내 여론의 비판이 컸다는 것과, 남양군도에서의 독일 선교단과 마찬가지로 조선에 대해서도 유럽과 미국의 선교 사들이 정력적으로 했던 활동 중 하나가 고등교육 기관, 즉 미션스쿨의 건설 이었다는 것이다. 유럽과 미국의 선교사는 그 교육 활동 등을 통해서 일본의 지배를 상대화한 교육 공간의 자리를 제공하고 있었다고 한다.[36]

이러한 식민지의 정치 상황에서, 그리고 정부의 통치 목적 중의 일환으로, 외국인을 적시한 정책이 보인다. 이들의 배경이 정부를 통해서 고자키가 의 뢰하기까지에 이른 경위라고 생각된다. 그러나 고자키가 정부의 의도를 어 디까지 파악했었는지 추측하기 어렵다. 단지, 고자키에게 만주나 조선의 전 도에 있어 자신이 속한 조합교회의 목사가 관계되어 있었다는 것을 전혀 의식하지 않았었다고는 말하기 어려우며, 남양군도에 들어가 있는 미국 해 외 선교단체 '아메리칸 보드'가 자기 출신교인 도시샤의 창립 모교라는 점 등도 의뢰를 적극적으로 받아들였다는 배경임을 쉽게 이해할 수가 있다. 그 리고 결과로서 '남양 전도단'의 활동은 시작되었다.

'남양 전도단'의 활동과 문화적 유제

일본 정부의 의도와 고자키를 대표로 하는 '남양 전도단' 위원회의 지지를 받아 현지로 향한 선교사들은 정부의 대의나 그 전략적 '도구'로서 자신들이 파견되었다는 자각 없이, 전도라는 사명을 몸에 맡겼을 것이다. 그들은 선교 지에서 어떠한 일을 하고 현지 사람들에게 어떻게 문화적 유산을 남겼을까.

이 항목에서는 현지의 필드 리서치도 포함하여 그 부분을 논하고 싶다. 제1진의 선교사는 베르사유 강화조약 발효 1개월 후인 1920년 2월에 파견 되었다. 그들은 조합교회의 목사인 야마구치 쇼키치, 다나카 긴조와 그 가족 이었다. 그들은 요코하마에서 10일에 걸쳐 트루크 섬(현 추크 섬)에 도착하 였고, 포나페 섬에는 3일 걸려 도착했다.[37] 그 후, 가와시마 나오시, 우치다

야마구치 목사가 지은 교회

일본이 만든 방공호

마사오, 아즈미 기요시, 미즈무카이 에이타로, 미야지 오사무 등 8명과 그 가족들을 보냈다.[38] 각자의 부임 기간은 다르지만, 한 번의 체재 기간은 2년 반, 그리고 3개월 동안 일본에서 휴가라는 사이클로 이루어졌다.

'남양 전도단' 위원회가 1919년 11월에 발족하고, 그 후 3개월이 채 안 되어서 제1진이 부임했다는 것은 위원회 설립 이전, 즉 고자키가 일본 해군 성에 불려간 직후부터 희망자를 모집했을 거라고 추측될 정도의 속도이다. 주요한 활동은 일요 예배, 성서 연구, 일본어 교육, 그리고 신학교 건설 등이 중심이었다. 그들은 독일인이나 미국인 등 종래의 서양 선교사와 달리, 현지 의 언어도 열심히 배워서 주변의 작은 섬들에도 정기적으로 보트를 타고 정력적으로 순회하여 전도하고, 신학교에서 전도사 교육에도 진력을 쏟아 부었다. 그리고 전도 활동 15년 후에는 훌륭한 교회가 건설되어, 그 헌당식 에는 단장인 고자키 히로미치도 처음으로 현지에 들어와 대환영을 받았다 고 일컬어지고 있다.[39]

건축된 교회는 1930년대에 세워졌음에도 불구하고 꽤 훌륭한 것이다. 현 지에서도 반 자급자족 생활을 해야만 할 정도로 생활 물자의 유통이 한정되 어있는 땅에서, 일본인 선교사들이 세웠던 이 교회는 너무 훌륭하다고 말해 도 좋을 정도의 건물이다.[40] 선교사들의 활동은 물론 건물 건축뿐만이 아니 라, 인재 교육에도 열심이었다고 현지 사람들에게 전해지고 있다.

야마구치 목사가 세웠던 기무나(Kimuna, 평화) 교회의 2대째 목사가 되었 던 에주라 로버트(Ezura Robert)를, 야마구치는 단기간이었지만 와세다대 학에 유학시켰다.[41] 현재도 이 교회에는 100명 정도가 일요 예배에 참여하고 있고, 그중에는 일본인과의 사이에 태어난 사람들도 있다. 그리고 교회원 중에는 태평양전쟁 때에 가족을 두 명이나 잃은 사람도 있었는데, 일본에서 온 방문객인 우리에게 그 슬픔과 분노를 호소하듯이 이야기하기 시작했다.[42]

제1진 중 또 한 명의 선교사였던 다나카 긴조의 딸인 다나카 에이코는

1980년에『상냥한 눈빛(優しいまなざし)』이라는 회고록을 출판했다. 내용에는 그녀의 모친이 현지 주민을 대상으로 여자실기학교 등을 세워, 여성 지도자를 양성했다고 쓰고 있다. 또한 도민들이 일요일 예배를 몹시 기다리는 것처럼, 일요 교회는 활기가 넘쳐흘렀다는 기술도 있다. 또한, 부친이 완고한 사람이며 전시 체제로 들어갔을 때는 일요일에 근로 동원 등을 시키는 것을 반대하고, 그 때문에 군과의 알력이 끊이질 않아서 '다나카 일가는 감시 대상이었다'라고 기술되어 있다.[43] 그 저서에는 물론, 부모가 당시 정부의 정책상 목적으로 보내졌다는 것에 대한 비판적 시점은 없다. 또한 급료는 당시 회사원의 3배였다고 이야기하고 있을 정도이다.[44] 그래서 선교사들의 활동 중 일부였던 도민을 대상으로 한 일본어 교육이나 국민 의례 강요, 또한 국방헌금까지 부과했던 것에 대한 자각이 없었을 것으로 생각된다.

세대가 바뀌어 '남양 전도단'의 유산을 직접 계승받은 주민들과 만나는 일은 어려운 일이다. 그러나 2013년 여름에 두 번째로 트루크 섬(현 미크로네시아 연방 추크 주)을 방문했을 때에 통역 겸 가이드를 해줬던 주민 한 사람은 야마구치 목사가 세웠던 교회 건설에 자신의 가족이 직접 협력했다는 이야기를 대대로 들었다고 한다. 또한 섬의 많은 사람들은 일본인이 명명했던 일본식 섬 이름인 나츠시마(夏島), 하루시마(春島), 아키시마(秋島), 후유시마(冬島)를 현재도 기억하고 있다. 일본인과의 사이에 태어났던 사람들이 많으며, 그 사람들은 일본식 이름을 계승하여 현재에 이르고 있다. 또한 일본인과 연고가 없는 사람도 일본식 이름을 붙이거나 하고 있다. 예를 들어, 야마구치 목사가 와세다에 보낸 에주라 로버트의 아들은 그 교회의 3대째 목사로 일하고 있는데, 그의 이름은 사부로 로버트(Saburo Robert)라고 하며, 사부로는 일본에서 말하는 '사부로(三朗)'에서 명명되었다고 한다.

그밖에도 '남양 전도단'이 남겼던 직접적 문화적 유제라고는 말할 수 없지만, '일본적'인 것으로서, 김초밥이나 유부초밥이 교회의 특별한 이벤트 등

해군 본부 자취

에 제공되거나 하고 있다. 문화와 직결한 언어에서도 현지어 중에 일본어가 많이 남아있고, 그러한 언어가 원래는 일본어였다는 이해도 없는 채 현지어로서 사용되고 있다.

음식이나 언어만이 아닌, 정신적 가치 기준 등에도 문화적 유산을 찾을 수 있는 예가 있다. 현재, 거기에 사는 주민들은 이구동성으로 다음과 같이 이야기한다. 대인 문화 또는 대인 매너로서 자신들은 '마음속에 있는 생각이나 의견을 그대로 내뱉으면 안 된다고 배워왔다'라고 한다. 이 이야기를 들었던 순간 정말 일본 문화적 규범과 같다고 생각했다.

선교라는 종교 활동을 통한 이문화 동지의 조우는 부(負)의 유산도 초래하는 경우가 있다. 원래 모계사회의 지역임에도 불구하고 교회에서의 남녀 역할은 확실하게 젠더화되어 있다. 이것은 명백하게 서양에서의, 그리고 일본에서의 선교사가 초래했던 것으로 생각된다. 젠더화된 가치관뿐만 아니라, 인종주의를 방불시킨 가치 기준도 보여진다.

트루크섬은 일본 통치 시대에 해군 본부가 설치되어 있었던 것도 있고, 태평양전쟁 중에 미·일의 틈에서 많은 현지 주민이 희생되었다. 그 역사적 사실에서 매년 8월에는 각 섬에서 주민이 모여 태평양전쟁 해방 기념 예배를 하지만, 거기서 '흑(黑)'이라는 것이 '악'의 대상으로 사용되고 있기도 한다.

이상, 살펴보았던 문화적 유제는 모두 직접 '남양 전도단'의 활동이 가져 왔다고는 물론 단정할 수 없다. 그러나 원래 문화 그 자체에 '순수'한 것이 아닌, 조우와 고립 속에서 키워진 것인 이상, 일본의 30년이나 걸친 통치 기간에는 거기에 거주하는 주민의 60%가 일본에서 온 사람들이었던 시기도 있었다는 역사적 사실로부터도, 또한 '남양 전도단'이 남긴 교회당이라는 물리적 공간이 존속하는 한, 구두 전승 문화권의 이 땅에서 그 궤적은 오럴 히스토리(Oral history)를 통해 계속 살아갈 것이고, 그 유산은 다음 차세대 에 계승될 것이다.

맺음말

본고의 기반은 과학연구비조성사업 연구의 「미크로네시아 여성들의 오럴 히스토리에서 본 '남양 전도단'의 유산에 대한 재구축(ミクロネシア女性たち のオーラルヒストリーでたどる「南洋伝道団」の遺産の再構築)」에서   비롯됐다. 연구 신청의 동기는 '남양 전도단'은 누가, 왜, 어떠한 목적으로 시작했었는가 를 알고 싶다는 지적 욕구에서였다. 그리고 그 초기 연구 중에서 '누가?'라는 부분에서 해군의 의뢰와 그것을 받은 조합기독교회의 고자키 히로미치의 존재가 바로 명확해졌다. 그러나 그렇다면 왜, 어떤 목적으로 해군은 의뢰했 나?라는 질문에 대한 대답은 알 수가 없었다. 통치 수행을 위해서였다는 가설 은 쉽게 세울 수 있었다. 그것은 서양 열강의 식민지주의와 기독교의 포교에

밀접한 관련이 있었다는 역사적 사례가 많이 있기 때문이다. 그리고 결론으로서 그 가설은 틀리지 않았던 것이 한정된 선행문헌과 정부 측의 사료로 조금 해명할 수 있었다고 생각한다.

'남양 전도단'에 관계되었던 위원회의 멤버 및 선교사들은 모두 조합기독교회에 속한 사람들이었지만, 이 교회도 포함해 이른바 15년 전쟁기의 전시체제 기간에 일본의 기독교와 관련된 여러 교회는, 국가 신도 체제의 이름 아래에서 교파와 상관없이 '일본 기독교단'으로 강제적으로 흡수합병되어 일원화되었다. 1941년의 일이다. 그중에는 '남양 전도단'의 목사들이 속해 있던 조합기독교회도 당연히 포함되어 있었다. 그리고 제2차 세계대전 이후, '일본 기독교단'은 전쟁 전의 국가와의 관계에 있어서 전쟁에 협력한 전시 중의 과오에 대한 사죄·반성의 태도 표명을 하는 것을 1966년 교단총회에서 결의했다. 이른바 '교단의 전쟁책임 고백'이다. 그러나 그것은 태평양전쟁 시대에 한정된 반성에 불과했다.

본고에서 보았듯이 일본 기독교단으로서는 아니지만, 일본 프로테스탄트의 주류였던 조합기독교회의 대표적인 인물이 조선, 만주뿐만 아니라 남쪽의 남양군도까지 국가가 개입했던 종교정책에 적극적으로 관여했다는 사실은, 전시하에서 직접 전쟁 협력의 문제와 마찬가지로 깊게 돌이켜보며 검증되어야만 하는 역사적 사실이다. 그 검증은 현재 그리고 미래의 종교와 국가의 관계를 생각하는 데 매우 중요한 의미를 지닐 행위일 것이다. 나아가 국내 정치나 국제 정치와 얽히고설킨 사이에서 국가의 종교정책 또는 종교 자체에 대한 검증은 더욱 요구될 것이다.

제6장

지금 우리에게 과제로 남아있는 것

간토대지진(關東大震災) 조선인 학살 80주년

21세기 또한 폭력의 세기가 될듯한 조짐을 보여, 전 세계 사람들을 뒤흔든 '9·11' 테러 사건, 그 충격의 상처 자국으로부터 회복되지 않은 이때 또 다시 미국의 주도에 의한 대이라크전이라는 '폭력', 그리고 그 희생자의 고난을 눈앞에 둔 2003년에 6·25전쟁 휴전 50주년'과 '간토대지진 조선인 학살 80주년'을 맞아, 지진 피해 직후의 조선인 학살에 대해 되돌아보는 것의 의미는 크다. 특히 90년대 이래 대두되어 우익적인 사상을 가진 문화인들에 의해 구성된 '새로운 교과서를 만드는 모임' 등, 국수주의적인 활동이 활발해지고 있다. 이러한 반동적인 상황, 극단적인 내셔널리스트가 활약하는 이 시점에서 간토대지진 조선인 학살의 기억을 공유하는 것은 대단히 중요하다고 생각된다.

또한 2002년부터 이어진 조선민주주의인민공화국(북한)에 의한 일본인 '납치 사건' 보도를 기회로, 홍수와 같이 넘쳐나는 정치적 의도로밖에 보이지 않는 일본의 언론매체에 의한 북한 관련 보도가 '납치 사건'의 해결에 도움이 된다고 생각되지 않는다. 오히려 식민지주의에 의한 일본과 한반도의 불합리한 근현대의 역사를 망각의 저편에 보내버리고, 일본 사회의 전쟁 후 처리의 무책임성을 은닉하는 효과로서 작동하고 있는듯하다. 동시에, 그러한 보도 태도는 쌍방의 '국민'에게 새로운 편견과 증오를 심는 역할까지도 의도한 것처럼 보인다. 그리고 이러한 미디어의 영향은 일본인의 마음속 깊숙한 곳에 잠재돼 있던 '조선인'에 대한 식민지주의로 인해 길러진 편견과 차별의식을 일깨우는 것처럼, 재일조선인에 대해 믿기 어려울 정도의 공격이 반복되고 있다. 이러한 현실을 앞두고, 80년 전의 간토대지진 직후에 일어난 조선인 대학살의 역사적 사실을 재조사해 잔학 행위의 발생 원인을 재검토하는 작업은 일본인과 재일조선인뿐만 아니라 미래의 '건전한 관계성'을 모색하고 구축하기 위해 긴요하다. 일상적으로 발생하는 일본인과 재일조선인의 '관계성'의 성립 동기가 소위 개인적 차원의 만남이라 해도 그 '개인'은 각각 역사적으로 처해있는 사회적·정치적 위치에서 자유롭지 못하기 때문이다. 일본인과 재일조선인, 나아가서는 한반도에 살고 있는 사람들과의 본래 의미의 '건전한 관계성'을 창조하고 유지하기 위해서는 80년이라는 긴 세월이 지나도 그 '사건'에 대한 일본 정부의 '진상규명' '공식 견해', 그리고 생존자와 유족에 대한 '공식 사죄와 보상'이 없다는 사실을 다시금 숙고해 볼 필요가 있을 것이다.

이러한 명제를 염두에 두고 이 글에서는 재일조선인을 포함한 많은 연구자에 의해, 지금까지의 연구로 축적된 자료와 문헌을 따라가며 80년 전에 일어난 간토대지진 당시의 조선인 학살 문제, 특히 일반 시민으로 구성된 '자경단'의 행동과 행위에 초점을 맞춰, 당시 '일본인의 의식'을 다시 고찰하고자 한다. 왜냐하면 '건전한 관계성'을 구축하는 주체는 권력층이 아닌, 사회정의를 세우기 위해 권력에 저항하는 우리들 '일반 시민'이어야 하기 때문이다. 검증할 것은 대체 무엇이 '자경단'이라는 이름하에 일부 일본인이 전대미문의 대학살에 참여하게 했느냐라는 물음이다. '자경단'을 구성한 일본인은 어떤 계층에 있던 사람들이었나. 정부 내지는 당시 권력을 쥐고 있던 계층이 의도적으로 유포한 반(反)조선인 정치 선동의 배경과 목적이 과거의 문헌에 분석되었듯, 조선인과 사회주의자의 주도에 의한 정부의 전복 의도를 예방 내지는 제압하기 위해서였나, 등이다.

참사의 역사적 개략 : 기억의 공유로

1923년 9월 1일 오전 11시 58분, 도쿄를 중심으로 간토 지역 일대에 진도 7.9의 대지진이 발생했다. 1995년의 한신(阪神)대지진이 진도 7.3이었던 것을 고려하면 그 지진의 세기에 의한 피해의 심대함, 그리고 사람들의 심리적 동요나 혼란은 어렵지 않게 상상이 될 것이다. 약품류나 유류의 발화나 인화에 더해 발생 시간이 점심식사 직전이었기에 수많은 가정이 불을 사용해 요리하고 있었던 것이 화재에 의한 피해를 확대시켜 지진에 의한 참사를 더욱 광범위한 것으로 만들었다고 전해진다.[1] 뒤에 언급하겠지만, 조선인 학살을 정당화한 이유 중 하나가 '조선인 방화'설을 포함한 '유언비어'였다고 전해지고 있다. 하지만 주위 일대가 불바다인 상황에서 방화의 필연성이 없었음을 봤을 때, 이러한 '유언비어'가 얼마나 근거 없는 것인지 알 수 있다.

『국사대사전』에 따르면 공표된 당시의 희생자 수는 사망 9만 9,331명, 부상자 10만 3,733명, 행방불명 4만 3,596명, 가옥 파손 12만 8,266건, 가옥 부분 파손 12만 6,233건, 화재에 의한 가옥 소실 44만 7,128건이라 기록되어 있다. 나는 이러한 통계를 접하면서 이 숫자 안에 '조선인 가정'의 피해자도 포함된 것이 맞는지 곧바로 의심을 품고 만다. 덧붙여서 마쓰오(松尾)의 주장에 의하면, 1941년 정보국 기획실이 작성한 정부 관계 자료에는 조선인이나 중국인의 피해자 수는 전혀 포함되지 않았다.[2] 반대로 포함되어 있다고 하더라도, 얼마나 정확한 것인가가 문제이다. 왜냐하면 경찰이나 예비역, 그리고 일반 시민으로 구성된 '자경단'에 의해 살해당한 조선인 피해자 수는 당시의 경찰이나 신문에 의한 발표와 재일조선인 목격자의 증언 등으로부터 조사해서 밝혀진 피해자 수와는 말도 안 될 정도로 큰 차이가 있기 때문이다. 일본 정부 발표에 의한 학살 조선인 피해자는 300명, 지진 직후의 어려운 상황에서 결사의 각오로 조사한 재일조선인 조사단에 의한 희생자 수는

6,420명이라고 한다.[3] 이 통계에 부상자, 행방불명, 가옥의 파손·소실의 피해를 더하면 그 피해 규모는 더욱 커질 것으로 예상된다.

역사가 또는 시민단체의 연구·조사에 의해 밝혀진 조선인 학살의 계기는 지진으로 인한 혼란 시에 유포된 유언비어에 의한 것이라고 일컬어진다. 주된 유언비어로는 '조선인의 폭동이 일어나 조선인이 방화를 하고 있다' '조선인이 우물에 독극물을 풀었다' '조선인이 상점 등을 습격·약탈하고 있다' '조선인이 정부를 전복하려 하고 있다' '조선인이 일본인 여성을 겁탈하고 있다' 등이 있다. 지진 발생일인 9월 1일 저녁 전에 이미 요코하마에서 유언비어가 유포되기 시작했다고 전해지고 있다.[4] 자연발생적인 유언비어가 발단이었을지도 모르지만, 유언비어가 계통적으로 발생한 계기는 후나바시(船橋) 무선전신소에서 9월 2일 오후 2시 지나 해군성 공용 긴급 연락을 타전한 데에 있다. 경찰 기구를 통해 이것이 간토 지역 일대뿐만 아니라, 직접 지진 피해를 입은 지역이 아닌 지역까지 삽시간에 확대되었다고 전해진다.[5] 이러한 유언비어의 유포와 동시에 시작된 조선인에 대한 습격은 헌병, 군대, 경찰 같은 공권력만이 아닌, 도쿄 인근에 사는 일반 시민으로 구성된 '자경단'에 의한 것이었다. '자경단'의 수는 3,000명 이상 늘어났고 그 주요 구성원은 재향군인회 회원, 청년단 단원, 소방단, 경내회 역원 등을 포함한 지역의 유력인사, 그리고 다수의 '저변층' 노동자였다. 조선인 피해자의 20~30%가 그들에 의해 살해당했다고 전해지며,[6] 가지무라는 '직접 행동한 사람은 대부분 일반 시민 집단이었다'라고 기술하고 있다.[7] 지진 피해의 혼란 속에서 유언비어를 믿고 속아 넘어갔다는 이유만으로, 어째서 일반 시민이 무차별적인 살육 행위에 빠져들고 말았던 것인가라는 논의는 후술하기로 하고, 그 전에 당시의 신문에 의한 유언비어 기사의 한 예를 소개하고자 한다.

조선인 대폭동—식료품 부족을 구실로 맹렬하게 약탈—(미토 특파원 발)

가나가와현 지사로부터 오사카, 효고 방면에 식량 공급 방법을 간청, 도쿄 시내 '전역'에서는 식량 부족을 구실로 하여 도시 전체에 걸쳐 조선인이 대폭동을 일으키고 있다.

― 『가호쿠 신보』, 1923·9·3[8]

출처 불명의 유언비어에 더해 출처가 확실한 사이타마현의 통신문도 있었다. 이 통신문 때문에 사이타마현의 조선인 학살 피해가 가나가와현에 이어 크게 번졌다고 한다. 그 내용은,

도쿄에서 발생한 지진에 편승해 폭행을 저지르는 불령 조선인 다수가 가와구치 방면에서 본 현에 들어올지도 모르며, 또 그사이에 과격한 사상을 가진 자들이 이것에 동조하여 그들의 목적을 달성하려고 한다는 취지를 전해 들었으니, 점점 그 삭막한 수단을 휘두르려고 하는 우려가 있다. 따라서 현재 경찰력이 미약하므로 정과 촌에 있는 당국자는 재향군인분회, 소방수, 청년단원 등과 협력하여 그 경계에 임하고 만일 유사시에는 신속히 적당한 방책을 구사하도록 서둘러 상응하는 준비를 할 수 있게, 해당 방면에서 온 통지를 신속히 공지합니다.

― 『후쿠오카 니치니치 신문』, 1923·10·19[9]

이러한 유언비어 정보의 근원은 1920년 이래 '일본인의 조선인 멸시·공포 사상'으로부터 나왔다고 하는 '자연발생설'과 '조선인을 멸시하고 경계하고, 탄압을 일상의 자기 직업으로 한 관청'이 만들어 낸 관청 '날조·음모설'이 있다고 전해진다.[10] 그러나 이것을 확실하게 단정할 수 없는 것은 역사 자료 수집의 한계도 있으나, 당시의 정부 관계자와 현재 일본 정부 당국의 조선인 학살에 대한 사실 조작과 은폐에 근본적인 원인이 있는 것으로 보인

다. 바꿔 말하면, 당시도 현재도 일본 정부가 조선인 학살에 대해 자신들의 관여를 부인 또는 재조사를 거부함으로써 책임 회피를 하는 것에 기인한다는 것이다.

책임 회피를 위한 은폐 행위의 궤적은 당시 공적인의 출판물로 생각되는, 지진이 발생한 이듬해 발행된『다이쇼 대지진 재난기록』의 1923년 9월 2일 경시청, 경무부 활동일지에 '불령 조선인 내습의 비보'라는 부분에서 몇십 행이나 가위표로 내용이 말소되어 있는 것 등만 보아도 충분히 추측할 수 있다. 일지는 유언비어가 어떻게 재빠르게 침투했는지를 상상하게 만드는 '불령 조선인 내습 등의 뜬소문을 퍼뜨려, 사람들의 동요를 극에 달하게 했다'라는 내용으로 시작하고 있으나, '유언비어'를 직접적인 '사실'로서 인정하는 다음과 같은 내용도 포함되어 있다. "오늘 오전 중에 알림, 어제의 화재는 다수의 불령 조선인의 방화에 의한 것이다"라는 기록도 있다. 한편, 경시청 발행의 벽보, "주의! 있지도 않은 일을 멋대로 퍼뜨리면 처벌당합니다. 조선인 광폭이나 대지진이 재래합니다. 죄수 탈옥 등을 퍼뜨려 처벌받은 자가 다수 있습니다. 때가 때이니만큼 여러분 모두 주의해 주십시요" 등 조선인에 의한 '방화설'을 흡사 사실처럼 판단해 '유언비어'의 유포에 일조하면서 '유포' 행위에 주의하라는 모순적인 기술도 보인다. 사실 확인 없는 소문, 사문서, 공문서가 범람하는 속에서 전국적인 유언비어의 유포에 커다란 역할을 다하는 한편으로는 조선인 학살에 대해서는 9월 5일까지 보도금지령을 지켜 일절 보도하지 않은 언론계·보도 기관도 공범관계에 있던 것을 잊어서는 안 될 것이다.

이와 같은 지진 피해의 상황에, 이미 9월 2일에는 사태 수습과 치안을 목적으로 하는 계엄령이 내려졌지만, 조선인에 대한 공격은 더더욱 격화되고 있었다. 정부의 '음모설'을 채용한다면 격화되어 가는 것은 당연한 결과라 할 수 있겠다. 사실, 관계 당국은 시민에게 '자경'을 권하는 것뿐만 아니라 사태 수습을 명목으로 '자경단'에 협력을 요청하며 '무기'까지 제공했단 사실이 밝혀졌다. 9월 5일이 되어 겨우 조선인에 대한 습격이 다소 진정되었다고 전해진다. 그렇다는 것은 극히 짧은 기간 안에 막대한 수의 조선인이 습격당했단 이야기가 된다. 역사가인 강덕상 씨가 말하기를, 당시 내무대신인 미즈노 렌타로, 도쿄 경시총감인 아카이케 아쓰시, 그리고 근위사단장 이시미쓰 마오미는 1919년 '3·1 독립운동'을 직접 제압한, 이른바 '치안 트리오'로 편견과 '조선인 공포감'에 지진 직후, 조선인 대책을 바로 세우고 '치안 트리오'를 중심으로 9월 1일 오후에는 이미 조선인 탄압을 위해 계엄령 발령 방침이 정해져 있었다고 한다.[11]

지금까지 이 '사건'에 대해 많은 연구가 이루어졌으나, 진상은 아직 어둠 속에 묻혀있는 이상 '유언비어'의 출처와 그 의도는 추측의 영역을 넘을 수 없다. 하지만 분명한 것은 예비역과 일반 시민으로 이루어진 '자경단'의 손에 의해 다수의 무고한 조선인이 단기간에 학살되었다는 것이다. 그 배경의 한 축을 담당하는 계엄령 발포와 유언비어 발생의 속도는 계통적인 조직성을 보이고 있다. 그리고 그 조직성과 습격의 민첩성은 양자가 절대로 관계가 없지 않다는 것이다.

『다이쇼 대지진 재난기록』 외에도 정부의 사실 은폐와 책임 회피에 대해 알 수 있는 예시로, 사태가 진정된 후에 이루어진 '자경단'에 대한 조사, 체포, 기소, 그리고 재판 과정을 보면 그 책임 회피와 기만성이 여실히 보인다. 간토대지진에 관한 여러 연구가 지적하고 있는 것처럼, 당시 일본 정부는 지진 시에 일어난 조선인 학살이나 그 관여 사실이 해외, 특히 식민지 조선과 유럽, 미국 여러 나라에 유출되는 것을 두려워했다고 알려져 있다. 그리고 정부가 '자경단' 활동으로 인해 책임 추궁당하는 것을 피하려고 신파극으로밖에 보이지 않는 기만적인 공판을 열었던 것이다. 그 고육지책과 모순은 피의자에 대한 극히 가벼운 처벌이란 형태로 나타나고 있다. 학살 범죄의

134

잔학성이나 피해자 수가 막대함에도 불구하고, '자경단' 단원의 체포자 수는 600~700명에 불과했다. 더욱이 살인 행위에도 불구하고 확정된 형량은 금고 6개월에서 4년으로 지극히 경미했다. 게다가 지진 피해 이듬해(1924)에는 히로히토(裕仁) 왕세자(후일 쇼와 일왕)의 결혼을 기념해 전원 특별 사면으로 방면되었다.[12] 이상, 80년 전의 참사에 관청, 경찰, 군대 등의 권력 당국 측이 조선인 학살에 직접 관여하고 관청이 '자경단'에게 조선인에 대한 습격을 사주, 장려한 사실을 그려보았는데, 어떻게 '자경단'이 빠르게 조직되고 포학한 행위에 도달할 수 있었나라는 의문점이 남는다. 그리하여 다음으로 고려할 수 있는 논의를 조금 전개하고 싶다.

학살 사건 배경 분석의 재고찰

'자경단'의 의식을 그 행위로부터 분석하는 방법은, (1) 지진 발생 수시간 후 유언비어 유포의 빠르기도 만만치 않은데 조선인에 대한 습격의 민첩함, (2) 살육의 형태, (3) 전술한 '자경단' 구성원의 이데올로기적 측면 등이 되겠다.

목격자의 증언 등으로부터 이미 지진이 일어난 다음 날에는 조선인 노동자가 귀가 도중 살해되었다는 사례도 있었다. 이러한 행동의 빠르기는 유언비어를 믿든 안 믿든 상관없이 조선인에 대한 일정한 고정적인 견해를 만들어 내는 인종차별주의가 광범위하게—진원지인 도쿄 근교 이외의 조선인 학살이 보고되어 있다—그리고 강력하게 이미 일본인의 내면에 침투해 있었기 때문이라 해석할 수 있다. 실제로 히구치는 가나가와현의 '자경단' 형성의 연구 중에서, '3·1 독립운동' 후, 특히 일본인의 반정부운동 세력과 조선인의 동향을 관련짓는 신문 보도가 빈번하게 보이는 것과 말이 통하지 않는 것으로부터 발생한 한일 노동자 간의 다툼을 '자경단'을 조직하는 것으

로 '난폭'한 조선인을 대응하려고 하는 지역사회가 등장하기 시작했다고 지적하고 있다.[13]

지진 피해의 혼란 속에서 각자가 생존을 위해 어찌 됐건 피난이 최우선시될 때 '유언비어'에 현혹돼 사람을 죽이는 것이 가능하다는 것은 혼란했으니까 가능하다는 논리가 성립된다 하더라도, 후세의 사람들에게는 도저히 이해되지 않는 부분이다. 타인은 그렇다 치더라도 자기 자신과 가족만큼은 한 발이라도 먼저 어딘가 안전한 장소에 피난해야만 한다는 생각과 행동이 앞서는 상황에서 조선인 살해가 자신들의 생존 보증으로 연결된다 생각한 것일까? 혹은 당시의 경제적·사회적 불안이나 불만에서 좀 더 저변의 계층에 있는 조선인에게 그 사회 모순의 울분을 쏟아내는 것으로 그 불안이나 불만이 해소될 것으로 생각했던 것일까?

당시의 조선인 학살의 생존자인 신창범(愼昌範) 씨의 증언에 따르면,

조선인이 나쁜 짓을 했다고 하는데, 지진과 큰불 속에서는 이리저리 피해 다니는 게 고작이고, 그중에는 타 죽은 사람도 꽤 있었습니다. 이런 때에 인간은 살아남는 것이 고작이라 나쁜 짓 같은 것을 할 리가 없습니다. 얼마 안 있어 무장한 집단이 자고 있는 피난민을 한 명씩 깨우고 조선인인지 아닌지 확인하기 시작했습니다. 우리 15명은 대부분이 일본어를 모릅니다. 가까이 온다면 조선인인지 금세 알 수 있었습니다. 무장한 '자경단'은 조선인을 찾으면 그 자리에서 일본도로 내리찍고 또는 갈고랑이로 찔러 학살했습니다.[14]

이 증언 중에 '이런 때에 인간은 살아남는 것이 고작이라 나쁜 짓 같은 것을 할 리가 없습니다'라는 소박하고 본질적인 이야기에 우리는 귀를 기울여야만 한다. 왜냐하면 혼란의 한가운데 있던 당사자의 생각은 조선인에 대한 '유언비어'가 사실로써 성립하지 않는다는 '상황 증거'가 됨과 동시에,

일본인 자신도 지진이라는 '자연재해'에서 살아남는 게 고작이었다는 사실을 증명하고 있기 때문이다. 그럼에도 불구하고 피난을 위해 도망 다니는 '비상사태' 중에 대체 무엇이 피난민을 습격하게 하고 살인 행위까지 저지르게 한 것이냐는 물음을 던지지 않을 수 없다.

이 증언은 당시의 일본인이 '피식민지' 민족인 조선인에 대한 혐오의 뿌리가 깊었다는 것과 인간의 폭력성에 대해 생각해 볼 것을 우리에게 시사하고 있다. 이와 같은 '비상사태'에서 조선인을 보면 무차별적으로 죽이는 그 폭력성, 백색테러의 잔인함은 그 '살해 방식'에서도 드러나 있다. '자경단'은 군이나 경찰 당국에서 받은 '무기' 이외에 자신들이 조달한 창, 일본도, 요리용 식칼, 죽봉, 철봉, 낫 등으로 무장하고, 그러한 '무기'로 조선인의 얼굴이나 머리를 마구 때리거나 찔러 죽이거나 내장이나 눈알을 헤집어 꺼내거나 임산부의 성기 부분에 대나무 화살을 찔러넣거나, 조선인을 인간으로 보지 않는 것이 아닌가 하는 생각이 들 정도로 잔인한 살해 방법을 보이고 있다. 이 잔인한 폭력성의 문화적 배경은 무엇인가를 묻지 않을 수 없다. 말이 나오지 않을 정도의 대혼란과 조직적으로 흘린 유언비어가 기폭제가 된 우발적인 참사 혹은 피식민지 민족에 대한 차별·멸시·편견만으로는 결코 설명할 수 없는 중요한 물음을 우리에게 던지고 있다고 생각한다.

소니아 량은 '자경단'의 잔학한 살해 방법에 주목해 조르조 아감벤이 주장한 '호모 사케르'(Homo Sacer, 주권 외 또는 열외 상태에 있는 존재, 살해당하는 것으로만 그 존재가 인정되는 인간이며, 정치적 질서나 종교의 영역으로는 그 생명의 존재가 인정되지 않는다. 그러므로 호모 사케르가 된 자를 죽여도 죄가 되지 않는다)라는 개념을 인용하면서, '조선인'은 '호모 사케르'라 인식되었기에 가능했던 포학한 행위라고 분석하고 있다. 또한 량은 양적인 측면에서 비교가 성립되는지 아닌지 의문은 남지만, 조선인 학살과 당시 살해된 일본인 사회주의자나 무정부주의자의 살해 방식을 비교하고 있다.

조선인의 경우 얼굴이나 머리를 파괴당하거나 손과 발 등의 사지가 찢어 발겨지는 등, 본인 확인이 곤란할 정도로 무참한 방식으로 죽었는데 일본인 사회주의자들이 살해당한 모습에서 자주 보이는 것처럼 참수를 당한 예시는 드물다. 한편, 일본인 피살자는 참수 형태로 살해당한 것이 대부분이라고 한다. 이것이 무엇을 이야기하는가 하면, 전통적인 '사무라이의 살해 방식'에 있어 적의 수급을 올리는 것은 적을 쳤다는 승리의 증거임과 동시에 표상이 되지만, 재일조선인은 적조차 되지 않는 호모 사케르이기 때문에, 그 수급에는 아무런 가치도 의미도 없다는 것이라고 량은 설명한다.[15]

량의 고찰은 식민지주의로 인해 심어진 조선인에 대한 의식이나 감정을 쌓아 올린 '정치 문화'의 이데올로기적 영향을 받은 일본인이 조선인을 볼 때 극단적인 형상으로 드러내는 하나의 '문화적 배경', 혹은 '문화적 토양'에 기인하는 것일지도 모른다. 이 '문화적 토양'을 나는 '천황제 문화'라고 감히 명명하고 싶다. 이 '천황제 문화'의 문제와 연관된다 생각되는 '남경대학살' 때의 살육 형태의 문제성에 대해 언급하고 있는 피터 린의 「남경대학살: 비극, 트라우마, 그리고 화해」라는 논문을 조금 인용해서 문화적 이데올로기적 측면의 문제를 환기하고 싶다.

린은 "일본 군대의 야만적인 잔인성의 요인은 전통적인 '사무라이' 훈련에 의한 일본군대의 군사 문화, 군대 그 자체의 잔인한 군사 훈련, 장기간에 걸친 일본 민족우월주의의 교육, 그리고 청일 전쟁 이래의 중국인 멸시와 같이 광범위에 이른다"[16]라고 분석하고 있다. 량이나 린이 말하는 '사무라이'적인 것이 소위 '오리엔탈리스트'적인 발상을 내포하고 있을 가능성은 있지만 무도한 살육 형태는 식민지주의 이데올로기가 인간의 의식에 끼치는 영향이 큰 것을 보여주는 일례로서 고찰·분석하여 대체 무엇이 그렇게까지 만들었나라는 질문에 대해서 유효한 통찰일 것이라고 생각한다.

나는 량이 말하는 '일본 민족우월주의'가 '자경단' 한 사람 한 사람이 주체적으로 조선인을 학살해 나가는 잔학성과 능동성을 만들어 냈다고 생각하는데, 그 능동성을 고찰한 결과로 유효한 분석이 있다. 마루야마 마사오(丸山眞男)가 제2차 세계대전 후 얼마 안 되어서 발표해 주목받은 「초 국가주의의 논리와 심리」에서 언급하고 있는 '황국 군인' 의식의 심리적 분석이다. 마루야마는 '지배관계 보호 유지의 강화를 위한 국가적 사회적 지위의 가치 기준은 사회적 직업 능력보다도 천황과의 거리에 있다'라고 하였으며, 이 지배 체계의 안에서는 항상 우월주의를 부추겨져, 그 거리와의 긴장 관계가 초래하는 의식은, '자신을 궁극적 실체에 동일화하려고 하는 충동을 끊임없이 내포하기 위해 봉건적인 것보다 훨씬 활동적이고 침략적 성격을 머금고 있다'라고 분석하고 있다.[17] 나에게는 일본인의 민족우월주의가 위로부터 교화된 수동적인 측면이 있음에도 이 '천황과의 거리'가 심적인 충동으로 움직여 능동적으로 된다는 점이야말로 '자경단'이 보다 주체적이고 능동적인 잔학 행위에 다다르게 한 요인이라 보고, 그 '거리감'이 자기 행동에 대한 정당화의 논리로 작용하게 된다. 간토대지진 때의 조선인 학살과 남경대학살 사이에는 '시간' '공간' '군인'과 '군인이 아닌 자'도 포함한 '자경단원'이라는 차이점이 있지만, 근대 천황 국가 '대일본제국'의 가치 체계에 따른 의식이나 이데올로기에 물든 국민(군인)에 의해 야기되었다는 점에서 동일한 '사건'이라 생각할 수 있지 않을까.

1923년의 '자경단'에 의한 조선인 살육 행위도 눈에 보이지 않는 천황제 문화의 이데올로기에 교화·오염된 결과로 볼 수 있지 않을까. 실제, '자경단'의 중심 세력이었던 '재향군인회'나 '청년단'이 이노우에 데쓰지로(井上哲次郎) 등을 이데올로그(Ideolog)로 하는 '일본주의'의 영향하에 있던 것도 지적되고 있다.[18] 개인의 살인 행위를 국가와의 동일화를 낳는 수단으로 삼는 이와 같은 능동성은 형식적으로 가졌던 공판에서 다수의 '자경단' 단원이 미소를 띠우며 '조선인을 죽이는 것은 애국이 되리라 생각했다'고 증언한

데에서도 엿볼 수 있다.

지금까지의 연구를 통해, 하나의 '공통인식'으로 확인된 것은 간토대지진 때의 조선인 학살을 일본의 근대국가, 그리고 식민지주의의 문제로서 받아들이고 있다는 것이다. 그리고 사건 당시의 구체적인 사회·정치·경제적 배경도 어느 정도 일치하고 있다. 이들의 분석은 (1) 1918년에 일어난 내지 일본에서의 '쌀 소동', 1919년의 외지 한반도에서의 '3·1 독립운동' 직후인 것, (2) 지진 전년인 1922년에는 '수평사(水平社, 부락해방동맹의 전신역주)'의 결성이나 일본공산당의 결성을 시작으로 일본노동조합, 일본농민조합 등의 결성과 더불어 도쿄·오사카 조선인 노동조합 등이 발족한 것, (3) '다이쇼 데모크라시'라고도 불리는 풍조 속에서 이 단체들과 사회주의자나 무정부주의자들의 반정부 세력에 대한 결합으로 인해 정부 전복에 대한 가능성에 불안해진 권력층이 상정한 사회 소란을 미연에 막기 위해 '조선인 폭동'의 유언비어 유포를 계기로 긴급히 학살 행위에 관여했다는 것, (4) 따라서 정부의 책임은 무거우며 이는 절대 은폐하거나 정당화할 수 있는 것이 아니라는 것, 그리고 (5) '자경단' 또한 학살에 직접 참여했다는 점에서 관민일체의 범죄라는 견해이다.

그러나 '자경단'에 의한 학살 행위 관련, 오늘날의 책임에 대한 논의에는 미묘한 차이가 있을 뿐만 아니라, 일본인 연구자의 상반된 시점이나 입장이 읽혀진다. 이 부분에서 '자경단'은 국가와의 관계에 있어 관청으로부터 학살의 협력을 요청받은 피해자이기도 하다는 의미에서의 '피해자성'의 문제는 '자경단' 단원도 포함해, 일본인 민중이 지진 피해의 '피해자'이며 조선 인민 학살의 '가해자'이기도 하다는 양면성을 어떻게 생각하고, 그리고 어느 정도 인정해서 판단할 것인지 명확하게 보이지 않는다. 그리고 가해자로서 판단해야 할 '주체'는 어디에 있는 것인가에 대해서도 상반된 입장을 보인다.

야마다 쇼지는 1952년에 사이타마에 있는 안세이지, 1959년에 같은 현에 있는 나가미네 묘지, 1957년에 군마현 조도지 묘지에 건립된 3개의 조선인 위령비 비문 안에, 학살한 '주체'의 기술이 없는 것을 지적하고 있다. 반대로 그 비문에 조선인을 살해한 '주체'는 '자경단'의 구성원이었던 일본인 일반 시민이라고 명기되어 있다고 해도 문제는 남는다. 그 '주체'가 되는 한 사람 한 사람을 가해자로서, 어째서 그러한 학살행위에 참여하였는가를 철저히 인식해야만 하지 않을까. 일본인 민중도 피해자이며, 가해자이기도 하다는 양면성을 인정해도 가해의 주체가 되는 개인이 그 가변적 양면성을 구체적인 역사에서 축소하지 않고 인식해야 하며, 또한 무의식중에 편의적으로 '양면성'을 자기 정당화의 '궤변'으로 사용해 버릴 가능성을 누구와 어떻게 검증할 것인가라는 물음이 던져지고 있다. 자기 성찰의 작업을 배제하더라도 야마다가 제안한 '가해자라는 자각은 물론 필요하지만, 한편으로 아시아의 피해자와 함께 일본 국가의 피해자 입장에서도 일본 국가와 대결해 국가의 전쟁 책임, 식민지 지배를 인정하게 만드는 것이 아시아에 대한 일본인의 의무이다'[19]라는 언급은 악용될 가능성이 있다.

나는 '타인'과의 '관계성'에서 말하지 않는 일본인 민중 피해자 의식이야말로, 이 '사건'에 대해 긴 시간 침묵을 허용해 온 것이 아닌가 하고 생각한다. 일본인이 중심이 되어 시작한 아라카와 하천부 유골 발굴 작업의 과정 중에 목격자의 증언이 나왔는데, 발굴 작업이 곤란해지면 처음에는 적극적으로 말하던 증언자들도 입을 다물고 말았다는 보고가 있다.[20] 전 '자경단' 단원을 시작으로 보통의 일본인들이 스스로 가해자성을 '타인'과의 '관계성' 속에서 검증할 수 없었기에 '국가'와의 관계에 있어 피해자 의식만이 남아, 결과적으론 그 피해자 의식이 이 '사건'의 침묵을 허용한 것이 아닌가 생각한다.

침묵을 가능하게 한 것

'자경단'의 행동에 관여된 책임의 소재에 대한 논의는 미묘하면서도 복잡하다. 그러나 그 행동과 의식에 초점을 맞추지 않고서는 조선인 학살 사건 문제의 본질과 해결을 향한 과제는 보이지 않는 것이 아닐까. 여기서는 이 '사건'의 전체적인 문제점을 현재의 의미라는 측면에서 조금 기술해 보고자 한다.

'조선인 학살'에 대한 연구는 1940년대 후반부터 시작되었다고 전해진다. 하지만 사회적 문제로서 등장한 것은 학살 40주년을 맞은 1960년대에 들어서부터이다. 그 시기부터 개인 또는 그룹에 의한 유골 발굴 작업, 증언 수집 작업, 추도식 개최 또는 10년마다 단락이 되는 해에 논단에서 '특집'을 편성하거나 하여 산발적으로 이 '문제'를 다루어 왔다. 그럼에도 불구하고 서두에 기술했듯이, 왜 80년 후인 오늘에 이르기까지 일본 정부에 의한 피해자나 그 유족에 대한 '공식적 사죄와 보상'과 진상규명을 위한 조사가 이루어지지 않고 있는 것일까.

김석범은 한반도가 식민지가 아닌 독립국이었다면 대학살은 일어나지 않았을 것이라고 '망국의 백성'의 비애를 말하고 있다.[21] 이 지적처럼 식민지하라는 '망국의 시대'에 일어난 사건이기에 일본 정부는 계속 무시해도 괜찮다고 착각하고 있는 것일까. 일본 정부의 '1965년의 한일기본조약에서 식민지 지배의 문제에 대해서는 모두 해결되었다'라는 상투적인 어구는, 실제의 조약에서는 이 사건에 대해 하나도 해결된 것이 없는 이상, 그 무시와 침묵에는 설득력이 없다. 이러한 판에 박힌 형태의 설명은 일의 중대성을 무시하고 있을 뿐만 아니라 피해자의 영혼과 피해자 가족의 고통의 눈물로 가득한 '한(恨)'의 감정을 짓밟는 것이다.

그러한 점에서 한 가지 소박한 물음을 던지고 싶다. 일본 정부의 책임에 대한 부재는 논외로 하더라도 왜 이 문제가 일본 사회 안에서 사회적·정치적 문제로서 '공공의 언설 공간'에서 지금까지 부상하지 않았던 것인가이다. 물론, 일부 열정적인 조선인이나 일본인 연구자, 그리고 일부 양심적인 시민에 의한 위령 활동이나 문제 해결을 향한 진상규명 자료 수집 활동이 착실하게 이루어지고 있으며, 1년에 한 번의 위령 추도 기념행사 등이 일본 각지에서 이루어지곤 했다. 또한 이러한 견실한 노력이 신문 등에서 다루어진 적도 있었으나 커다란 사회 문제로 주목받지는 못했다고 생각된다.

비교가 목적은 아니지만 이 의문점을 명확히 하기 위한 하나의 예시를 들고 싶다. 주지한 대로 90년대 이래 일본의 식민지주의의 미해결된 문제 중 하나인 '종군위안부' 문제는 전 '위안부'인 김학순 씨의 용기 있는 충격적인 증언을 계기로 일본 사회의 '공적 언설 공간' 속에서 상당한 논의를 불러일으켰다. 물론, 이에 이르기까지 김학순 씨가 걸어온 길은 절대 쉽지 않았던 것은 누구라도 상상할 수 있다. 하지만 공공의 언설 속에는 전 '종군위안부' 할머니들의 삶과 인간성을 우롱하는 듯한 일본인의 '우익 지식인'의 부끄러움을 모르는 트집도 있으며, 이 때문에 '종군위안부' 문제가 '공공의 공간'에서 논의되는 것에 동반되는 부정적인 측면이 있는 것도 사실이다. 그러나 이는 전 '위안부'에 대한 개인 보상의 문제도 포함해 일본 정부가 봉쇄 불가능한 정도의 사회 문제로까지 발전했다. 물론, 전면적 해결과는 크게 동떨어진 것이며 전술한 것과 같은 전 '위안부'의 존엄을 모독하는 반동적 지식인 언설의 범람과 이로 인한 영향, 거기에 전 '위안부'의 의사를 무시한 '아시아 여성 기금' 제안의 등장 등의 문제를 생각하면 사회적인 문제로 크게 부상했다는 것을 단순하게 평가할 수는 없다.

그러나 이 '종군위안부'의 문제가 일본의 과거 식민지주의의 책임을 현실적인 의미에서의 '식민지주의'나 '전쟁 후의 책임'을 묻는 것이라면, 간토대지진 때에 일어난 조선인 학살의 문제도 식민지주의가 가져온 결과이며 그 책임을 다하지 않는 이상, 일본의 '전쟁 후의 책임' 중 하나로 '공적 공간'에서 추궁해야만 한다. 그럼에도 불구하고, 개별로 이야기된 이 두 문제의 사회적 반향의 크기를 비교해 보면 이러한 차이가 어디에서 생겨난 것인지는 분석해야만 하는 중요한 과제가 아닐까.

이러한 것들의 문제 해명이나 해결을 향한 활동과 연구에 전혀 관심을 보이지 않는 윤리적 토양은 간토대지진 때의 조선인 학살 문제에 대해서도 '종군위안부'의 문제에 대해서도 동질의 일본 사회의 역사 교육, 역사 인식에 원인이 있는 것이 사실이라고 하더라도 90년대의 '전쟁 후의 책임'이라는 이야기 안에서 받아들여지는 '종군위안부'의 문제와의 차이는 어디서 오는 것인가라는 의문이 남는다.

경솔하게 말할 수는 없지만, 몇 가지 상정할 수 있는 점을 써보고자 한다. (1) '종군위안부'의 문제는 80년대 이래, 한일 양국에서 성숙되고 있는 페미니즘의 고양과 당사자의 충격적인 증언을 계기로 숙성시키듯 합류하는 와중에 커다란 임팩트를 줄 수 있었다. (2) 일본 우익 지식인의 교과서 문제를 포함해 '종군위안부' 문제에 대한 노골적인 반동적 언설의 범람이 역효과로 작동했다. (3) 일본 사법의 재가를 요구하는 제소나 소위 교과서 문제로까지 운동이 만연하는 와중에 한국이나 중국 정부로부터 외교상의 압력이 들어왔다. (4) '지진 피해 당시의 학살'에 관해서는 지진 후인 1923년 10월에 열린 재판에서 일단은 가해자에 대한 판결이 내려졌다. (5) 똑같은 일본의 식민지주의의 문제임에도 불구하고 생존자나 유족의 대부분이 어디에 살고 있는가에 의해 국제 여론의 압력에 변화가 생기는 '국제 문제'와 '재일'이라는 국내 문제'라는 카테고리의 차이가 있다. (6) 인간에 대한 폭력이란 점에서는 동질의 '범죄성'을 내포하고 있지만 생명 말소라는 '살인 행위'에 이르렀는가 아닌가의 차이가 있다 등과 같은 항목을 생각할 수 있다.

이상으로 무작위로 두 가지의 문제에 대한 일본 사회의 반응에 대한 차이를 그려보았는데, 왜 일본 정부나 전 '자경단' 단원이 스스로 책임을 완전히 무시·침묵으로 일관하는가에 대해서는 생각해야만 한다. 반대로, 일본 정부 및 당시의 '군 성노예제'에 관여한 사람들이 전면적으로 그 범죄성을 인정하고 사죄했을 경우 '위안부'를 성노예로 했던 당사자인 군인 개인의 사죄도 자동으로 포함될 것이라 상정하기 쉽다. 그것은 성노예라는 여성의 신체에 대한 폭력과 착취가 식민지주의의 '제도'로 기능하고 있었던 것과 그 행위는 전시의 군인에 의한 것이라는 점에서 '공적 사죄'가 '개인 사죄'도 포함한다는 궤변이 성립하기 쉽기 때문인지도 모른다.

물론, 그러한 '제도' 그 자체는 절대로 정당화될 수 있는 것이 아니라는 점은 여기서 다시 말할 필요는 없을 것이다. 하지만 간토대지진 때의 조선인 학살의 경우 관청 및 공권력의 의도적인 개입이나 '자경단'의 행동에는 '제도'로서 성립하는 여건이 존재하지 않았던 것이 '사건'에 대한 책임을 불문으로 부치는 상태가 계속되는 측면이 있는 것이 아닐까. 그러나 '제도'로 기능하지 않았다 하더라도 식민지주의 그 자체가 하나의 '제도'이기에 일본 정부의 '공적'인 사죄는 결코 부정할 수 있는 근거가 되지 않는다. 희생자에 대한 사죄는 도리나 윤리상의 요청이기도 하다. 그러나 '자경단'으로, 그 학살에 참가한 일본인 일반 시민의 '사죄'는 누가 어떻게 사죄하는가. 아니 사죄 이전에 초보적인 문제로 대체 누가 누구를 어떠한 방식으로 그 범죄성을 묻고, 그리고 재판할 것인가라는 곤란성이 거기에 있다. 지진 피해 1개월 뒤에 '자경단'의 일부에게 행한 재판의 판결은 역사적인 판결이라 단정하기에는 너무나도 공정함을 무시한 것이다.

만일, 현재의 일본 정부가 일본인에 의한 조선인 학살의 피해자 및 그 유족에게 '공식 사죄'를 한다고 하더라도 '자경단'에 참가한 개인의 사죄를 대행할 수는 없다. 공적 공간에 의한 '대리 사죄'는 진정한 사죄가 될 수 있는 것이 아니다. 형법상의 면책이 불가능한 '살인 행위'를 사죄하는 것 자체가 윤리적으로도 논리적으로도 성립되는지 아닌지라는 지극히 어렵고 지난한 문제라 할 수 있다. 아마 피해자의 친족도 가해자도 현재 생존해 있는 사람은 극히 소수다. 그러나 아직 그 가족 또는 목격자가 생존해 있을 가능성이 있다. 그렇다면 이 곤란하고 복잡한 문제에 대해 지금 우리에게 요구되는 것은 침묵을 깨고 각자 개인의 입장에서 이 학살의 문제를 자기 자신의 문제로 하여 다시 한번 의문을 던져 일본제국이 저지른 역사의 비극, 식민지주의의 문제와 아직 남아있는 옛 제도에 대항하는 행동을 하는 것이 아닐까.

맺음말

나는 이 소론을 쓰면서 많은 것을 생각했다. 앞서 인용한 마이클 와이너는 『재일조선인 커뮤니티의 기원: 1910-1923』에서 중심적 테마로 1장 전체를 간토대지진 때의 조선인 학살에 관해 기술했다. 1장 전체를 할애한 동기는 "이 '사건'이 재일조선인의 미래를 결정짓는 분기점이라 보았기 때문이다"라고 말하고 있다. 재일조선인 역사가의 대다수도 같은 이야기를 해왔으나, 나는 제3자인 와이너가 재일조선인의 역사를 간토대지진 때의 학살 사건을 분수령으로 보는 시점에 커다란 시사를 받았다. 동시에 나 자신이 이 사건을 대하는 문제의식의 차이를 반성하지 않을 수 없었다. 그 문제의식이란 잔학한 살육의 방식과 습격의 속도에 나타나는 일본인의 조선인 혐오나 멸시, 차별하는 측이 차별당하는 측에 갖는 부조리한 공포감, 인종차별주의의 시점, '조선인이 일본인 여성을 겁탈한다'라는 '유언비어'에서 나타나는 젠더적 시점, '자경단'의 구성원의 다수가 노동자였다는 사실에 대한 계급적 시점과 현재 그리고 이후의 '재일조선인 문제'와의 관계이다.

일본 정부는 아직 피해자와 유족에 대한 공식 사죄도 보상도 하지 않았다. 1995년의 한신대지진 때에는(조선인에 대해서가 아니었다는 듯이 말하지만)

아시아계 외국인에 대한 동종의 유언비어가 유포되었다고 한다. 현재의 일본 사회에 여전히 뿌리 깊게 남아있는 외국인에 대한 배척의식이나 '유사입법'의 성립 등에서 볼 수 있는 '우경 반동화'는 이 과거의 '참사'가 '상징천황제 민주주의 국가' 사회라 칭해지는 일본 사회의 오늘날 정치와 인권의 문제이며, 과거의 식민지주의의 '청산'만이 아니라, 그야말로 탈식민지주의의 문제임을 이야기하고 있는 것이 아닐까. 그렇다면, 사어가 되어가고 있는 일본 사회의 '사회정의', 그리고 '공정한 관계'의 구축을 향해 일본인 한 사람한 사람이 현재 진행형의 논리적 문제로 취급할 필요가 있을 것이다. 이 조선인 학살의 문제가 제도적으로 그리고 도의적으로 해결되지 않는 한, 지진 피해라는 자연재해에 의한 피해 뒤에 참혹한 '살인 행위'가 있었다는 것을, 현재를 살아가는 우리가 끊임없이 이야기해 나아갈 것을 요청받게 될 것이다. 이것은 단순히 과거로부터의 교훈을 배우기 위한 것이 아니다. 현재의 일본인이 아직 끝맺지 못한 '전쟁 후의 책임'의 해결 방법을 모색하고 실천하기 위해, 그리고 내일의 일본 사회를 구축해 나아가는 데 필요한 행위일 것이다. 또한 일본 사회의 구성원인 재일조선인 측도 역사적 주체로서 일본 사회에서 살아가기 위해 반드시 해나가야 할 작업이다.

제7장

한일기본조약은 재일조선인에게 무엇을 주었는가?

하나의 탈식민지주의적 시점

한일 국교 정상화 50주년, 제2차 세계대전 후 70주년을 맞이한 2015년 올해, 한일 양국에서 다양한 행사와 신문기사, 그리고 논고가 있었다. 이벤트적인 프로그램은 축제처럼 50주년을 기쁘게 기념하는 행사로 개최되었다. 그 광경은 마치 1965년 한일기본조약 그 자체가 역사에 투영되어 적극적이고 긍정적인 의미가 있었던 것 같은 양상이다. 조약 체결 전부터 많은 문제점과 과제를 안고, 격한 반대운동이 두 나라 사이에서 전개되었음에도 불구하고 50년이란 세월은 조약이 내포하는 문제를 완전히 지우듯 한일의 준군사동맹적 관계가 움직이기 어려운 기정사실이 되었다.

한일기본조약 체결 후 50년이란 세월은 재일조선인 사회[1]에 어떠한 결과와 의미를 가져왔는지, 또 양국의 '국민'에게 재일조선인에 대한 견해와 태도에 어떠한 변화가 있었는지 다시 생각해 보고자 한다.

조약 체결 시에 자주 통용되던 말로 한국 정부의 재일조선인에 대한 기본적인 입장으로 지적됐던 것에 이른바 '기민화 정책'이라는 것이 있다. 역사는 좋은 의미에서든 나쁜 의미에서든 변하는 것이다. 일본에 사는 한국인은 제2차 세계대전 전 식민지 통치로 정착하게 된 재일조선인의 후예만이 아니다.

1988년 서울올림픽을 계기로 여권 발급이 자유로워짐에 따라 한국에서 출국이 쉬워졌다. 마침 그 시기를 전후해 한국이나 여러 아시아 국가에서 일본으로 이주하는 사람이 급증하게 되었다. 남성과 여성들이 이동한 주요 이유는 일자리를 찾기 위해, 혹은 유학, 결혼 등에 의한 것이다. 여러 사정으로 한국에서 일본으로 온 남성과 여성들의 한일 간 왕래는 한국에 사는 사람들의 재일조선인에 대한 인식과 의식에 다소나마 변화를 가져온 것 같다.

〈겨울연가〉나 한일 공동 주최 월드컵을 계기로 시작된 '한류' 붐의 영향, 그리고 김대중 정권 당시 일본 콘텐츠 해금 등에 의해 한일 간의 거리가 일거에 좁혀진 관계의 변화가 한국인에게 재일조선인에 대한 인식이나 인지의 변화를 초래한 것 같다.

한편 일본에서는 많은 논자가 지적하듯이 '한류' 붐은 재일조선인에 대한 일본인의 인식에 큰 영향을 미치지 않았다. 어쨌든 사람의 왕래는 구체적인 생활의 장소를 통해서 각각의 실상에 접근할 수 있게 되고, 기존의 편견과 무지에서 오는 고정관념에도 영향을 주었다.

지금까지 한국에 사는 사람들이 재일조선인에게 갖는 가장 일반적인 고정관념은 일본 사회에서 차별당하고, 모국어도 말하지 못하는 가엾은 사람들이라는 것이다. 한편으로는 일본 고도성장의 혜택으로 얻은 '물질적' 풍요를 누리고 있다는 '오해'를 포함한 일종의 질투 대상이기도 했다. 더불어 한국 사회에서 음으로 양으로 '반공 교육'을 내면화하고 자란 한국인들은 재일조선인 커뮤니티의 역사적, 구체적 사정도 충분히 알지 못한 채, 북을 지원하는 조총련(재일조선인총연합회)과 결부시켜 '위험'한 존재로서 적대시하였다. 이들의 일련의 판에 박힌 견해는 재일조선인의 생활이나 의식을 실태적으로 반영한 것이 아니라 단순히 한반도 분단의 현실을 투영한 것에 지나지 않는다.

한편 일본인은 이른바 '재일조선인 문제'를 조선인의 문제이지 일본인의 문제로 인식하고 있지 않다. 또 한국인은 재일조선인의 문제는 일본인의 문제이거나 동화된 일본인이라고 간주하는 시선으로 보고 있다. 지속된 분단과 식민지주의의 '미청산'이 '재일조선인 문제'를 낳았는데 그것이 한국 사람들의 문제이기도 하고 일본인의 문제이기도 하다는 시점이 약하다. 재일조선인 문제를 계속되고 있는 분단과 식민지주의의 유산으로 연결시켜 보는 시점은 약하다고 보인다.

여기에서는 한일기본조약 체결 후의 반세기를 재일조선인 2세인 필자가 경험하고 고찰해 온 것에 대해 논하고자 한다. 이것은 요즘 한국에서도 재일조선인에 관한 연구자가 늘어나고 있지만 아직 '재일의 생생한 목소리'가 완전히 이해되고 있다고는 생각할 수 없기 때문이다. 그러한 의미에서 이 글은 일본 사회와 한국 사회의 가장자리에서 살아온 사람인 재일조선인이 양쪽 사회를 향해 보내는 메시지이며, 양쪽 사회에서의 재일조선인에 대한 몰이해에 대한 비판이라고 할 수 있을지도 모른다.

해방 70년, 그리고 한일기본조약이 체결된 지 50년이라는 시점에서 '재일조선인 문제'라는 것이 '재일동포'만의 문제인가, 일본의 제2차 세계대전 이후의 책임 부재의 문제인가, 혹은 조국의 분단 상황이 계속되고 있기 때문에 생기는 문제인가, 도대체 한일기본조약은 재일조선인 사회에 무엇을 초래했는지 재고하여 검증해 보고 싶다. 그 방법과 관점이 되는 것은 탈식민지주의다. 왜냐하면, 탈식민지주의의 시각은 '역사가 개인에게 주는 영향이 크고 중요하다'[2]고 재인식하게 만들어주기 때문이다. 그러므로 이 글은 개인의 경험과 기억에 의존하여 쓰려고 생각한다.

제2차 세계대전 후 재일조선인 커뮤니티의 특수성

우선, 재일조선인 사회의 특수성을 간단히 확인해 두고자 한다. 주지하는 바와 같이 일본의 식민지주의는 한반도에서 많은 코리안 디아스포라를 만들어냈다. 옛 소비에트의 연해주에서 중앙아시아로 강제 이동당한 '고려인'이라고 불리는 사람들과 중국 연변 지역을 중심으로 사는 '조선족' 그리고 재일조선인이다. 이들 코리안 디아스포라와는 역사적 문맥은 다르지만, 재미한국인 사회가 급속하게 성장해 가고 있다. 이들 코리안 디아스포라 가운데[3] 재일조선인 사회는 한반도의 분단 상황이 만들어낸 대립이나 적대의 양상이 가장 농후하게 남아있는 커뮤니티이다.

해방 후에 생긴 다양한 민족단체의 이데올로기적 혹은 당파적 분열과 대립은 조국에서 두 개의 국가가 성립되면서 그리고 한국전쟁을 거치면서 더욱 격화되었다. 분단의 모순이 재일조선인 사회에 가져다 준 영향은 정치뿐만 아니라 생활면에서도 엄청났다. 예를 들면 친족 중에서 한쪽은 북의 정부를 지지하는 단체에, 다른 한쪽은 남의 정부를 지지하는 단체에 속해 서로 대립각을 세우게 되었다. 물론, 관혼상제 등에서 교제도 있지만 분단의 비극은 이 커뮤니티의 인간관계의 양상에 커다란 그림자를 드리웠다. 정치적인 측면에서 원칙적으로는 일본 정부의 전쟁 후의 책임으로 식민지주의가 청산되지 않은 사항에 대해 단결하고 투쟁하지 않으면 안 됨에도 불구하고 서로 협력할 수도 없고 협력하지도 않는 상황이 지속되어 왔다. 이처럼 조국 분단과 일본의 계속된 식민지주의는 일본 사회에서 소수자가 정치적 힘을 키우고 이데올로기를 뛰어넘어 대동단결을 도모하는 것을 곤란하게 하는 상황을 계속해서 만들어내고 있다.

이러한 역사적 정치 상황 속에서 남쪽의 한국 정부하고만 국교 정상화를 도모하는 것은 재일조선인 사회에 커다란 영향과 짐이 되는 유산으로 남는다는 것은 불 보듯 뻔한 일이다.

구체적 기억으로서 한일기본조약

한일기본조약이 체결된 1965년, 필자는 초등학교 5학년이었다. 50년이나 지난 당시의 기억은 여명을 알리는 아침 안개가 낀 듯이 흐릿한 정경만이 남아있을 뿐이지만 당시의 재일조선인 커뮤니티의 어수선한 양상은 지금도 필자의 뇌리에 선명한 잔상으로 새겨져 있다.

한일기본조약이 무엇인지도 이해할 수 있는 나이도 아니었고 사회의 움직임에 대해서 민감하지도 않았지만 우리 집 문턱에 1세들이 들락날락하면서 분주하게 서로 이야기하고 있던 광경이 어제 일처럼 생각이 난다. 특히 어른들, 당시 1세들이 빈번하게 말했던 '영주권' '협정 영주'라고 하는 말은 오랫동안 나의 귓전에 맴돌았다. 그리고 그 기억에 의한 정경은 한일 국교 정상화 50주년인 지금 되살아난다. 물론 50년 만이라서가 아니라, 이제까지도 사사건건 특히 한일, 북일 관계 그리고 재일조선인 인권 문제 등의 화제가 대중매체를 통해 사회적으로 부상될 때마다, 당시의 1세들이 말했던 '영주권'이라는 말이 이명처럼 되살아난다. 왜냐하면 한일기본조약상의 재일 '영주권'을 둘러싼 법적 지위의 문제는 재일조선인에게 분단과 한일기본조약 그 자체가 내포하는 모순을 가장 현저하게 드러내기 때문이다. 그것이 바로 한국 국적을 취득함으로써 일본 정부로부터 영주권을 얻을 수 있는 조건이었기 때문이다. 바꾸어 말하면, 분단 상황을 유지, 이용하려는 한국 정부와 일본 정부의 결탁이 훤히 보인다는 것이다.

재일조선인 생활권의 근간이 되는 거주권의 영속적 확보, 국외 추방 위협의 가능성의 이론적 소멸을 의미하는 '영주권' 취득은 당연히 가장 임팩트를 주는 내용의 하나였다. 아무튼 그 당시 재일조선인 지역사회는 어수선하고 소란스러운 상황에 휩싸여 있었다. 뒤돌아보면, 그 소란은 영주권 취득에 얽혀있는 것만은 아니었다.

1961년 남한에서 탄생한 군사독재 정권과 50년대 숙청을 끝낸 북의 독재 정권과의 대립으로 인해 재일조선인 사회에서도 마찬가지로 대립을 격화시켰다. 그러한 정치적인 소란과 이데올로기의 대립 시기에 이루어진 한일기본조약 체결은 남북 정권을 지지하는 쌍방의 민족단체가 재일동포 사회에서 주도권을 쟁취하려고 세력 다툼을 펼쳤다. 조직의 존재 의의를 확인하기 위한 수단이라고 할까, 서로에 대한 증오를 표출하는 선전 활동도 활발했다. 필자가 자란 지역이 재일동포가 가장 밀집해 있는 지역이었기에 이곳에서의 선전 공방은 대단했다. 선전 차량의 확성기에서 쌍방이 떠들썩하게 대립하며 남북의 정권을 서로 괴뢰 정권으로 매도하는 일을 일상적으로 빈번하게 볼 수 있었다.

당시 한국어를 거의 몰랐던 필자의 머릿속에 통째로 남아있던 표현이 있다. 선전 차량의 확성기에서 흘러나오는 "친애하는 동포 여러분"이라는 말이었다. 특히 조선총련 조직이 강한 지역이었던 탓이었는지 이 말에 이어서 "위대한 수령님"이라는, 분명하게 북을 지지하는 단체의 선전 차량인 것을 알 수 있는 문구가 당시에는 그 의미도 몰랐지만 지금까지도 필자의 뇌리에 남아있을 정도로 조국 분단의 현실이 재일조선인 사회에 미치는 영향은 한일기본조약 체결을 계기로 더욱 심해졌다고 해도 과언이 아니다. 실제로 당시 민족단체의 신문을 보면 극심한 증오 표현이 넘쳐나고 있다.

재일조선인 거주자가 많은 지역이기 때문인지 '조센징'이라고 불리며 일본 아이들로부터 직접 따돌림을 당했던 기억은 없지만 어릴 적부터 어디에서 주입되었는지, '조선인인 것이 왠지 부끄럽다'라고 생각하던 유년기에 경험한 이 광경이 부끄럽다는 생각을 더욱 깊게 해 마음이 쓰렸던 기억이 남아있다. 그렇지 않아도 일본 사회에서 몸을 움츠리고 살 수밖에 없는 상황 속에서 반목질시하는 민족단체의 선전 차량이 집 앞을 지나가는 모습을 볼 때마다 일본인에게 보이기 싫고 부끄러워 어디 구멍이라도 있으면 숨고 싶은 생각과 심정으로 심신이 아플 정도였던 것으로 기억하고 있다.

지금은 있을 수 없는 일이라는 것을 알면서도 만약 일본이 그 시점에서 남북의 양 정부와 국교를 수립했다면 재일조선인 커뮤니티 내의 대립 양상은 바뀌었을지도 모른다는 생각은 너무 고지식하다 할 지도 모른다. 다만,

그랬다면 2000년에 일본 고이즈미 수상이 북한을 방문함으로써 드러났던 소위 일본인의 납치 문제는 일어나지 않았을 가능성이 높다. 냉전이 끝나고 그 냉전 구조가 만들어낸 남북의 대립은 지금도 계속되고 있고 그 악영향이 재일 사회에 미치고 있는 양상을 보면서, 이러한 대립의 악영향을 없애기 위해서 남북통일이 오는 날을 필자는 꿈이 아니라 현실적인 과제라고 생각하며 살고 있다.

'영주권'을 둘러싼 법적 지위, 그리고 신청 조건인 대한민국 국적 취득 등의 의미를 모르고 어린 2세대들은 부모의 의향으로 결정된 '국적'을 가지게 되었다. 이 역사적 경위는 현재 그리고, 미래 재일조선인 사회의 동향을 이해하는 데에 있어서 무시할 수 없다. 그래서, 다음 절에서는 이러한 경위가 시작되는 '협정 영주' 그리고 국적 변경에 관련된 내용을 당시 1세들의 생각을 상기하면서 기술하고자 한다.

1세대의 심정에 기대어

주지하는 바와 같이, 해방 직후에 200만 명이 넘었던 재일조선인은 그해 12월까지 3분의 2 이상이 조국으로 돌아갔다. 필자의 부모님도 그럴 심정으로 고향인 제주도로 가재도구를 보냈다. 부친의 어머니 즉 필자의 할머니는 일본에서 보내온 고리짝을 아들이 돌아올 때까지 열지 않고 아들을 학수고대했다고 한다. 그러나 야속하게도 결국 재회하지 못한 채 두 사람은 이 세상을 떠났다.

필자가 태어나기 6년 전에 죽음에 이르는 큰 화상을 입은 아버지는 그 후유증으로 귀국을 하지 못했다. 망향의 마음을 품은 채 일생을 괴로워하다 환갑을 맞기 2달 전에 돌아가셨다. 마지막 병상에서조차도 '고향으로 돌아가고 싶다'고 몇 번이나 말씀하셨던 것을 필자는 평생 잊을 수가 없다. 제2차 세계대전이 끝난 후 얼마 지나지 않아 귀국 준비를 하고 가재도구까지 보냈다는 사정을 들은 것은 아버지가 돌아가시고 상당히 나중의 일이다. 필자는 그 이야기를 어머니께 들었을 때, 만약 그 시점에서 부모님이 귀국했다면 필자는 재일 2세대가 되지도 않았고 제주도에서 태어났을 거라고 생각하니 묘한 기분이 들었다. 요컨대 한 인간의 인생에 정치와 역사가 얼마나 직결되어 있는지를 피부로 느꼈다. 종이 한 장 차이라고 할 수 있는 역사적 순간에서의 판단 여하에 결과적으로 한 인생이 크게 변한다는 것을 실감했다. 그러한 의미에서 근현대사에서 '조선 민족'은 많은 사람이 역사와 정치에 휘둘린 인생을 살아왔다 할 수 있다.

해방의 기쁨도 잠시, 많은 재일동포가 염원했던 귀국을 단념할 수밖에 없던 이유는 몇 가지 꼽을 수 있다. 먼저 일본 정부와 GHQ의 조선인에 대한 귀국정책이 극히 허술했고 다른 여러 제한이 더해졌다는 것. 수십 년간 이방인으로서 살았기에 고향에서 생활 기반이 없다는 것. 거기에다 한국전쟁 발발 등 다양한 요인이 '재일' 가족의 귀국을 어렵게 했다. 그러나 그 이후에도 돌아가지 못한 많은 1세들은 언젠가 반드시 고향에 돌아갈 수 있을 거라는 의지와 희망으로 삶을 지탱하고 살아왔다.

재일 1세대들에게 일본은 최후의 순간까지도 '일시적인 생활을 하는 장소'일뿐이었다. 특히 1세대 남성들에게 그런 생각이 강했다. 그들에게 고향에 대한 그리움은 감상이 아닌 절실한 '영혼의 외침'이라고도 할 수 있다. 고뇌를 품고 해방 이후의 일본을 살아왔다. 그들에게 한일기본조약이 가져온 '영주권' 취득은 '영주할 생각이 없었던 일본'의 '영주권'을 얻은 것이지만 한국 국적을 취득함으로써 고향의 땅을 밟을 수 있다는 가능성이 생긴 것은 기쁜 일이었을 것이다. 그러나 그것은 동시에 커뮤니티나 나아가 가족조차 분단하게 하는 조건부였다.

1세대가 재일조선인 사회에서 주류였던 시대에 환희와 상반된 감정의 격화, 대립이라는 복잡한 양상을 띠고 커뮤니티 전체가 들끓은 것도 지극히 당연한 일이다. 일본에 영주하는 것을 반드시 바라고 있지 않던 1세대에게 더욱이 신청 기간 5년으로 기한이 정해진 조건부 상황 속에, 그것도 국적 변경이 조건인 영주권 신청 절차는 어떻게 받아들여졌던 것일까.

일본의 패전 후의 책임으로 재일조선인이 누려야 할 권리로 주어진 것이 아니라 '영주 허가'는 상부로부터 허가를 받는, 일종의 굴욕적인 타협의 산물인 '협정 영주'였다. 그럼에도 불구하고 타협하지 않고 사람들은 나서서 신청했다. '영주권' 취득이 경우에 따라 같은 고향 사람들을 배반하는 행위로 여겨지게 되는 상황을 어떻게 받아들였던 것일까.

한일협정 제1조 1항에 '대한민국 국적을 가진 자에게 영주 자격을 준다'라고 명기되어 있다. 대한민국의 국적을 가진 자라는 것이 정치적으로 어떤 의미를 지니는지 아는 1세대 중에는 괴로운 선택을 강요당한 사람들도 있지 않았을까.

커뮤니티 내에서 혹은 가족 안에서조차 적대와 곤란을 초래한 '국적 변경'의 '국적'이란 무엇이었을까.

1947년 쇼와 일왕의 최후 칙령인 외국인등록령이 발포되었다. 외국인등록령은 당시 재일조선인을 '당분간 외국인'으로 취급하기 위한 한반도 출신을 조선 국적으로 구분하겠다는 의미였다. 국적란에 기재된 '조선'이 재일조선인에게는 해방 이후 처음 갖게 된 '국적'이 되었다.

전쟁 이전 일본의 신민으로 '일본 국적'이 부여되었다. 그 국적을 '정식'으로 상실한 것은 1952년 샌프란시스코 강화조약이 체결되었을 때이다. 그런 역사적 경위를 알 수 없는 외국인 등록상의 '조선' 국적은, 한편으로 일본 시정촌이 시행한 행정상의 편의 때문에 결국 기호나 부호에 지나지 않아도 개의치 않고 기꺼이 받아들였던 것일까?

근대 국민국가가 만든 국적이라는 개념은 어디까지나 국적은 그 국가의 주권 범위에 사는 사람을 귀속하고 충성을 표명한 국가로부터 부여된다고 전제하면, 1947년 일본 정부로부터 부여된 '조선'이란 기호를 국적으로 간주하는 것은 이상하다. 원래 그 시점에는 한반도에 국민국가로서 근대국가라는 것은 존재하고 있지 않았다.

하지만 1세대들에게 '조선'이 기호이든 아니든 '조선 민족'이라는 자각에는 영향을 주지 않았을 것이다. 아니 오히려 그렇게 일본인과 차이를 두는 것을 기뻐하였을지도 모른다. 그리고 1948년에 한반도에 두 개의 국가가 성립한 이후에는 외국인 등록상의 이유로 기재된 '조선'이라는 국적에 귀속 의식이 생긴 사람과 반발하는 사람도 있을지도 모른다.

'애국심'이나 '민족의식'을 1세대는 당연히 가지고 있었지만 삶에 쫓기느라 국적 문제 등을 의식하지 않았을지도 모른다. '조선' 국적이 국가와 개인의 귀속을 나타내는 국적이라고 인식하게 된 것은 한일기본조약 체결을 기점으로 보는 것이 맞을지 모르지만 국적의 이데올로기적인 귀속 의식이 생긴 것은 1948년 조국에 두 개의 국가가 성립한 이후이다. 이데올로기적이든 심정적이든 혹은 '통일국가'로서의 조선이라는 원칙적 측면에서든, 당시 1세대들의 국적에 관한 생각과 국적 변경에 관한 개개인의 결단 동기를 알 방법은 없다. 짐작할 수 있는 것은 현실적인 판단이 당연히 포함되었다는 것이다. 일본에서 주거의 '정당성'을 보장하는 법적 지위를 얻는 것으로 안정된 생활을 펼칠 수 있기에 이 기회를 놓치면 생활과 직결된 주거권의 확보가 불가능할 것이라는 강박적이고 관념적인 위기감을 느꼈을지도 모른다. 혹은 민족단체의 조직적인 추진운동 촉진의 결과였을지도 모른다.

합법적으로 조국을 왕래할 기회를 가져온 한일 국교 정상화는 1세대들에게 대단한 의미가 있고 일본이라고 하는 객지에서 살기 위한 새로운 정신적인 힘이 되었을 것이다. 바꾸어 말하면, 심리적 정신적 제2의 '해방'으로 연결된 큰 사건이었다.

그러나 오랜 세월 소망했던 고국 방문을 향한 첫걸음이 우선 국적을 대한민국으로 변경하는 것으로 가능하다는 것은 95% 이상의 1세대들이 남쪽 출신이라는 사실에서 비추어 보아도 별다른 갈등이 없었을 것이라는 판단은 경솔하다.

어쨌든 결과적으로 많은 재일조선인이 한일기본조약을 계기로 대한민국 국적을 갖게 되었다. 이것을 어떻게 생각해야 하는가 하는 논의는 광범위하게 이루어져야 할 것이다. 그러나 여기에서는 두 가지 점을 확인해 두고자 한다. 첫 번째는 대한민국 국적으로 변경하지 않은 사람들 모두가 '북'의 정부를 지지하는 것은 아니라는 것, 두 번째는 한일기본조약이 해방 후 한반도의 분단을 고정시키려고 하는 한일 관계의 기초 즉, '한일 관계를 규정한 문자 그대로의 기본'[4]이 되었다는 것이 많은 논자의 기본적인 인식이다. 그 뿐만이 아니라 한일기본조약은 재일조선인 사회에 커뮤니티의 분단이라는 결정적인 부의 유산을 남긴 역사적 사건이다.

한일기본조약으로 짊어진 유산 : 국적 문제를 둘러싸고

집단적인 국적 변경이 발생한 한일기본조약 체결 이후, 재일조선인의 국적은 대략 세 가지로 나뉘었다. '대한민국' 국적과 '조선' 국적, 그리고 '일본' 국적이다. 앞의 두 가지에 속하는 사람들은 현재 한일기본조약 때 생긴 '협정 영주'라는 법적 지위가 없어진 결과, 대부분이 '특별 영주자' 범주에 든다.[5] 그러나 짐이 되는 유산으로서 '국적' 문제는 남겨진 채이다.

1990년대 말에 재일조선인의 '국적'을 둘러싸고 화제가 되었던 논쟁이 있다. 재일조선인 문학의 금자탑이라고 일컬어지는 『화산도』의 작가 김석범과 아쿠타가와상을 수상한 작가 이회성과의 감정적이라고도 할 수 있는 편지 형식의 논쟁이 월간지 『세계』에 게재[6]되었다. 1970년대 초 '재일' 이른바 조총련계 문화인들이 한국 정부에 초대되어 방한했던 '사건'도 재일 사회에 충격적인 화제가 되었지만 이 논쟁도 어떤 의미에서 '국적 문제'의 연장선상이라고도 할 수 있다. 이회성이 한국 국적으로 변경하는 경위를 쓴 에세이가 논쟁의 발단이 됐다. 양쪽의 변명에 타당성이나 설득력이 있다는 판단을 여기에서 할 필요나 생각은 없다. 하지만 이 논쟁에 제기된 중요한 문제가 있다. 그것은 가까운 장래에 '조선' 국적 사람 중에 적잖은 수의 사람들이 '무국적'자가 될 가능성이 있다는 것이었다.

2000년 가을 고이즈미 총리가 평양을 방문했을 때 많은 재일조선인은 어느 쪽 국적이든 '북한'과의 국교 정상화를 기대했다. 그러나 유감스럽게도 그때 북한 정부가 일본인 납치 문제를 인정하면서 일본 내에서는 재일조선인에 대한 비난이 격하게 일어났다. 당시 미국에 거주했던 필자는 일본으로 돌아와서 만난 많은 친구들이 위축되어 눈치보는듯 생활하고 있는 상황에 놀라움을 금치 못했다. 그 후 북일 관계는 악화된 상태였지만, 만약 가까운 장래에 국교가 성립되고 여전히 남북이 분단된 상태라면 그 시점에서 '조선' 국적 사람들은 북한의 국민으로 북한 국적으로 변경할 것인가 하는 문제 제기가 김석범의 주장이었다. 그리고 그의 주장은 결과적으로 장래에 북일 국교 정상화 이후 외국인 등록상에서 '한국' 국적이 대한민국 국적이듯이 '조선' 국적이 조선민주주의인민공화국 국적이 된다면, '조선' 국적을 거부하여 '무국적'이 되는 사람들이 나온다는 것이다. 디아스포라 내에 디아스포라를 만들 가능성이 생기는 것이다.

국적 문제 하나만 봐도 또 일본 사회의 집요한 조선인 멸시를 보더라도 이 반세기 동안 크게 변한 것이 있었을까. 이제부터 재일조선인 사회는 어디를 향해 나아가야만 하는 것일까.

탈식민지주의 관점에서 본 한일기본조약으로 짊어진 유산

일본 사회에서 언제부터인가 재일동포를 '재일한국·조선인' 또는 '재일조선·한국인'이라고 호칭하는 표현이 빈번히 사용되기 시작했다. 아마 1970년대에 들어와서 재일조선인의 인권 회복 투쟁 등을 통해서 그 존재가 가시화되어 논단이나 학계 등에서도 재일조선인 연구 등이 늘어나면서 이런 표현이 두드러지게 되었다고 할 수 있다. 이 표현법은 말할 것도 없이 분단 현실을 반영하고 있다. 말하자면 이 표현은 한반도의 분단 상황을 전제로 한 것이고 어느 쪽 국가에도 귀속하지 않으려는 '재일'에게는 재일조선인 혹은 재일한국인만으로도 충분하다. 이 표기의 폐해를 일본인이 혹은 '재일'이 의식한 것인지, 현재는 재일조선인을 가리키는 말로 재일코리안을 일반적으로 사용하고 있다. 이 호칭은 확실히 편리하다. 사용하는 쪽이나 듣는 쪽이나 '조선인'이라는 말은 도외시할 수 있는 것이므로. 이 표기가 말해주듯이 조국의 분단 상황을 직접, 간접적으로 영향을 받으면서 '재일'이 일본 사회에서 생활하고 있다는 것은 반복해서 이 책에서 언급해 왔다. 그것은 궁극적으로 일본의 식민지주의의 지금의 문제 즉 탈식민지주의의 문제이기 때문이다.

1970년대 말 1980년 초 대두되어 논단을 석권한 탈식민지주의 이론, 비평은 식민지 이후, 즉 탈식민지화의 과정을 거친 후에도 지배/피지배, 억압/피억압이란 구조가 해체되지 않고 재생산되고 있는 메커니즘을 분석하기 위해 발전해 온 이론이다.

'탈식민지주의'의 이론을 한마디로 정의하면, 식민지 체제 종결 후에도 남아있는 그 지배 구조 및 문화적인 유산을 현재적인 문제로 삼아 분석하는 이론을 말한다.[7]

이 간결한 정의에서 한일기본조약을 평가한다면 한일기본조약은 식민지 이후의 더없이 강력한 지배 체계라고 할 수 있다. 한반도 분단의 고정화에 공헌했을 뿐 아니라 '한일기본조약 체결'은 100만 명도 안 되는 식민지 후예인 재일조선인 총체에 법적 지위를 포함한 여러 가지 사회적, 문화적 그리고 정치적 권리를 인정하기는커녕, 북한을 표적으로 해서 한반도의 분단 상황을 이용하고 있다는 것을 일본 내 다양한 언론의 미디어 편집을 보면 알 수 있다. 1990년대까지는 확실히 일본인의 양식에 식민지 지배에 대한 반성 의식이 있었다. 지금 그러한 양식의 존재는 위기에 처해있다. 그 이유 중 하나는 해방 이후 민주주의를 지탱하고 세상 여론을 리드하는 데 사회적인 역할이 축소되고 진보적인 지식인의 세대 교체가 진행되지 않은 가운데 위정자들 사이에서 역사 수정주의자가 대두한 것이다. 권력층에서 '역사 수정주의자'의 존재가 대중매체를 통해 드러나며 국민 여론 형성에 영향을 끼치고 있다. 이러한 상황은 재일교포의 특히 차세대들의 심리적인 감각 혹은 감수성을 육성하는 데에 다대한 영향을 끼치고 있다.

조선인에 대한 차별은 일찍이 취직 차별이나 주거 차별이 대표적인데 근래에 이러한 차별은 국제화의 영향도 있어 줄어드는 반면에 개별적 차원에서는 증가하고 있는 것 같다. 한편 국제화는 각국의 내셔널리즘을 자극하고 일본에서는 1990년대에 '새로운 역사 교과서를 만드는 모임'(이하, 만드는 모임역주)이 생겨났다. '만드는 모임'은 종군위안부 문제에 대한 반동으로 나온 것이다. 이 '만드는 모임'과 증오 발언으로 '이름이 난' 일본판 인종차별주의 '재특회(在特會, zaitokukai)'의 존재가 '재일'에게 갖는 의미는 증오 발언에서도 확실한 양상으로 재일조선인이 인종차별주의의 대상이 되고 있다는 것이다. 한일 관계의 역사를 둘러싼 배외주의적 주장이나 언론이 인종차별주의와 결부되어 있다. 그것은 '만드는 모임'이 조선인 위안부를 매춘부라고 표상한 것에서도 분명하다.

이러한 인종차별주의자들의 출현과 활동이 지금의 재일조선인을 둘러싼 식민지 후의 상황이다.

맺음말

일본인이나 한국인, 그리고 미국인에게 자주 듣는 질문 중에 하나는 필자가 어느 나라 여권을 소지하고 있는지이다. 이 질문은 모두 필자의 강연을 다 듣고 난 후에 던져진 것이다. 필자의 화법이나 내용에 문제가 있어서인지, 아니면 세상의 상식처럼 되어 있는 국적 취득 조건인 '혈통주의'와 '출생지주의' 그 어느 쪽에도 해당하지 않는 '재일'의 존재성에서 오는 복잡함을 이해할 수 없어서인지 모른다. 필자가 대한민국 여권 즉 '한국' 국적이라는 것을 알게 되면, 사람들은 대부분 놀라는 반응을 보이고 그런 반응에 필자가 더 놀라게 된다. 미국인은 어쨌든, 일본인과 한국인은 적어도 재일조선인의 국적이 어떻게 되어 있는지 정도는 알고 있어주기를 바란다.

이 논고는 그런 의미도 포함하여 재일조선인에게 있어 한일기본조약이란 무엇이었나. 해방 이후 70년 그리고 조약 후 50년을 그동안 나의 '재일'의 기억과 체험으로부터 되돌아보았다. 하찮은 한(恨)의 탄식이라고 인식될지도 모른다. 그러나 세 개의 국가에 계속 우롱당하는 나, 아니 '재일'의 역사적 현실을 많은 한국 사람들과 가능하면 일본인과도 공유하고 싶다. 역사의 '피해자'로서 스스로 '재일'의 한계를 뛰어넘으려는 시도이다. 그 시대를 살아가고 경험한 시선에서 한일기본조약의 초래로 짊어진 유산이 어떠한 형태로 현재도 계속되고 있는지를 당사자의 한 사람으로서 목소리를 내며 집필했다.

제4부

차별의
현재성

제8장

한일(조) 관계에서 본 재일조선인[1]의 인권

머리말

최근 수년간, 많은 논자가 습관처럼 '한일 관계는 최악이다'고 말해왔다. 그리고 2015년 한일기본조약 체결 50년, 해방 이후 70년을 기념하는 해를 맞아서도 한일 관계 개선은 어렵다는 억측이 일반적이었다.

그러나 그 기념의 해가 끝나는 무렵에 한일 관계는 갑자기 변화의 조짐을 보였다. 한일 양국 정부의 '종군위안부' 문제에 대한 합의였다. '성노예'로 전쟁터에 내보내진 피해자 여성들에 대한 사죄와 '배상금'에 관한 '합의서'[2] 이다. 이번의 합의가 수면 아래에서 어떠한 교섭과 타협으로 이루어졌는지 는 모른다. 한일 관계의 악화를 우려하는 오바마 정권의 의향이 작용했다고 도 말한다.

그러나 '위안부'가 된 여성들의 의향을 듣는 일 없이, 어수선한 연말이 다가오는 시기(2015)에 한일 정부 사이에서 이루어진 '정치 결착'을 성의 없는 정치적 퍼포먼스로 받아들인 사람들은 적지 않았을 것이다. 미국의 의 향에 너무 신경 써 한일 양 정부는 국내 여론을 오판한 듯하다. 이 일은 그 후 피해자나 조력자들로부터 맹렬한 항의를 받았으며 일반 시민들로부터도 합의에 대한 항의 행동이 일어난 것으로부터도 엿볼 수 있다.[3] 이러한 정치적 의혹에 의한 타결은 피해자 여성에 대한 인권과 명예의 회복, 그리고 무엇보다도 마음의 상처가 얼마만큼이라도 치유되는 쪽으로 이어지지 않는다. 오히려 오랫동안 억누르며 살아온 그녀들의 분노는 아무리 시간이 지나도 승화되지 않은 채 다시 신음하게 될 것이다. 피해 당사자의 고통과는 반대로 양 사회의 보도는 이 '합의'를 '축제'처럼 크게 다루어 평가했다. 게다가 터무니없게도 보도 중에 부적절이라고 밖에 할 수 없는 언어가 몇 번이나 사용되었다. 일상적인 대화에서는 거의 사용하지 않는 또 문맥적 사용법에도 의문을 띠게 하는 '불가역'이라는 단어의 사용법이다. 이 '불가역'라는 언어는 일본 정부가 특히 강조하여 사용했으며 이로 인해 이 문제에 있어 일본 아베 정권에 대한 의혹이 내비쳐졌다. 생각해 보면 이 언어적 배경의 하나로 다음의 것을 생각할 수 있다. 한일 관계에 관해 자주 듣는 일본의 일반적 시민 반응은 '몇 번을 사과하면 끝나는가'라는 것이다. 같은 일본 시민은 미국에 의한 원폭 투하는 '사과하지 않아도 좋다'고 생각하고 있는가?

정치적 의혹이나 쌍방 주장의 격차로 한일 역사 문제를 둘러싸고는 '본질적'인, 혹은 근본적인 해결에 이르지 못한 채 '사죄'나 '반성'의 언어가 사용되어 왔다. 그 때문에 일본인으로서는 피해를 입은 한국이나 한국인의 기분과 감정이 어떻든지 간에 사죄했을지도 모른다. 이 문제의 근본에 있는 것은 한국에 대한 일본의 36년에 걸친 부당하고 가혹한 식민지 지배이다. 이 문제에 대해 일본이 사죄하지 않고 끝날 수 있었던 것은 냉전 구조 덕분이었다.

피해 여성의 소리나 진실된 바람과 요망이 일반 시민에게는 보이지 않는, 혹은 보고 싶지 않은, 혹은 보이지 않게 된 것인지, 아무리 시간이 지나도 역사적 배경을 충분히 이해하고 있지 않기 때문에 이러한 반응이 뿌리 깊게 남아 있다. 한(조)일 간의 개별적인 문제를 역사적으로 파악하여 생각하지 않는 한 이러한 반응은 사라지지 않을 것이다. 언제까지나 이어지는 무이해, 그리고 역사 인식의 분모가 지배자와 피지배자 사이에 상이한 가운데 강조되는 '불가역'이라는 언어는 어떠한 의미와 결과를 가져올 것인가? 요는 이

제부터는 과거의 일은 다시 언급하지 말라는 것인데, 과거가 현재를 규정하고 있는 이상 다시 언급하거나 하지 않는 차원의 문제는 아닐 것이다. 하물며 피해 당사자의 의향이 반영되지 않는 일방적인 '정치 결착'이기에 '불가역적'인 것도 무엇도 아닐 것이다.

피해자의 인권과 존엄, 그리고 마음의 고통과 상처는 이러한 정치적 외교 교섭으로 몇 번이나 상처에 소금을 뿌리는 듯, 2차 피해, 3차 피해를 입어왔다고 말한다.[4]

이러한 불성실하고 이해하기 어려운 '정치 결착'은 피해자뿐만 아니라 양국 사람들이 서로 이해하는 데 있어 더욱 심한 족쇄가 될 것이다. 그것뿐인가, 격차 사회 문제가 언급된 지 오래된 오늘날, 사람들의 정치에 대한 불만이 실체를 동반하지 않는 '일본인'과 '한국인'이라는 타자에 대한 분노로 전가될 수밖에 없다. 결과적으로 미래지향의 관계성을 쌓아가는 데 결코 플러스가 되지 않는 정치 결착이었다.

차세대의 한일 관계에서 화근을 남길 수밖에 없는 정치 결착을 서두른 이유는 한국 측이 아니라 일본 측의 이유에 있다. 국제 사회에서 존재감이 계속해서 저하되고 있는 가운데 일본의 내셔널리즘의 '눈엣가시'가 위안부 문제였다. '눈엣가시'를 억지로 도려낸 아베 정권은 국내의 지지 기반을 굳히고, 박근혜 대통령은 '눈엣가시'를 도려낸 후의 출혈이 멈추지 않는 가운데 이른바 '최순실게이트 사건'이나 '세월호 침몰 사건' 등의 스캔들을 계기로 퇴진에 내몰렸다.

'불가역'이라는 말은 일본인이 '계속되는 식민지주의'[5]와 마주하는 것을 더욱 곤란하게 만드는 것으로 이어지는 것이 아니겠는가? '계속되는 식민지주의'란 학문상의 관념적인 논의가 아니다. 재일조선인에게 전전에서 제2차 세계대전 이전, 이후 그리고 현재에 이르기까지 탈식민지의 문제로서 그 삶과 생활에 구체적으로 영향을 미쳐왔다. 즉 인권 문제로서도 그렇고 그 이상으로 생존의 문제까지 영향을 미치고 있다.

본고의 머리말에 현재의 한일 관계에서 양 사회의 동향과 반응에 대한 현상인식과 문제의식을 상당한 지면을 사용하여 기술했다. 그 이유는 재일조선인의 인권은 일본 안에서 '소수자의 문제'라는 측면으로만 파악하는 것의 한계와 문제가 있다는 전제를 확인해 두고 싶었기 때문이다.

본고는 이제까지의 논의의 틀을 바탕으로 현재의 재일조선인을 둘러싼 상황에서 현재의 일본 사회를 논하고 재일조선인에게 인권이란 무엇인가를 생각해 보고 싶다. 구체적으로는 도식화된 '한국인'이라는 표상의 문제와 '표현의 자유'라는 것으로 횡횡하는 헤이트 스피치(Hate speech, 증오 표현)에 대해 한번 생각해 보고 싶다. 그리고 헤이트 스피치 데모를 실행하고 있는 중심 단체로 보이는 '재일의 특권을 용서할 수 없는 시민의 모임'(이하, 재특회')의 멤버의 의식과 행동에 대해 논하고 재일조선인의 인권을 생각할 때 탈식민지주의의 물음과 시점을 공유하고 싶다.

헤이트 스피치가 횡횡하는 토양은 무엇인가?

널리 알려진 대로 요 몇 년간, 영어인 헤이트 스피치라는 단어가 일본어의 어휘로 정착될 정도까지 신문지상이나 논단 등에서 광범위하게 나타났다.[6] 이 이슈는 실로 탈식민지주의적 물음이라고 말할 수 있을 것이다. 그 때문인지는 차치하고 헤이트 스피치와 관련된 연구서나 관련 서적의 출판도 이어지고 있다. 연구자 중에는 헤이트 크라임(Hate crime, 증오 범죄)과 같은 차원에서 헤이트 스피치를 생각해야 한다고 지적하는 사람도 있다.[7] 표현이 너무나 노골적이고 악의나 적의와 폭력성으로 가득 차 있기 때문에 그 급속한 유포에 정치가들도 위기감을 느꼈는지 혹은 외국의 평가를 신경 썼는지 민주당, 사회당 의원들은 2015년 5월에 증오 표현을 시작으로 인종차별철폐

시책추진법안을 제출했다.[8] 그리고 같은 해 12월 22일에는 처음으로 헤이트 스피치가 인권 침해라는 권고가 나왔다.[9]

강제력이 따르지 않는 권고를 어떻게 평가할 것인가를 묻고 있는 한편, 법 규제의 정비로 발전시켜 가는 것이 과제라고도 말하고 있다. 그와 동시에 규제법을 제정하는 것이 이 문제의 바람직한 모습의 해결로 이어질지 어떨지에 대한 것도 앞으로 생각해야 하는 커다란 과제이다. 아무튼 이러한 움직임의 배경에 있는 것은, 헤이트 스피치를 사회 비평이나 연구 대상으로 하는 사람들이 늘어났기 때문은 물론 아니고, 구체적으로 헤이트 스피치의 목표가 되어 피해를 받는 사람들이 존재하기 때문이라는 것은 주지의 사실이다.

헤이트 스피치와 관련하여 민사소송을 일으킨 원고 입장에서 획기적인 판결은 '교토조선학교 습격 사건'[10]이다. 재판까지 가지 않아도 신변 가까운 곳에서도 증오 표현 때문에 아이들이 상처받고 있는 피해 사건을 많이 듣고 있다.

증오 언론, 증오 발언, 혹은 본고에서 사용하는 증오 표현 등 헤이트 스피치의 일본어 번역은 다양하고 그 해석도 논자에 따라 다양하다. 여기에서는 본고에서 논의하는 쟁점의 하나와 관련짓기 위해 이하와 같이 정의하고자 한다. '인권·민족·국적·성별·성적 지향 등 개인으로서는 변경하기 곤란한 속성에 대해 모욕·선동·협박 등을 행하는 것.'[11]

여기에서 열거한 여러 속성이 개인적으로 변경이 곤란한지에 대해서는 논의의 여지가 있다. 하지만 헤이트 스피치의 피해를 받는 대상, 혹은 이유를 넓게 보는 것은 피해자를 지키는 '방패'로서의 적용 범위가 넓어지기 때문이라는 의미가 있다고 생각한다. 그러나 이 정의가 보편적 가치를 갖는 것과 헤이트 스피치가 실행되고 있는 일본 사회의 문맥 안에서 이 정의의 적용이 가능할지는 다른 문제이다. 그것은 이 정의가 생겨난 문맥의 차이나 정의 그 자체의 한계가 아니라 오히려 일본 사회의 '특수성'에서 그렇게 생각한다. '특수'라고 규정하는 것의 위험성까지도 포함하여 그렇게 생각하는 것이다.

　그러나 그 집요함, 악질, 폭력성을 띤 헤이트 스피치의 대상으로 왜 재일조선인이 표적이 되었는가 하는 점에서 나에게는 '특수'하게 비친다. 애당초 왜 증오 표현의 표적이 재일조선인에 집중되어 있을까? 식민지 지배 시대부터 현대에 이르기까지 '조선인은 열등민족'이라는 언설이 일본의 위정자 사이에서 횡횡해 왔다. 그러한 부당한 언설을 끝내지 못한 채 한일 관계의 악화를 소리 높여 말하고 '북한'의 위협을 부르짖는 우익언론이 역사적으로 아무것도 모르는 사람을 선동하고 있을까? 배제나 배외의 문제를 논하는 맥락에서 자주 말하는 것은 문화의 차이라는 것이다. 그러한 문화의 차이란 도대체 무엇을 지칭하여 말하는 것일까? 지극히 당연한 말이지만 일본 간사이 지방과 간토 지방의 문화, 도시와 지방의 문화 등 문화의 차이는 같은 국토에서 자란 사람도 지역이나 개인에 따라 당연히 다르다. 그 차이를 헤아리지 못하고 국가적인 범위에서만 생각하여 이해할 때 문화의 차이는 배외주의의 구실이 되는 경우가 많다. 왜 그러한가 라는 근원적인 물음을 반복하여 던지는 것이 필요하지는 않을까? 사람을 아연질색시키는 듯 한 증오 표현, 범죄 범람의 원인을 이해하는 데 어떠한 분석과 설명이 필요한 것일까? 그런데 헤이트 스피치의 대상에는 다른 소수자 그룹이 포함되어 있는 것도 사실이다.[12] 하지만 헤이트 데모의 현수막 내용이 주로 향하고 있는 것은 재일조선인이며 구체적으로 공격당하는 대부분도 재일조선인이다.

　1905년 을사조약[13]으로부터 거의 110년, '한일병합'에서 105년의 1세기 이상이 지나도 과거의 지배-피지배 관계가 가져온 부채의 유산이 '청산'되지 않고 오히려 헤이트 스피치 데모대의 출현 등에서 식민지주의의 재생산을 볼 수 있다. 제2차 세계대전 이후 동아시아 국제 정치의 '밀당' 가운데 일본의 한반도 식민지 지배 청산은 조금씩 조금씩 허물어지듯이 1965년의

'한일회담'에서 모두 해결로 처리되고 말았다. 결과로서 식민지주의의 '미청산'은 한반도의 북쪽 절반인 국가, 조선민주주의인민공화국(북한)과의 국교 정상화 미체결 상태를 지속시키고 있다. 이 미체결 상태의 틈바구니 속에서 납치 문제는 일어났다. 그리고 납치 문제의 존재가 일부 여론의 헤이트 스피치에 대한 관용을 낳았다. 이러한 순환의 비극성은 제2차 세계대전 후 책임의 부재가 초래한 것이다. 덧붙여 정전 상태인 채로 있는 남북의 분단 문제, 그 분단 때문에 보다 강화되는 한미일 동맹은 '북한'과의 관계를 개선하지 않은, 혹은 개선이 불가능한 채로 '북한의 위협'을 국내 정치의 방편으로 사용하고 있다. 그 '북한'을 '위협'이라 간주하는 일본 국내 언설 '범람'의 영향은 살아있는 재일조선인을 '적국의 자손'이라 간주하는 증오의 시선을 이 사회에 가득 채운다. 결과로서 이 상황은 재일조선인의 사회적, 문화적 지위와 함께 그 생존을 보다 위협하는 한 요인이 되고 있다. 재일조선인의 인권을 생각할 때 이러한 정치 환경의 역사적 배경이나 국제 정치의 동향, 의혹을 이해하는 노력을 포기해 버리면 결국은 '이슬람 포비아'와 같이 위정자에게만 이로운 논리와 신화에 휘둘려 '코리아 포비아'라는 형태로 표출된다. 그 증거 중 하나가 지금의 헤이트 스피치이다. 그리고 일본 사회에 깊게 뿌리내리고 있는 재일조선인에 대한 차별의식이 위정자의 정치적 의혹과 결합되어 버리면 재일조선인 차별은 극단적인 경우 간토대지진의 조선인 학살처럼 극한의 폭력을 극히 보통의 시민이 휘두르는 최악의 사태를 맞이할 가능성도 싹트고 있다.

여기서 거듭 생각해야 할 지점이 있다. 그것은 일본이 한반도를 식민지로 삼지 않았다면 한반도는 제2차 세계대전 후 연합국 간 식민지주의적인 영토 재분할의 대상이 되는 일도 없었다는 점이다. 다시 말하면 이러한 역사적 배경과 과정이 없었다면 현재의 분단국가로서의 '북한', 일본인이 가장 싫어하는 '북한 사람'은 생겨나지 않았다. 그렇기에 이러한 역사적 문맥을 이해하는 것은 일본인에게 가장 중요한 것이다.

이렇게 생각하면 헤이트 스피치가 생겨난 토양의 하나로는, 학교 교육의 장에서 일본의 근현대사 교육이 중시되지 않은 것이다.[14] 그리고 가장 최근의 일본 과거 역사를 모른다는 것이 '일본 국민'을 식민지주의에 대한 책임을 자각하지 못하는 상태로 내몬다. 일본의 식민지 지배는 과거의 일이라 해도 그 식민지 지배의 결과인 한반도의 분단은 현재의 일이다. 일본인이 과거의 근대사를 배우는 것은 한국의 현재를 아는 것으로 이어지며 그러한 것을 통해 헤이트 스피치가 얼마나 부당한 언론 행위인지를 알게 될 것이다. '재특회'와 같은 신우익적인 단체는 제2차 세계대전 후 책임의 부재와 자국의 역사에 대한 무지가 퍼지는 공간에서 피어난 덧없는 것에 지나지 않는다.

그러나 이것으로는 그들의 '일반'적인 것 안에 있는 '이상(異常)'을 설명할 수 없다. 무엇이 그들을 거리에서의 가두 활동으로 나가게 한 것일까?

'재특회'를 통해 보이는 일본 사회

폭력 행위를 동반하는 헤이트 스피치 발단의 중심 단체라 일컫게 된 '재특회'는 네트 우익으로 지금 상당히 알려지게 되었다. 1만 명에 가까운 회원이 전국에 있다고 말한다. 2006년 12월에 준비, 이듬해인 2007년 1월 발족했다. 그 리더인 사쿠라이 마코토(櫻井誠)라는 인물은 설립 동기를 재일조선인의 무연금소송이라고 말한다.[15] 인터넷에서 회원에게 헤이트 데모를 호소하고 현지로 향하는 것이 그 방식이라 한다. 데모 참가자의 대부분은 얼핏 '보통'의 어른들이다.[16] 이 모임에 대해서는 많은 논자들이 말하는 한편 그 '유치'한 언동 때문인지 그 정도로 심각하게 파악하거나 취급하지도 않는 듯하다. 그러나 피해자에게는 커다란 '위협'이 되는 존재이다.

'재특회'처럼 '새로운 형태의 우익' 대두 배경은 일반적으로 말한다면 일본 사회의 폐쇄성, 경제적 후퇴, 왜곡된 형태의 자기 존재의 증명, 다시 말하면 자기 책임론의 만연과 주박(呪縛), 그 외 여러 가지 개인적 컴플렉스의 착종, 그리고 일본 사회의 외국인 증가 등을 생각할 수 있다. 그 억눌린 불만의 토로 창구가 재일조선인을 표적으로 한 헤이트 스피치이다. 그리고 전술한 것처럼 공격 대상은 다른 외국인이나 다른 사회 문제에 관련된 사람에게도 미치고 있다.[17]

그러나 '재특회'의 명칭에 사용된 '재일특권'의 '재일'이란 '한국인(조선인)'이다. 그리고 그 특권의 내용은 사실을 왜곡하고 자기의 역사적인 무지를 드러낸 것이다.

'재특회'의 카운터 그룹이라 하는 '레이시스트 시바키타이(인종차별주의자 척살 부대)'의 리더 노마 야스미치(野間易通)는 그 저서에서 '특권의 허구'를 5가지 들어 설명한다. 그 5가지란 재일조선인의 '특별영주자격' '연금 문제' '통명 제도' '생활보험 수급' '주민세 감세'이다.[18] 이렇게 정리한 것은 '재특회' 측의 주장에 있는 왜곡을 무너뜨리기 위함이다. 그 반론의 진의에 대해서는 어떠한 의문도 없다. 그러나 지면상의 문제가 있어 여기에서는 상세하게 하나하나씩 검토하지는 못하지만 그 설명에 대한 몇 가지 사실인식에는 문제가 있다. 나아가 '재특회'와 전혀 다른 출발점임에도 '지속되는 식민지주의'라는 시점을 그들이 전제하고 있다고 해도 거기에서 찾는 것은 어렵다. 그러므로 나는 '카운터' 그룹 측의 주장조차 연동되어 버리는, '지속되는 식민지주의'를 통해 일본에서 재일조선인 문제를 해결하는 곤란성을 볼 뿐이다.

'지속되는 식민지주의'라는 관점은 재일조선인 문제를 일본의 복지 문제 차원도 아니고 또한 개인의 인권을 옹호할 뿐이라는 차원도 아니라는 인식을 이끌어 내는데 유효하다. 덧붙여 그러한 관점은 현재의 '일본 국가'가 근대의 '제국국가'를 구축하려 한 때부터 시작된 아시아에 대한 멸시와 야망을 바탕으로 한 내셔널리즘을 재생산하고 있다는 문제를 볼 수 있게 할 것이다. 즉 일본 사회의 문제의식과 역사인식의 양상에 대한 탈식민지주의 문제가 보인다는 것이다. 다시 말하면 흔히 말하는 '재일조선인 문제'는 일본 사회, 나아가 일본인, 그리고 일본에 거주하는 모든 사람과의 문제라는 것의 재확인이 항상 필요해진다는 것이다.

아시아에 대한 시선과 태도, 구체적으로는 한반도에 대한 식민지주의에 대한 반성의 부재는 2015년 8월의 '아베 담화'에서도 여실히 드러난다. 한국사 연구를 1950년대부터 시작한 미야타 세쓰코(宮田節子)는 담화 발표 1개월 전의 논고에서 아베 수상의 담화 내용이 "식민지주의와 침략이라는 문구를 지우고 일본의 과거를 단지 반성한다는 내용일 것이라"고 예상했었는데 정말로 그렇게 되었다.[19]

'아베 담화'에는 식민지라는 말이 6번 나온다. 그러나 사용된 어느 문맥에서도 단 한 번도 한반도라는 말도 없었고 한국을 연결하여 언급한 것도 없다. 처음부터 마지막까지 '한국'이라는 말은 일체 나오지 않는다. 미야타가 지적하는 식민지주의나 침략이라는 말은 '담화' 안에서 사라지지는 않았지만 근대 세계 질서라는 문맥에서 사용했다. 일본이 서양으로부터 침략당할지도 모른다는 변함없는 '피해자'적 주체로서의 맥락적 언설이다. '가해자'로서의 주체는 전혀 보이지 않는다. 가해의 주체로서 마주하지 않으면 안 되는 '한반도'라는 결정적인 고유 명칭은 나오지 않았다. 즉 일본에게 식민지주의와 그 기억이라는 것은 다른 서양 국가들의 제국주의만을 연상시키는 것이었다. 아베 수상이든지 역대의 그리고 미래의 수상이 식민지에 대해 언급한다면 적어도 한국과 타이완에 관해 언급해야만 한다. 그러나 '아베 담화'는 식민지주의라는 것은 근대 제국의 '보편적'인 문제로 있었다는 식으로 애매하게 만든다. 그렇게 언급하는 것으로 일본의 한반도 침략을 마치 세계 조류의 흐름 안으로 정당화하는 혹은 그 차원에서 처리해 버리려 하는 것이다.

이러한 것으로 인해 아베는 일본의 제2차 세계대전 후의 책임 문제를 마주하지 않고 역사의 재구성도 싫어하지 않는 역사 수정주의자로서 국내의 우익 세력에 호소한다. 이 호소가 조부인 기시 노부스케(岸信介)로 이어지는 헌법 개정을 위한 지반 굳히기였다는 것은 당연하다. 즉 헌법 개정을 위한 우익의 선거 표를 확보하기 위해서는 한반도에 대한 식민지 지배나 제2차 세계대전 후의 책임에 대한 언급은 도움이 되지 않는다고 판단하는 것이다. 그 때문에 일반론의 문맥, 예를 들어 '이전의 대전(大戰)'에 대해서는 반성한다고 하지만 한반도의 식민지 지배에 대한 반성이라는 말은 일체 없다. '종군위안부' 문제에 관해서도 '많은 여성들의 인권'이 짓밟혔다와 같은 '보편적인' 장치로 눈속임하는 정도이다. 왜 구체적으로 언급하여 마주하는 일이 불가능한 것일까? 많은 사람이 지적하는 것처럼 '지속되는 식민지주의'의 책임을 애매하게 해왔기 때문이다.[20]

일본의 지배층이 식민지주의를 자신들과는 관계없는 과거의 것이라 하여 망각의 저편으로 보내버리려 하는 한 식민지주의 부채의 유산인 한국인에 대한 스테레오 타입, 우월감, 멸시와 차별은 계속될 것이라고 말할 수 있다. 그 위에 현재의 헤이트 스피치, 그리고 '재특회'나 '매한론(呆韓論)' '치한론(恥韓論)'과 같은 '혐한류'가 21세기 오늘, 거리에서 당당하게 유통되고 있다. 이러한 '증오 문화'가 타자를 배제하는 것으로 자기의 존재를 호소하려는 사고회로를 만들어 낼 것이다.

언제쯤이면 '일본인'은 재일조선인을 하나의 이웃, 적어도 주민으로서 '보통'으로 대할 수 있게 될까? 언제쯤이면 1세기를 넘은 재일조선인에 대한 부정적 표상에서 실존적 등신대의 '재일조선인'으로 만나려 할까? 그것은 가능할까? 그렇게 되기 위해서는 무엇이 필요한 것일까? 인권 교육, 민족 교육, 혹은 다문화 교육이라고 실천되고 있는 교육이 과연 이러한 상황을 극복하기 위해 효과가 있는 것일까? 다문화 교육은 총무성에서도 외국인

자녀가 증가하는 현상에 대응할 목적으로 연구회 등이 관여하고는 있는데 외국인 자녀에게 일본어를 가르치는 일이나 일본인 자녀에게 다른 문화를 가르치는 것에 상당히 편중되어 있다. 다문화 교육이 과연 구체적으로 어떠한 성과를 가져왔을까? 헤이트 스피치의 최초의 표적이 된 '조선학교'의 아이들이 받고 있는 '민족 교육'이 왜 해방 이후 70년을 거쳐도 현재도 계속되고 있는가, 그 의미를 어떻게 끌어내어야 하는가? 이하에서는 교육과 정치에 대해 다소간 논해보고 싶다.

'민족 교육'을 둘러싼 정치성

앞에서 논의해 온 것처럼 1세기 이상이나 끌고 있는 식민지주의의 부채 유산이 계속되는 가운데 재일조선인은 무엇으로 생존해 가야 하는가?

『말할 수 없는 것으로서의 조선학교(語られないものとしての朝鮮學校)』의 저자 송기찬(宋基燦)은 "재일코리안의 역사는 민족 교육의 역사라고 해도 지나치지 않다"고 말한다.[21] 확실히 그러한 표현에 적합할 정도로 재일조선인에게 '민족'이라는 언어는 그 삶에 크게 짓눌려져 왔다. 때로는 피차별 체험을 공유할 수 있는 '공동체'로서, 때로는 한반도와의 연결이라는 상징으로서, 때로는 차별에 저항하는 '공동체'로서, 그리고 무엇보다도 일본 사회에서 형성된 부정적인 자기상을 불식시키기 위한 '민족'이었다. 또한 타자에 규정되지 않는 자기 주체성의 확립과 확인의 필요성에서 '민족'과 마주하고 자기의 정체성에 대해 갈등해 왔다. 그리고 정체성 형성에 있어서는 첫째로 '민족'을 생각하는 것이 출발점이자 목표였다. 그러한 의미에서 '재일'에게 재일조선인의 역사는 '민족 교육'을 통해서 가르쳐 왔으며, 그 외의 다른 일상 공간에서 '민족'을 묻는 것이었다고 말할 수 있을지도 모른다. 그것은 어떤 것이라도 편협한 내셔널리즘으로 의식되어 왔다는 것은 아니다. 일본

사회에서 타자화되는 이유의 첫째가 '조선인'이라는 것에서 그럴 수밖에 없었다. 다시 말하면 조선인으로서의 피차별 체험이 가져다 준 주체의 심리적 손상을 회복하기 위한 회로로서 '민족', 즉 '민족의 역사적 경험과 기억'이 있었다.

한편으로 '민족'을 기피하고 '출신'을 숨기고 일본 사회에 동화되어 온 사람도 있다. 재일조선인의 역사란 의식적이든 무의식적이든 '민족'과 관련되는 것을 무시하고 살아가든, 일본 국적을 취득하여 '일본인'으로 사는 선택을 해온 사람이든지, 각각이 반드시라고 해도 좋을 정도로 그 삶의 다양한 생활주기(Life cycle) 안에서 일이 있을 때마다 '민족'을 경험하지 않으면 안된다고 할 수 있다. 그것이 재일조선인의 생활 자장(磁場)인 일본 사회의 상황이다. 그러한 의미에서 제도적 민족 교육을 받은 사람과 일본의 학교 교육을 받은 사람 사이에는 현상면에서 차이가 있다. 일반화하여 말할 수 있는 것은 아니지만 역시 학교라는 공간에서 같은 세대의 친구들과 함께 '민족 교육'을 받은 아이들은 동료 의식이 강하다. 그것에 비해 일본 학교에 다니는 아이들은 수적으로 다수의 일본인에게 둘러싸여 있는 상황에서 역시 '조선인'이라는 이미지나 표상(Representation) 방식이 부정적이기 때문에 언제 자신이 차별당하고 배제당할지 '떨면서' 학교생활을 보낼 수밖에 없다. 학령기의 이러한 환경이 인격 형성에서 플러스의 과실을 생산하는 면이 있다고 해도 역시 부하가 크다. 일본인 대 비일본인의 이러한 상황은 외국인 자녀가 증가하는 상황에서도 그다지 바뀌고 있지 않다.[22] 재일 사회에서 우수한 인재를 다수 배출한 민족학교의 '민족 교육'은 해방 이후 얼마 지나지 않아 식민지 지배에서 해방된 '재일'이 고향에 돌아가기 위해 아이들에게 '모국어'를 가르치고 싶다는 1세 부모들의 절실한 바람에서 시작되었다. GHQ 시대에 미국과 일본 정부로부터 몇 번이나 탄압을 당하면서도 지켜 온 '조선학교'는 학교교육법에서 일조교(一條敎, 학교교육법 제1조에 있는 교육 시설의 종류 및 교육 시설의 통칭)로서 인정받지 못하기 때문에 고교 무상화의 대상에서도 제외되어 있다. '북한'의 지원단체가 운영하고 있기 때문이라고 한다. 한국 정부로부터 원조를 받고 있는 '민족 교육' 기관은 '일조교'로서 인가받았다는 사실에서도 무상화의 대상에 들어있다. 설립 당초의 '모국어'를 가르친다는 순수하고 뜨거운 열망은 한반도 분단으로 그 교육 내용에 커다란 영향을 끼치게 되었다. 물론 일본의 교과서 검정이나 한국에서의 국정교과서 제도 도입 등 교육의 원칙인 '중립성'은 보장되어 있다 하더라도 한반도의 남북 이데올로기적 대립이 민족 교육의 내용에 미친 영향은 상당히 컸다. 교육이나 사회가 만들어 낸 타자에 대한 고정관념은 쉽게 불신, 적대, 증오라는 감정을 부풀게 만든다. 이러한 정치 상황 가운데 생각해야만 하는 재일조선인의 인권이란 무엇일까?

선진국 일본에서 사는 모든 아동에게 교육을 받는 권리가 부여되어야 한다는 것은 당연하다. 하지만 '조선학교 무상화'에서의 배제 문제만이 아니라 헤이트 스피치의 노골적인 폭력 행위를 당하고 있는 것도 '조선학교'의 아이들이다. 그 공격은 지금에 와서 시작된 것이 아니다. 1990년대 후반에 빈번히 발생한 '조선학교'의 여학생 습격 사건, 이른바 '치마저고리 사건'이나, 그 이전 시대에도 이와 같은 사건은 일어났었다. 이러한 일본 사회의 저변에 존재하는 '적시와 증오의 눈길'은 위정자의 조선 경시와 멸시, 혹은 적의를 근절할 수 없는 채로 국제화 시대인 오늘날도 민족 교육의 장을 '위험 지대'처럼 공격하고 정치적으로 이용하고 있다.

교육의 중요성은 보편적이다. 정치적 이유에서 민족 교육을 위험시하는 것은 그것 자체가 인권을 경시한 위험한 사상이다.

과거로부터의 행진

　재일조선인 문학을 대표하는 김석범의 작품에『과거로부터의 행진』[23]이라는 것이 있다. 이 작품은 1970년대 한국의 독재정권하라는 시대 배경을 바탕으로 국가 폭력에 굴복한 '인간의 부활' 이야기이다. 맺음말을 대신하여 이 제목을 붙인 이유는 반복해서 말해 온 재일조선인을 둘러싼 현재 일본 사회의 상황은 표면적으로는 변한 것처럼 보여도 '본질적'으로 아무것도 바뀌지 않았다는, 우려스러운 현상을 바꾸고 싶은 나의 욕구 때문이다. 우리들과 같이 일본과 한반도에 관계하는 사람들이 과거를 돌아보고 미래를 향해 행진할 수 있는가의 문제이다. 폭력과 배제는 물론 일본 사회에서만 발생하는 것은 아니다. 세계 각국에서 발생하는 문제에서 본다면 재일조선인에 대한 차별은 취급하기에 부족하다 말하는 사람도 있을 것이다. 그러나 한 사람 인간의 고통은 육체적이든 정신적이든 비교할 수 없다. 물질적으로 풍요로운 일본에서 확실히 재일조선인이 굶어죽는 일은 아마도 없을 것이다. 그러나 일본 정부의 일관된 해방 이후의 역사 해석과 정책, 그리고 한반도와 일본의 정치에 농락당하는 위치에 있는 재일조선인의 자기 존엄, 생존권, 그리고 인권은 일본에 사는 사람들 한 사람 한 사람이 어떠한 역사관, 인간관을 갖는가에서 그 내실이 결정적으로 달라진다. 지배자가 만든 민족주의적인 과거에서 전진하고 행진하기 위해 한 사람 한 사람의 의식과 사회에 대한 비전과 책임이 요구된다. 지배자에 강요된 배외 문화의 규범을 뿌리치고 연결되는 관계성의 규범이 요구되고 있는 것은 아닐까?

　'재특회'를 추적 조사한 야스다 고이치(安田浩一)는 그의 저서에서 "재특회는 어떤 자들인가 많이 묻는데, 그때마다 나는 당신의 이웃입니다라고 대답한다"고 한다.[24] 헤이트 스피치, 헤이트 데모를 만나는 사람, 혹은 인터넷 영상에서 본 사람은 '보통'의 감성이라면 '이상'한 일부의 일본인이라 생각할 것이다. 그러나 '보통'의 인간이 인종차별주의자(Racist)가 되는 것은 본인의 문제가 있기도 하지만, 정치적 환경 요인에 의해 그렇게 되는 바가 있다. 한일 관계가 역사 문제의 투쟁을 극복할 수 없는 동안은 일본판 인종차별주의자는 계속해서 존속할 것이다.

우카이 사토시(鵜飼哲)가 인종차별주의자에 대하여 '보통의 사람'을 '인종차별주의자'라 단죄하는 것으로 새로운 결과가 생기지는 않을 거라고 경종을 울렸는데,[25] 역사에 대한 우리들 한 사람 한 사람의 응답 책임을 생각하는 과정에서 그의 질문은 무겁다. 배제하는 것을 배제하는 것으로 무엇이 새롭게 나올지는 잘 모르겠다. 그러나 일방적인 욕설로 무구한 사람을 배제하려는 사람을 배제하는 것이 잘못되었다고 생각하지는 않는다.

재일조선인의 인권 문제는 일본과 한반도에 사는 사람들의 관계성을 하나의 핵으로 하여 파악해야 할 것이다. 즉 '재특회'의 멤버뿐만이 아니라, 모든 차별하는 측도 차별당하는 측도 그 과정에서 그 왜곡된 인격을 회복하여 '인간성의 부활'로 이어지는지를 묻는다. 이것이 실로 재일조선인의 인권에 관련된 포스트콜로니얼(Postcolonial, 탈식민지주의역주) 문제의 하나라고 생각한다.

제9장

일본국(가)를 사랑할 수 없는 이유
그렇다고 해서 사랑하는 나라도 없다

수년 전 어떤 친구에게 '즈라연(づら硏)'에 참가하고 있다는 말을 듣고 '그게 뭐냐'라고 묻자 '살기 어려움 연구회(生きづらさ硏究會)'라고 했다. 미국에서 일본으로 돌아온 십 수년, 트럼프 정권 이후 미국과 마찬가지로, 일본 사회는 확실히 매년 살기 힘들게 되었다고 느낀다. 이 감각은 제2차 아베 정권이 이어지는 이 수년간, 갑자기 심해진 듯하다. 제2차 세계대전 이후 일본의 존재 양태, 방향성을 왜곡시킨 것이 분명하다고 생각하는 안보법 성립에 반대하는 데모가 수만 명의 규모로 일어났다. 그러나 다수의 사람들이 반대하는 가운데 이 법안은 성립했다. 법안 성립 후 성숙한 시민사회를 바라는 사람들의 열기는 갈 곳을 잃어버린 듯 했다. 재일 2세인 나에게는 국정 수준에서도 지방 수준에서도 참정권은 없다. 그 때문에 일본의 정치에 대해서는 주체적인 관여가 불가능하다. 이러한 이유로 사태의 추이에 대해 방관자 입장에 내몰려 버린다. 일본 정치의 침체가 진행되는 가운데 무력감은 없어도 이 무력한 입장에 대한 일본 시민들의 자각은 나의 기분을 우울하게 만든다.

변혁도 아닌 안정을 바라는 '국민'의 보수성이나 보수 지향을 이용하는 정치가와 보수적인 심성을 갖는 유권자가 '공범관계'적으로 정권을 안정화시키고 있다. 이 안정 지향 아래에서는 '가케학원(加計學園) 문제'나 '모리토모(森友) 문제'처럼 명백한 정치 부패가 정권의 치명상이 되지 않는다. 이 정권의 안정세의 위험성은 '3·11 동일본대지진 이후'의 원자력 발전소 사고 오염수 누출 문제로 상징된다. 생명에 직접 영향을 주는 문제조차 지속적으로 은폐할 수 있는 체제가 이 안정의 내실이다. 이 안정이 큰소리 없는 백성을 압박하고 있다는 의미에서는 일종의 폭력이라 해도 과하지 않다.

미디어 조작이나 외교 퍼포먼스에 숙련된 스킬을 보여주는 아베 정권에 의한 권력의 사적 이용이 가시화되었다고 해도 그 문제성이 커다란 사회 문제가 되지 않는다면 누구를 위한 민주주의인가 화가 나는 것은 나뿐만은 아닐 것이다. 근래 일본 사회는 정치도 국민 감정도 우경화 경향을 강화시키고 있다. 사회가 우경화하면 할수록 소수자는 살기 어려워진다. 그것은 역사가 증명한다. 지금의 우경화 문제점은 우경화가 신자유주의와 손을 잡고 진행된 것이다. 그 때문에 국민 각계각층에서 고용면에서는 '정규직이냐 비정규이냐'와 같은 분석을 만들어 내고, 또 다른 한편에서는 조선고등학교에 대한 수업료 무상화를 거부하고 일본에 사는 민족적 소수자에 대한 차별 대우를 강화시키는 상황이다. 이 사회에서는 정권의 안정세를 오히려 중압적으로 느끼는 사람들이 존재한다. 심한 안정세는 그러한 사람들에게 현상의 변경 불가능성을 의미하는 폐색감을 낳고 있다.

일본 사회에서 민족적 소수자로 산다는 것은 이러한 폐색감을 감수하는 것이 아니라고 생각하면서도 이 사회의 안정은 중하다.

이러한 생각을 안고 사는 일본국이라는 것은 재일조선인 2세 이후의 세대에게 무엇일까? 태어나 자란 고향? 생활이나 활동의 공간? 존재의 기점? 1세(부모 세대)들의 고난을 기억하는 장소? 차별을 경험하는 장소? 혹은 문화인들 간에 자주 테마가 된 '재일을 사는 의미'를 추구하는 장소? 자신의 실존의 장으로서 선택하는 장소?

도대체 무엇일까? 나에게 재일조선인에 대한, 또한 한반도에 대한 일본인의 눈길이 변하는 날을 꿈꾸는 장소, 즉 식민지주의의 유제와 재생산이 없어진 일본인과 한국인이 상상적으로도 개인적으로도 마음 깊은 곳의 친구가 될 수 있는가라는 물음의 응답을 찾는 장소이다.

내가 그리는 친구 관계란 정치적, 사회적 문제를 포함하여 지적 교류나 사회 활동 등을 통해 얻는 신뢰 관계 이상의 것을 만들 수 있는 가능성이 포함된다. 침식을 함께 한 동료가 배가되는 추태나 약함, 수치, 분노 등도 일소하고 서로 생산적인 비판이 가능한, 그 위에서 더욱 넘치는 신뢰관계와 정이 동반되는 친구 관계이다. 그러한 것이 구축되기 위해서 한국인과 일본인은 어떻게 변해야 할 것인가?

미국에서 제2차 페미니즘이 받은 비판으로서 그것이 백인중산계급 여성의 해방사상이며 운동이라고 하여 비 백인 여성들의 이의 신청이 있었다는 것은 잘 알려져 있다. 그 문맥에서 흑인 여성들이 공통으로 말한 것은 "백인들은 흑인, 특히 흑인 여성들의 경험을 정말 모른다"는 것이었다. 마찬가지로 일본인은 재일조선인 차별의 구체적인 경험은 물론 차별 이외의 경험이나 일본에 대한 생각 등을 어느 정도 이해하고 있을까 생각이 든다. 피차별의 주체(타자) 이외의 주체로서 재일조선인은 그 생활공간이나 지역에서 어떻게 이미지되고 또 회자되고 있을까?

세대 교체와 함께 일본 사회로의 동화가 진전되고 일본인과의 결혼이 '보통'인 이 시대에 재일조선인 대 일본인이라는 이항 대립적인 문제 설정 그 자체가 시대착오라고 말할지도 모른다. 또 서두에서 기술한 것처럼 현재의 일본 사회에는 많은 주민들이 살아가는 것을 정신적으로 힘들어하고 직장 등에서 기분 나쁜 일도 늘어나고 있다. 이러한 시대 상황에서는 보다 보편적인 문제에 대해 말하는 것이 좋을지도 모른다. 하지만 본고는 지금 다시 전술한 문제의식과 바람을 교차시키면서 일본인과 한국인의 관계성을 쌓아가기 위한 전제가 될 수 있는 것을 개인적 경험의 성찰에서 탐색해 보고 싶다.

이야기 1

나는 재일조선인 커뮤니티의 상징이라고도 말해 온 오사카 이쿠노에서 태어나 자랐다. 20대 무렵, 동세대의 많은 재일 여성과 마찬가지로 '여자'라는 이유와 경제적 이유로 대학에 진학하지 못하고 일하면서 지역에서 사회활동에 참가했고 30대에는 학문에 대한 미련과 관심으로 미국으로 건너가 40대에 출산, 육아를 하면서 지금까지 연구생활을 계속해 왔다. 그리고 50대에 고등교육의 현장에 서게 되었다. 그동안 생활환경이나 조건, 그리고 내가서 있는 위치는 변했지만 20대에 실천을 통해 배양된 문제의식 그 자체는 변하지 않았다. 다만 변한 것이 있다면 나의 의식과 생각이 해마다 더욱 래디컬(근본적)하게 되어 가는 일이다. 여기서 말하는 래디컬이란 '일본적인 화(和)'를 어지럽히고 싶지 않기 위하여 말해야 하는 것을 피하거나 '애매함'을 남기는 것으로, 그 장의 분위기를 깨트리지 않기 위해 '배려'를 한다고 하는 인간관계를 표면상으로 봉합하는 처세적 태도를 나 자신은 취하지 않는다는 것이다. 래디컬하게 되는 이유의 하나는 역설적이지만 그렇게 되면 될수록 타자에게 관용을 베풀 수 있기 때문이다. 또한 이론상이나 언어상의 차원뿐만이 아니라 생활의 장에서 젠더와 섹슈얼리티, 그리고 '민족'의 속성으로 인해 차별을 받고 그 후유증(트라우마)을 겪으며 아무리 시간이 지나도 갈등하고 고민하고 고통받는 자의 존재가 있고, 이에 더해 나 자신도 그러한 갈등을 껴안으면서 살아 왔기 때문이다. 즉, 래디컬에 의해 가까스로 자기 자신을 지탱할 수 있다고도 말할 수 있다. 어느 사회에도 존재하는 차별 구조가 가져다준 문제(이지메 피해는 본인뿐만 아니라 가족 전원이 고통받는다)에는 일본인 가정에서도 일어날 수 있는 공통된 것도 있지만, 재일이라는 이유에서의 차별도 존재한다. 그 재일이라는 이유의 차별 체험은 개인 수준을 넘는다. 즉 개인의 노력 여하로 사태가 변하는 것은 별로 없다는 것에서 한참 뒤까지 발목을 잡는 심각함이 있다.

식민지주의의 청산이 되지 않은 채 계속되는 차별 구조 가운데 그 차별 구조가 만들어 내는 부조리가 세대를 넘어 재일의 가정 내에서도 계속되어 버리는 이 부채의 소용돌이 안에서, 그 재일이기 때문에 떠안는 부조리에서의 해방될 수 없다는 곤란함에 상심한 젊은 세대 중에는 어쩔 수 없이 마음의 병을 안고 사는 사람도 있다. 차별하는 자가 고통받지 않고 차별당하는 측이 언제까지나 고통받는다는 이 부조리는 피차별의 당사자에게는 머리로 생각하여 착지점을 찾아내는 것은 쉬운 일이 아니다.

대인 관계나 사회에 대한 공포심에서 스스로를 해방하는 출구를 찾지 못하게 되어버린다. 기회균등이라는 평등성을 권리로 행사할 수 없었던 세대에게는 선택지는 한정되어 있다. 주로 직업상의 선택지를 받지 못했던 재일 세대에게는 살아가는 것에서 필요한 안정된 경제적 기반을 쌓는 것은 어렵고, 쌓았다고 해도 그 기초 자체가 취약하기 때문에 심리적으로 언제나 불안정하다. 가족 중 누군가의 경제적 곤궁이나 파탄은 친족이나 친구 관계에까지 영향을 미친다. 재일의 경우, 그 비율은 체험적 범위(보거나 듣거나 직접 체험하거나)로 말한다면 일본인 보다 많다. 또 동화하여 '일본인'으로 살려고 해도, 의도하지 않아도 개개인의 심적 층위에는 원래는 재일조선인이라는 자각이 있기 때문에 '자신은 무엇인가'라는 정체성 혼란에 빠지기 쉽다. 그러한 정체성 혼란은 예를 들어 일본계 미국인의 그것과는 양상이 다를 것이다. 재일조선인이라는 카테고리에서 해방되고 싶다고 생각하면서 좋은 의미에서도 나쁜 의미에서도 역시 거기로 다시 돌아온다.

많은 재일조선인이 부모에게 받은 이름인 이른바 '본명'을 자유롭게 사용할 수 없는 경험은 누구에게나 있는 것은 아니다. 나의 오빠가 사업을 하던 무렵 일본의 은행원에게 '융자 신청에는 일본 이름이 대출받기에 쉽다'고 일본 이름 사용을 권했던 적이 있다고 한다. 글로벌 이전의 일이니까 일본에게 재일조선인의 '존재'는 문제를 복잡하게 한다고 받아들여졌던 것 같다. 모두가 일본인이라 한다면 거기에는 복잡한 문제는 존재하지 않는다. 본명을 자유롭게 사용할 수 없는 것은 존재론적으로 말하면 당사자는 자유롭지 않다는 것이다.

본명을 말하는 것에 압력을 느끼는 사람은 '보통'은 존재하지 않는다. 그러나 '재일'의 경우 그 '보통'의 일이 어렵다. 식민지 지배하에서 행해진 창씨개명처럼 직접적인 강제성은 없지만 재일조선인에 대한 사회적 편견에서 오는 압력에 흔들려 차별로 발생한 열등감을 떨쳐버리지 못한 채 그 열등감을 내면화하기 때문에 이름을 말하지 못하게 된다. 그것은 스스로의 존중을 버리는 것과 같은 것이다.

이것도 또한 21세기에 사는 재일조선인을 둘러싼 현실의 하나이다. 살아남기 위해 일본 사회로 동화하려고 노력하는 최근 한국에서 온 이민자나 유학생은 당연한 듯 자신의 이름(본명)을 사회생활에서 사용한다. 그러나 많은 재일조선인은 사용하지 않는다. 사용할 수 없다. 나처럼 '본명'을 말하고 대학 교원이라는 어느 정도의 사회적 지위에 있으면서도 과거의 정체성 혼란이나 갈등에서 해방되어 여유롭게 사는 것은 결코 쉬운 일이 아니다. '존재의 참을 수 없는 무거움'과 같은 것이 나를 포함하여 많은 재일을 짓누르는 현실이 있다. 이 짓누르는 듯한 무거움이 일본 사회의 모습이라고 말해버린다면 일본에게 실례일지 모른다. 그러한 의미에서 나고 자란 일본을 사랑하는 것은 나에게는 노력의 목표는 되어도 현실적으로는 어렵다.

내셔널리즘의 편협성은 부정하는데 이 사회에서 주연적인(Marginal) 위치에 있으면서도 일본이라는 '국민국가'로 신체화되어 정신구조에 남는 문화적 영향을 부정하지 않고 사는 것은 나의 아이덴티티와 타협하기 어렵다. 그러나 안(内/우리)이 되는 일본적인 것을 부정하는 것은 스스로의 전 인격을 그대로 받아들일 수 없다는 자기 소외, 자기 분열을 일으킨다. 그것뿐만이 아니다. 지금 살고 있는 환경을 'NO'라고 계속해서 부정하는 것은 소모일 뿐만 아니라 생산적이지도 않다. 사람은 '창조하는' 존재이다. 그 창조력에 대해 대체적인 경우 차별은 억압적으로 작용한다. 차별에 대한 반발력이 창조력의 원천이 되는 것도 있는데 그러한 예는 예외적이다.

물론 차별의 피해자만이 창조력을 낳는 에너지를 빼앗기고 있다는 것은 아니다. 다수자, 특히 헤이트 스피치를 통해 재일조선인을 '입으로 공격'하는 사람들도 자동으로 올라가는 자기 증식적인 증오로 당당하게 살기 위한 에너지를 소비하고 있는 것이다. 증오의 힘이 사랑의 힘보다도 강한 경우가 있다. 헤이트 스피치로 사람의 마음을 상처주는 사람은 그 행위로 만들어지는 것이 아무것도 없다는 것을 알아야 한다. 아무것도 만들어내지 않는 행위로 에너지를 허비시키는 것은 결국 당사자에게도 되돌아오는 문제를 낳는다. 그 문제란 다양한 사람들이 행복하게 살기 위한 조건, 공존의 조건을 파괴해 버리는 일이다. 모든 생명은 의존하면서 존재한다. 차별이나 차별 감정에 기초한 헤이트 스피치는 그러한, 인간 상호간에 있어야 하는 모습의 파괴행위이다. 재일조선인은 마땅한 인간의 모습, 그리고 인간관계를 실현하기 위해서도 차별과 싸워야 한다. 그리고 그 싸움의 주도권을 쥐고 있는 것은 일본 사회에 살고 있는 일본인이다.

이야기 2

1980년대 초기에 전국적으로 확산되었던, 외국인 등록 시의 지문 날인을 거부하는 재일조선인 측의 운동과 그 운동을 지원하는 시민운동을 기억하는 사람은 많을 것이다. 해방 이후 재일조선인 운동에서 정치적 이데올로기 대립을 넘어 행해진 전 민족적 운동에는 한신교육투쟁(1948)이나 이른바 반'입관체제'운동으로 알려진 출입국관리법개정(악)반대운동(1969~1971)등이 있는데 그것과 나란히 '지문 날인 거부 운동'도 재일의 역사에 찬연하게 기록되어 있다.

종전 후, 얼마 지나지 않은 1947년에 쇼와 일왕의 마지막 명령으로 제정된 외국인등록령은 일본의 독립을 인정한 샌프란시스코 평화조약이 체결된 1952년에 외국인의 치안관리를 목적으로 하는 외국인등록법이 되었다. 언급할 필요도 없지만 치안관리의 구체적인 표적은 조선이나 타이완 등의 구식민지 출신자였다. 외국인 등록 시, 지문 날인의 의무화는 반대운동 등도 있었지만 결국, 1955년에 도입되었다.

1980년에 지문 날인 거부가 대중운동으로 확산되기 이전에도 거부자는 있었으며 그중에는 기소된 사람도 있었다. 그러나 민중운동이 확산되는 계기가 된 것은 1980년 9월 도쿄도에 거주하는 한종석 씨의 경우였다. 한종석 씨는 3년마다(1982년에 5년마다로 법 개정) 하는 외국인등록증 갱신에서 지문 날인을 거부했다. 그 후 1981년에 기타큐슈에 사는 최선혜 씨가 외국인등록법에서 규정된 최초의 등록연령인 14세(1982년에 16세로 상향) 때에 지문 날인을 거부했다. 그 후 최선혜 씨가 미성년이었다는 것, 그리고 첫 번째의 등록이었다고 하여 그녀의 지문 날인 거부는 매스미디어에 크게 다루어졌다. 그 후 1985년에는 갱신을 해야 하는 사람이 많았다는 점도 있어서 1만 명이 넘는 사람들이 거부 혹은 날인 보류라는 형태로 저항운동을 했다.

나는 미국에 갈 때까지 다른 지문 날인 거부자의 지원운동에 관계하고 있었다. 고베에 사는 일본계 미국인 선교사 로널드 후지요시 씨의 경우이다. 그는 일본 재류 중에 재입국 허가를 받지 않고 출국했기 때문에 신규 입국자로 취급되어 두 번 외국인 등록을 신청해야만 했다. 그 재신청 때에는 지문 날인 거부 운동이 확산을 보이던 때이기도 해서 구청 창구의 직원에게 지문 날인 제도에 대해 질문을 했다. 간단한 질문이어서 질문날인에 대한 의사 표시는 하지 않았다. 그런데 질문을 받은 직원은 어떻게 착각했는지 외국인

등록증의 기재란에 날인 거부로 표기하고 그것을 본인에게 건넸다. 그는 당사자의 날인 의사 확인이 되지도 않았는데 날인 거부자, 즉 형사죄의 대상자가 되고 만 것이다.

당시 많은 운동단체나 활동가 그룹은 이 지문 날인 제도를 다른 재일외국인이 아닌 재일조선인의 '치안관리'가 목적이었다고 파악하고 있었다. 내가 관계하던 그룹, 특히 거부자가 된 후지요시 씨는 관리가 아니라 '동화지배정책'이라고 주장하여 양보하지 않았다. 당시 20대였던 나는 이 차이, 관리와 동화 지배의 차이를 깊이 생각하지는 않았다. 지금 생각해 보면 지문 날인의 강제적 의미화는 식민지주의의 본질이라고도 말할 수 있는 차별을 포함한 동화에 의한 지배라고 하는 후지요시 씨와 지원그룹의 주장에 보다 설득력이 있다. 물론 식민지 시대에도 행해지던 동화정책을 어떻게 해석할 것인가, 혹은 분석할 것인가에 의해 달라질지도 모른다. 전술한 차별의 내면화 문제와 같이 생각해 보면 지문 날인의 강제적 의무화는 재일조선인의 굴복을 지향한 권력적 동화지배라는 프로세스의 일환이라고 할 수 있다.

지문 날인의 강제는 가쿠레 기리시탄(隠れキリシタン, 에도시대 기독교 금제하에서 몰래 신앙을 지킨 기독교도역주)에 강요된 후미에에(踏み絵, 기독교인을 식별하기 위해 밟게 했던 그리스도·마리아상을 새긴 널쪽역주)와 유사한 행위라는 지적도 있었는데 후미에와는 결정적으로 다른 작용이 있다고 생각한다. 그것은 후미에의 경우 밟을까 말까를 최종적으로 결정하는 것은 자신의 판단과 신앙에 기초한 사상을 가진 성인이다. 한편 외국인등록법하에서 강요된 지문 날인은 그러한 성인의 의사를 통할 수는 있지만 14세의 소년, 소녀가 결단적 행위로 하는 것은 어려울 것이다. 하물며 이 나이의 소년, 소녀는 재일조선인에 대한 편견을 어떻게 받아들이고 혹은 극복할지 모른 채 자기 형성을 하고 있다.

다시 말하면 정당한 역사적 주체로서의 자기를 회복하기 이전에 날인을 강요당하는 것은, 반대로 날인해도 그것은 전면적으로 스스로의 의사를 통한 것이 아니라는 것이다.

3년마다든지 5년마다든지 매년 갱신할 때 잉크를 묻힌 손가락을 180도 회전시켜 날인하는 행위는 굴욕감을 주는 것이다. 이러한 행위를 시키는 목적은 무엇이며 무엇을 상징하고 있을까? 통상 지문 날인은 범죄자에 부과하는 것이다.

범죄자가 아닌 자에게 범죄자에게 상용하는 지문 채취를 재일조선인 전체에 가하는 행위는 재일조선인을 잠재적 범죄자로 보고 있기 때문이다. 이 견해는 식민지 당국자가 피지배 민족을 보는 견해와 동일하다. 그렇다고 한다면 외국인등록을 할 때의 지문 날인은 식민지주의적 지배사상이 해방 이후에도 계속해서 위정자 간에 생겨나고 있다는 것이 된다.

지배자로부터 낙인찍혀 온 '열등민족'이라는 부조리한 화인을 그때마다 자신이 받아들이고 있는 것처럼 만든다고 의심받아도 어쩔 수 없는 것일까?

3년 혹은 5년마다 갱신 신청이 요구되는 것은 세월과 함께 풍모는 변해가는 것이니까 동일 인물이라는 것을 확인하기 위해 행해진다고 한다면 이것도 또한 등록자를 시민으로 보지 않기 때문이다. 갱신할 때에 최근의 사진이 필요한 것은 여권과 마찬가지인데 여권은 범죄 방지를 주된 목적으로 하지만 지문은 요구하지 않는다.

범죄자가 아님에도 지문을 채취하고 거부하면 벌칙이 부과되는 이 국가제도적 폭력이 현장에서 실무에 부여된 일본인 직원을 가담자로 삼고 있다는 식으로 본다면 일본인도 또한 국가 권력을 추종한다는 의미에서는 동화 지배되고 있는 것이다.

지문 날인 거부를 이유로 형사 소추된 론 후지요시 씨와 지원 그룹은 재판 투쟁으로 시비를 다투기로 했다. 그 재판의 증인으로 선 재일조선인 3세인 목사 신영자 씨는 증언 가운데 "재일조선인은 일본을 사랑할 권리를 빼앗기고 있다"고 주장했다. 변호인단은 이 증언을 일본국 헌법 제13조에 있는 "개인의 존중, 생명, 자유, 행복 추구의 권리"[1]의 보장과 연결하여 지문 날인 의무는 위헌이라고 변호했다.

지면상 이 재판 투쟁에 대해 상세히 논하는 것은 어렵지만 결론을 먼저 말한다면 재판은 최고재판까지 가서 후지요시 씨는 패소했다. 피고 후지요시 씨는 벌금 1만 엔의 과태료를 언도받았다. 그러나 후지요시 씨는 벌금 납부를 거부했다. 벌금을 납부하는 대신 5일간의 노동형을 선택하여 형무소에 수감되었다. 여기서 하나만 강조해 두고 싶은 것이 있는데, 지문 날인을 거부하여 기소당한 경우 중에 유일하게 이 경우만이 앞서 전술한 '신규입국 등록자' 취급이었기 때문에 최고재판소까지 갔으며, 그리고 최고재판의 판결이 언도된 것이다. 다른 경우는 1989년에 쇼와 일왕 사망에 따르는 '은사(恩赦)'가 내려진 결과, 당사자의 의사와는 관계없이 재판을 계속할 권리를 빼앗기게 되었다.[2] 그리고 지문 날인 거부 운동의 영향도 있어 외국인등록법에서 지문 날인 의무는 1993년에 폐지되었다. 현재는 '특별영주'라는 법적 카테고리에 속하는 사람에 한해서는 지문 날인 의무의 대상에서 제외되고 있다. 그러나 재일조선인 중에는 '특별영주'와는 다른 별도의 법적 지위에 있는 사람들도 많이 존재한다. 예를 들어 '일반영주'나 '특별재류' 등의 재류 자격을 가진 사람은 현재도 해외에 나갔다가 일본에 돌아올 때마다 공항에서 입국심사로서 지문과 사진을 찍는다.

앞에서 신영자 씨가 증언으로 했던 "일본을 사랑한 권리를 빼앗기고 있다"는 의미를 나는 오랫동안 이해할 수 없었다. 그랬는데 어떤 경험을 통해 혹시 이러한 것은 아니었을까하고 생각하게 되었다. 미국 남부의 노스캐롤라이나 주립대학에서 가르칠 때의 일이다. 대학이 위치한 롤리시나 인접한 케리시는 1990년대부터 아시아계 이민이 매년 계속해서 늘어나던 도시였다. 미국 남부의 도시는 내가 오랫동안 살았던 캘리포니아나 뉴욕시와는 달리 거리에서 보이는 사람들은 압도적으로 '백인'과 '흑인'이다. 그러한 도시 안에 1950년대 후반부터 1960년대에 걸쳐 그곳으로 이주한 일본인 여성들이 살고 있는 한 지역이 있었다. 일본이 미국 점령하에 있던 시대에 미국인의 G.I.(미국 군인)와 결혼하여 그 G.I와 함께 미국으로 건너온 일본인 여성이 적지 않은 수가 해당 지역에 살고 있었다. 그녀들 중에는 몇십 년이나 일본어를 사용하지 않았던 탓에 더듬거리며 일본어를 말하는 사람도 적잖이 있었다. 그녀들이 더듬거리며 일본어를 말하는 모습에서 몇 번이나 복잡한 생각에 휩싸였다. 왜냐하면 그 모습은 근대 국민국가의 구축에서 상정된 일본국민의 조건, 즉 언어(일본어)와 국적(일본)이 일치하는 일본인이 아니었기 때문이다. 그녀들의 제1 언어가 가령 일본어라고 해도 그것은 과거의 일이며, 현재는 영어가 그 생활공간에서 주요 언어가 되어 있다. 국적 또한 그러하여 일본이 아닌 미국 국적이다. 그럼에도 불구하고 그녀들의 아이덴티티는 일본계 미국인이 아니라 일본인 여성으로서의 것이었다.

이러한 배경을 가진 여성들이나 다른 각각의 이유로 그 땅에 살게 된 일본인을 대상으로 한 기독교 교회에 동료인 일본인 교원의 권유로 가끔 참가하고 있었다. 어느 날 일본에서 온 단체 방문객을 맞아 교회 주최로 이루어진 특별 집회에 참가했다. 프로그램 중에 일본의 찬송가를 노래하는 내용이 들어 있었다. 귀에 익숙한 그리운 음악을 들으면 사람은 누구라도 감상에 젖고 그리운 사람, 사랑하는 사람이 생각난다. 초·중·고등학교를 일본에서 다녔던 나에게도 일본의 동요나 찬송가는 반갑다. 그곳에서 참가자와 함께 그 반가운 찬송가를 부르면서 생각지도 않은 눈물을 흘리고 말았다. 일본에 있는 가족이나 친구가 생각났기 때문이다. 그러나 일본의 고향을 상징하는 '아카톰보'나 '고향'을 노래하기 시작한 순간 타향이라고도 할 수 없지만 고향이라 부르는 것도 꺼리게 되는 출신지 일본에 대한 복잡한 생각이나 감정이 치밀어 올라 반가운 사람들을 생각하며 흘린 눈물이 고립감으로 변해갔다.

일본을 감상적으로 향수의 대상으로 해서는 안 된다는 자괴감 같은 것이 그리움에 빠지는 것을 금지하듯 나의 '재일의 마음'에 작용한 것 같다.

일본 국외에서 복수의 일본인에게 둘러싸여 재일조선인은 나 한 사람이라는 것에서 오는 고립감뿐만 아니라 차별을 내면화한 결과 가져온 굴절된 사양감, 그것은 일본의 옛날부터 있는 것을 그리워하거나 중요한 것이라 생각해서는 안 된다는 것과 같은 감정이라고 해둘까? 아니 사양하는 감정도 있지만 일본의 오래되고 좋은 것을 재일조선인인 내가 아주 좋아한다고 말하여 일본인에게 폐를 끼치거나 혹은 그들에게 기피, 거절당하는 것은 아닌가 하는 두려움 같은 것이어서 말로는 표현하기 어려운 쓸쓸함이나 소외감을 느껴버려 눈물이 멈추지 않았다. 그때의 감정을 어떻게 표현하면 좋을지 모르지만 언어화해 보고 싶었다.

이 일본인 교회는 인종주의가 노골적인 미국 남부의 중상류층(Upper middle)에 속한 사람들이 모인 '백인교회'를 빌려 이루어졌다. 이것은 일본인이 미국에서 '흑인교회'를 빌린다는 것은 상정하기 어렵다는 것과 표리관계에 있는 현실이다. 일본인은 비백인인 황색인종이다. 그러한 의미에서는 흑인과 같은 유색인종이다. 백인 측에서 본다면 흑인과 같은 유색인이면서 일본인은 인종주의의 피해자인 흑인들 측에 서서 다가가기 보다는 백인의 위치를 동경하듯 자기를 확인해(Identify) 온듯 보인다. 오랫동안 분리(Apartheid)라는 인종격리정책하에 있었던 남아프리카에서 일본인은 '명예백인'이라고 했다. 흑인에 대한 차별 위에서 구축된 나라에서 '명예백인'의 지위에 부여한 특권을 주재원으로서 혹은 외교관계자로서 향수했다. 이러한 특별대우에 위화감이나 의문을 가진 일본인은 어느 정도 있을지 생각했던 것과 공통점을 갖는 지점을 이 일본인 집회와 백인 아메리카인과의 관계에서 보았다.

나의 독단일지도 모르지만 미국 사회에서 소수자성을 갖는 일본인이 백인 즉 지배자 측에 동일화해 가는 모습에 추함과 공포와 같은 것을 느낀다. 물론 이러한 지배 문화에 동화하는 경향은 일본 그룹에 한정된 것은 아니다. 다만 나에게 교회가 일본인계 아메리카인이 아니라 일본에서 온 일본인 선교사에 의해 운영되고 있다는 것이나 백인과 결혼한 신도가 많다는 것은 백인과 일본인이라는 두 지배자를 의식하게 되어 한층 소수자 감정이랄까 긴장감이 돋아 자기 소외를 일으켜 버린다.

이러한 환경에서는 나의 '재일성' 등을 전면에 내세우는 것은 피하고 한편 '재일성'을 인정받는 것에 어떠한 의미 부여를 하려 하는가를 자문자답한다. 필시 당신이나 나도, 모든 사람은 하이브리드(혼합성)라는 인식을 확인하고 싶었을지도 모른다. 하이브리드를 전제로 거기에 차이를 인정하고 존중해 주기를 바라는 것이다. 하지만 이 교회에 모이는 멤버뿐만이 아니라 미국에 사는 일본인은 일본어를 제1언어로 하는 나의 아이덴티티나 경험으로 해도 이 도시에 계속해서 증가하는 한국에서 온 이민과 나를 구별할 수 없으며 할 필요성도 느끼지 않는 것처럼 느껴졌다. 일본에 사는 일반 일본 시민도 비슷하다.

한편 내가 말하는 언어 탓인지 그들은 때로는 나를 일본 사람으로 여기고 받아들인다. 그것도 위에서 내려다 보는듯한 시선으로 마치 자신들은 '순수 일본인'으로 우수하다고 무의식적으로 생각하고 있는 듯했다. 그것이 드러났던 것 중 하나가, '일본인과 다르지 않군요'라는 뉘앙스를 포함한 인사를 하는 것이다. 이 코멘트가 당사자인 나에게 어떠한 의미를 주는지를 알지 못할 것이다. 반대로 일본인이 '조선인과 다르지 않군요'라고 말한다면 모욕이라고 받아들이지 않을까 상상한다.

조선인으로서의 아이덴티티를 회복하는 것으로 자기 존엄을 회복하고 전체적으로 건강(Holistic health)한 조선인으로 있고 싶다는 자에게 '일본인과 다르지 않군요'라는 것이 어떠한 의미를 갖는가? 일본인은 그것이 무의식에

칭찬하는 말이라 생각할지도 모르지만 그 실존을 부정하는 일이 된다는 것을 알아차리지 못한다. 일본에서 그렇게 말하는 일은 거의 없다. 그것은 아직 괜찮다는 것이 아니다. 왜냐하면 일본에서 재일조선인은 실존의 존재로서 만나는 것이 아니라 일본인이 그린 조선인 상의 타자, 혹은 미디어나 지배자에 의해 도식화된 조선인밖에는 만나지 않기 때문이다. 반대로 말한다면 그러한 일본인밖에 만나지 않는 나는 역시 일본인이 조선인을 경계하는 이상으로 일본인을 경계해 버린다. 그러한 일이 고통스러운 것이다.

'일본을 사랑할 권리'라는 것은 그것을 소유하는 것으로 조금은 숨통이 트이는 것일지도 모른다. 자신의 체내에 있는 '일본적인 것'을 자신의 것으로 기억하는 것에 거리낌 없이 음악이라는 보편적인 것만이 아니라 '재일'인 내가 좋아하는 '일본의 문화'를 선택하는 것이 '일본을 사랑하는 권리'의 회복일지도 모른다.

이야기 3

2019년 6월 28일에, 한센병 환자 가족이었다는 이유만으로 오랫동안 차별당해 온 사람이 국가를 상대로 낸 국가배상소송(한센병 가족 소송)에서 소송을 제기한 원고 측이 승소했다는 쾌거의 뉴스가 전해졌다. 2001년 환자 당사자에 대한 사죄와 배상을 이끈 재판의 판결도 획기적이었는데 이번에는 그 가족에 대한 배상이라는 것으로 더욱 주목할 가치가 있다. 오랫동안 이 문제를 맡아온 친구로부터 환희가 가득 찬 보고의 메일이 왔다. 이 메일에 이어 이번 구마모토 법원의 판결에 대해 국가가 항소하지 않도록 호소하는 서명 활동의 메일이 계속해서 왔다.

아베 정권은 선거전의 타이밍 때문인지, 561명이라는 비교적 소수의 원고 때문인지, 혹은 대부분의 가족이 일본인(561명 중 3명이 한국인 혹은 중국인)이었기 때문인지, 혹은 운동의 영향인지, 이른 단계에서 항소하지 않는다고 발표했다. 끈기 있게 활동을 계속해 온 운동의 멋진 결실이라고 할 수 있다. 그러나 이 아베 정권의 항소 단념의 배경에는 선거를 앞둔 아베 퍼포먼스, 혹은 뭔가 다른 정치적 의혹이라도 있는 것은 아닌가 하여 친구처럼 손 놓고 즐거워하지 못하는 나 자신이 있다.

내가 초등학생이던 무렵인 1960년대 초기에 언니들(언니와 재일 대한기독교회의 청년회)은 오카야마현에 있는 한센병 국립 요양소 나가시마 애생원(長島愛生園)을 몇 번이나 '위문 방문'했었다. 그 언니에게 들었던 그 활동 내용이 내 머리 어느 한쪽에 남아있었는지 그 당시부터 나가시마라는 지명을 지금까지 잊은 적이 없다. 2016년에 오랜 동안의 염원이 이루어져 친구의 안내로 나가시마 애생원을 방문할 수 있었다. 그러한 사정도 있어서 한센병 환자 당사자와 그 가족이 겪는 고통의 여정에 나 자신만의 방식으로 공감하고 이해해 왔다고 생각했다. 하지만 이번의 재판 결과를 들은 나는 일본 정부가 식민지주의에 대한 '청산'은 한일기본조약으로 끝났다고 계속 말하는 것이 아니라, 한센병 환자의 가족처럼 식민지주의 피해자의 후예인 재일에게도 한번은 공식적인 사죄와 국가 배상이 있어도 좋을 것이라고 생각했다. 물론 문맥이 다르다고 한다면 그렇긴 하지만 말이다.

해방 이후 재일조선인의 사회운동 중, 법정에서 '민족차별'이라고 인정받은 것 중에 1970년부터 1974년까지 이어졌던 박종석 씨의 히타치 취직 차별 재판 투쟁이 있다. 많은 재일조선인이 차별과 빈곤에 허덕이던 시절이었고, 한반도의 분단이 가져온 재일조선인 커뮤니티 내부의 갈등 등 여러 가지 사정이 있었다. 그로 인해 '민족차별'을 호소하여 재판 투쟁으로 가져간다는 발상을 갖는 것조차 쉽지 않았던 시절이었는데 이 재판은 '민족차별'을 법정으로 가져올 수 있다는 것을 알게 해준 획기적인 일이었다. 히타치 취직 재판은 취직 차별을 당한 당사자가 원고이며 피고는 국가가 아니라 기업이었던 점에서 책임소재 등 쟁점이 명확했다. 즉, 어느 어떤 의미로는 싸우기 쉬웠다고 할 수 있을 것이다. 그러한 점에서 이번의 한센병 가족의 소송과는 근본적으로 다르다고 할 수 있다. 그 시각에서 본다면, 얄밉게도 현재 '징용공 문제'에서는 실상 히타치와 같은 기업을 상대로 한 소송임에도 불구하고 일본 정부가 한국에 대해 경제 제재라는 개입을 하는 정치적인 의도나 배경을 깊이 살펴야 한다고 생각한다. 이 문제에 한정하지 않고 적어도 나의 주변에 있는 활동가들은 지원이나 연대를 개별의 경우에서 보편적인 문제로 연계해 나가자는 원칙을 갖고 있다. 즉, 개별의 케이스를 계속되는 식민지주의와 연결하는 것은 굳이 설명하지 않아도 중요한 부분이다. 예를 들면, 2001년의 한센병 환자 당사자에 대한 배상에 승소한 후 그 결과를 담보로 한국의 한센병 환자에게도 배상금이 지불되도록 운동하여 이긴 케이스가 있다. 이 운동의 연계와 퍼져가는 근저에 있었던 문제의식의 근원에는 한반도 남단에 위치한 소록도에 건설된 한센병 환자의 격리 시설이 조선총독부 하에서 추진되었다는 사실인식이 있다. 또한 일본에 있던 재일조선인도 한센병 환자라면 조선인이라는 이유로 일본 국내의 시설보다 더욱 먼, 이 소록도에 보내졌다는 사실도 있다. 이러한 역사적 사실에서 지원, 연대하는 일본인 활동가들은 보다 보편적인 '일본제국'의 문제로 양국의 환자에 대한 보상을 제기하여 그 결과를 내고 있다.

한센병 환자를 둘러싼 여러 가지 성과를 앞두고 역시 일본군 성노예의 경우는 어째서 당사자가 납득할 수 있는 국가 배상을 하지 않는가 하는 의문을 다시 한번 생각하지 않으면 안 될 것이다.

맺음말

'일본국(가)를 사랑할 수 없는 이유'라는 '과격'한 제목으로 여러 이야기를 나누어 써왔다. 여기에 쓴 이유에 설득력이 있는지는 잘 모르겠다. 그러나 일본을 사랑할 수 없는 이유란 뒤집어 말한다면 신영자 씨가 말하는 '사랑할 권리를 빼앗겼다'는 것과 변증법적 관계에 있다. 또한 일본을 사랑할 수 없는 이유의 배경에 있는 것은 재일조선인을 보통의 인간으로 존중하고 있는 그대로의 그 사람 자체와 맞대길 바라는 일이다. 인권이나 사회운동 활동가나 진보적인 지식인들이 각각의 제한된 만남, 경험, 지식, 개인적 이해관계 등의 범주에서만 재일조선인을 보고 말하는 것이 아니라 다른 언급의 가능성을 찾아야 하는 것은 아닌가 하는 물음으로 몇 가지의 체험을 기술해 봤다.

일본인 지식인이 재일조선인과의 대담을 통해 혹은 한반도와 관련된 학술서 등을 통해 쓰는 내용은 한일 관계에서의 역사 문제나 일본 사회 문제 등 '문제를 말하는' 것이 많다. 전문가란 그러한 자들이기에 당연한 것일지도 모른다. 그러나 나는 그 전문가들이 책이나 인적 교류 등의 만남을 통해 얻은 솔직한 조선인관을 알고 싶다. 왜냐하면 '표면적인 생각(다테마에)'과 '본심(혼네)'의 괴리가 큰 일본 사회에서는 재일조선인에 대한 본심을 활동가나 지식인이라 해도 말하기 어려울 것이기 때문이다. 또한 재일조선인이 그린 일본인관에 대해서도 어떻게 느끼는지를 알고 싶다. 한일 관계에 관한 영역에서 말하는 일본인으로서의 주체 의미, 그 철저한 자기 분석(무의식으로 나오는 강자의 오만, 그 대극에 있는 양심적 가책의 바탕에서) 나오는 자신들의 갈등을 더 많이 알고 싶다. 거기서 겉으로는 일본인과 재일조선인의 대등한 관계성을 생산하는 것은 불가능한 것은 아닌가 생각한다. 활동가나 지식인은 종종 이상주의자이다. 이상주의는 종종 '해야 한다'론에 기울기 쉽다. 즉 그러한 이상주의는 한국인과 일본인의 관계성의 장에선 종종 일본인 측에 '배려와 사양'이 따라 붙는 것을 나는 체험적으로 알고 있다.

일본인이 각각의 일을 통해 솔직히 말하는 재일조선인상이나 한국인에 대한 통찰이 재일조선인 자신의 자기 비판의 재료가 되는 것도 있다. 그 자기 비판을 통해 식민지주의나 민족차별의 피해자로서 자기를 정립하는 '특권성'도 상대화된다. 그 상대화에 의해 자기 주박된 자기 이미지에서의 해방 가능성이 얻어지는 경우도 있다.

나의 조카나 그리고 자녀들 세대에서도 끝나지 않는 식민지주의, 그리고 조선인에 대한 태도가 변하지 않는 일본 사회를 변혁하는 것은 재일조선인이 스스로를 재현(Re-present)하는 일에서 시작하는 것이 아니다. 일본인 스스로가 재현해야 할 것이다. 일본에 대한 비판을 무의식 안에서 방어적으로 받아들이는 것이 아니라 서로가 일본 국가나 지배자, 권력에 동일화되지 않기 위해 노력해야 한다고 생각한다. 그 때문에 자계, 자성하는 감성과 문제의식, 그리고 행동이 필요하다.

서로가 성찰하고 서로의 스테레오 타입을 부수는 공동 작업과 신뢰 관계를 구축하기 위한 토양 만들기를 모색해야 한다고 쓴 이 글이 궁극적으로는 ○○인으로서가 아니라 인간으로서의 만남의 조건의 하나가 되었을지 알 수가 없다. 하지만 여기에서 일본을 사랑할 가능성을 끌어내고 싶은 것이다.

제5부

민족·종교·젠더

제10장

화해의 개념을 생각한다
차별의 정신적 트라우마 관점에서

〈'차별' 재고(再考)〉라는 특집이 편성될 것이라 한다. 순간, 왜 새삼스럽게 다시라는 생각이 드는 것은, 최근 몇 년간의 혐오 발언에서 볼 수 있듯이 이전에는 없던 노골적인 차별이 계속 증가하였고, 외국인에 대한 배외주의적인 언설도 전혀 없어지지 않아서 차별 문제를 말한다는 건 그저 '소모되는 일'일 수밖에 없다는 생각이 뇌리를 스쳤기 때문이다. 그러다 문득, '아! 그래, 일본 천황의 교체 때문인가?' 하고 마음대로 해석했다. 국민통합의 상징으로 여겨지는 제2차 세계대전 이후의 상징천황제, 그 천황제 안의 공간에 존재하면서도 '국민'이 아닌 자에게 있어서는, 천황제에 내재된 문화적 지배 이념 장치를 차별 문제와 연결하지 않고 생각한다는 것은 어렵다.

프랑스 철학자 루이 알튀세르(Louis Althusser)의 분석 개념에 '국가의 이데올로기 장치'라는 것이 있다. 오래전 일본에서도 널리 소개된 그 논문의 주장을 여기서 자세히 설명하지는 않겠으나, 그 핵심인 본고의 의도와 관련된 점은 기술해 두고 싶다. 이 논문이 가장 공헌한 것으로 여겨지고 있는 '국가의 이데올로기 장치'가 법률이나 사회제도라는 '공적'인 영역에만 작동하고 있었던 것이 아니라, 교육·미디어·종교, 그리고 조직이나 단체 등으로, 우리와 가까운 생활공간에서 다양한 매체를 통해서도 관철되고 있다는 지적이었다. 그리고 그렇게 관철된 지배적 가치관·규범·배외적 민족주의 등이 재생산되어 우리의 의식이나 무의식을 해치고 있다고 한다.

알튀세르의 지적을 기다릴 것까지도 없이, 나는 차별을 항상 제도적인 측면에서보다도 의식의 측면에서 보려고 해왔다. 특히 개개인 속에서 나날이 남성 중심주의적 가치관이나 규범이 축적되어 잠재되었던 것이 무의식 중에 나타나게 된 차별의식에 관심을 기울여 왔다. 그것은 제도나 법률 등이 사회운동이나 정치 역학에 따라 변혁될 수는 있겠지만 개개인의 의식 변혁, 심지어 무의식을 포함한 의식 변혁은 쉽게 달라질 수 있는 것이 아니기 때문이다. 무의식의 차별 언동을 나타낸 쪽이 그 차별성을 깨닫지 못한 채로 타인에게 상처를 주는 경우가 대부분이다. 또한 무의식은 내면화된 지배적 가치관과 결합할 수 있다. 또한 무의식은 내면화된 지배적 가치관과 결합하기 쉽기 때문에 사람은 자신의 차별적 발상이나 언동을 정당화하려는 경향이 있어서 자신의 처지를 자각하는 것이 점점 어려워진다.

본고에서는 재일조선인으로서 살았던 일본에서의 경험과 아시아계 미국인으로서 지냈던 북미의 경험으로 내가 느꼈던 무의식적인 차별의 문제성을 썼다. 기독교의 교의가 교리화(Dogma)되고, 이데올로기 장치가 되어, 차별을 얼버무리는 도구가 되고 있는건 아닌지 하는 것에 대해서도 질문을 던지고 싶었다.

몰주체와 무의식의 차별의식

내가 학위를 받은 뉴욕 유니온 신학교는 2018년 세상을 떠난 흑인 해방 신학의 기수 제임스 콘이 교편을 잡았던 신학교다. 그의 수업을 몇 과목인가 들은 적이 있었는데, 그중에서도 콘 교수가 수업하는 도중에 화해에 대해 감정적으로 역설하며 학생과 열띤 토론을 했던 정경을 지금도 잊을 수가 없다. 20년 이상이나 지난 수업 내용을 자세히 설명할 수는 없지만 콘 교수가 백인 기독교인을 이해하려고 화해에 대해 의문을 제기했는데 그들의 인식이 생각대로 되지 않자 조바심을 내며 거기에서부터 논의를 다시 시작했던 것을 인상 깊이 기억하고 있다.

도대체 백인뿐만 아니라 다수에 속한 사람에게 그 사회에서 소수화되어 있는 사람과 화해를 하라니 어찌 된 일인가?

다시금 말하자면, 차별이 변용하면서도 재생산되고 있는 현실 속에서 그것도 차별하는 쪽과 받는 쪽이라는 비대칭적인 관계 사이에서 화해는 있을 수 있을까? 화해를 가능하게 하기 위해서는 어떠한 전제 조건이 필요한 것일까? 또 소수에 속한 사람이면서, 소속 계급·젠더·성적 지향·장애의 유무에 따라 더욱 소외되고 주연화된 사람과의 화해란 어떠한 것일까?

이른바 '피해자' 간에 내재된 권력관계를 응시할 수 없다면, 소수는 더욱 분열되어 차별의 '본질적인' 문제의 소재에서 흔들리고 벗어나 보이지 않게 되어버린다. 그래서 화해로는 한 발짝도 내디디지 못하게 될 것이다.

달콤하고 아름다운 울림이 있는 '화해'라는 개념은 가시화되지 않은 개인의 차별의식을 고찰하는 데도 유효하다. 일본군 '위안부' 문제를 둘러싸고 물의를 빚으며 써냈던, 박유하 지음, 『화해를 위해서-교과서·위안부·야스쿠니·독도』(사토 히사시 옮김, 2011, 평범사)나 『제국의 위안부-식민지 지배와 기억의 투쟁』(2014, 아사히 신문 출판) 등은, 화해라는 미사여구는 무엇인가를 생각하게 한 적당한 예이다.

2013년 한국에서, 2014년에는 일본에서도 출판된 『제국의 위안부』는 내용에서 '위안부'를 모욕하는 기술이 있었다. 예를 들면 '위안부 중에는 일본인 군인과 사랑하게 된 사람도 있었다, 동지와 같은 관계인 사람도 있었다'라는 등의 기술이 있어서 피해자들로부터 명예훼손으로 고소당했다. 저자는 1심에서는 무죄였지만, 한국 법원은 역사 해석의 문제성과 더불어 생존자를 특정할 수 있게 되므로, 그분들의 명예를 훼손했다는 관점으로 2심에서 유죄 판결을 내렸다.

이 판결의 옳고 그름에 대해 여기서 논의할 여유는 없지만, 이 판결에 항의문을 내고 기자회견을 연 진보적인 일본인 지식인들의 행동은 이해할 수 없다. 그들의 핵심적인 주장은 이 판결이 '표현의 자유' '학문의 자유'에 대한 탄압이라는 것이다.

가해국에 속한 '일본 지식인'은 왜 피해 당사자를 지원하지 않고 오히려 존엄성을 무시하는 듯한 행동으로 달렸던 것일까? 화해를 위해 썼다고 주장하는 저자의 간단한 동기나 의도를 보면 그 저작의 내용을 신중하게 검증한 다음에 한 행동으로는 생각되지 않는다. 학문과 표현의 자유를 지키는 처지에서 저자를 지원한다는 행위가 결과적으로 피해자를 폄훼하게 된다는 상정은 못 했던 것일까? 그들에게 '위안부'를 두 번이나 세 번이나 훼손할 권리는 없을 것이다. 법원이라는 권력은 보였어도 호소하는 피해자는 보이지 않았던 것일까? 아무튼 복잡한 사태의 근본 요인은 무엇이었을까? 여러 가지 해석이 있을 수 있겠으나 항의 활동의 결정적인 문제점은 그것이 피해와 가해라는 비대칭성을 낳는 역사적 구조악에 의해 피해를 받았던 자의 경험과 그 상황을 무력화하게 한 행위였다.

타자의 생존·실존에 관계된 것을 썼음에도 불구하고 저자는 생존자들의 '증언'을 자신의 처지에서만 자의적으로 해석하여, 당사자와 함께 그 내용을 확인하지 않았던 것 같다. 여기에 저자의 기본적인 문제가 있다. 다시 말하면, 이 사례는 '피해자에게 다가가려는 데에' 한계와 위선을 드러낸 사례라고도 할 수 있다. '당사자의 소리'로 여겨진 것이 성(性)을 빼앗긴 당사자의 주체 회복이나 활동을 시작하게 하기 위해서가 아닌 대변인(저자) 자신을 위해서 사용되어 버렸다. 여기에는 대변인의 가시화하지 못한 권력이라는 구조적인 문제가 내재되어 있음을 알 수 있다. 누가 누구를 위해 화해를 구하고 있었을까? 그것을 추진할 때의 주체는 누구였어야만 했을까?

이 저자는 한일 화해를 위해 '공통의 악', 즉 식민지주의와 그것을 추구한 제국주의자를 궁극적인 적으로 삼았다. 한일의 '국민'은 서로 희생자이므로, 그 시기를 눈여겨보다가 기회가 되면 권력자가 아닌 '국민 층'은 화해해야 한다고 주장을 하는 듯이 보인다.

저자는 피해자 쪽의 국가에 속한 사람이긴 해도 '성노예'라는 피해 당사자는 아니었다. 그러함에도 피해 당사자가 요구하지도 않은 문제의 핵심을 제멋대로 해석하여 대변하는 행위가 과연 화해로의 첫걸음이 되었을까? 오히려 가해자 쪽에 속해서 진보적인 일본 지식층이 오랫동안 안고 온 '마음의 가시'를 빼주기 위해 대리 작업을 하는 듯이 보인다. 이 비슷한 대리 작업이 가능했던 것은 저자가 피해 당사자가 아니며, 또한 '내적인 타자'인 '재일'도 아닌 '한국인 지식인', 즉 일본인에게 거리를 둘 수 있는 '외적인 타자'이었기 때문이다.

우리는 화해를 향한, 혹은 차별에 항거하기 위한 행위 주체가 누구인지 항상 분절화해서 생각해야 할 것이다. 비록 옹호(Advocacy, 권리 옹호의 대변인)의 행위일지라도 그것은 당사자들이 원하는 대로 비로소 행해져야만 한다. 제3자적 '지적 엘리트' 평론자인 박유하의 의견이 일본 진보적인 지식인 층에 수용되어 지지받게 된 사태의 배경에는, 가해집단에 속한 쪽의 몰주체적인 무의식의 차별의식이 있기 때문일 것이다.

이야기를 기독교로 옮기겠다. 전통적인 교회는 '타자의 죄를 용서하고 화해하라'라는 그리스도의 가르침을 선교해 왔다. 그러므로 기독교인 중에는 그 가르침을 미덕으로 받아들여 실천하는 사람도 많다. 그러나 화해의 개념을 개개인의 '삶의 현장'에서 분절화해 신중하게 생각하지 않고 '기독교의 가르침'이라고 해서 안이하게 실천하려는 것은 용서받을 수 있을까? 각각의 구체적인 사항이나 관계성을 역사적·정치적·문화적 지배 규범이나 차별의 재생산이라는 현실적인 측면에서 보지 않고 종교적 사명의 이름 아래 화해를 향한 실천으로 시작하게 된다면, 거기에는 교의를 우선시하는 몰주체의 가해자와 실존이 부정된 피해자로밖에 존재하지 않게 될 것이다.

　신학적으로 '화해'와 동의어로 되어 있는 '속죄'라는 개념도 자성할 수 있는 행위 주체의 구축이라기보다는, 오히려 몰주체의 구축에 공헌하고 있었는지도 모른다. 굳이 단순화시켜 말한다면, 속죄(보상)에 대한 해석을 '복음파'는 예수의 십자가형으로 우리의 죄가 속죄되어 구원을 가져왔다고 해석한다. 한편 '진보파'는 예수를 시대의 권력자에게 항거한 희생자라고 하며 예수의 삶의 모습을 사회 변혁에 뜻을 둔 모범이 되는 사람으로 해석한다. 과도한 단순화이지만 여기에는 공통된 문제가 있다. 그것은 모든 해석이 예수 중심의 사고방식이란 것이다. 즉, 무엇이든 '예수와 나'의 관계에서 생각하고 있다. 거기에는 우리에게 있어서의 타자는 말할 것도 없고 예수를 둘러싼 사람들, 게다가 예수 자신이 타자화되어 있었을지도 모르는 상황에서 타자는 보이지 않은 채 '교회에서의 예수 그리스도'가 재구축된다. 거기에 의존하는 '몰주체인 나'가 생성된다. 주체가 없는 곳에 변혁은 있을 수 없다. 당연히 무의식적인 차별의식이나 언동을 찾아내어 성찰하는 관계성 속에서의 분석을 할 필요성도 자각되지 않는다. 그뿐일까. 그런 '몰주체인 나'도 자신의 처지가 권력관계에 농락되어, 자신도 권력을 지향하고 있음을 자각하지도 못한 채 차별 문제를 말한다. 결국은 현실 속에서 차별받고 있는 타자가 무엇을 생각하고, 무엇을 원하는지를 물어보려고도 하지 않았다. 그리고 차별이 일어나는 구조도 보이지 않게 된다.

　차별하는 쪽에 객관적 자기 검증 능력이 없다면 무의식적인 차별의식을 알아채지 못할 뿐만 아니라, 흔히 말하여지듯이 '타자의 아픔에 다가간다', 혹은 '공감한다'는 행위는 자기 만족이나 자기 존재의 증명을 위한 행위일 뿐일 수도 있다. 바꾸어 말하면, 다른 사람의 아픔에 다가간다는 의미가 무엇인지도 모른 채 그것에 신앙적 의미를 부여하여 행동할 가능성이 있다. 그렇게 되면 거기에는 '예수와 나'의 관계성, 혹은 기독교인으로서의 사명감 아래 객체화되고 타자화된 베푸는 대상으로서의 '타자'와 '나'의 관계성밖에 남지 않는다.

　주연화된 사람과 나의 수평적인 관계성의 구축은 타자를 마치 불쌍하다 여겨서 '다가가는 것'에서 비롯된 것이 아니다. 오히려 그것은 구조적인 문제, 즉, 역사적 유래, 정치적 제도, 문화적 배경으로 인하여 타자화 되어 놓여진 그 상황에 분노를 느끼게 되는 것으로부터 변혁은 시작되어야 한다.

　페미니스트이자 윤리학자 비버리 해리슨(Beverly Jean Wildung Harrison) 이 '사랑은 분노(Love is anger)'라고 표현했듯이 사랑하는 사람과 사랑하고 싶은 사람이 계속 차별받고 있다면 그 차별을 계속 내버려 둔 권력과 그 폭력에 대해서 먼저 분노를 느껴야만 할 것이다. 차별하는 쪽도 당하는 쪽도 그 상황이 자신의 삶과 어떻게 관계되어 있을까 하는 설명(Accountability, 설명 책임)은 자신의 사상, 혹은 신앙을 객관적으로 상대화해서야 비로소 무의식의 차별의식을 자각하고 분석할 수 있게 되는 게 아닐까? 그러한 주체의 구축이야말로 화해로의 첫걸음이 될 수 있지 않을까?

차별을 내면화한 사람의 발상

　억압자 그룹이 갖는 무의식의 차별의식이라는 문제와 마찬가지로 차별을 생각하는 데 중요한 게 있다. 그것은 피억압자 그룹에게 피해자 의식을 심어주어 거기에서 여러 문제가 파생한다는 점이다. 피해자 의식은 인격 형성에 큰 영향을 미친다.

　내 아이는 12살이라는 다감한 시기에 그것도 미디어에 의한 과도한 '북한' 때리기(Bashing)가 맹위를 떨치고 있던 시기에 일본어를 읽고 쓰지도 못한 채 일본 공립 중학교에 들어갔다. 그 후 고등학교는 국제라는 이름이 붙긴 했으나 영어로 된 수업이 몇 개 있을 정도인 사립학교에 다녔었다.

언뜻 보기에는 다양성과 개방성이 풍부한 듯한 고등학교였으나 '일본인' '재일' '이주(Newcomer) 한국인' '혼혈(Half)' 등 인위적, 또 자의적으로 범주화된 어느 그룹에도 맞지 않았던 아이는 학교에서 고립된 생활을 보냈다. 그 경험 때문인지 아이는 차별 문제에 매우 민감하게 반응했다. 나는 우리 아이와 인종주의나 민족차별에 대해 자주 이야기했는데, 그런 이야기를 하던 중에 몇 번인가 나에게 '일본인에 대한 열등감이 아직 있는지'를 물어왔다. 내 대답은 '조금도 없다'였다. 나이가 든 내공인지, 자신의 사상성에 확신하게 된 탓인지, 혹은 인생의 목적을 '타자와 자신의 해방'이라고 생각하며 살아왔기 때문인지 그런 열등감은 전혀 없다. 하지만 차별을 내면화한 흔적이라고나 할까, 내 뇌에 침전해 있던 무의식의 피해자 의식이라고도 할 수 있는 발상은 무슨 일이 있을 때마다 나타나곤 한다. 예를 들면 다음과 같은 사례가 있다.

어느 단체의 회보에서 여러 호에 걸쳐 신학을 둘러싼 논쟁이 벌어졌다. 거기에 나도 기고했었다. 그런데 그것에 대해 다른 독자에게서 내가 기고한 글의 내용을 잘 이해하지 못하겠다는 감상이 전해져 왔다. 내가 말하고 싶은 것을, 상대가 마음에 와닿지 않는다고 하는 것은 어쩔 수 없으므로 끝낼 수 있다. 하지만 그 감상 속의 말투의 무례함에 발끈하게 되면서 차별이 내면화되어 있던 내 마음에서 반응이 일어났다. 그건 혹시나 내가 '재일조선인'이기 때문인지, 면식도 없는데 '오사카 이 씨의 문장은 ……이 싹 빠져 있다'라고 고유명사를 내면서까지 비판 아닌 비판을 왜 하는지 의심이 들었다. 이 회보에서는 '○○씨'라는 표현이 상용되고 있었는데, 아마 그건 안면이 있는 사람이거나, 지인일 경우가 대부분이라고 생각한다. 그러나 그 좁은 인적 네트워크에 속하지 못한 나는 완전한 타자였다. 따라서 그 특유의 미묘한 차이를 수반하는 말투와 내용에서, 역시 '재일조선인'은 '재일조선인'이라 하는 인식이 들었다. 왜 재일조선인은 타자로서의 존재로밖에 인식되지 못할까? 하는 의심이 들어버렸다. 그뿐만 아니라 그 소감을 밝힌 사람에게는 아무래도 '재일조선인'인 내가 어떤 '일본인'을 옹호하고 있는 듯이 보인 것 같았다. 만약 그렇다면 옹호되었다고 하는 '일본인에게 폐는 안 되었을까'라는 생각이 문득 들었다. 상대방의 의도가 무엇이든 이러한 발상이 얼마나 불건전한 것인지는 내가 가장 잘 알고 있다.

이처럼 나에게는 일본 사회에 만연해 있던 조선에 대한 혐오감이나 열등하다고 보는 그들의 고정관념을 마치 스스로 인정해 버린 것 같은 발상이 차별당해 온 경험을 통해 뿌리내려 있었다. 일본인의 뿌리 깊은 차별의식을 스스로 내면화할 수밖에 없었던 이러한 양태를 자기 변혁·사회 변혁에 대한 문제 제기의 언설로 전환하려면 어떻게 하면 좋을까? 차별의 잔혹성을 극복한다는 것은 다수자에게도, 소수자에게도 참으로 힘든 일이다. 그러나, 우리는 비록 반걸음이라도 계속 걸을 수밖에 없다.

맺음말

무의식의 차별의식과 차별이 초래한 피해자 의식의 극복을 위해 나날이 노력하고, 함께 차별에 항거해 주체를 구축할 것을 목표로 하고 싶다는 생각이 본고의 집필 동기였다. 그 과정으로 화해의 의미에 대해서도 서로 재고해 보고 싶다는 생각에서 기독교의 문제도 지적했다.

기독교는 많은 문제와 모순을 안고 있다. 아니 모든 종교는 그것들을 껴안고 있으므로 그것이야말로 그래서 종교라고 할 수 있을지도 모른다. 하지만 문제와 모순을 안고 있어도 성서 말씀에 따라 지탱하며, 위로받고, 생명을 잇고, 새로운 숨결을 얻고 있는 사람이 내 주위에는 많이 있다.

암으로 장기를 3개나 떼어낸 언니는 집도의로부터 3년 생존율이 5명 중 3명, 5년 생존율은 5명 중 2명이라 들었다. 그 소식을 듣고 나는 비통한 마음으로 미국으로 돌아갔다. 그 일은 20년 전의 일이었다. 언니는 수술 후 만성적인 통증에다가, 정상적인 상태로 되려는 와중에 생기게 된 약에 대한 부작용으로 시달리고 있다. 하지만 그래도 목숨은 유지하고 있다.

언니에게 기적이라고 할 수 있는 생명력을 지탱해 준 것은 성서를 자신의 삶 현장에서 구현화하여 해석하려고 했던 언니 부부의 신앙이었다고 생각한다. 당사자의 투병 생활 이상으로 힘들게 돌봄 생활을 강요받아 온 형부의 겸허하고 너그럽고 명랑한 성격은 기독교의 양질의 부분에서 길러져 왔을 것이다. 나는 이런 사람이 있는 한 아마 포스트 크리스천(Post-christian)은 되지 못할 것 같다고 생각한다.

요즘 언니가 전화 통화로 넋두리하는 나에게 한마디 했다. '성서에는 모든 일에 감사하라고 되어 있지, 좋은 일만을 감사하라고는 쓰여 있지 않다'라고 했다. 언니가 오랜 투병 생활을 신앙으로 받아들이며 긍정적으로 살고 있음을 알 수 있게 하는 말이었다. 어쩌면 차별이 초래한 피해자 의식의 극복은 이러한 신앙의 이해에서 비롯되었을지도 모른다.

| 제11장 |

신도와 성직자의 권위를 생각하는 한 신도의 넋두리

신도와 성직자의 관계성은 교단이나 교회에 따라 얼마나 다를까? 교회는 목사가 없어도 신앙 공동체로서 성립된다. 하지만 목사가 있어도 신도가 없으면 교회로서의 존재 의의는 없을 것이다. 그런데도 목사의 존재 의미는 신도보다 크고 독특한 권위도 부여되어 왔다. 그것이 교회의 존재 방식의 원형으로서 기정사실화되어 있다. 즉, 조직의 논리, 전통이라는 이름의 교회 문화나 규범 따위에 따라 교직·목사가 모든 것의 중심에 있어야만 한다는 절대적이라고도 할 수 있는 암묵적인 대전제를 많은 기존의 교회들은 좋다고 한다. 왜 그럴까?

『복음과 세계』는 종교개혁 500주년을 기념해, 마틴 루터(Martin Luther, 1483~1546)가 제창한 '만인 제사설(祭司說)'과 연관된 특집을 만들었다. 그것에 따라 이 글에서는 신도와 성직자 권위의 관계에 대하여 한 신도의 넋두리를 써보고 싶다.

나는 신학교에 가기 전에도 졸업하고 나서도 루터의 신학에는 관심을 두고 있지 않았기 때문에 루터에 대해 직접 언급은 하지 않겠다. 그러나 신학교에서 목사가 되기 위한 코스인 목회 석사(M. Div.)를 따고, 사회윤리학으로 박사 학위(Ph. D.)를 딴 나에게 있어 신도와 교직의 관계성, 그에 부수되는 교직의 권위와 역할에 대한 문제의식은 항상 마음속 어딘가에서 풀리지 않고 있었다.

내가 신학교를 졸업한 지 꽤 지났는데도 목사가 되지 않았던 이유는 몇 가지가 있다. 그중 하나가 '목사이기 때문에 갖게 되는 권위'에 대한 반발이다.

교직의 권위에 대한 의식이나 권위의 행사 방법은 개인이나 교단에 따라 다르겠지만, 한국 교회는 유난히 권위주의적 경향이 강하다. 최근에는 '재일'대한기독교회(이하, 재일대한교회)에서도 그런 경향이 현저하다고 할 수 있다.

그래서 나의 배경인 재일대한교회에서의 경험으로 신도와 교직의 관계성, 나아가 교직의 권위에 대해서 생각해 보고 싶다.

권위란 무엇인가

도대체 권위란 무엇일까? 캘리포니아 신학교 시절의 지도교원으로부터 '당신의 권위는 무엇입니까?(What is your authority?)' 라는 질문을 받은 적이 있었다. '권위'를 항상 권위주의나 권력과 연결해서 생각해 부정적인 의미로밖에 인식하지 못했던 나로서는 이 질문에 어리둥절했다. 질문의 문맥은 기억에 없지만, 모든 사람이 가진 마찬가지의 생각인 긍정적인 의미에서의 '권위'에 대해 질문을 받았던 것으로 기억된다.

사전에는 영어 단어 authority의 어원은 라틴어의 author와 ity라 한다. 과연 그래서 '저자'라고도 번역한 것이 묘하게 이해되었다. 번역의 한계라는 문제도 있지만, 언어 문화의 차이가 있는 곳에서는 하나하나의 언어·개념이 갖는 의미가 이렇게도 달랐다.

이것이 권위의 어원이다. 이 본질적인 의미를 이해한다면 모든 사람이 무언가를 만들어 내는 존재로서 권위를 부여받고 있음을 알 수 있다. 그리고 교회라는 공동체를 운영하기 위해 목사도 신도도 동등한 권위를 가지고 일하고 있으므로 어느 한쪽에만 권위가 매겨지는 것은 좋은 게 아니라는 것을 알 수 있다. 그런데도 목사의 권위는 교회의 상하관계가 엄격한 조직적 구조에 의해 지켜지며 보장되고 있다. 또, 한국 교회에서는 유교적인 가부장적 이념에 의해 점점 목사에 대한 공허한 권위 부여가 행해지고 있었던 것 같다. 만약 목사에게 권위가 있다고 한다면, 그것은 신으로부터 주어진 것이 아니라 목사 자신도 포함된 사람의 권위나 권력의 약함에서 창출된 것이라 할 수 있었지 않았을까?

　사람이 모이는 곳에는 어디라도 문제와 불만이 존재한다. 교회도 마찬가지다. 대부분 신도는 신도 간의 인간관계에서 상처받고 피폐해져 있다. 또한 목사에 대해서도 의심과 불만을 지닌 것 같다. 하지만 그렇다고 해도 목사에 대해서는 정당한 비판이나 요구를 하지 않으려고 한다. 한편 목사들도 신도의 소리를 진지하게 받아들이려 하는 것 같이 보이지 않는다. 그것은 교회 내에서 어떤 문제가 부상했을 때, 해결책의 결정 과정에서 현저하게 나타난다. 교회 행정은 목사에게 호의적인 일부 장로들과 목사들에 의해 정해지는 경향이 있다. 거기에는 본래 권위의 의미인 무언가 새로운 것을 함께 만들어 내야겠다는 자세는 찾아볼 수가 없다. 기존의 것을 지키려고 그들의 재생산을 정당화하기 위해 '권력'을 행사하고 있는 것처럼 보인다. 또한 목사를 정점으로 한 교회 운영은 신도 사이에서도 상하관계가 엄격한 조직적 유형과 가치관을 낳으며 영속화로 이어진다. 결과적으로는 신도 사이에도 '장'이 되는 자가 마찬가지의 권위를 부여받게 되고, 이러한 악순환에 따라 재생산은 반복된다. 게다가 정통성이 없는 권위와 그것을 뒷받침하는 교회의 독자적인 문화적 풍토는 교회 내에서 목사와 장로 간에 '상호 의존'의 관계를 형성하도록 만들어왔다. 그것은 서로를 인정하는 자립적인 것이 아니었으므로, 여기에 신도와 교직의 관계성에는 권위주의의 폐해가 보인다. 이 점을 깨닫지 못하는 한 교회 내에서는 항상 '권력층'이 생기고 분열할 위험성과 가능성이 있다.

권위주의와 교회의 분열

일반적으로 사회의 양지바른 곳에서 활약할 수 없는 소위 소수자 그룹에 속하는 사람은 작은 공동체로서, 예를 들면 교회 내에서 얻을 수 있는 권위에 대해서 더 집착하는 경향이 있는 것 같다. 그것은 말할 필요도 없이 사회에서 소외되어 능력을 발휘할 수도 없으며 존재 그 자체도 부정당하는 듯한 상황으로 내몰렸기 때문이었을 것이다.

작은 공동체에서 행사되는 권위는 거기에 따르는 그룹과 그렇지 않은 그룹의 분열을 낳는 경우가 대부분이다. 미국에 사는 한국인의 80%가 교회에 다닌다고 하지만 재미한인 지역사회에서 너무나도 많은 교회가 자주 분열하는 것에 놀랐던 적이 있다. 내가 다니던 교회도 분열되었다. 그런데 곰곰이 생각해 보면 80%라는 높은 비율의 이유는 교회가 이민자들의 사회자원(정보 교환이나 인적 네트워크 만들기)의 역할을 담당하고 있었기 때문만이 아니라, 작은 지역사회 교회 내에서의 '권력 다툼'에도 하나의 원인이 있었을지도 모른다. 즉, 신도가 어떤 교회가 싫으면 다른 교회로 옮기거나 권위를 가진 목사나 장로가 그대로 일부 신자들을 거느리고 새로운 교회를 만들어 분열해 간다. 물론 분열의 요인은 그밖에도 있다. 하지만 목사의 권위와 신도들의 이해관계가 일치할 경우나 목사와 장로들이 권위를 내세우며 자신들의 이기심을 관철하려 했을 때 왕왕 교회 내에 균열이 생겨서 분열에까지 이른다. 마찬가지의 현상은 현재의 재일대한교회에서도 볼 수 있다.

역사적 공동체 의식의 붕괴

재일대한교회가 2008년 선교 100주년을 맞은 지 만 8년이 지났다. 10년마다 선교 표어가 채택되었다. 예를 들면 선교 90주년을 맞아 마련된 목표

중 하나가 기존 교회도 포함해 일본 100여 곳에 자립 교회를 세우는 것이었다. '재일조선인'의 기독교 인구는 재일조선인 전체의 1%에도 크게 못 미치는데도 불구하고 현존하는 교회만으로는 불충분하다고 판단했던 것일까? 교회의 수를 100여 곳으로 한다는 설정의 배경과 의도가 무엇이었을까, 여기에서 그것을 논할 지면은 없지만, 재일대한교회는 북쪽으로는 홋카이도에서부터 남쪽은 오키나와까지 지금 있는 교회의 수에다 더 늘릴 계획을 추진한 결과, 어느덧 최근엔 '재일' 주민이 거의 살지 않는 쓰시마에도 전도소가 세워졌다. 그 결과 현재 76개의 교회와 13개의 전도소가 있는 교단이 되었다.

각지의 교회에 모이는 신도 대부분은 한국으로부터 온 이른바 '신이민' 1세대였다. 1980년대 후반에서 1990년대에 걸쳐 급증한 한국에서 일본으로 온 이주자는 신앙 공동체, 또는 사회 자원을 요구하며 재일대한교회로 발길을 옮기었다. 최근에는 재일대한교회에 속하지 않는, 교단이 다른 한국계 교회에도 모이게 되었다. 한편, '일제의 유실자'인 일본 태생의 '재일'은 점점 교회를 떠나갔다. 교직자의 경우에도 '재일'은 적고 선교 협약을 맺은 한국의 여러 교단에서 목사가 파견되어 오고 있다. 과연 현재의 재일대한교회에 부임한 한국에서 온 목사들이 '재일'의 '역사적 공동체'로서의 독자성이나 그 특수성에 대하여 '재일'과의 공통인식이나, 공통의 문제의식을 어느 정도 가졌는지 의문이다. 그들 중 상당수는 재일대한교회에 속하면서도 한국의 출신 교단에 대한 귀속 의식이 강하여 '재일'이 처해 있는 상황에는 별로 관심이 없는 듯이 보인다. 대부분 재일 1세대 목사들은 고난으로 가득 찬 체험 내용을 적어도 '재일'과 공유하고 있었다. 그리고 힘든 생활에 신음하는 신도들에게 좋은 소식·복음을 전해, 희망을 품고 살아가려는 데 힘을 보태려고 하는 자세가 있었다. 식민지 시기, 혹은 해방 직후에 일본으로 건너온 재일 1세대 목사들이 행사한 권위는 현재와는 조금 달랐다. 물론, 유교적, 가부장적, 혹은 자기의 권위가 신으로부터 맡겨졌다고 믿고 있는 듯한 권위주의적인 목사들도 많이 있었지만 상대적으로 신도들과의 관계성이나 거리는 지금과는 달랐던 것 같다.

미화하는 말은 피하고 싶지만, 1세대 목사들과 신도들은 같은 시대에 사는 사람으로 공통된 경험이 있었다. 즉, 속된 말로 말해서 차별이라는 '한솥밥을 먹고' 고난과 빈곤 속에서 생긴 공통된 감성이나 의식에서 조성된 '정'이 있었던 것 같다. 물론 충돌도 있었고 앞에서 언급한 바와 같이 사회에서 인정받지 못한 권위를 교회 내에서 고압적으로 나타내려고 하는 교직자들도 있었지만 그래도 신도와 목사가 물심양면으로 서로 의지하려는 그 나름의 신뢰 관계가 있었다. 사회운동으로 직결되지는 않았더라도 차별에 항거하는, 혹은 적어도 재일조선인으로서 당당하게 살며 인간으로서의 존엄을 표명한다는 '시대적 사명'이 그들에게는 있었던 것 같다. 하지만 나 자신의 기억과 경험에서 느껴진 목사와 신도의 이러한 관계성이 현재는 붕괴 위기에 처해 있는 듯이 보인다.

이 일을 시대의 흐름에 따른 변화로 받아들이는 것도 물론 가능하다. 그러나 과거의 좋은 측면이 상실되어 가는 게 우려되는 것뿐만은 아니다. 1세대가 살아간 삶을 가까이서 지켜본 2세대들이 자신의 기억과 경험을 바탕으로 과거에 존재했던 '양질'의 신도의 권위—새로운 것을 만들어 낸 것—를 재발견해 나갈 수는 없을까?

성서와 권위

시대와 함께 재일대한교회에서 잃어가고 있는 것, 그리고 교직자나 신도 출신의 변화('재일' 출신자에서 '본국' 출신자로)에 대해서, 2세대로서의 기억을 바탕으로 말해 온 신도와 교직의 바람직한 관계성이란, 또 목사의 권위의 상대화란 무엇인지에 대해 생각하기 위해서는 우선 나의 성서 읽는 법을 조금 말해 보고 싶다.

나는 직업상 성서를 읽었다기보다는 해석서를 읽는 편이 많았다. 그러나 최근 몇 년 기독교(뿐만은 아니지만)의 설교나 성서 강독·성서 해석서에 대해 거부반응에 가까운 것을 느끼게 되었다. 이전에는 성서가 나타내는 메시지의 내용이나 성서의 세계 해석에 따라서 때로는 위로받고 때로는 용기를 얻기도 했다. 하지만 최근 생기는 생리적이라고도 할 수 있는 이 위화감은 무엇일까? 라고 자문해 보았다. 자기 분석을 하자면 내 나름의 몇 가지 이유가 보였다.

하나는, 대극적(對極的)인 성서 해석의 입장이나 관점을 가진 사람이 결국 어느 쪽의 입장이나 관점으로 우리의 행동 방식에 대해 모범(Exemplar)이라하며 자신의 논리를 제시해 왔다. 그것이 어떠한 입장으로든 기독교인이라는 자부심을 이끄는 규범으로 유도되다가, 결국에는 벗어나고 있지 못하기 때문에 끝내 거부감이 느껴진다.

즉, 기독교인으로서의 모범을 보이는 것이 타인과 자신을 차별화해서 종종 우월적인 위험을 동반하고 있다는 것을 깨닫지 못하는 교직자나 연구자에게 안타까운 마음이 든다. 왜냐하면 그 모범이나 규범을 해석해 말하는 위치에서 이미 교직자의 권위주의를 느끼고 있었기 때문이다. 가르침의 결론이 알리는 쪽에 있어서 읽는 사람이나 듣는 사람이 그 결론에서 출발하게 되는, 이른바 '기제품'을 받아들이는 듯한 구조에 위화감을 느끼게 되었다. 이런 구조는 듣는 쪽에게 생각할 틈을 주지 않아서 말하는 자신이 기대한 결론밖에 나오지 않게 된다. 그렇게 결론 없이 갈등 부분이 은폐되어 버리게 되면 거기서는 받아들이는 쪽의 주체적인 판단이 차단되어 버릴 가능성이 있다. 그리고 말하는 사람은 건드리고 싶지 않은 부분을 감추기 위해 스스로 권위를 부여할 필요가 있게 된다. 이것은 교직자가 그 권위에 안주하거나 자신은 권위를 휘두르지 않는다고 생각하고 있거나 혹은 권위를 내면화하여 자기 모순이 보이지 않거나 할 때 일어나기 쉬운 듯하다.

나에게 있어서 고통스럽게 느껴지는 설교가 있다. 그것은 목사가 성서에 쓰인 내용을 절대시하여 권위의 원천을 성서에서 찾게 되는 것 같은 이야기이다. 죽음에 이르기 직전에 예수가 말한 '나의 하나님, 나의 하나님, 어찌하여 저를 버리십니까?'라는 말씀으로 상징되는 예수 자신의 갈등 의미를 교직자는 생각해야만 할 것이다. 거기에 따라 말하는 사람의 권위도 상대화되는 게 아닐까? 어느 종교나 각각의 교리를 절대화하는 경향이 있지만 성서의 권위를 내세워 기독교를 절대시하는 일이 있어서는 안 된다고 생각한다. 비록 그것이 예수 가르침의 근간이 되는 것, 즉 '약자'나 주연화된 사람에 대한 철저한 공감을 말하는 것일지라도 그렇다.

예수의 가르침을 '더할 나위 없이 좋게' 말하는 사람의 이야기를 듣고 있으면, 말하는 사람이 교회 밖 실천의 장에서는 정말로 '약한 자'에게 공감하고 있었던 것일까 하는 의문이 솟는다. 그 내용이 '훌륭'하면 할수록 말하는 사람이 인간의 고뇌나 갈등을 읽을 수 없는 사람처럼 보였기 때문이다. 생각하기에 따라 사상으로서의 신앙이 아니라 제도로서의 신앙이어서 권위적 위치에 서서 말하는 사람에게는 자신의 내적 갈등을 토로할 수 없도록 했을지도 모르겠다. 그것은 말하는 사람 자신의 문제일까? 혹은 교회라는 좁은 공간에 부여된 교직자에 대한 권위가 말하는 사람에게 갈등을 드러낼 의사를 말살해 버렸던 것일까? 확실히 우리의 축이 되는 가치관은 루터적으로 말하면 '여기 서 있지' 못한다면 쓰러져 버릴지도 모르는 것이다. 하지만 교회 내에서의 권위를 성서나 전통의 평판에 따라 절대시하게 된다면 앞에서 언급한 '상호 의존'하는 문화가 계속해서 태어나는 환경이 만들어져 버리게 될 것이다.

신도의 삶이 권위

오늘날 교회 내에서 권위라 여겨지는 것을 부정하기 위해 1세대들의 성서 읽는 법을 다시 한번 상기해 보고 싶다. 단순한 과거로의 향수, 혹은 미화일지도 모르겠지만, 1세대 목사와 신도 사이에는 좋아하는 공통된 찬송가와 성서 구절이 몇 개 있었다. 아마 재일 1세대 기독교인, 특히 여성들이 계속 반복해 억압받았던 상황에서 함께 경험했던 기억이 결과적으로는 같은 찬송가와 성서의 몇 개 구절의 사랑으로 이어지게 했을 것이다. 자주 말해 온 것이지만 그녀들의 마음에 가장 와닿은 구절은 마태복음 6장 34절의 '내일 일까지 생각하며 염려하지 마라. 내일 일은 자신이 내일 가서 생각하고 염려하라. 그날의 괴로움은 그날만으로 충분하다'라는 성서 구절이었다. 이 성서 구절의 전반부에는 먹을 것, 마실 것, 입을 것, 잘 곳 따위를 걱정하지 말라고 되어 있다. 먹는 것조차 어려웠던 시절을 살았던 1세대 여성들에게 어떻게 그 구절은 마음을 울렸을까? 그녀들의 생활 형편상으로 보면 전적으로 이상주의적인 언어로 받아들여졌을까? 혹은 이상으로서가 아니라 신앙으로서 그대로 믿게 되었을까? 분명한 것은 그녀들이 후반 부분의 말에 위로를 받으며 다시 새로운 하루를 맞이할 수 있게 되었다는 점이다.

'모국어'와 일본어 어느 쪽의 언어로도 읽고 쓸 수 없었던 1세대 여성들 가운데 대부분이 교회에서 성서 읽음을 통해 한글을 읽힐 수 있게 되었다. 그러나 읽을 수는 있어도 쓰는 것에는 한계가 있었다. 듣는 것으로 언어를 습득했기 때문에 한글 받침이나 띄어쓰기, 이른바 철자를 바르게 쓸 수 없었다. 교회에 다니는 1세대 여성들 모두가 그렇다고는 할 수 없었으나 그것은 어쩌면 대부분의 1세대 여성들에게는 공통된 경험이라고 할 수 있었다. 나의 어머니도 그러했다. 하지만, 읽을 수 있다는 것은 의미가 크다. 귀로 들어오는 설교 단어, 이야기를 상기하는 것이 가능하게 되기 때문이다.

나의 어머니는 매일 비타민제를 드시는 것처럼 하루의 시작을 기도로 시작하셨다. 그리고 성서를 읽으셨다. 제도적 교회나 그 속에서 계속 배양되어 재생산되고 있는 권위주의적 가치관을 미덕으로 하는 교회 문화에 반발해 온 나조차도 어머니가 서툴면서도 중얼거리듯 성서를 열심히 읽는 뒷모습을 볼 때마다 신이 거기에 계신 듯이 느껴졌다. 하지만 나에게는 그런 신앙이나 신에 대한 자세가 없는 듯하다. 인생의 종반 시기에 접어들었음에도 여전히 신앙이란 무엇이며 기독교 교회나 종교란 무엇인가라는 물음에 확실한 답을 찾을 수가 없다. 한 가지 명확한 것은 재일 1세대의 신앙은 더더욱 자율적이었다. 목사나 그 목사의 권위 이전에 자신의 생활 속으로 성서 말씀이 깊이 울려 퍼지는 현실이 먼저 있었다. 하루하루 때에 따라서는 한 끼의 양식을 걱정해야만 했던 상황은 성서의 말씀을 더욱 빛나게 하고 그리고 울려 퍼지게 했을 것이다. 즉, 그녀들은 성서 말씀이나 목사에게 원래 갖추어져 있었다고 여겨지는 권위를 보고 있었다기보다는 자신들의 현실에 응답해주는 말이나 함께 괴로워해 주는 목사의 모습에서 권위를 찾고 있었던 것은 아니었을까? 성서가 권위 있을 수 있는 것은 읽는 사람이 권력자로부터 아무리 짓밟혀도 꿋꿋하게 살아갈 힘의 양식이 되는 말을 거기서 찾을 수 있게 되었을 때, 즉, 읽는 이가 자신의 판단에 따른 권위를 확보했을 때가 아닐까? 재일 1세대 여성 기독교인들이 그랬던 것은 아니었을까?

맺음말

신도와 성직자의 관계성이나 권위에 대해 재일대한교회의 문맥으로 생각해 보았다. 말할 필요도 없이 나의 목적이 재일대한교회 내부의 문제를 지적하는 것은 아니었다. 일본의 교회에서도, 혹은 교회 밖에서도 사회적 지위의 높이나 재력을 갖고 이기심과 권위·권력을 휘두르는 사람은 존재한다. 그런 의미에서 이 넋두리는 보편적인 문제 제기로 읽히기를 바란다. 스스로 깨우치게 된 것은 권위에 반대하는 나의 논리 그 자체가 또 하나의 '설교', 혹은 '권위'를 부여하려는 건 아니었을까 하는 것이다. 그런 것이 아니라 나의 계기는 오히려 재일 1세대(특히 여성)의 삶의 모습이나 빈곤했던 유소년기, 청년기를 보낸 2세대 여성들의 삶의 모습에서 성서를 만나며 생활의 터전에서 무언가를 만들어 내온 것이야말로 권위가 있다는 걸 다시 한번 함께 환기하고 싶었다.

제12장

지금, 도로테 죌레를 읽는 의미
'고통을 함께 나눔'의 주체 형성을 요구하며

일본의 대표적인 페미니스트 신학자가 누구냐고 묻는다면 기누카와 히사코(絹川久子)와 야마구치 사토코(山口里子)라고 답하고 싶다. 그러나 유감스럽게도 이 둘은 성서학자이다. 성서학자라서 유감인 것이 아니라 다른 영역, 즉 조직신학이나 역사신학, 혹은 윤리학 분야에서 활약하고 있는 사람이 거의 없음에 가깝다는 것이 유감이라는 것이다.

몇 안 되는 페미니스트 성서학자를 포함한다고 하더라도 일본에서 페미니스트 신학 영역의 연구자는 절대적이라 해도 좋을 만큼 드물다. 그 때문인지, 아니면 기독교학을 둘러싼 학구적 풍토 때문인지, 독일의 신학자, 특히 본회퍼 등의 연구자는 있지만 독일 페미니스트 신학자 도로테 죌레에 관한 연구자는 좁은 식견을 갖고 찾는면 눈에 띄지 않을 것이다. 나 자신도 도로테 죌레 연구자는 아니다. 나중에 다시 그녀에 관해 자세히 언급하겠으나 그녀와는 만난 적이 있다. 직접 말을 주고받지는 않았지만 같은 공간에서 만난 적도 있는 그녀는 오랫동안 마음속 어딘가에 간직하고 있던 신학자 중 한 명으로, 그녀의 신비주의에 입각한 신의 이해, 비전(非戰)·반전에 대한 발언과 때때로 표명하는 유대인 대학살 이후의 시대를 산 독일인으로서의 입장의 일관성에 관심이 있었다. 그 처지를 피해자와 가해자라는 도식으로 본다면, 죌레는 가해자였다. 물론, 가해자-피해자라고 하는 이항 대립적인 틀에서의 자리매김을 한 논의로 이미 많은 논자에 의해 비판과 탈구축이 이루어져 왔다. 가해자-피해자, 혹은 억압-피억압이라는 구조가 중층적이고 복합적임이 충분히 이해된다. 그런데도 그 틀은 시대의 추세로서, 혹은 혼돈된 사회 상황에서 무시할 수 없는 사고의 회로와 현실 문제를 해결하기 위해서 여전히 유효할 것이다. 바꾸어 말하면 같은 시대에 사는 사람이 함께 사회정의를 생각하고 공통기반을 모색하기 위해서는 개개인이 처한 역사적, 사회적 조건에 마주치게 되는 것은 불가결하다. 그리고 마주치게 된 불가결함을 우리가 신에게 말할 때─사회정의나 인간해방에 대하여─보다 더 강하게 요구하였던 것은 아니었을까? 게다가 그것을 대전제로 한 역사적 억압 상황에 대해 복합적 시각에 따른 분석이 필요 불가결함은 말할 필요도 없다.

젠더·계급·민족 등은 모두 역사적·사회적으로 구축된 개념인 동시에 실체적으로 인식되어 왔다. 그런데도 권력자들은 그 변수들을 가지고 교묘하게 사람들을 갈라놓고 지배해 왔다. 복합적인 관점에 의한 분석이 중요한 것은 단일 원리로 사회를 설명하거나 해석하거나 하는 것이 더는 불가능한 시대에 우리는 살고 있기 때문이다. 예를 들면 중세는 신의 존재로 모든 것을 설명하는 것이 가능했었다. 마르크스주의는 역사를 계급투쟁으로 해석했다.

그러나 자칫하면 복합적인 시점에 의한 분석은 분석자 개인의 역사적 책임을 잘 보기 어렵게 만들어, 어쩌면 정당화시켜 버릴 가능성이 내포된다. 세분된 변수에서는 각각의 억압 상황이 상대화되어 버리므로 분석가 자신이 어떤 차원에서는 피해자일 수 있다. 그래서 그 입장이 애매해져 어려움에 빠져버리기 때문이다.

쥘레는 독일인이자 페미니스트이다. 하지만 젠더의 변수 즉, 페미니스트적 입장에서 자신을 대표하고 있었으므로 나치 범죄에 대해서는 독일인이라는 가해자의 성을 상대화하지 않았다. 이 원칙이라고도 할 수 있는 확고한 주체성과 입장은 제2차 세계대전 때 유대인을 대량 학살한 나치 독일과 동맹관계에 있었던 일본인이 자기를 전쟁의 가해자로서, 즉, 가해의 주체로서 생각하는 데 유효하다. 예를 들면 원폭 피해 당사자는 제쳐두고 정부나 일본이 아우슈비츠를 히로시마와 병치시킴에 따라 보이지 않게 만들어 버리는 일이 있다. 독일도 일본도 제2차 세계대전에 있어서는 모두 침략국이었으므로 전쟁 범죄로 아우슈비츠·남경을 병치하는 것이 옳지만 그런 병치를 하지 않았다. 아우슈비츠·히로시마를 병치한다면, 침략국이었던 일본인이 유대인과 마찬가지로 전쟁의 피해자로서의 표상이 가능해진다.

현재 일본은 주도면밀한 기정사실의 축적에 따라 군사 대국화로의 길을 걷고 있다. 그때 '북한의 군사적 위협'은 군사 대국화로의 길을 정당화하기 위한 '소재'로서 사건·범인 등을 날조하는 음모론이 되었다. 이러한 일본의 군사 대국화로의 행보를 염려하고 걱정하는 사람에게 혹은 인류가 공존의 길을 걷기 위해 짊어져야 할 과제를 묻는 이들에게 쵤레의 말은 40년이 지난 지금도 경청할 만한 가치가 있다. 집단적 자위권 법제화의 사태에 놓여있는 일본 사회에 시사하는 바가 크다.

이 글에서는 이러한 현재 일본 사회의 위기적인 상황 속에서 쵤레가 말하는 신, 그리고 가해자의 관점에서 말하는 '고통을 함께 나눔'의 사고방식으로 지금 우리가 문제 삼는 것을 여러모로 생각하고 거기에 있는 보편적인 도전을 찾으려고 한다.

쵤레가 활약했을 때는 80년대, 90년대의 서구 사회였다.[1] 하지만 시대가 다르다고는 해도 21세기(2010년대)의 일본이라는 문맥에서 다시 읽게 되는 의미는 크다. 그중에서도 강조하고 싶은 점은 역시 9·11테러 이후 국제관계의 질서 형성에서 군사력이라는 폭력이 점점 우세해지고 있다는 점이다. 안전보장이라는 대의에 따라 각국이 한층 더 군사화로의 길에 매진하는 요즈음 세계정세나 역사를 이해하는 데 쵤레는 우리에게 큰 힘을 부여해주었다. 군사력이 중시되고 폭력이 정당화되는 시대에 쵤레의 말에 귀를 기울이려고 하는 의미는 작지 않다. 앞에서 언급한 바와 같이 일본에서의 죌레 연구자가 적어서 그녀의 일본어 번역 출판물도 한정되어 있었다. 일본어 출판물을 바탕으로 죌레가 하는 말에 귀를 기울이며 현재의 일본을 읽어내는 하나의 방법으로서 죌레의 사상적 영위와 대화를 시도하려고 한다.

죌레와의 만남 : 문제의식으로서

레이건 정권 시대 미국의 패권주의, 즉 미국 중심의 평화와 기독교 우파의 결속을 가리켜 죌레는 '그리스도-전체주의'라고 통렬한 비판을 가하며 미국의 세계 제패를 위한 일국주의적인 군사력의 팽창에 경종을 울렸다.

그리 급진적인 신학자 도로테 죌레를 처음 만났던, 아니, 보았던 곳은 뉴욕 유니온 신학대학원 시절 가졌던 포트럭 파티에서였다. 그 파티는 학기가 종료되면 신학교와 가까운 교수 집에서 자주 개최되곤 했다.

죌레가 예전에 유니온에서 교편을 잡았던 점에서도 그녀의 신학 실천으로서의 반전운동의 확대와 연대라는 측면에서도 유니언의 옛 동료나 친구와의 교류는 이어지고 있었다. 죌레는 많은 사람에게 페미니스트 신학자로서 뿐만 아니라 많은 작품을 남긴 문학가로서도 잘 알려져 있었다. 그러나 그 정도로까지 살아갈 힘이 넘쳤던 죌레는 2003년에 다 타버린 듯이 어이없게 심장마비로 73년의 인생을 마감했다. 사망한 직후 '소문'에는 평화운동 시위 도중 발작이 일어났었다는 이야기가 떠돌 정도로 죌레의 군사화 반대 활동은 정열적이었다고 널리 알려져 있다.

당시는 죌레의 이름과 얼굴을 일치시키지 못했었다. 그 파티 장소에서 몸집이 작은 여성이 자주 돌아다니고 있는 모습이 내 눈에 띄었다. 그러나 몇 번이나 서로 눈과 눈이 마주쳤으나 말을 걸지는 못했다. 그 몸집이 작고 소박한 분위기를 자아내는 죌레를 처음 본 사람은 그녀가 그리 저명한 신학자라고는 생각지도 못했을 것이다. 붙임성이 있는 그 눈빛은 분명히 인간, 혹은 다른 사람에게 관심을 가진 눈빛이었다. 그 눈빛 자체가 그 사람의 삶의 방식을 나타내는 듯했다.

토론을 좋아하는 교수나 대학원생들이 몇몇 그룹으로 모여 이야기하고 있으면 그 어디쯤에 주저앉거나 말도 없이 주위를 돌아다녔던 죌레의 모습은 그 신체적 움직임과는 대조적으로 차분했다. 그리고 평온한 '정숙'한 모습을 드러내고 있었다. 그날에는 결국 죌레가 그 자리에 모인 사람과 의논하고 있었던 광경을 볼 수도 그 소리를 들을 수도 없었다. 하지만 눈과 눈이 마주쳤을 때 뭐라 부를까, 말을 걸까? 혹은 말을 걸기를 기다리고 있었을까? 했던 이러한 순간의 표정이 지금도 선명하게 내 기억에 남아 있다. '정숙한 존재감'이라는 표현이 어울릴지 어떨지 모르겠지만, 죌레가 드러내는 존재감이 강렬해서 나에게 헤아릴 수 없는 깊은 인상을 주었다.

통속적으로 말하면 죌레가 어떻게 살아왔었는지에 대한 표출일 것으로 생각한다. 그녀의 몸 전체에서 뿜어나오는 기운인 듯한 매력이 몇십 년 후인 지금도 여운이 되어 남아 있다.

훗날 그 사람이 도로테 죌레인 것을 알고 그녀의 정치 신학에 대해 더 관심을 가지게 되었다. 그러다 처음으로 손에 쥔 그녀의 책이 『취약성의 창 *The Window of Vulnerability*』이었다. 이 책에 대해서는 나중에 언급하도록 하겠지만, 손에 집어든 이유는 제목으로 사용된 취약성(Vulnerability)이라는 단어에 끌렸기 때문이다.

죌레를 해독한 사정

서두에서는 왜 지금 일본이라는 상황에서 죌레를 읽으려고 했는지를 말해왔다. 이 항에서는 일본이 군사력 확대로 향하려는 위기 상황을 좀 더 구체적으로 확인하고 싶다.

제2차 세계대전 후 일본의 역사가 크게 바뀌었다고 할 2014년은 뜻밖에도 제1차 세계대전이 일어난 지 100년이 된 해이기도 했다. 본래라면 전쟁의 비참함을 되돌아보고 전쟁으로 향하는 과정을 모든 노력을 다해서 막아야 할 이 해에, 일본은 오히려 역방향으로 향하듯이 제2차 세계대전 이후 정치의 핵심이라고도 할 수 있는 평화헌법의 근간을 흔드는 길로 나아갔다. 집단적 자위권이나 무기 수출 금지의 3원칙을 확대 해석하여 일본 헌법 9조는 형해화·무력화되려고 하는 상황이었다.

한편으로는 혐오 발언과 같은 집단 히스테리 현상이 두드러졌다. '표현의 자유'라는 이름으로 재일조선인을 매도한 사람들은 그로 인해 무엇을 호소할 작정이었을까? 자기 존재가 하찮거나 대수롭지 않음을 직시하고 싶지 않았으므로, 그저 심한 욕설을 퍼부을 대상이 필요한 것 같았다.

'재일 특권을 허용하지 않는 시민모임'(이하, 재특회)의 사람이 교토 조선학교 아동을 향해 행했던 언어폭력은 마치 재일조선인을 인간으로 여기지 않는다고 생각할 정도였다. 물론 재일조선인에게 향하던 차별 발언이 지금에 와서 시작된 것은 아니다. 예전 조선인을 향했던 차별적 표현은 '구린 냄새' '더럽다' '시끄럽다', 그리고 결정타는 '나라로 돌아가' 같은 말이었다. 그러나 교토 조선학교의 아동에게 직접 겨냥한 말은 거기에 더 보탠 '바퀴벌레' '구더기' '똥' '죽어라' '일본에서 나가' 따위였다. 이 말의 대부분이 어른이 아이에게 표현할 수 있는 언어라 할 수 있을까 하고 귀를 의심하게 되는 말이었다.[2] 지성도 수치심도 없었고 폭력성도 전혀 깨닫지 못하고 있는 듯했다. 91년 전인 1923년 9월 1일에 일어난 간토대지진 때에 수천 명의 조선인이 학살당했었다. 그 원인 중 하나가 지진 후의 혼란 속에서 발생한 유언비어라고 역사가들은 지적해 왔다. 그런데 현재의 혐오 발언은 당시 조선인에 대한 습격·학살을 방불케 한다. 도대체 이 사회에 인간으로서의 도덕적인 규범은 있던 것일까? '재특회'를 중심으로 한 소수 사람의 문제로 이 문제를 끝낼 수 있을까?

이른바 '종군위안부'를 둘러싸고 『아사히 신문』의 오보 소동과 이를 비롯한 언론 및 다양한 각계각층의 반응도 이러한 증오 발언의 변형된 공통분모처럼 여기지 않을 수 없다. 더 좋은 사회를 목표로 하기 위해 있는 비평, 말의 공간은 완전히 마비된 듯했다. 사회적 도덕 규범으로서 사물을 보는 축이 없어졌다고 생각할 수밖에는 없었다.

이후 한반도나 다른 아시아 국가에서 많은 여성이 끌려갔던 역사적 사실도 없었던 것처럼 지극히 자의적, 혹은 작위적으로 왜곡했다. 아우슈비츠는 없었다고 누가 말할 수 있을까? 하지만 아시아에서의 '성 노예'라고 알려진 여성들은 존재하지 않았다고 말하고 있다. 제한 없이 구사되는 말이 복합매체를 통해 방류되고 있는 상황에서 제동을 걸 수 있는 양심의 벽이 된 층을 80년대~90년대 전반까지는 일본 사회에서도 볼 수 있었다. 그러나, 현재의 일본 사회는 어떠한가?

대안으로서의 도덕적 원칙이 없기 때문인지, '개인'이 없기 때문인지, 이 사회의 비판적 정신을 가진 층이 점점 사라지는 것 같이 생각된다. 개인이 스스로 생각할 수 없게 만든 사회 상황에서 대중문화나, 미디어나, 교육의 책임이 크다. 사람은 생각하며 자라게 되는 게 아닐까? 인간의 본래 '힘'이란 무엇일까? 2006년 가을에 일본으로 돌아갔을 때, 한동안 자주 듣게 되었던 말이 ○○힘이라는 말이었다. 일종의 유행어인지, 모든 기성 명사에 '힘'이 붙었다. 물론 예전부터 행동하는 행동력·학력·능력 등에 '힘'을 사용한 단어는 여러 개 있었다. 그렇지만 젊은이로부터 생겼다고 여겨지고 있는 ○○힘이라는 표현은 출판업계에서 상당히 많이 사용되고 있었다. 예를 들어 둔 감력·인간력·인격력, 또 최근 요즘 젊은이들은 혼이 나면 곧 일을 그만둔다는 점에서 '혼나는 힘'이라는 표층적인 제목의 책까지도 나왔다.

나는 이 현상에 계속 위화감을 가져왔다. 그것은 '힘', 혹은 능력이라고 불리는 것으로 남성 중심주의의 가치관으로부터 기초한 것으로 상정된다. 그 '힘'이 되는 것이 현대 일본 사회에서는 열악해져 가고 있다. 즉 가치 있는 남성적 기준에 근거한 '힘'이 상실되고 있다는 위기감의 반영으로도 읽힐 수 있기 때문이다. 이 위기감이 한편에서는 군사력을 확대하려는 지배자의 야망을 따르는 문화를 확산시키고 있었을지도 모른다. 이러한 남성적 강함을 강조한 '힘'을 갖지 못한 타인을 받아들여 타인의 아픔에 연대할 수 있는 주체를 만들 필요가 있다고 생각한다.

쵤레의 '힘'에 대한 가치관은 완전히 반대이다. 쵤레 사상의 근저에는 타인과 더불어 살기 위한 조건이 되는 주체가 있다. 그런 주체를 어떻게 형성해야만 할까?

신학하는 주체와 그 과제

다양한 해방 신학에 대해 말했던 신학자에게 공통된 출발점이라고 할 수 있는 것은, 각자 처해 있는 역사적, 사회적 상황 속에서의 자신의 견해 표명이었다. 쵤레도 그중 한 명이었다.

쵤레의 첫 번째 저서는 1965년에 출판된 『대리』로, 부제는 「사신 신학 이후의 신학」이라고 되어 있다. 거기에서 쵤레는 인간은 어떻게 자신의 동일성을 찾을 수 있을까? 라고 묻고 있다.[3] 이 명제는 '독일인으로서의 주체'라는 의미로 평생 쵤레 신학의 축이었다고 할 수 있다. 쵤레는 『미래 없는 국민은 멸망한다-지금 독일인인 의미』에서 유대인 대학살 이후에 사는 독일인으로서 다음과 같이 말하고 있다.

미래 없는 국민은, 자기의 정체성을 잃게 된다. 그러나 미래의 담당자란 누구인가? 이 물음에 대한 답으로서 성서적인 전통의 예언자를 들고 있다. 예언자는 성서에 나오는 모범으로 삼아야 할 인물상의 하나로 '신을 대신해 말을 한다'라고 일컬어지는 사람이었다. 그들은 가난한 사람·교육을 받지 못한 사람·여성들이었다.[4]

이 이야기를 어떻게 읽을지는 각자의 입장에 따라 달리 해석해야 함은 말할 필요도 없다. 나는 죌레의 명제 중에 주체 형성이 필수라고 강조한 점은 물론이고, 그 이상으로, 『대리』에서 문제 삼고 있는 '어떻게 해서'라는 방법에 그 이상의 물음이 내포되어 있다고 생각한다. 그리고 그 물음에 대한 대답 중 하나가 바로 이 인용문 가운데 응축되어 있다고 생각한다. 죌레의 논리는 자신의 정체성을 가지지 못한 국민은 멸망하므로 미래를 갖지 않으면 안 되는데 그 미래는 사회적으로 주연화된 사람의 상황, 사회적 실체를 보는 것에서부터 비롯된다고 하고 있다.

이 점은 일반적으로 기독교인이라면 자신의 이해관계를 위협받지 않는한 대부분 사람이 공감할 것이다. 그러나 여기서 중요한 것은 독일인이라서 어떤 비판의 화살이 쏟아졌고 그 대가를 요구받았을 때도 신경을 쓰지 않고 그렇게 보상해줄 수 있었을까를 말하고 싶었던 것으로 읽힌다.

죌레에게 독일인으로서 가해자성에 대한 주체 형성은 성서적으로도 철학적으로도 피해갈 수 없었다. 그래서 죌레는 항상 노란 별(나치가 유대인에게 강요했던 유대인임을 증명하는 표시)을 볼 때, 또 그 반대의 축에 있는 군비 확대로의 길을 가고 있는 세계를 볼 때, 어떻게 대해야 할 것인지를 항상 자신의 신학 과제로서 그리고 삶의 방식 그 자체로서 묻고 있었다. 죌레에게 있어서 유대인 대학살을 초래한 독일 사회를 생각하지 않고서 자신이 누구인지에 대한 주체 형성은 있을 수 없었다. 일본인에게 가해자성(아시아로의 식민지 지배), 미국인에게 가해자성(예를 들면 원폭 투하)을 생각하지 않고서,

그 주체 형성이 가능하냐는 물음으로 이어졌을 것이다.

자신이 누구일까 하는 명제는 왕왕 있는 일이나 어느 사회에서든 소수자들에게 있는 명제로 생각하는 경향이 대부분이다. 일본에서 일본인이라는 의미를 생각할 필요가 없다고 이해되는 경향이 있으나, 소수자에게 있어서는 명제라고 할 수밖에 없다. 왜냐하면 타인에게서 만들어진 주체는 타인에게서 규정된 것이지 본래 자신의 주체는 아니기 때문이다. 그래서 자신의 주체를 회복하지 못한다면 생존할 수 없다.

피식민지 피해자의 후예인 나는 조선인이라는 피해자성의 의미를 묻는 것이 생애의 명제이다. 생애라고 하면 조금 과장된 것처럼 들릴지도 모르지만, 일본 사회에서 일상생활을 지내던 중에 문득 순간 어떤 장면이 떠오름으로 인해 무의식적으로 차별 발언이 생각나서 기분이 나빠지거나 나 자신 속에 둥지를 틀고 있던 내면화된 피해자 의식이 잔재하여 갈등이 생기거나 했다. 그래서 그 피해자 의식으로부터 해방되고 싶다, 해방되지 않으면 안 된다는 소리 없는 외침은 신체화되고 있었다. 그래서 그런 의미에서 생애의 명제라고 할 수 있다.

이 피해자 의식이란 소수자, 혹은 피억압자 가운데서만 생육되는 것이 아니라 일본인 가운데에도 있다. 그것은 원폭 피해국, GHQ 시대의 점령 피해국—이 시대를 식민지 경험이라고 표상하는 연구자조차도 있지만—으로서의 '피해 국민 의식'이 양성되어 재생산되었다.

그 일의 의미를 객관적으로 검증할 수 있는 주체가 없는 한 가해국이 가해자로서의 제2차 세계대전 이후의 책임을 생각나게 하는 일이나, 현재의 군사화로 가는 길을 멈추게 할 수는 없을 것이다. 따라서 일본인에게도 죌레의 명제와 같은 물음에 따른 자기 동일성·주체 구축으로의 한없는 갈등은 긴요하다.

죌레의 활발한 실천이 알려지게 된 것은 1979년 NATO의 이중결정[5]을 계기로 1980년대 이후에 전 유럽적이라고 해도 좋을 정도로 반핵운동이 크게 확산하던 시대였다.

하지만 죌레는 자기 고장인 독일에서보다도 미국에서 더 잘 받아들여져 알려졌던 것 같다. 그 이유는 여러 가지로 생각할 수 있겠지만, 한 가지 분명한 것은 받아들이는 것에서의 객관적 사정, 즉 공민권운동의 흐름 속에서 생겨난 제2의 페미니스트 운동의 여파로부터 미국은 페미니스트 신학 관계자의 활발한 언설 활동과 정치운동 등의 토양이 저변에 확대되어 있었기 때문일 것이다. 그런 배경도 있어서 죌레는 1년의 반을 독일에서 그리고 나머지 절반을 미국에서 보냈다. 그 시절에 죌레는 앞에서 언급한 『취약성의 창』을 출판하였다.

각각의 용어·어휘·개념에는 많은 뜻이 담겨있기 때문에 글쓴이나 읽는 사람에 따라 문맥도 무시되고 자유롭게 해석된다. 더구나 번역되면 그 용어의 의미가 때로는 저자의 의도와 크게 어긋날 가능성이 있게 됨도 말할 필요 없을 것이다. 이 점을 전제로 한다면, 취약함의 단어도 일본어에서는 상처받기 쉬운, 나약한, 약점 등으로 '약함'을 연상시킨다. 이 책의 일본어판 제목은 『취약성의 창』이지만 '약한 창'이라고 해석해도 좋을지 모른다. 죌레는 무엇을 의도해서 이런 제목을 붙였을까?

이 책 제목의 유래를 죌레는 서문 속에서 설명하고 있다. 이 용어는 군사전략가들에 의한 중거리·준중거리 탄도 미사일 사용에 대한 효과와 위험성을 논의하는 중에 사용된 언어라고 한다.[6] 그리고 그 논의의 문맥에서 일본어판은 '취약성의 창'으로 되어 있다.

세계 군비 확산의 심각성은 군사력이 확대되면 될수록 인류 전체가 궤멸적으로 된다는 것을 암시·경종으로 삼기 위해서 죌레는 역설적으로 군사전문가의 용어를 굳이 자기 저서의 제목으로 삼았다. 아마도 죌레는 그것을 자신의 저서 제목으로 삼음으로 군비의 확대가 고조되는 가운데 열려야 할 창문이 닫혀 가는 위험성을 우리에게 전달하려고 했을 것이다. 즉, '약한 창'이라도 닫는 것이 아니라, 하늘과 사람을 향해 크게 열 것을 제언했다.

사회 곳곳의 군비 확대가 진행되는 현대 사회에서 이대로 새로운 공기를 집어넣을 작은 창문이라도 닫혀 버린다면 우리는 질식한다. 그렇게 되지 않기 위해서 '약한 창'이라도 '천국'으로 이어지는 창이 필요하다는 것이다. 물론 그녀에게 있어서 '천국'이란 이 현실 세계에 있어서 '신의 나라'이다. '신의 나라'란 지극히 현실적인 미래이다. 그것은 군사력을 배경으로 한 강대국에 의해서 착취당하고 빈곤해져 빈부격차가 국가 간, 개인 간에 생길 수밖에 없게 된 사회이다. 죌레는 기독교인은 '사회주의자'가 될 수밖에 없다고 단언했다.[7]

죌레가 이해하는 '신의 나라'가 구체적인 것은 그녀의 정치사상 때문만은 물론 아니다. 오히려 신비주의를 기초로 한 그녀의 신에 대한 이해가 지극히 현실적인 사안과 직결되어 있었다. 죌레는 신비주의를 다음과 같이 구체적으로 정의한다.

신비주의의 고전적인 정의에서 가장 좋은 것이라 할 수 있는 것은 인식과 체험을 통한 하나님 인식 즉, 경험을 통한 신의 인식이다.

그것은 책이나 종교적 가르침의 권위, 또는 성직자에 의한 의례에 따른 것이 아니다. 비록 종교적 언어로 분절화되어 사고한다고 해도 우선은 인간의 산 경험 즉, 교회라는 제도와 관계없는 곳에서 생활에서 만난 경험을 통해 신을 아는 것이다.[8]

짧은 이 표현 가운데 기독교 지도자 대부분이 다양한 형태로 구가해 온 '권위'를 상대화해 더욱 강도 높게 비판하고 있다. 교회에서 강조되어 온 것은, 예배를 드림으로써 신을 경험하는 것이다. 극단적인 생각을 하는 교회

지도자는 교회 안에서야말로 신이 존재하고 교회에서 예배를 지키는 것이 신을 경험하는 것이라고 가르쳐 왔다. 그러한 사고방식은 죌레에 신에 대한 이해에 의하면 무의미하다고 말할 수밖에 없다. 이처럼 죌레에게 있어서 신비주의란 그리스도 가르침의 교리화에 대한 대항적인 개념이라 할 수 있을지도 모른다. 이 대항적인 개념은 죌레의 신관(神觀)에서도 명확하다. 죌레에게 있어서 신은 무력하다고 여겨질 만큼 무방비한 사랑이다. 다음의 짧은 문장은 그녀가 신의 관점에서 깊이 해석해 읽어낸 문장으로, 우리는 이 문장을 어떻게 해석해야만 할까?

취약한 신이야말로 신의 힘이다. 왜냐하면 그것은 무력한 사랑의 신이기 때문이다(God as one who is vulnerable because the power of God is power-less love).

죌레의 신의 관점에서 보면 신은 약하다. 왜냐하면 신의 권위는 힘을 강조하지 않는 사랑이기 때문이다.

이렇게 신을 이해한 죌레가 '약한 창'이라는 제목을 선택한 데에는 또 하나의 이유가 있었다고 생각된다. 이 책을 손에 넣었을 때 나는 예수의 역설적인 가치관을 직감적으로 느꼈다. 그것은 약함 속에 있는 '강함'이었다. 군비 확대를 확산시키는 권력자들이 사용한 언어를 제목으로 삼았던 의도에는 군사전략에서 패권을 추구하는 것이 얼마나 어리석은 일인가를 말하고자 하는 복선이 깔려있었다. 그것은 '힘'이 아니면 군사에 의지하지 않고서는 그 권력의 자리를 지킬 수 없다는 것으로 그 중심에 나약함이 있었던 게 아니었을까? 역설적인 것은 또 다른 복선이다. 억압되어 온 자가 극한의 생활을 강요당하는 상황 속에서도 생존하려는 의지 그것은 생존하여 살아남으려는 '강함'이었다.

빼앗고, 때려눕히고, 폭력에 노출된 한가운데서도 살기 위해 대안을 생각해 낸 탄력성이 풍부한 지혜의 '힘'이라고나 할까?

군사력이나 경제력, 억압의 구조에 의해 유지되는 권력자가 지닌 '강함' '힘'은 공허한 것일 뿐이었다. 가장 작아진 자의 '힘'을 믿었던 예수의 본질적 역설의 가치관이 상징하는 것은 '취약함'이다. 이 역설적 '강약'의 가치관을 전제로 하여 군사력으로 지배하려는 자들을 본다면 그들이 믿는 '힘'과 '힘'의 대결이 사실 얼마나 나약한 것인지를 보여주는 듯하다.

'힘'이 아닌 '힘'이라는 역설적 미래에는 군수 산업이 가져온 막대한 이익을 갖고 모인 거대한 자본가를 우려한다. 소수의 사람에 의한 불평등한 부의 독점과 분배로 유지되는 구조적 모순에 의한 지배는 사실 매우 위태로운 것이라고 우리는 인식한다. 글로벌 경제 원리는 인간을 인간으로 취급하지 않는다. 죌레는 이 원리를 '신자유주의 경제의 세계적 규모의 폭력'이라고 했다.[9] 그 지배 방식은 '힘'이 아니라 약함이다. 그러므로 약하다고 여겨지는 사람들 속에서야말로 인간 본연의 헤아릴 수 없는 가능성과 힘이 보인다는 가치관이 요즘 시대만큼 요구되는 때도 없지 않았을까?

군축을 외치는 사람이 반전 운동권 사람만은 아니다. 군사 동맹의 상대를 바꾸면서 군비 확대를 추진한 패권주의자들도 군축을 시간과 장소를 가리지 않고 외쳐댄다. 왜냐하면 군비 확대를 위한 군사 동맹은 항상 변화하면서도 유지되었기 때문이었다. 군비 확대를 목표로 하는 나라로서는 핵 위협론이나 '가상의 적'도 필요했다.

그런 기회주의적인 태도에 의해 냉전 시절에는 '빨강'이 적이었고 냉전 이후에는 '이슬람' '북한'이 적이었다. 즉 실체로서의 적이 아닌 '가상의 적'이 항상 재생산됨에 따라 유지, 확대되고 있었다. 영화의 시나리오에 쓰여있을 이 같은 현대 세계의 군사 문화와 폭력의 흐름에 우리는 어떻게 저항하며 살아가야만 할까? 그 하나는 죌레가 말한 '고통을 함께 나눔'이라는 주체 활동의 시작 혹은 회복일 것이다.

고통을 함께 나눔과 주체

쥘레가 말하는 '사람은 어떻게 자기의 동일성 즉, 주체를 확인할 것인가?' 이 폐색적인 상황에 필요한 내실이란 무엇일까? 그것은 공감이나 공생이 아니다. '고통을 함께 나눔'으로, 같은 시대에 사는 사람으로서 타자가 처한 상황에 자신이 응답할 수 있다는 주체 활동의 시작이며 타자에게서 일상적으로 보게 되는 주체의 검증이다. 그 검증을 위해서도 '고통을 함께 나눔'이라는 이해는 중요하다.

일본어판으로 되어 있는 쥘레의 저서 『Suffering』에서 Suffering은 『고통』으로 번역되었는데, 거기에서는 고통을 개인의 것으로 이해하는 것이 아니라 타자와 '고통을 함께 나눔'을 의미하고 있다. 쥘레는 말한다.

> 우리가 괴로움이라는 주제로 다가갈 수 있다는 것은 괴로움의 여러 상황에서 출발하여 그것이 어떻게 이해되고 있는지, 그리고 어떤 변혁이 생기게 되었는지를 표현한 경우이다. 하지만 그것과 마찬가지로 중요한 것은 적어도 의식적으로 괴로워하는 사람을 눈앞에서 도와주려고 행동하는 사람들이다. 우리가 알고 있는 사람이 고통을 받고 있을 때, 선의를 갖고 고통스럽지 않게 도와주려는 사람들은 자유의사로 남을 위해 고통을 스스로 떠맡은 사람들이다.[10]

학대당한 사람에게 다가가고 그리고 거기에서 보게 되는 관점은 물론이고 양심적 심정의 발로에서 타인의 아픔에 공감한다는 것은 중요하다. 하지만 공감으로 끝나지 않게 바로 타자의 소리를 듣고 헛되이 끝나지 않도록

하려면 '고통을 함께 나눔'의 이해가 필요하다. '고통을 함께 나눔'이란 고통을 이해할 뿐만 아니라 고통스러운 상황에 놓여있는 그 상황의 근원적 요인에 대해서도 분노를 갖지 않으면 안 된다. 분노를 갖게 된다면 학대받는 사람을 사랑할 수 있게 되고 그 사랑하는 사람이 쫓겨나는 상황에 대한 분노도 저절로 일어날 것이기 때문이다. 그러한 분노를 찾아내기 위해서는 역사를 마주할 주체 활동의 시작이 철저히 필요해진다. 그 주체는 타자를 위해서 저절로 하는 게 아니라 가해자로서의 역사적 책임 응답으로 타자의 고통을 자신이 떠맡는다는 쵤레가 말하는 자신의 의지로서의 선택이다.

또, 쵤레는 그 주체가 기도를 통해서 우리를 둘러싸고 있는 고난과 구체적으로 이어진다고 했다. 그 기도는 중산계급에 있는 사람의 모순을 밝히는 것이다. 그 중산계급의 사람은 '사회의 모순을 보지 않고 지낼 수 있는 특권이 있는 사람이고, 또 마음의 감동 없이 자유를 기초로 한 것에 무관심한 채로 있을 수 있는 사람이다. 그리고 이 무관심은 자본주의를 더욱 나아가게 한다'라는 것이다.[11]

이 통렬한 중산계급에 대한 비판은 쵤레 자신이 귀속하고 있는 계급이었기 때문에 자신을 향한 비판으로도 보인다. 또한 권력자는 소수이지만 중산계급은 대다수이다. 그래서 쵤레의 '고통을 함께 나눔'의 주체는 권력자를 대하는 개인 한 사람 한 사람에게 요구될 뿐만 아니라 그 권력자에게 맞서야 할 대다수 중산계급 사람에게도 말을 걸고 도전하는 것이다. 확실히 이 계층의 일반 대중을 정치화·역사화된 주체로 세울 수 있다면 세계 군사화의 흐름을 막는 데에 조금은 공헌할 수 있을 것이다. 그뿐만 아니라 일상적으로 만나게 되는 다양한 타자와의 만남 그리고 그 아픔을 함께 괴로워할 수 있는 주체의 내실도 생각하게 되므로 '고통을 함께 나눔'의 개념은 중요하다.

맺음말

여기서 시도했던 죌레의 생각으로 다가가기 위한 대화는 나에게 있어서 죌레의 재발견이었다. 그녀와의 첫 만남에서 얻은 직관적 인상은 역시 '옳았다'라고 말할 수 있다. 이 글을 쓰면서 나는 신을 믿는 중요함보다는 아는 것의 중요성을 재확인했다. 죌레에게 있어서 '신을 안다'라는 것은 '함께 고통을 나눔'을 빼고서는 말할 수 없다. 왜냐하면 죌레에게 있어서 사람의 아픔은 신의 아픔이기 때문이었다. 그래서 신을 안다는 행위를 항상 관계성 속에서 문제 삼는다. 그 관계성 성립의 전제에는 누구, 언제, 어떻게 해서라는 주체가 있다.

현재의 일본 사회를 마주 보기 위해서는 우리가 각각의 주체를 어떻게 확인, 형성해 나갈 것인가 하는 물음이 필요하다. 그리고 이 물음에는 가로축과 세로축이라기보다 한 쌍이라는 인식이 필요하다.

죌레의 사상을 통해서 예수적 가치관과 마르크스 신봉자적인 세계관을 신앙적, 혹은 정치 이념적 측면으로만 볼 것이 아니라 세계를 변혁하고 군사화 반대, 비핵화의 길을 택하기 위한 전략으로도 볼 수 있다. 전쟁 반대, 평화 운동에는 이 전략과 원칙이 필요하다. 주체와 '고통을 함께 나눔'도 짝을 이루고 있다. 타자의 아픔을 공감하고 '고통을 함께 나눔'[12]을 할 수 있는 감성과 능력은 주체성 없이는 위선이든가 온정주의가 된다. 개인주의가 아닌 사회와 연결되는 '개인' 즉 정치적 주체 형성에 신학이 유효할 수 있다는 희망이 죌레의 사상에서 보였던 게 아닐까?

제13장

'성스러운 권위'에 대한 저항

재일대한기독교회 여성 목사·장로 안수 과정에서
'민족'의 위치

종교가 개인의 구원을 위해 존재한다는 전제는 널리 받아들여질 것이다. 구원이란 무엇이냐는 물음에 대한 답은 다양하다. 예전에 미국 신학교 시절 한국에서 민중 신학자 안병무 교수가 객원 교수로 온 적이 있었다. 그때 신약성서 학자인 안 교수가 학급에서 역설한 논평이 있다. 그것은 해방이란 구제론에서의 구원보다도 넓은 의미가 있는 일종의 구원의 반대 개념·대항 개념이란 내용이었다.[1]

그 이후 나에게 있어서 종교는 인간해방에 무슨 일을 할 수 있을까에 관한 질문과 관심을 지속적으로 갖게 되었다. 또 애초에 해방이란 무엇일까? 라는 생각도 해왔다. 영혼의 구원이라는 차원에 그치지 않고 한 인간이 억압받는 여러 상황에서 해방되기 위해서는 종교, 또는 종교단체는 그 구성원에게 다가가 사회에 어떤 영향을 주어 왔던 것일까? 많은 종교단체는 '구원'이란 이름 아래 한편에서는 여성들을 억압하고 종속시켜 오며, 현실과는 어떻게 상대하게 해왔을까.

본고에서는 종교법인 재일대한기독교회(Korean Christian Church in Japan, 이하 KCCJ)라는 기독교단을 거론하여 민족성과 젠더가 교차하는 관점으로 교단의 문제점을 생각하며, 그 안에서 보이는 '민족·민족성'의 위치를 검증하겠다. 검증할 교단은 지금까지 내가 한 교회의 일원으로, 또 양친도 생전에 관여해 온 곳이었다. 다만 그동안 수십 년을 미국에 유학·거주함에 따라

지리적으로나 심리적으로나 교단을 외부에서 바라보는 위치에 있었다. 따라서 이 글은 내부뿐만 아니라, 일정한 거리를 유지하면서 외부에서 교단을 살펴보았던 경험에 근거해서 쓴 글이다.

검증할 기본적 물음은 (1) 여성 신도들의 젠더 의식은 어떻게 배양되었을까 (2) '민족해방' 운동은 '페미니스트'로 이어질까, 이어지지 않을까 등이다. 구체적인 방법으로는 교단 내에서 여성 목사·장로의 안수가 인정받게 되는 과정에서 여성들의 움직임, 여성들의 소리를 간파할 수 있는 기관지 『고개 (峠)』를 기초로 분석했다.

KCCJ의 간략한 역사와 그 특성

이 글의 중심 논의인 교단 내에서 여성들의 위치와 일, 그리고 그녀들에게 '민족'이라는 요소가 어떤 의미를 가진 것일까 하는 것을 소개하기에 앞서서, 우선 KCCJ의 역사를 일본 사회와의 관계에서 밑그림으로 그리고 싶다.

KCCJ는 재일조선인 사회에서 유일하게 전쟁 전에 설립된 기독교 단체이다.[2] 종교단체라는 점이나 그 수 자체가 적은 점 등도 있어서 일반 일본인 지역사회는 물론, 재일조선인 지역사회에서도 그 존재가 그다지 널리 인지되어 있지는 않았다. 하지만, 그 역사는 전혀 짧지 않다. 그 존재의 의미는 교단의 역사를 통해 더듬어 찾아간다면 확인할 수 있다.

2010년은 '한일병합' 100년에 해당하는 해였다. 역사적인 해로 여러 곳에서 '한일병합'과 관련된 행사나 언설을 많이 볼 수 있었다. KCCJ의 역사는 '한일병합'이 일어나기 2년 전에 시작되었다. 조선이 일본의 식민지가 되기 몇 년 전인 1906년에 도쿄에 와 있던 유학생을 중심으로 도쿄조선기독교청년회(현 재일본 한국 YMCA)가 설립되었다. 그 유학생들이 2년 후에 세운 도쿄 교회가 그 발단이 되었다. 그리고 2008년 10월에는 선교 100주년 기념식을 했고 현재에 이르고 있다.

식민지 조선에서 일본 제국주의의 부조리한 정책이 격화됨에 따라 1920~ 1930년대에 일본으로 이주하는 사람은 늘어나고 있었다. 그리고 사람들은 서로를 의지하고 협동하며 각지에 교회를 세우기 시작했다.[3] 한마디로 그들의 역사는 민족 고난의 역사에 농락당하면서도 '조국'의 역사를 바싹 따라 걸어왔다. 전쟁 전에는 일본 식민지하에서의 자주독립을 위한 투쟁, 전쟁 후에는 한반도의 평화적 통일을 위한 일이나 재일조선인의 인권 문제와 민족차별 문제 등 당시 처해 있던 억압된 상황에 민감하게 대응하고 적어도 응답하려고 하는 움직임을 70, 80년대에는 꽤 볼 수 있었다.

전쟁 전 재일본조선기독교회는 전쟁 시기의 국가 신도 체제하에서 일본의 여러 교파와 함께 일본 기독교단 안으로 흡수 합병되어 있었다. 제2차 세계대전 이후에는 일본기독교단에서 탈퇴, 독립하여 1948년에 재일대한기독교회 총회로 명칭을 변경했다. 명칭 변경과 함께 조직교회로서의 연합체를 구성하고 그것을 바탕으로 각 지방의 개교회(個敎會)가 모여 하나의 교단을 형성해 현재에 이르고 있다.[4] 현재 KCCJ의 지방 교회 99개의 개교회가 일본 전국에 산재해 있다.[5]

KCCJ는 그 교단의 특질을 (1) 초교파(Ecumenical), (2) 소수파(Minority), (3) 다양성(Diversity)이라고 규정하고 그것을 선교 과제의 근간으로 삼고 있다.

초교파성은 역사적으로 한국의 두 개 교파(장로파와 감리교)의 사람들에 의해 시작되었다. 세계기독교협의회(WCC), 일본기독교협의회(NCCJ), 한국기독교협의회(NCCK) 등, 초교파적인 교회 조직과, 한국의 교파가 다른 다양한 교단과 선교 협약을 맺는 등을 들 수 있다. 다음으로는 소수파인데 소수파라고 해도 그 정의는 다양하지만 여기서는 소수민족 집단을 말한다. 단순히 숫자의 문제가 아닌 권력관계에 있어서 지배받는 쪽이라는 의미이다. 세 번째 다양성이란 교단 내 구성원의 배경의 다양성에 관한 것이다. 한일 간 국제결혼으로 이른바 '이중'의 배경을 가진 사람들로, 80년대 이후에 계속 증가하고 있는 한국으로부터 이주해 온 이른바 뉴커머(신1세대)나, 전쟁 전부터인 1세대 세대부터 해방 후에 태어난 4세대 세대까지 세대적 배경의 차이 등으로 '재일'이라고 해도 일괄적이라 할 수 없는 다양한 배경을 가진 사람이 구성원인 실정을 다양성이라 규정하고 있다. 본국 태생인지, 일본 태생인지, 부모 중 어느 쪽 한 명이 일본인인지, 아닌지 등의 배경의 다양성은 '재일'로서의 정체성이나 차별의 경험, 그리고 그 트라우마의 해석과 사고방식, 한층 더 나아가 신앙 이해에서도 그 양상은 다양했다.

세 가지 특질을 강조한 건 40년 정도 되었다.[6] 특히 소수성에 관한 교단의 자기 규정으로 대내외적으로 강조해 왔다. 그리고 소수성을 규정하는 핵심 개념은 '민족'이었다.[7] 게다가 이 개념이 개별적 특수성으로 자리매김하면서, 한편으로는 '신앙', 혹은 '신앙 공동체'라는 보편적 가치와 때로는 팽팽히 맞서고, 때로는 합체하며 특이한 교단 형성을 이루어 왔다. '민족'을 핵심으로 한 신앙 공동체라는 특성은, 특히 첫머리에서 언급했던 1970년대 교단의 총체로서 인권 문제 즉, 민족차별철폐운동 등에도 적극적으로 맞서 갔다.

교단 내의 '진보파'는 소수이긴 하지만 70년대부터 90년대에 걸쳐 지도적 역할을 맡았던 일부 목사나 신도들을 제외하면 신앙적으로 매우 보수적이었다. 그러한 신앙의 이해를 지닌 소수의 사람이 어떻게 다수를 차지하는 보수적인 교단의 인권 문제 등 사회운동에 적극적으로 참여할 수 있었을까? '예수운동'을 해방운동으로 삼고 그 가르침이 인간의 구원으로 이어진다고 해석하며 이해한 사람은 극히 제한된 계층이었다. 그러함에도 민족의 해방이라는 메시지를 구약성서에 나오는 출애굽과 같은 사건이라고 계속 반복해 이야기하고 있었다.[8] 이러한 측면에서 본다면 KCCJ는 '민족교회'라는 타자의 규정에 응답한 듯한 특성과 존재 의의를 의식적으로나 무의식적으

로나 스스로 인식해 왔었다고 할 수 있을지도 모른다.[9]

자기 인식이든 타자 규정이든, 정교 분리의 원칙을 내세우며 '민족해방', 혹은 재일조선인으로서의 인권에 관한 대의에 대해서 사회운동이나 정치운동에 관여해서는 안 된다는 목사들에게도 민족해방운동에 참여하는 것은 모순되지 않는 일이었다. 하지만 안타깝게도 남성 성직자를 비롯한 교단 지도자는 '민족해방'이나 인권 회복을 위한 문제의식을 결코 페미니스트와는 연결해서 생각하지 않고 오늘에 이르렀다고 할 수 있다.

교단 내의 70%가 여성 신도임에도 불구하고 여성의 위치, 역할은 구태의연한 실정이 대부분이었다. 하지만 그런 와중에도 역사의 진보라 할 수 있는 '사건'이 일어나게 된다.

여성들의 의식과 소리가 고양되는 계기가 된 사안이었다. 그것은 1978년 KCCJ 교단 헌법을 개정하기까지 이르게 된 여성 장로·여성 목사 옹립에 관한 일이었다.

여기서는 교단 내 여성의 위치를 여성 목사·여성 장로의 안수 문제 과정에서 개관하고 그래서 '민족해방'운동이라는 대의가 어떤 영향을 미치게 되었는지 그리고 '민족'이란 그녀들에게 어떻게 동일시되었는지를 말하고 싶다.

여성 목사·장로의 안수 과정에서 '민족'의 위치

교단 내에서 여성의 존재 의의는 단지 수가 많다는 차원에서만은 말할 수 없다. 나의 부모님이 다니셨고 현재 나도 다니고 있는 재일대한기독교 오사카교회는 두 여성 신도의 기도로부터 시작되었다고 일컬어지고 있다. 이 두 여인이란 부산에서 오사카의 방적공장으로 이주해 왔던 김의생 자매이다. 그녀들은 일본에 오기 전에 이미 기독교인이었다. 일본에 와서도 독자적으로 성서를 읽으며 기도 시간을 지키고 있었다. 그녀들은 이국땅에서 만난 동포 노동자들을 위로하고 함께 기도하는 활동도 하고 있었다. 그 자매와 당시 고베 신학교에서 유학 중이었던 김우현과의 만남이 교회 설립으로 이어지게 되었다.[10]

오사카 교회가 창립된 1921년이라는 시대적 배경을 보면, 당시는 오사카의 방적공장에 많은 조선인 여성이 '타관벌이'를 위해 와있었던 시기였다.[11] 그 당시 교회의 역할은 고국을 떠나 차별·냉대 속에서 혹사받고 있던 사람에게 조국의 향기를 공유하며 동포와 어울릴 수 있게 해주는 장으로서, 이런 곳에 교회를 세우고 발전시켜 온 것을 오사카 교회 홈페이지에 있는 문장을 통해서도 쉽게 상상할 수 있을 것이다.

오사카 교회는 두 명의 한국인 여성의 기도로 태어났습니다. 오사카 이쿠노에서 가난하고 학대당해 약해진 동포의 안식처가 되었고, 구원자 주 예수 그리스도를 향한 신앙의 등화를 높이 내걸어 왔습니다. (중략) 오늘의 일본 사회에서 충족되지 않는 마음의 갈증·상처받은 영혼을 안고 괴로워하며 살아가는 사람이 얼마나 많을까요? 나라와 민족의 차이를 넘어서 예수 그리스도의 말씀을 함께 들으며 찬송과 예배를 드립시다. 분명 당신 곁에 주님이 계실 것입니다.[12]

오사카교회 홈페이지에 적혀있는 이 문장은 창립 당시부터 오늘에 이르기까지 '민족'이라는 특수성이 선교의 중심이었다고 할 수 있다. 한편으로 그 특수성의 한계를 쉽게 극복할 수 있도록 보편성으로서의 '신앙'에 의거해 국가와 민족의 차이를 극복하자고 호소하고 있다. '민족'이라는 경계는 극복할 수 있다는 전제이므로 극복하지 않으면 안 된다고 했다. 그러나 창립자인 두 여성에 대해 언급하면서도 젠더의 경계, 여성들이 겪는 어려움이나 안고 있는 문제에 관해서는 질문이 없다. 이 질문의 부재는 오늘날에도 여성의 주요 역할 가운데 하나인 '주방 봉사'를 계속적으로 재생산시키고 있다. 하지만 이러한 교단 내 문화풍토 속에서도 여성들의 의식은 변하고 있었다. 그 계기가 된 것은 여성 목사·장로가 안수를 받기 위해 자격 규정 변경에 관한 요구라고 할 수 있다.

2년에 한 번 열리는 재일대한기독교회 총회에서 건의 사항으로 올라왔던 여성 목사·장로의 안수 문제는 1978년에 겨우 인정되어, 마침내 교회법을 개정하기에 이르게 되었다.[13] 획기적인 일이긴 하지만 일찍부터 그 일에 대한 문제의식을 여성들이 느끼고 있었다는 점을 생각한다면, 그녀들의 주장이 인정받는 데까지 걸린 시간으로서는 늦어졌다고 하지 않을 수 없다. 늦어진 결정 때문에 남성 지도자들의 반대나 억압이 얼마나 심했었는지 알 수 있다.

여성들의 능력, 선견지명으로 현재 운영되고 있는 '재일 여성' 고령자를 위한 돌봄의 집인 '셋튼의 집'이 건축되었다. 이러한 문제의식을 통해 여성들의 능력을 볼 수 있다.[14]

이미 1956년 교단 내의 여성 연합체에 의해 재일 1세대들이 김치를 먹고 '모국어'를 자유롭게 구사할 수 있는 노인 홈 건설 결의가 채택되어 있었다.

여성들의 사회 공헌을 바라보는 사회적 의식과 비교해도 교단의 남성 지도자들의 여성을 대하는 태도, 젠더의식은 낮다고 하지 않을 수 없다.

너무 늦어진 채택이긴 하지만 본국 교회의 추세나 선교 협약을 맺은 캐나다 장로교회에서 여성 목사를 인정한 것이 1975년이었다는 것을 고려하면 결코 늦었다고도 할 수 없다. 그러나 뒤늦게나마 결의에 이르게 된 배경에는 끈질긴 여성들의 활동이 있었다. 그렇다면 여성 활동을 뒷받침하는 의식과 배경에는 무엇이 있었을까?

교단 내부에서 이 쟁점 사안의 과정을 보면 단독 의안으로는 각하되었지만 당시 교회법 내용의 간소화에 포함되어서 다른 쟁점들과 함께 채택되었기에 일종의 편법적인 통과 방식이었다고 할 수 있었다.[15]

그러나 1978년이라는 사회적 풍조, 즉 앞서 언급한 70년대 초기부터 '민족'에 얽힌 인권운동이나 한국민주화운동의 고양 등이 기독교인으로서의 사회 참여를 적극적으로 밀고 나가게 했다. 이러한 문제의식이 교단 내의 기운과 맞물려 개정으로 이르게 한 요소가 아니었을까? 1970년대 교단 안팎의 사회 상황을 약간 거론해 보고 싶다.

1970년대 재일조선인 사회는 해방 이후 사회운동을 생각하는 데 있어서 중요한 시대였다.[16] 1세대에서 2세대로의 세대 교체와 함께 일본 문단, 논단에서 재일조선인의 언설이 유통된 시대였다. 또, 70년대는 가혹한 정치 상황에도 굴하지 않는 한국의 민주화 투쟁이 고양된 시대였고 일본 사회에서도 그 투쟁에 연대하는 운동이 크게 전개되었던 시기이기도 했다. 한국의 민주화 투쟁으로의 연대뿐만 아니라, 해방 이후 처음으로 '민족차별'을 일본의 법정에서 문제 삼게 한 히타치(日立)의 취업 차별 반대운동과 그 승소를 적극적으로 여론에서 다루던 시대이기도 했다.[17]

이러한 재일조선인을 둘러싼 일본 사회의 동향이 교단 내에 주류가 되었다. 예를 들면 재일조선인의 인권과 지역사회를 위한 회관이 1971년 오사카 이쿠노라는 당시 재일조선인 인구 최대의 밀집 지역에 세워졌다. 1974년에는 한국인문제연구소(RAIK)가 도쿄에 설립되었다. 같은 해 서구 교회 대표를 초청하여 소수민족 문제와 선교 전략이라는 제목의 국제회의가 개최되었다. 또한 흑인 해방 신학의 주창자이며 뉴욕 유니온 신학교 교수인 제임스 콘 교수를 초청하여 강연회와 연수회를 개최하였다. 또 인권 토론회가 정례화되는 등 KCCJ 청년회 전국협의회에도 참가하는 활동이 있었다.[18]

교단 안팎의 진보적인 시대 배경이 여성 목사·장로를 인정해 나가는 운동과 직접적으로 연동되었다고 실증할 수는 없다. 그러나 이러한 흐름은 적어도 남성 목사, 장로들이 교단법 개정에 계속 반대하는 것을 어렵게 만들었다고는 할 수 있다. 그들의 배외적인 태도를 무력화시키려는 눈에 보이지 않는 힘으로서의 영향이 '민족'과 관련된 사회운동이었다. 결과적으로는 교단법 개정 2년 후인 1980년에 첫 여성 장로가 배출되었고 83년에 첫 여성 목사가 탄생했다.

현재 여성 목사는 12명(남성 86명), 여성 장로는 19명(남성 81명)이다.[19] 아직도 신도 수의 남녀 비율을 고려하면 낮다고 하지 않을 수 없다. 또한 목사나 장로가 되는 것을 권위로 여기는 가치관이 만연해 있어서 그 가치관으로 인해 여성 목사나 여성 장로가 된 후, 원래 갖고 있던 젠더의식이 깊어지기도 해서 그들의 가치관의 구축에 폐해가 되기도 했다. 하지만 그것은 여성들의 노력으로 이루어낸 것으로서 하나의 역사적 발전으로 평가해야만 할 것이다.

다양한 문제를 아직 많이 안고 있지만 하나의 큰 흐름을 바꿀 수 있었던 사건으로 자리매김하게 되었다고 할 수 있다. 교단의 목사나 장로들, 특히 '재일' 여성 목사나 여성 장로가 적어도 자신의 민족적 정체성의 근거와 젠더적 관점에 서게 됨으로써 여러 문제가 보이게 되어 체득하게 된 것은 아니었을까 한다. 또한 그 관점에 서서 깨달았던 사항은 교단의 남성 중심주의의 모순과 여러 문제가 여성의 종속화로 이어지고 있었다는 점이다.

변혁의 주체로서 젠더의식을 돋보이게 하고 그리고 KCCJ 여성들에 의한 여성 목사·장로의 안수를 이룬 성과는 그 후 교단 안에서나 사회에 어떤 영향을 미치게 되었을까?

대외적으로 1980년대 외국인등록법의 지문날인거부운동처럼 '민족'과 관련된 사회운동에 참여하는 사람이 늘어난 것이다. 그런 가운데 1990년대에 들어서는 일본 사회에서도 큰 문제가 된 '종군위안부' 등을 지원하고 연대해 나가는 과정에서 더딘 걸음이라고는 하지만 젠더의식은 더욱 배양되어 갔다.

외부 자극에 의한 작은 의식의 변혁이었고 자기 자신의 의식에 젠더 관점이 뿌리내려졌다고도 할 수 있는 하나의 '사건'이 있었다. 2000년 교단 내에서 일어난 이른바 성희롱 사건이 있었다. 간사이 지방에 있는 KCCJ 소속의 개교회 목사의 성폭력이 발각된 사건으로 KCCJ 여성들이 그 문제 해결에 관여했다.

이 '사건'은 교단 내에서 목사의 권위를 이용해 강요되어 온 여러 문제 가운데 하나로서 비로소 표면화된 문제였다. 원동력이 된 것은 용기 있는 피해자의 고발과 피해자에 대한 지원, 진상규명과 문제 해결을 향한 여성들의 적극적인 활동이었다. 그런 활동이 없었다면 어둠 속에 묻혀 버렸을 것이다.

사건 발각 후 여성들은 교단 상임위원회에 목사의 면직을 요구했다. 가해자가 손해배상 의무를 이행하지 않아 이에 따라 야기되었던 소송도 취하하지 않는 방법 등으로 대처를 전개했다. 결국에는 가해자인 목사를 면직시키게 되었다. 하지만 그 과정에 이르기까지 교단 남성 집행부와의 견해 차이, 사태에 대한 인식의 차이 등 우여곡절이 있었다. 그런데도 가해자의 면직 결정을 끌어냈다는 것은 재일대한기독교회 전국여성연합회에 모인 여성들의 힘이었다.[20] 그중에서도 여성 교직자와 여성 장로들, 여성 평신도들이 중심 구성원이었다는 점에서 목사·장로는 남자만이 하는 것으로 한정되었던 시절과 비교해 실질적인 변혁 세력이 되었다고 볼 수 있다. 이 투쟁은 2004년 9월에 개설된 DV 긴급 비상용 직통 전화 '여성을 위한 전화상담을 착수합니다'라는 내용으로 발전해서 현재도 그 활동이 이어지고 있다.[21]

사건의 진상규명 등을 위해 발족한 '성차별 문제 등의 특별위원회'는 나중에 자연 소멸하듯이 없어졌다.[22] 당시 그 위원회 이름으로 성폭력에 대해 한일 양국 언어로 된 교육용 소책자가 신도를 위해 발행되었다. 발간사에 다음과 같은 문장이 있었다.

우리 교회에 절실히 요구되는 것입니다만 이 소책자를 읽고 다소 거부감이 있을지도 모릅니다. 한국·재일 신도는 교회에서의 성적 문제를 정면으로 취급한 경험이 부족합니다. 개인의 인권침해 문제를 공개적으로 밝히는 것을 교회에서 금기시하는 풍조가 있었기 때문입니다. 이러한 관습 때문에 오랫동안 성희롱의 피해를 표면화시키지 못했습니다.[23]

여기에 적힌 글이 교단의 체질을 여실히 말하고 있다. 그리고 그 체질에 도전·변혁해 나가고자 하려는 생각도 읽을 수 있다. 그뿐만 아니라 많은 사람으로부터 공감을 얻어내기 위해 아슬아슬한 지점에서 지금까지의 교회의 존재 방식에 대한 비판을 시도하고 있었다. 여성들의 의식은 구체적인 문제와의 관계 속에서 더욱 교단의 변혁 세력으로 되어가는 게 보였다.

재일대한교회 뿐만 아니라 기독교 교회는 '성'에 대해 매우 민감하게 반응하며 금기시해 왔다. 그 원인을 여기에서 분석할 수는 없지만 한국의 유교적 윤리관 속에서 자란 사람이 기독교의 성 윤리관을 만나며 더 보수적이고 경직된 모습으로 자라게 되었을 것으로 생각한다. 이러한 문화적 체질하에서 이 책자가 앞으로 여성들이 더 나은 변혁 세력으로 자라기 위한 담보가 되었다고 말할 수 있지 않을까?

소책자가 나온 2004년은 첫 여성 장로·목사를 배출한 지 20여 년이 지난 일이었다. 구조상 교단 내에서 발언권을 얻기 위해서는 목사·장로라는 신분이 때에 따라서 필요하다고 할 수 있을지도 모르겠다. 그 기득권이 이러한 운동을 가능하게 해서 이 운동들의 '전 단계'라고도 할 수 있는 여성들의 표현의 장소인 기관지 『고개』가 창간되었고, 소책자 발간으로까지 이르게 했을 것이다. 그러나 이 소책자가 나오기 훨씬 전에 여성 목사·장로를 배출하는 중심적인 지주가 되었다고도 할 수 있다.

아래에서 『고개』 기관지에 표현되는 그녀들의 사고·생각·의식에서 '민족'이 어떤 연관이 있는지 살펴보고 싶다. 그 작업은 이 글의 명제이다. 젠더의식의 깨달음이 '민족'에 얽힌 경험·정체성과 밀접하게 연결되고 있음을 보이고 있기 때문이다.

기관지 『고개』로 볼 수 있는 '민족'의 위치

재일대한기독교회 여성들의 경험을 통해 신체화된 '민족성'·'민족'이라는 개념이 그녀들의 젠더의식에 어떻게 작용했으며 영향을 미치고 있었을까? 젠더의식의 배아라 할 수 있는 당시 교회 여성 기관지 『고개』에서 그녀들의 문제의식과 정체성을 찾아보고 싶다.

기관지 『고개』는 1973년에 새로 태어나 2009년에 13호까지 발행되었다.[24] 정기간행물은 아니지만 때때로 1년에 몇 차례 간행되어 오다가 근래에는 발간이 정지되었다. 그밖에 활자 매체로는 2년마다의 대회 기록이나, 비정기적으로 나오는 '여성회 뉴스' 등이 있다. 그러나 여성들의 문제의식이 반영되어 살아있는 소리를 들을 수 있는 전국적 수준의 매체는 오직 이것뿐이었다.[25]

창간호 '발간사'에 있었던 다음의 문장에서 분명히 '민족'으로 동일시하고 있었던 것임을 알 수 있다.

작년 10월 3~4일, 제24회 전국 여전도회 연합회 총회가 오사카 교회(KCC (Korean Christian Center) 회관 내)에서 열렸습니다. 임원을 다시 선출함에 따라 새로운 임원들 아래에서 주제를 '배우자, 우리의 역사'로 정했습니다.[26] 교육국은 이 주제에 따라 문집을 내도록 계획했습니다.[27]

이 창간호의 발간사뿐만 아니라 초기의 『고개』에는 민족이나 인권 문제에 대한 논고가 상당히 눈에 띈다. 또 민족에 관한 문제가 남녀 공통된 것이어서인지 여성들의 소리뿐만이 아니라, 히타치 취직 차별의 투쟁 당사자인 박종석에 의한 투고나 '민족 문제를 생각한다'와 같은 특집도 만들어졌다. 또, 80년대에 들어와서는 1세대 여성에게서 청취한 증언집이나 연수회의 강연 주제에도 여성에 관한 것이 눈에 띄기 시작했다.

이론적으로 정리된 것은 아니지만 여성의식의 변화가 현저하게 나타난 짧은 에세이를 소개하고 싶다. 익명이긴 했으나, 1978년 여성 목사·장로의 안수 문제로 교단법을 개정하기 앞선 76년 여성 장로에 관해 쓴 글이다. 익명이긴 했으나,

처음에는 여성이 장로가 되는 것을 반대했다. 여성은 순종해야만 한다는 등의 가치관이 내면화되어 반대했던 것이었지만, 예수가 부활 후에 가장 먼저 나타나 모습을 보인 게 여성 앞이었다는 것 등을 배워가는 동안에 인식이 바뀌었다.[28]

여기에서 다루고 싶은 『고개』는 한일 두 언어로 발행되었는데, 집필자와 편집인 대부분이 일본어를 제1 언어로 하는 재일 2세대 여성이었다. 무슨 의미인가 하면 1세대와 달리 2세대는 교육의 기회가 주어졌고 활자로 자기를 표현할 수 있다는 것도 있지만, 동화와 차별 사이에서 자란 2세대 이후의 세대는 민족 문제와 여성 문제를 분리해서 생각하는 여성이 적지 않았던 것이다. 바꾸어 말하면 대부분의 2세대는 민족차별의 경험에서 다른 차별을 보기 쉬운 위치에 있었다.

물론, 대부분의 교회 여성이 우선은 신앙의 문제, 그리고 민족의 문제, 마지막으로 여성 문제가 우선순위 사항으로 되어 있는 것도 현실이었다. 하지만 적어도 억압의 원인이 무엇이든 피억압의 경험을 겪은 사람에게는 다른 요인에 의한 억압의 모순에 예민해지는 감성이 저절로 자란다고 할 수

있다.

확실히 70년대 민족해방운동의 지도자는 남성 목사였고『고개』의 투고자 가운데에는 목사의 가족도 볼 수 있었다. 하지만 민족 문제와 여성 문제를 연결해 나가겠다는 주체적 행동을 취한 사람의 대부분이 일반 여성 신도였음은 부인할 수 없을 것이다.

민족과 젠더가 교차하는 시점의 반영이라고도 할 수 있는 것으로는 1세대의 이야기를 담았던『고개』임시호의 간행이었다.[29]

듣는 대상은 모두 여성이었다. 1세대 여성에게 그 신앙의 증거로서, 또한 민족 고난의 산증인으로서, 그녀들이 구전하는 역사를 듣고, 기술하고 남기는 작업을 한 사람도 여성들이었다. 그녀들은 1세대가 맛본 노골적인 조선인 차별 이야기를 들으며, 가정 내에서 참고 견디기 어려운 일을 당해야만 했던 불합리한 고통과 괴로움을 참아가는 삶 속에서, 여성들은 말도 안 되는 이중·삼중의 억압을 인식하며 살아왔다.

여성들은 어느 때는 교단을 지지하는 숨은 저력을 가진 힘센 사람으로서, 어느 때는 교단 변혁의 투사로서, 그리고 어느 때는 미래를 담당할 다음 세대를 위해 이 일의 중요한 기록을 기관지『고개』에 써서 남겨왔다. 그 기록은 젠더와 민족성 그리고 계급의 관점에서 불가결한 일로서 구전되어 가야만 할 것이다.

해방운동의 주체를 향해서

교단 내부에서 본다면 자기 자신을 비판해야 할 문제들이 수북이 쌓여 있었다. 예를 들면 앞에서 언급한 바와 같이 목사·장로라는 신분을 하나의 권위로 간주하는 경향이다. 즉, 남성들이 만들어 낸 권위주의를 내면화하여 여성들 사이에서도 권력관계가 생기는 일이 현실에서 일어났다. 그런데도 교회 여성들은 해방을 위해 주체를 확립하고 교단 내외의 사회운동을 민족과 젠더가 교차하는 관점에서 더욱 발전시켜 나갈 가능성이 있었다고 할 수 있다. 왜냐하면 좋든 나쁘든 교회 여성들은 조직화하여 온 역사가 있었기 때문이다.

틀에 박힌 프로그램이긴 하지만, 일요일 예배와 다른 수준의 모임이나 연수회가 정기적으로 개최되고 있다. 교회라는 파이프는 세계와의 네트워크가 '재일'의 다른 민족단체들보다 훨씬 많이 있다. 무엇보다도 매주 일요일에 정기적으로 모인다는 의미가 컸다. 이러한 좋은 조건들을 민족해방과 페미니스트로 연결해 한층 더 발전시키기 위해서는 역시 종교단체인 만큼 어떤 성서 해석의 메시지를 듣고 예배 후에는 어떤 프로그램을 갖느냐에 따라 달라질 것이다. 달라진 프로그램에 따라 수적으로도 질적으로도 더욱 의식의 변혁이 가능하게 될 것이다. 즉, 교단의 일정 수준 정도의 공통된 신학의 이해가 이루어져야만 한다. 하지만 교단의 초교파성·초당파성을 보면, 다양하고 포괄적이기는 해도 한편에서는 보수적인 교단도 포함되어 있으므로 사회 참여에 대한 공통된 인식을 지니게 하는 것을 어렵게 한다고도 할 수 있다.

재일 2세대·3세대부터는 신학생이 육성되지 않는다는 현실이 있다. 80년대 후반 이후 한국으로부터의 이민이 급증함에 따라 한국 교단에서 보내는 목사들의 수가 늘고 있다. 그것이 기본적인 신앙의 이해를 공유하기 어렵게 만든다고 할 수 있다. 그들은 신학적 배경이 전혀 없다고 해도 좋을 정도로 제각각이다. 그중 위험하다고도 할 수 있을 정도로 성서 말씀을 절대시하는 교직자도 교단 내에 있는 게 현실이다. 물론 성서 해석은 개개인에 따라 다른 게 당연하고 다양하므로 많은 사람이 의미를 부여해 왔던 사실도 있다.

그러나 최소한도의 기본적 신앙의 이해나 KCCJ의 역사적 배경과 그 구성원의 배경을 이해하고 난 후, 그 사람에게 해방(구원)으로 이어지는 전언이 이루어져야만 하는데, 한국에서 온 목사들은 '재일의 문화'나 일본의 문화 등에 대한 이해가 없이 호교적이고 '복음파'적인 방향으로 교회를 이끌어 가고 있다. 내용의 다양성인 실태는 단순히 모순적인 것으로 끝낼 수 없는 심각한 문제로까지 전개되고 있다.[30]

이러한 심각한 상황을 현실로 받아들이면서도 또한 목사들에게 영향을 받으면서도 목사들의 신학 이해나 여성 문제에 대해 의식을 바꾸게 하는 주체는 교단 내에서 투쟁해 온 여성들일 것 같다. 그러므로 교단의 미래는 그녀들이 '재일'로서의 경험과 여성으로서의 경험을 언어화하고 사물을 여러 각도에서 보고 검토한 시점에 서서 자신을 스스로 해방시키는 신학이다. 그리고 사회와 연결되어 실천할 계획표가 만들어지느냐 아니냐에 따라 교단의 미래가 달려 있다. 젠더의식은 여성해방운동의 한 걸음으로서 한층 더 새로운 변혁과 더불어 주체적으로 생각해 갈 것이 요구된다.

제14장

해방운동에서의 '원칙'
일본의 반격에 항거하기 위하여

머리말

이 논고는 릿쿄대학에서 개최된 공개 토론회(2007년 3월 16일, 일본기독교 학회 간토지부회 주최)에서 응답 발표가 되었던 것으로 토론회 참가 후 가필 수정한 것이다. 토론회의 주제는 '민중의 고난과 아시아의 신학'이라는 무거운 주제였다. 기조 강연을 하신 한국의 젊은 신학자 김진호(金鎭虎) 씨는 고난이라는 말을 쓰지 않고 고통이라는 말을 반복해서 썼다. 그 이유는 고난이라고 하면 아무래도 이념화되기 쉽다는 것이었다. 동시에 그것은 고난이 아닌 고통으로 표현함에 따라 피억압자만이 더 고통이 수반되는 현실에 직면할 수 있다는 상정을 뒤집으려는 김진호 씨의 의도로도 읽을 수 있었다. 바꾸어 말하면 고통으로 규정함으로써 이항 대립적인 억압-피억압이라는 틀에서 이해되는 경향이 있었던 정치적 고난의 문제를 더 폭넓은 의미로 인간이 안고 있는 아픔으로 다시 파악하려는 시도라 할 수 있다. 그리함으로 이른바 피억압자인 민중 속에서 일어나는 다양한 사건에 내재 된 권력 문제와 관련지어서도 생각하고 싶은 의도도 있지는 않았을까 하고 생각된다.

확실히 우리 인간의 신체적, 정신적 고통은 각각의 계급·민족·젠더·성별 등의 속성이나 배경의 차이 여하와 관계없이 보편적인 공통의 아픔이 다분히 있다. 더구나 나는 우리 각각의 신체적·정신적 고통은 역사적·사회적·정치적·문화적 문맥화 작업 속에서 공감되어야 할 것이며 그렇게 해야만 그 원인과 완화를 위한 방도를 찾아낼 수 있을 것으로 생각한다. 또 집요하게 이들의 문맥화에 구애되는 것은 역시 나의 '재일 2세대'로서의 배경이 어디에 살든 음으로 양으로 내 인생을 농락하고 그 삶을 규정해 왔기 때문이다. 아래에 쓴 내용은 역사적 피억압자로 사는 삶을 부여받았으면서도 빠듯한 생활 속에서 내 나름대로 항상 사회 변혁과 자기 변혁을 위해서 해방운동의 현장으로 이어지려고 했던 의지와 경험에 근거한 소견서이다.

문제의 설정

나는 일본에서 가장 큰 한국인 집단 거주지인 오사카의 이쿠노에서 '재일 2세대'로 태어나 자랐다. 20대에는 그 지역에서 다양한 인권 문제에 관여하다가 삼십 대에 도미했다. 그런데 애당초 전혀 예상하지 못했던 신학교에 입학하게 되었고 결국에는 기독교 사회윤리학으로 학위를 받았다. 졸업 후에는 일반대학에서 교편을 잡고 2006년 20년 동안에 이르는 미국 생활을 끝내고 태어난 고향으로 돌아왔다.

돌아온 이유는 개인적으로 안고 있던 문제 때문이었다. 하지만 궁극적으로 나의 응답 책임의 현장은 일본이라는 선택에 의했다. 이 응답 책임이라는 용어는 영어의 책임감(Responsibility)을 책임으로 번역하기보다는 낫다고 생각했기 때문에 사용한 것이다. 그런 건 학문을 하는 사람, 특히 인간의 삶의 현장을 다루는 신학 관계자에게 있어서 누구를 향해서, 무엇을 위해, 무엇을 말하고 싶은가라는 발화 포지션을 항상 추궁당하기 때문이었다. 그 물음은 자신의 정체성을 묻는 작업과 더불어 매우 중요했다. 또, 신학이나 나의 전문인 윤리학의 대상—실은 어느 학문에서나 사람의 삶의 영위를 대상화하는 것 자체에 의문을 표해야만 하지만—이 될 '재일' 상황에 대해서 여기서는 언급하지 않겠다. 확실히 일본 사회에서 '재일'로 살아가는 길이란 다양한 의미에서 오늘의 주제인 아시아의 고난 가운데 하나로 꼽힐 것이다. 그러나 그 내용을 열거하기 시작하면 '차이의 정치학'으로도 볼 수 있는 문제로까지 논의를 펼쳐 전개해야만 하므로 이 주제에서 벗어나 버릴 것 같아서 삼가겠다.

더욱이 '재일'에 관한 이야기는 듣기 싫은 분들도 계실 테고, 나 자신도 말하기 피곤하다고나 할까, 말함으로써 무엇이 달라질까 하는 허무함도 있다. 그런 건설적이지 않은 장면을 여러 차례 만났기 때문에 굳이 말하지 않겠다. 단지, 딸이 일본으로 돌아오고 나서 딸의 재류 자격이 실제로 문제가 되어 바로 나가지 못했던 적이 있었던, 이런 일에 관한 것만으로도 일본 사회의 모순을 드러내는 이야기는 수두룩하다. 그러나 여기서 신학화의 대상이 된 개인별 고난·고통에 대해 말하려는 건 아니다. 목회나 지역 현장에서 신도나 사람들의 고난에 관계하려는 사람에게 있어서, 혹은 고난을 신학화하려는 사람, 이른바 '지식의 세계'에 있는 우리에게 '고난'은, 그리고 '고난'을 위해 활동하는 '현장'은 사회정의를 세우기 위해 어디에, 어떻게 관계해야 할까 하는 설문을 전제로, 현장·민중·관계성·문화라는 키워드와 관련시켜서 생각해 보고 싶다.

죄의식으로부터의 해방

나는 도미 당초에 '현장'—굳이 정의하자면 '고난 투쟁의 장'인 동시에 '새로운 관계성을 재구축할 수 있는 장'이라고 편의상 해두자—을 떠났다는 죄책감에 시달리고 있었다. 그 요인은 복잡해서 단순화할 수는 없으나, 당시의 감정과 생각을 자기 분석해서 얻은 결론이 있다. 그러한 죄의식은 두 가지 측면에서 볼 때 잘못되어 있었다. 첫 번째는 영웅적 행위와의 관계에서,

두 번째는 투쟁 실천의 장을 좁혀 버렸다는 관계에서였다. 이 두 가지 결론에 이르러 죄의식이라는 말을 우리는 일상적으로 의식하지 않고 사용했다고 생각한다. 이 익숙하게 사용한 말이 가진 미묘한 차이·사용된 법·그 배경에 생각의 차이가 있었다는 결론을 두 가지 일화를 소개하면서 설명해 가고 싶다.

첫 번째는 아프리카계 미국인과 이탈리아계 미국인들 사이에서 태어난 친구와 나눈 대화의 기억이다. 그의 피부색은 완전히 '백인'이었지만 아프리카계 미국인으로 사는 사람이다. 문맥은 잊었지만 내가 썼던 '죄의식(Guilty feeling)'이라는 표현에 그가 강하게 반응했던 기억이 난다. 왜 그러냐고 물어 보니 인종차별주의·인종주의가 만연한 미국 사회에서 '죄의식을 느낀다'란 인종차별주의의 존재를 용인, 한층 더 나아가서는 은폐하는 것밖에 안 된다는 것이었다. 왜냐하면 그것을 표현할 때의 말하는 사람 속에 잠재된 우월감이야말로 바로 인종차별주의라는 것이다. 이 말을 들었을 때, 양심적 일본인이 '한국 분들이 차별받는 상황에 대해서 죄의식을 느낀다'든지, 속죄의식인지 우월의식에서 인지 '일본인과 전혀 다르지 않네요'라는 말을 자주 한 것을 들었던 게 기억난다. 그의 분석에 따라 이러한 일본인의 반응을 다시 생각해 보면, 그렇게 말하는 사람은 의식하지 않았더라도 그렇게 말하는 것으로 '구원을 받았다'라는 전도된 결과가 생겨난다. 또, 그 죄의식이라는 감정에 이입한 듯한 표현, 그 자체를 표현함에 따라 자신의 의도와는 별도로 일본 식민지주의의 유제이며 재생산인 '재일'에 대해서 일본인으로서의 응답 책임을 회피할 '면죄부'를 주는 역할을 한 것을 깨닫지 못하고 있었다는 문제도 있다. 게다가 그렇게 말하는 것이 타자를 '열등한 자, 혹은 하위'의 위치로 더욱 깎아내리고 타자에게 상처를 준 것에는 무자각했었다는 문제도 남는다.

두 번째 일화는 나의 지도교수께 내 자신의 학업의 심리적 압박 때문에 외동딸에게 어머니로서 충분히 해줄 수 없어서 '죄의식'을 느낀다고 했었을 때의 일이다. 그 교수는 '죄의식'이라고 생각하는 것은 잘못된 생각이라고 말했다. 그렇게 생각하는 내 머릿속에 이상적인 어머니상―그것은 가부장제 사회의 가치관 속에서 만들어져 온 상―이 내면화되었기에 그것이 발생하였다는 것이다. 여담이지만 옥스퍼드의 영영 사전에 '죄의식'의 예문 중 하나로 '그녀는 자녀를 두고 일하러 나간 것에 죄의식을 느끼고 있었다'라는 문장이 있었다. 젠더의 문제가 이런 부분에도 나타나 있어서 조금은 놀랐다. 즉, '좋은 어머니'란 어떤 어머니를 가리키고 누가 그것을 결정할 것이냐라는 권력관계에 대한 분석이 필요하다. 덧붙여서 말하면, 이 교수는 새로운 저서에서 '죄의식'이란 반혁명적 감정이라고 했다. 그리고 그것에 대결해 나가는 것을 통해서 해방으로 향하는 활동을 할 수 있다고 했다.

그런데 이 두 일화를 통해서 죄의식에 대한 문제성이 조금은 보이지 않았을까? 나는 이 죄의식이라는 것이 조금 전에 언급했던 '고난'에 참가하기 위한 '투쟁의 현장'을 재고하고, '관계성 재구축의 장'으로 만들어 가기 위한 중요한 분석 개념이 되었을 것으로 생각한다.

'고난'을 함께하려는 사람에게는 반드시라 해도 좋을 만큼 '억압자'-'피억압자' '가해자'-'피해자', 혹은 '엘리트'-'기층민·민중' 등의 이항 대립적 관계성의 문제가 개재되어 있기 때문이다. 신학을 포함한 학문을 하는 층은 계층 출신과 관계없이 학문적 영위의 일을 통해 생계에 필요한 양식을 얻어 먹고 살 수 있다. 그러나 신학의 대상으로 여겨지는 것, 특히 '전후 사정과 관련된 '맥락 신학(Contextual theology)'이나 해방 신학의 중요성을 인식하고 있는 신학자를 대상으로 한 사람들의 '고난'의 현실은 먹고사는 것, '생존하는' 그 자체만으로도 어려웠다. 이 분열된 현실을 우리는 살고 있으며, 쌍방 간의 거리와 위치의 차이에서 오는 딜레마와 문제는 해소되지 않고 있다.

이 명백한 현실적 차이를 신학화하려는 쪽은 양심적·신앙적 차원에서는 인식하고 있었을지도 모른다. 하지만 현실적으로 그 사이에는 넘고 싶은 벽이 있으므로 죄의식에 사로잡혔겠으나, 실은 이 의식에는 조금 전의 일화에서 본 것과 같은 문제가 내포되어 있다. 그 죄의식은 무의식적으로 내재된 우월감이 가져온 '가부장주의'―가부장적 온정주의로서 놓인― 때문일 것이다. 때로는 양심적으로도 비쳐질 자유주의 유식층에서 가장 잘 볼 수 있는 온정주의적인 언동의 배경에 있는 무의식적인 우월의식은 신학서의 행간에서도 여기저기 볼 수 있었다. 조금 전 예를 들었던 상대를 칭찬하듯이 '일본인과 다르지 않네요. 똑같네요' 등의 '배려하는' 표현 자체가 무신경한 언동의 전형적인 예라고 생각한다. 그래서 이 잠재의식적인 우월의식이라고도 할 수 있는 사고방식에서 벗어날 수 없는 가해자·엘리트 층에 있는 사람이 ―이 위치는 가변적이지만― 그것을 스스로 깨닫고 그러한 우월의식으로부터 자유롭게 되어 '고난'을 자신의 문제로 받아들이지 않는다면 본래 의미로서의 고난에 대한 '동참' 연대는 구축할 수 없을 것이다. 연대할 수 없을 뿐 아니라, 그런 신학자가 쓴 책은 결국 학술적인 세계에서만 머물게 되어 사람의 고난을 주제로 다룬다고 해도 사람을 위로하고 힘을 실어주며 사회변혁으로 이끌어내는 말은 되기 어려울 것이다.

현장재고 : 관계성의 재구축을 향해

그럼 '죄의식'으로부터 해방되기 위해서는 어떻게 하면 좋을까? 말할 필요도 없이 그러기 위해서는 가해자 쪽의 그룹에 있는 사람이나, 피해자 쪽 그룹에 있는 사람이나, 자신의 위치, 그것도 항상 변화하는 위치라는 인식을, 관계성 속에서 자기 성찰, 자기 검증하는 과정에서밖에 생길 수 없다고 생각한다. 여기서 주목하고 싶은 점은 그 검증·성찰의 과정을 항상 역사화하지 않으면 안 된다는 것이다. 그렇지 않는다면 그 성찰의 노력과 자기 비판의 작업은 개인적 수준의 '선량한 인간'이 되기 위한 자위적 행위로 끝나버리고 말 것이다. 오만하게 들릴지도 모르겠지만, 나는 이러한 자기 검증에 관해 미흡하게라도 매일 해왔던 면이 있다. 그것은 죄의식을 가진 원인과 문제성, 그리고 그렇게 생각하게 된 현장이란 도대체 어디서, 누구와 인가라고 되묻는 게 중요하다. 그리고 조금 전에도 말했듯이 그것을 되묻는 작업 속에서 죄의식은 두 가지 측면에서 틀렸다는 것을 깨달았다. 그래서 조금 전의 일화를 통해 보였던 죄의식의 문제성을 다시금 내 경험으로 끌어당겨 두 가지 측면에서 보고 싶다.

첫 번째는 죄의식에 내포된 영웅적 행위 문제이다. 내 방식대로 말하자면 마돈나 사고방식이라는 문제이다. 예를 들면, 어떤 현장에서 중심적인 활동 —학문적인 활동도 포함—에서 자신이 빠지면 현장에 큰 손실을 줄 수 있다고 생각하는 사고방식이 무의식중에 잠재되어 있었던 것은 아닐까 하는 반성이다. 이 무의식적인 생각 수준은 의식적인 수준에 있던 실천의 현장 모두에게 미안한 마음이 든다는 겸양의 생각과는 종이 한 장 차이이므로 죄의식을 느껴버릴 것이다.

언뜻 생각해 보면 중심적인 역할을 맡고 있었던 사람이 빠짐에 따라 운동이 —운동만이 아닌 다양한 실무도 포함될 것이다— 약화될 것이라는 굳은 믿음이 있었다. 일시적으로는 약화될지도 모른다. 그러나 장기적으로 보면 그렇지는 않다. 그것이 역사의 역동성일 것이다. 그러나 현실적으로 사회운동의 실천 속에서는 종종 권위 있는 리더십이 요구되기도 한다. 개개인의 대등성을 담보로 한 주체적인 참가가 원칙임에도 불구하고 그렇다. 리더십의 필요성은 전략적인 차원에서는 이해할 수 있다.

그런 리더십의 필요성이 있었다 하더라도 그 필요성이 가부장적 인물(남성) 중심주의 발상의 표현은 아니었을까 하는 반문도 필요하지 않을까? 지역 활동, 시민운동도 포함한 모든 사회운동에서 뛰어난 리더를 바라는 심정과 심리적인 측면에서 잠재된 문제는 검증해야만 할 것이다. 리더십을 바란다는 것은 가부장적 인물 중심 운동의 전형적인 규범이 내면화된 게 아니었을까 하는 평가도 할 수 있기 때문이다. 강한 지도자의 출현에 따라 운동이 혁명적 변화를 일으키게 되는 게 아닐까(그런 측면도 있을 것이다) 하는 기대를 우리는 갖게 되어 버린다. 그 기대감은 언뜻 보기에는 불필요하게 생각되지만, 민중의 주체성 회복 확립에 결코 불필요한 게 아니다. 하지만 그것은 지도자에 대한 의존성을 더 높이게 되는 움직임으로도 될 수 있다는 의문을 제기하며 지도자에 대해서 검증해야만 한다.

이러한 영웅적 행위의 문제성은 가해자 중에서도, 피해자 중에서도 볼 수 있을 것이다. 그러나 여기에서는 피해자 안에 있는 영웅적 행위의 문제를 한 가지만 더 말해 보겠다. 그 문제란 마돈나 사고방식 같은 피해자 의식의 문제이다. 피해자 의식 속에 가로놓인 영웅적 행위의 굴절된 문제성이다. 피해자 의식은 자신의 문제만이 가장 힘들다는 오만함을 조장할 뿐만 아니라, 양심적인 가해자를 조종(Manipulate, 자신의 이해관계를 위해 남을 조종하는 것)해 버릴 가능성을 내포하고 있다.

벨 훅스(Bell Hooks)라는 아프리카계의 미국인 페미니스트의 저작에 일관되게 흐르는 사상 중 하나는 피해자 의식의 극복이다. 내가 여기서 말하고 싶은 말은 어느 관계성에서도 '결과적으로 타자를 조종해 버리는 행위로 이어지는 짓을 해서는 안 된다'라는 것으로, 무의식중에 있는 피해자의 '특권'적인 의식이 문제이다. 이 '특권'은 자칫하면 타자를 조종하는 그 자체가 '피해자'라는 입장에서는 허용된다는 것으로 자기를 중심에 두는 것으로 만들어 '에고이즘(Egoism)'의 문제를 만들어 버리기도 한다. 게다가 양심적인 가해자는 그 피해자의 조작에 만족시켜 주는 게 양심의 가책에서 벗어날 수 있다고 착각했으므로, 몰주체적인 현장에 대한 관계로 끝나버리게 되는 문제도 생긴다. 이러한 양쪽의 이해관계에서 생기는 공범관계를 쌍방이 고착시켜 버리게 되는 안이한 죄의식은 부정되어야만 한다는 것을 깨달았다. 깨닫고 나서 고난을 위한 사회운동이라는 것에 대한 견해도 바뀌었다.

사회운동이란 조직적인 운동이듯이 개개인의 생활 상황이나 사회·정치 상황에 따라 항상 변화하는 역동성 속에서 생긴 문제들에 대해 현재 진행형으로 관련짓게 되는 사회적 실천을 의미하는 것이라고 나는 이해하고 있다. 당연히 각 개인의 위치는 항상 변해서, 이항 대립적으로 억압하는 쪽과 당하는 쪽으로 단순히 나뉠 수 있는 것이 아니라 중층적이고 복잡한 것이다. 따라서 각각의 고난 때문에 움직이는 사람들 개개인은 문제 해결을 위한 과정에서 각각의 위치를 확인하고 서로 상대를 향상하려는 관계성을 구축해 가려는 노력이 필요하다고 생각한다. 개개인이 같은 눈길로 서로의 이해나 열등감에 의한 공범관계가 아니라 공정한 관계성으로 서로를 높이는 도전이 필요하다고 생각한다. 그렇게 함에 따라, 어떤 특정 지도자나 혹은 피해자라는 것만으로 그 위치를 이용하여 리더격으로서 중심이 되려는 인물 중심적이 아닌, 사회·민중운동의 시점과 실천력을 길러나가야만 한다라고 생각하게 되었다.

이런 관점은 왕왕 대상을 신학화하려는 사람에게, 특히 아시아계 신학자가 서양의 청중을 향해 말할 때, 여기저기 아시아의 문화나 '전통', 민중 그 자체에 대해 미화하려는 경향을 볼 수 있다. 이런 경향을 회피하고 상대화하기 위해서도 유용하다고 생각한다. 물론 민중, 즉 피억압자를 상대화하는 건 매우 미묘해서, 어설프게 하면 무엇이 중요한지를 놓쳐버리게 될 가능성이 있다. 앞에서 언급한 기조 강연자의 의도 중 하나일 것인, 민중 사이에서 일어난 사건에서 본 권력관계의 고찰도 포함해서(김진호, 2007, 「고통과 폭력의 신학적 현상학(상)-민중 신학의 현대성 모색」, 『복음과 세계』) 민중이 안고 있는 문제를 논의해야만 할 것이다.

그러나 그 고찰은 역사화되지 못한 개인적 개별 사례로 다뤄진 '민중의 다면성'이었다. 원래 모든 인간이 가진 복잡하고 다면적인 자질이나 특질은 고찰하는 쪽이 생각을 제멋대로 가지게 되면, 또 하나의 새로운 판에 고정관념을 만들어 버리게 될 것이다. 그뿐만 아니라 각각의, 특히 가해자 쪽의 위치에 있는 사람은 그들이 해야 할 응답 책임을 얼버무리며, 회피하기 위한 정당화에도 사용할 위험성도 있을 것이다. 그 같은 것을 판단의 근거로 삼는다면 민중도 포함된 상대화 작업은 필요하다고 나는 믿고 있다.

나 자신이 이 필요성을 자각하게 되어서야 비로소 '재일 여성'이라는 피억압자로서의 마돈나 사고방식에서 벗어날 수 있었다. 동시에 나는 나의 신학에서도 사회운동에서도 예수라는 한 사람의 삶에서만 배우려던 건 아니었다. 예수에게 사사받은 많은 사람의 존재 없이는 성립될 수 없었던 '예수 그리스도 운동'의 역사를 통해서 해방운동으로 눈을 돌려야만 한다는 생각으로 바뀌었다. '재일'이라는 삶을 부여받은 피해자 중의 한 명으로서가 아닌, 한 인간으로서 역사의 다양한 해방운동 실천의 장에서 어떻게 관계해 가야 할 것인가라는 자기 자신의 도전으로 바뀌었다. 이 관점과 발상의 전환은 역사적으로 예수를 추구한 고 안병무 교수가 말하는 '사건의 신학', 즉 역사 속에서 끝없이 일어나는 민중의 투쟁 속에서 역사적으로 예수를 바라본다는 것이 서로 공통성을 가지고 있는 것은 아닐까 생각한다.

죄의식이 잘못되었다고 하는 두 번째 깨달음은 '고난 실천의 장'을 정치적 관점에서 특화해 협의의 장으로 삼고 있었다는 것을 깨달았다. 즉 억압 상황에서의 해방의 장을 운동이나 신학화의 대상으로 특화해서 생각하는 것이 아니라, 일상생활의 장에서 사고하고 관여하며 실천해 가려고 했었다. 즉, 이쿠노를 떠난 나의 경우, 미국 사회 속에서 '현장'의 재설정과 재인식의 과정이 필요했다. 이 인식의 과정은 머리로 생각한다고 생겨나는 게 아니었다. 그 사회에 대기하고 있던 실생활의 괴로움이나 고통, 그리고 자전거 조업처럼 멈추면 쓰러져 버릴 것 같이 경제적으로 내몰려진 생활의 장, 하지만 그 땅에서 인권·사회 정의를 위해 투쟁하던 다양한 사람과의 만남을 통해서, 지금까지 어떻게 사회 변혁을 위한 '실천의 장'—나에게 있어서 그것은 '특수지역' 이쿠노라는 곳이었다—을 협의적으로 그리고 교조적으로 파악해야 할지를 깨닫는 것이었다. 자신의 현장을 고정해 '절대시'하고 있었기 때문에, 그곳을 떠난 자체만으로 죄의식에 빠져 있었다는 걸 깨달았다. 나의 외국 유학을 어떤 사람은 부러운 눈으로 보았을지도 모르지만, 한편으로 이쿠노라는 현장을 떠난 시점에서 나는 이미 지역의 민중이 아니었다. 그 사실성을 기점으로 하여 가난한 재일 가정이 대부분인 이쿠노라는 조선인 집주지 출신의 민중의 한 사람이 아니게 되었다.

그렇게 규정하게 한 요인으로 작용했을지도 모를 나의 죄의식은, 사실 '피압박자의 특권'이라는 피해자의 특권 상실을 두려워하고 있던 것은 아니었을까 하는 아주 비틀린 감정에서였다고 할 수 있을 것이다. 그리고 자신은 이제 민중이 아니라고 규정했기 때문에 지역의 민중에 대해서 죄의식을 느꼈다면 그것이 이상하다고 생각된다. 그뿐만 아니라 고난의 현장이라는 지극히 협의로 해석해 버리는 발상을 하고 있었다. 이와 함께 한편에서는 지역을 떠난 사람이 민중이 아니라는 꼬리표를 붙이는 듯한 결정을 내리는 발상 아래에서는 자신의 에고를 객관시해 자성할 수가 없었다. 그래서 에고 그 자체가 배제를 만들어 냈을 것이라는 결론에 이르렀다.

'민중', 혹은 일본의 문맥에서 말하면 '지역의 인간'으로 여겨지지 않게 된 나는 다른 사람이 보면 '동경'하는 외국 생활을 연명하기 위해 한정된 조건 속에서 필사적이었다. 특히 결혼 후 이른바 신이민 1세대의 한국인 지역사회에서 소수민족끼리 발목을 잡는 치열한 생존·구조 속에서 눈에 띄는 경험을 했었다. 이 경험을 통해 '현장'뿐만 아니라 고난 그 자체를 다시 한번 정의하지 않을 수 없게 되었다(이 점은 김진호 씨가 말하는 인간의 보편적 고통이라는 문제와 관련되었을지도 모른다).

　이 깨달음·발견은 소극적으로 말하면, 현장의 인간에게 무슨 말이든 상관없이 내 생활만 힘들다고 갑자기 태도를 바꾸며 협박조로 나오는 것이다. 적극적으로 말하면 생존·구조 속에서 얻은 지혜이다. 주어진 조건 속에서 자기를 잃지 않게 필사적으로 지키려는 자기 존엄에서 분출된 저항의 힘에 따른 것으로 생각한다.

　이것을 '저항 문화의 창조력'이라고 명명하고 싶다. 그러나 이 지혜나 저항의 힘은 개인적 곤경, 혹은 고통과 정치적·역사적 고난을 통합하게 하는 데에 중요하다. 이것은 보편적 가치와 보편적 투쟁으로 향하는 중요성의 재발견을 촉구했다. 즉, 신체적으로 특정 지역에 사는 것이 요구되는 투쟁의 정치적 현장만을 '고난의 현장'으로 이해하는 게 아니라, 일상적인 '생활의 장'을 고난 투쟁의 장으로 눈여겨봐야만 한다는 결론이었다. 이미 이 결론은 페미니스트들이 많이 주장해 왔을 것이다. 하지만 지금까지 현장을 실제로 느끼며 자신의 마음속에서 공감하고 있었을지, 어땠을지는 의문이 든다. 게다가 신학을 교실 안이나, 학회 안에서만 연구하는 것이라면 그 한계는 분명하다고 확신하게 되었다. 그러나 그 역할을 부정하는 것은 아니다.

　오해 없도록 다시 되풀이해 두고 싶다. 하지만 모든 역할에는 한계와 가능성이 있음을 고려한다면, 문제는 우리 개개인이 자신의 한계를 어떻게 받아들여야 할 것인가 하는 것과 각각 역할이 상대적이기는 하지만, 상대적인 것 중의 하나뿐임을 각각의 관계성 속에서 확실히 인식하고 있었을지, 어떠했을지에 대한 것을 물어야 할 것이다.

'생활의 장'을 신학화한 : 문화를 분석 개념으로 하여

개별 사회운동이든, 개별 신학이든 각각의 움직임을 상대적 역할이라고 자리매김하는 것이 중요하다는 주장을 폈다. 그러나 좀 더 깊이 이것을 파고들어서 나의 결론으로 이어가고 싶다.

학술적인 세계에서는 서양 중심의 전형적인 규범이 바뀌고 있다고 말한 지 오래다. 그런데도 방법론·견해·근원 등 서양을 기준으로 한 권위로부터는 아직 우리는 자유롭지 못한 듯하다. 그중에서도 신학계가 가장 이론적인 변화를 할 수 없었던 것 같다. '신학(A theology)'은 인정받지 못한 '신학(The theology)'이라는 식으로, 서양의 권위에서밖에 인정받지 못하는 세계처럼 여기지 않을 수 없었다. 아시아의 신학자가 아시아의 고난을 영어라는 '제국의 언어'로 말할 때, 나는 항상 그 고유의 문화적·역사적 배경이 미화되거나, 특화되어 버린 게 아닐까 하는 '의심의 해석학(Hermeneutic of Suspicion)'의 눈으로 읽어왔다. 그들의 입장이 서양 중심의 규범에 대한 도전인지, 승인을 구하기 위한 영위인지, 권위에 대한 열등감인지는 모르겠다. 어쨌든 각각의 사정, 혹은 현장을 미화하고 특화하는 일이 역사의 어느 시점에서 필요한 일이라고 할는지도 모르겠지만 나는 그렇게 생각하지 않는다.

예를 들면 1970년대 후반 한국에서 태어난 '민중 신학'이 1980년대 영어권에서 주목받았을 때, 대부분의 한국 신학자들은 민중이라는 한국어 읽기의 표기를 그대로 사용했다. 그것이 사람이든, 억압된 이든, 인민이든, 일본어의 민중이든, 대중이든, 오늘날로 말하면 소외된 사람도 아닌 특유의 개념이라고 했던 게 생각난다.

원리적, 심정적으로 각각의 상황을 역사화한다는 의미에서는 그 주장을 이해하거나 어느 정도 동의한다. 그러나 오늘날 세계화에 의해 초래되고 있는 여러 가지 문제에 직면하여 종교 간 분쟁이 점점 치열해지는 현대에서는 각각의 문화·종교 그리고 정치 상황을 기술할 때, 자국 언어 사용에 내포된 위험성이 전에 없이 개방되어 있다. 이것을 격렬하게 논의하지 않는다면 아시아 신학의 공통과제는 인식될 수 없다고 생각한다.

또한 현장에서 벗어났다는 점이나, 죄의식으로부터의 해방을 위해서, 그리고 각자 문화를 미화하지 않고 고난의 현장을 협의로 인식하지 않기 위해서라도, 각각의 '생활의 장'에서 일어나는 다양한 가정 안팎의 '사건'에 대해 얼마나 충실하고 성실히 마주해야 하는가를 우선 가져야만 하는 게 아닐까? 그리고 그 '사건' 속에 있는 다양한 권력관계를 분석하지 않는다면, 우리에게 전진이란 없는 게 아닐까? 그 분석 문화라는 개념은 매우 중요하다. 왜냐하면 조금 전 말한 죄의식을 갖게 되어 버린 배경이 일상생활의 장에 흩어져 있는 지배 문화를 내면화했기 때문이었다. 그것들을 철저하게 걸러내지 않는다면 '생활의 장'은 자기 해방의 장이 되지 않는다.

특히 페미니스트적 관점에 서서 일상적인 억압의 권력관계에 민감하게 대응할 수 없다면, 페미니스트를 위한 신학이나 윤리학은 아무런 의미가 없다. 문화라는 분석 개념은 일상적인 관계성 속에서 생기는 무의식적인 태도·행동·말투, 그리고 상식으로서 자명시되는 생활 습관 속에 잠재된 억압성을 폭로하는 데 유용하게 작용한다. 언뜻 보기에 사소한 일이라 하더라도 '생활의 장'에서의 자기 분석과 자기 성찰을 기초로 한 실천은 역사적·정치적·사회적·문화적 '고난 투쟁의 장'과 직결할 수 있게 사고 회로와 행동을 만들어 냈을 것이다. 이 사고 회로와 행동이 만들어지게 되면 비로소 가해자—피해자라는 도식을 넘어 죄의식에서 해방되고 신학을 재구축할 수 있는 새로운 관계성이 생겨날 수 있게 되는 것은 아닐까?

사회정의를 위해 활동을 하는 사람이든, 신학을 학문으로 하는 사람이든, 목회 현장에서 일하는 사람이든, 지금 우리에게 요구되는 것 중 하나로 아시아의 고난의 특성을 말하기 전에 자신의 모습과 모순에 대해서 말해야 하는 게 아닐까? 페미니스트 신학의 가장 중요한 방법론 중 하나가 자신의 이야기를 각각의 역사적·사회적 고난의 상황과 연결해서 이야기하는 것이다. 요즘 이 작업은 이른바 탈식민지적 평론의 관점에서 활발하게 문제 삼아왔다. 말하는 사람의 입장에 대한 검증일 뿐만 아니라 피해자도 자신의 말을 하는 속에서 배우게 된다. 이 작업은 '인간의 고난·고통'이라는 보편적인 아픔을 일으키게 하는 원인을 제거하여 함께 관여해 가기 위해서도 필요하다.

제임스 콘이 예전에 썼던 책 중에서 '신학자는 자신의 처해 있는 상황에 정직해야 한다'라고 했던 의미가 떠오른다. 자신의 처지에 정직한 자기 검증, 그것은 신과 자신, 혹은 자신과 타자라는 순차적인 관계가 아니라 신을 원심에 둔 원형상에서 각자 연결된 각각의 관계성 속에서의 검증이다. 거기에서 각각의 한계와 역할이 명확해지고, 그곳에서 생겨난 신학으로 이루어진 '생활의 장'과 '정치적·사회적 현장'을 통합해 '고난의 현장'에서 실천해 갈 수 있지 않을까?

맺음말

일본에 돌아오고 나서 얼마 지난 후 '일본 사회 최악의 시기'가 돌아왔다고 하는 소리를 몇몇 사람으로부터 몇 번이나 들었는지 모르겠다. 식민 지배를 받은 나라 측에서 보면, 20세기 최대의 악인 식민지주의를 제대로 청산하지 못한 채로 국가·국기법을 성립시키며 막을 올린 일본의 21세기는 현재 '최악의 시기'를 맞고 있다. 양식 있는 사람들은 이 사태를 우려해 왔을 것이다.

현재 일본 사회에서 살아가는 데 안고 있는 문제는 사람에 따라 너무나 다르게 느낄 것이다. 한 친구가 말했던 '연결됨으로써 겨우 살아 있을 수 있었다'라는 이 논고는 서두에서 말한 바와 같이, 특집 '반격을 넘어'에 맞춰 썼던 것은 아니었으나, 여기서 일관되게 흐르는 '고난 투쟁의 장'에서의 관계성의 문제는 특집 의도에 따르기를 바랐다. 이런 시대야말로 연결하기 위해서, 혹은 연결되어 있었을 것으로 생각하는 각각의 관계성을 다시 한번 살펴보고 역사화하는 작업이 필요하다고 생각한다. 지금 개개인이 진지하고 겸허하게 연결되어 있지 않다면 반격에 대항하기는커녕 희망조차 품지 못하게 되기 때문이다.

제6부

제국 시대와
그 후

제15장

제국의 흔적

기억과 이야기

미크로네시아의 혼혈아 : 국가, 젠더, 아이덴티티

미크로네시아와의 만남

1987년 캘리포니아 베이 에리어(Bay area)에 살고 있을 때 화제가 되었던 책이 있다. 『미국의 호수: 태평양의 핵 위험*American Lake: Nuclear Peril in the Pacific*』[1] 라는 제목의 책이다. 친구의 권유로 구입했다. 물론 추천받았다는 이유만이 아니다. 제목에서 암시하는 제2차 세계대전 미국의 태평양에서의 정치적 야망을 알고 싶었다. '미국의 호수'라니 정말 잘 붙인 제목이다.[2] 북미의 육지 면적보다도 훨씬 넓은 환태평양 지역, 거기에는 수많은 도서국가가 산재하고, 많은 수가 미국의 지배권 아래에 있다. 정말 미국의 호수가 되어 있다.

저자 중 한 명인 웰든 벨로(Walden Bello)는 필리핀 사람으로 당시 베이 에리어에 살면서 지식인 사회활동가로 아시아계 미국인 커뮤니티와 핵병기 폐기 군축 운동을 하는 사람들 사이에서 잘 알려져, 커뮤니티에 영향을 주는 인물이기도 했다. 그 저자가 처한 입장에서의 독특한 시점과 분석도 알고 싶었다.

'미국의 호수'에 떠 있는 미크로네시아의 도서국(島嶼國)과의 만남은 지금 생각해 보면 그때부터 시작되었을지도 모른다. 그러나 당시 이 '미국의 호수'에 떠 있는 도서국 미크로네시아의 섬들이 태평양전쟁 전 일본의 통치하에 있었다는 역사적 경위에 대해서는 숙지하고 있지 않았다. 그 지역이 연구 대상의 한 곳이 된 것은 제1차 세계대전 후 미크로네시아에 보내진 일본인 기독교 선교단에 대한 조사를 의뢰받았기 때문이었다.

근대가 되어 호시탐탐 '남진'을 진행했던 일본은 1914년 제1차 세계대전이 발발하자, 이 땅에 상륙해 군정을 시작했다. 그리고 종전 후 국제연맹에서 위임통치를 위임받아 구 남양군도, 미크로네시아를 계속 통치하게 되었다. 일본은 위임 조항의 하나로 현지 주민의 종교적 자유를 보장하는 것과 이전의 독일 통치 시대의 기독교 단체의 재산 장악 등의 이해관계도 있어, 기독교를 보호하는 정책을 취하지 않을 수 없었다. 그 목적을 수행하기 위한 일관된 정책이었을 것이다. 독일의 선교단체에서 파견되어 선교 활동을 하고 있던 독일인들을 미크로네시아에서 추방했으나, 직접 독일로 보내지 않고 도쿄의 스가모 형무소에 수용하기까지 했다고 한다. 그리고 당시 주민의 대다수가 기독교도이기도 해서 일본 정부는 기독교 선교단에게 일본에서 파견한 다른 종교단체와 비교해서 파격적인 예산을 지원했다. 이 선교단의 명칭을 '남양 전도단'이라고 한다. 1919년 6월, 베르사유 조약이 체결되기 4개월 전에 남양 전도단이 미크로네시아에 파견되었다. 1919년 2월부터 1945년까지 사이에 전도단 8명과 그들의 가족이 미크로네시아에서 선교 활동을 실시했다.

친구를 통해 조사 의뢰를 부탁받은 사람은 사부로 로버트(Saburo Robert)라는 이름으로 남양 전도단 제1진 선교사였던 야마구치 쇼키치(山口祥吉)가 세운 교회의 3대째 목사였다. 그리고 그 교회의 2대 목사였던 그의 부친은 야마구치 목사의 주선으로 당시 와세다대학에서 유학 생활을 했었다고 한다. 이와 같은 경위로 야마구치 목사를 포함하여 일본인 선교단에 대해 알고 싶었다. 사부로라는 이름도 일본 이름 사부로(三郎)에서 온 것일 것이다. 그러나 그는 일본계는 아니다.

섬사람들은 일본인이 섬에 와서 전도하고 교회를 세운 것 이외에는 아무 것도 몰랐다. 뿐만 아니라 그 선교단의 명칭이 남양 전도단이라는 것조차 모르고 있었다. 게다가 그 사람들이 일본조합기독교회(현 일본기독교단의 전신)의 중개로 일본 정부, 구체적으로는 해군의 후원으로 파견되었다는 것은 전혀 상상도 하지 못할 정도였다. 그렇기에 남양 전도단의 제1진 선교사로 교회당을 세운 초대 목사인 야마구치 쇼키치라는 이름만이 현재도 주민들 사이에서 기억으로 전해지고 있었다.[3]

조사 의뢰로부터 수개월 후인 2011년 12월에 조사 보고서를 작성하기 위해 처음 미크로네시아를 방문했다. 미크로네시아는 40년 전에 방문했던 필리핀을 연상하게 하는 검소한 시내 풍경, 사람을 잘 따르는 밝은 아이들의 순수한 눈과 만면에 웃음을 띠면서도 마치 뭐 하는 사람인가를 묻고 있는 듯한 호기심이 가득한 눈길 등으로 순식간에 이 지역에 흥미를 갖게 되었다. 그리고 일본과의 관계를 더욱 조사하고 싶다는 생각이 들었다.

체재하는 동안 추크, 폰페이, 팔라우, 사이판 등을 답사했다.[4] 조사 초기에는 일본에 대한 주민의 일반적인 감정과 생각을 알아봤다. 예를 들어, 미국과의 제2차 세계대전 후의 신탁통치를 거쳐 현재도 지배가 지속되는 '자유연합맹약' 아래에서의 관계. 그리고 그 지배관계 속에서의 교육 내용—미국에서 교재를 보내거나 강제라고도 생각할 수 있는 미국형 식문화로의 변용과 그것으로 인한 건강 피해, 그밖에, 공중위생—에 관한 것이었다. 이러한 문제의식에 기초해 특히 여성의 신체에 대한 영향에 대해서 청취 조사를 시작했다.

그런데 현지에서 일본에서 왔다는 것을 알게 되자 즉석에서, "우리 가족에도 일본인 선조가 있다"라고 하는 사람들을 적지 않게 만났다. 그 일본인 선조란 거의 100%가 조부이거나 부친이었다.

일본은 '15년 전쟁'[5]이 시작된 직후인 1933년에 국제연맹에서 탈퇴했다. 본래라면 탈퇴와 동시에 국제연맹에서 위임받은 이 지역의 위탁통치도 종료되었어야 했다. 그러나 이 통치는 제2차 세계대전 종료까지 계속되었다.

31년이나 되는 일본의 통치 기간은 현지 주민 중에서도 본 장에서 주목하는 여성의 신체(生·性)에 많은 영향을 미쳤다. 그러나 일본인과의 구체적인 상호작용을 경험한 당시의 세대에서는 거의 생존자가 없어, 당사자들로부터 직접 들을 수 없었다. 하지만 일본인과의 사이에서 태어난 사람들로부터 일본인 조부와 부친에 관한 청취는 가능했다. 그래서 본 장은 다양한 지역에서 청취 조사한 내용을 기반으로 학술적인 에세이로 기록하는 것을 목표로 하겠다.

관점과 목적

개인적인 연구 동기와 배경을 언급했는데, 본 장의 목적은 구 남양군도와 일본과의 관계에서 간과되었던 '혼혈아'의 존재를 세상에 드러내는 일이다. 그 출발점이 되는 질문은, 왜 제2차 세계대전 후에 미크로네시아 여성들과 아이들은 버림받은 상태로 남게 되었는가, 귀환 기간에 일본인 부친과 함께 일본에 가지 않았는가, 혹은 갈 수는 없었는가, 나중에라도 불러주지 않았던 것일까 등이다.

근래에 구 남양군도를 비롯해 태평양에 관한 연구가 점차 증가하고 있다. 그러나 아직 광범위한 분야에 걸친 연구 과제라고는 할 수 없다. 특히 본 장에서 다루는 '혼혈아'에 관한 연구는 매우 한정된 실정이다. 태평양전쟁 후 일본인 귀환자, 혹은 귀환 문제에 관한 연구 중에서도 이 사항에 대한 언급은 보이지 않는다. 원래 마이너 지역 연구인데다가 이 지역에 관한 젠더 시점의 일본 연구는 거의 없다고 할 수 있다. 본 장에서 언급하는 일본인 남성과 현지 여성과의 사이에서 태어난 '혼혈아'에 관한 연구는 이타카(飯

高)의 논고 이외는 없다고 할 수 있다.[6]

지금까지 현지 조사에서 만난 몇 가지의 사례를 방문기처럼 먼저 소개하고 두 번에 걸쳐 청취한 동일 인물의 이야기를 상세하게 소개하겠다. 그 이유는 후술하겠지만 필자가 '재일 2세'라는 것과 관계가 있기 때문이다. 또한 이 사례가 '혼혈아'의 사상(事象)을 이야기하는 시점, 즉 어떠한 틀에서 이 역사적 사상을 파악해야 하는지를 시사하기 위해서이다. 바꾸어 말하면 근대의 제국주의, 식민지주의의 유산을 지배-피지배의 관계로만 보는 것이 아니라, 그것에 내재하는 복잡하고 다양한 측면을 두 번에 걸쳐 청취한 사례를 통해 생각해 보고자 한다.

야망의 제국의 역사 속에서 기술되지 않았으나 중요한 사항은 많다. 본 장의 사례도 그중에 하나이다. 잊혀져왔던 원인은 무엇인가를 생각해 보고 싶다. 그리고 단적으로 말해서 본 장의 궁극적인 목적은 사례의 소개가 아니라 오히려 그 사례를 통해서 필자의 '재일성'도 포함한 제국의 역사성의 의미를 재검증하고 싶다. 즉 제국, 식민지주의의 결과 '재일'이라는 삶에서 생겨난 시점에서 사례와 대화하고, 주제인 제국의 흔적은 물론, 부제인 국가와 아이덴티티, 그리고 젠더에 관해서 재고하겠다.

'혼혈아'의 다양한 모습과 그 아이덴티티 : 답사 사례에서

정치사와 국제관계학, 혹은 최근에 활발한 귀환 연구 등에서 진전되지 못하고 있는 일본인 남성과 현지 여성과의 '혼혈아 문제'를 상세하게 조사하고 싶다고 생각한 것은 두 번째 답사부터였다. 일본과 미크로네시아의 역사적 관계를 이미 3세에 이른 '혼혈아'로부터 알고 싶었고, 알아야만 한다고 생각해 가이드 겸 통역(현지어에서 영어로)에게 '일본계 혼혈아'를 만나게 해달라고 부탁했다. 이 통역은 공무원으로[7] 영어는 할 수 있지만 일본어는 못했다. 일본 위탁통치 시대에 현지 주민은 일본어 교육과 수신(修身)을 가장 중요하게 여기는 공립학교에서 일본어를 학습했다. 그러나 태평양전쟁 후 70년에 가까운 세월이 흘러 일본어를 할 수 있는 세대가 사라져 조사 중에 일본어를 아는 사람을 만나지 못했다. 단지, 현지어 중에 일본어 단어가 다수 남아있다는 연구가 있는 것처럼, 때때로 일본어 단어를 들을 수 있었다. 예를 들어 현지에서 '혼혈아'를 아이노코(Ainoko)나 곤케쓰(Konketsu)로 사용하고 있었다. 또한 현지의 전문대학 학장을 필자의 대학에 초청했을 때, '선생님'이라는 단어가 같은 의미로 사용되는 것에 놀라며 일본어에서 온 말이라는 것을 몰랐다고 했다. 단지 스펠링은 '센세이(Sensei)'가 아니라 '센세(Sense)'였다.

이름과 언어, 그리고 김초밥과 팥빵 등 음식에 남아 있는 '일본 문화'는 30년이나 되는 일본 통치의 유산으로 전쟁이 끝나고 40년 이상 미국의 지배를 거쳤어도 아직도 분명하게 남아 있었다. 문화적 자취가 선명하게 존재하고 있는 것은 일본에 있는 생물학적 '가족'과 이산하고 연락을 취할 방법이 없는 '혼혈아'가 세월이 지나도 일본 문화의 한 부분을 전달하는 대리인으로 존재했기 때문이었을까. 혹은, 일본의 통치 지배 형태는 미국의 군사 목적 수행을 위한 지배 형태—재정 원조의 의존형—과는 다르게 현지에서 산업을 만들고 현지 주민은 물론 일본, 오키나와와 식민지 조선에서 노동력을 동원하여 착취하는 것이어서, 동원된 사람들에 의해 형성된 지역사회 안에서 '일본적 문화'가 전달되고 공유된 결과, 오늘날도 그 단편이 남아있는 것일까. 또는, 도항의 편의성은 나쁘지만, 지리적으로 일본과 거리가 가까운 것에서 오는 문화의 유사성인가. 그렇지 않으면 특정한 일본계 가족의 영향력이 강하게 남아있기 때문일까. 현재도 여기저기에 일본 통치 시대의 자취를 엿볼 수 있었다.[8]

일본의 위임통치, 그리고 미국의 신탁통치를 거쳐 독립한 구 남양군도는 4개의 도서국가가 되었다.[9] 그중 하나인 미크로네시아 연방이라는 국가 구성의 하나인 추크(구 트루쿠 제도)에는 유명한 '일본계 혼혈' 일족이 있었다. 미크로네시아 연방의 대통령을 배출한 모리 패밀리(Mori Family)라고 불리는 일족이다. 이 일족은 상당히 인종차별적인 만화인 『모험 단키치』의 모티브가 되었다고 한다. 고치현 출신의 모리 고벤이 미크로네시아로 건너가 '추장'의 딸과 결혼하고, 대실업가가 된 사람의 자손들이다.[10] 모리 일족의 경제력은 섬에서 가장 고급 호텔을 경영하거나, 유일한 단기대학 소재지가 그 일족 소유지이거나 하는 사실로도 알 수 있다. 모리 일족처럼 유명한 집안이 아이자와(Aizawa)이다. 양쪽 모두 정치와 경제계로 진출한 사람이 많이 있다. 아이자와는 섬 사이를 왕래하는 모터보트 선착장 바로 옆에 있는 현대적인 큰 건물의 오너이고, 다른 비즈니스도 하고 있었다. 일본 전 프로야구 자이언트 팀의 아이자와 선수가 그 자손이다.[11]

이 두 '일본계 혼혈' 집안 이외의 '보통'의 '일본계 혼혈'과도 만나고 싶어 가이드에게 찾아달라고 부탁했다. 그러자 마사요(Masayo)(가명으로, 이하 M으로 한다)라고 하는 일본식 이름인 여성의 집으로 안내해 주었다. 그녀의 앞에서 말한 일본인 선교사 야마구치가 세운 교회가 있는 토노와스 섬(Tonowas)—일본 통치 시대에는 나쓰시마(夏島)라고 명명—에 있었다. 토노와스 섬을 처음 방문했을 때에는 알아차리지 못했으나 야마구치가 세운 교회의 바로 앞에는 일본의 육군병원이 있었다는 것을 알게 되었다. 현재도 그 건물의 기초 부분이 남아있어서 종교와 국가의 긴밀한 관계를 보는 것 같았다.

M의 이야기로 돌아가서, 그녀의 말에 의하면 일본인 아버지와 추크인 어머니는 전쟁 전에 '정식'으로 혼인을 한 관계였다고 한다. 그러나 전쟁 종언 과정에서 아버지는 일본에 귀환했으나 어머니와 그녀는 섬에 남겨졌다고 한다. 이 '정식' 결혼이 어떤 것을 의미하는지 알 수 없지만 왜 부인과 딸을 두고 단신으로 귀환한 것일까. 군속으로 갔던 아버지는 중혼이었던 것일까.

나중에 부르려고 생각했으나 할 수 없었던 것일까. 호적에 올리지 않았기 때문일까.

제2차 세계대전 후 반년 이내라고 하는 단기간에 대다수의 일본 군인, 관리, 노동자와 그 가족은 미군의 지휘하에 귀환했다. 미군의 요청은 '잔류'라는 선택지를 주지 않는 강제적인 송환이었다. 그러나 아무리 단기간 내의 추방으로 송환선의 정원과 편 수에 제한이 있었다고 해도 그것을 현지 아내와 자녀들을 놓아두고 가는 이유로 생각하기 어렵다. M도 자세한 것은 듣지 못했다고 말하며 몇십 년이 지나 아버지를 만났을 때에도 그 이유는 듣지 못한 것 같았다.

아버지의 얼굴도 모르는 채 자란 그녀가 일본에 있는 친족과 만난 것은 상당히 시간이 흐른 뒤였다. 1974년 어느 날 갑자기 아버지의 전우였다고 하는 사람이 찾아왔다고 한다. 일본에 있는 아버지가 그녀를 초대하고 싶어 한다는 전언을 가지고 올 것이다. 그것이 계기가 되어 그녀는 동북 지방에서 보육원을 운영하고 있는 아버지를 몇 번 방문하게 되었다. 아버지의 원조인지 남편의 경제력인 것인지 모르지만 그녀는 마을 안에서도 유복한 편이었다. 마을 사람들이 그녀가 일본계인 것을 어떻게 받아들이고 있는지를 물을 수는 없었다. 그 시점에서는 '일본계'와 '혼혈'이라는 것이 미크로네시아인이라고 하는 카테고리에 어떤 영향을 주는가 하는 문제의식을 갖고 있지 않았기 때문이다. 즉, '혼혈아' 당사자의 의식에 관심이 있었고, '혼혈아'를 보는 타자의 의식에까지는 관심을 갖지 않았었다. 그 내용을 들을 수 있었다면 이 문화권이 '혼혈'이라는 타자를 받아들이는 방법을 아는 데 도움이 되었을 것이다. 그것은 어떤 의미에서 본 장의 테마 중 하나인 국민국가 틀의 재고와 그 틀에서 상정하는 아이덴티티의 필요성의 시비와 내실을 검증하는 데 힌트를 줬을지도 모르기 때문에 유감스럽다.

M을 만난 2년 후인 2015년에 청취 조사를 한 다른 사례도 조금 언급하겠다.

추크전문대학에서 직원으로 근무하고 있는 사람의 가족 이야기이다. 그의 조부는 오키나와 출신인데 비즈니스로 왔는지 전시동원으로 왔는지는 알 수 없다. 자세한 경위는 알 수 없지만, 제2차 세계대전 후 오키나와로 돌아가 오키나와에 있던 부인이 사망한 이후 추크로 되돌아왔다. 그리고 추크에 남겨졌던 '처자식'과 함께 살았다고 한다. 만약 그 '현지처'가 재혼했었다면 함께 살 수는 없었을 것이다. 덧붙여서 말하면 일본인 남성이 '버려두고 간' 현지 여성의 많은 수는 그 후 현지인과 결혼을 했다.

제2차 세계대전 후 현지에서 태어나 일본인 호적에 입적해서 부친과 함께 일본으로 갈 수 있었던 아이들은 소수이다. 그 적은 경우 중에서도 태어나서 자란 섬으로 돌아왔다는 사례가 전술한 팔라우 연맹 멤버에 대한 청취 조사 연구 중에 소개되었다. 또한, 필자가 인터뷰한 아이자와 선수의 조카가 아이자와는 만년에 고향으로 돌아와서 친족들이 함께하는 가운데 숨을 거두었다고 말해주었다. 제2차 세계대전 후 일본에 있는 아버지에게 간 '혼혈아' 자체도 적었지만, 섬으로 돌아온 예도 드물었다.

미국에 의해 제2차 세계대전 후 강제적으로 일본, 오키나와로 귀환해야만 했던 오키나와 출신 이주 노동자 대부분은 그때까지 쌓아올렸던 생활기반이 있는 구 남양군도, 특히 사이판으로 재귀환을 희망했다. 그러나 미국의 여러 정책 때문에 재귀환은 실현되지 않았다.[12] 단지, 여기에서 확인하고 싶은 것은 미크로네시아 여성과의 사이에서 태어난 아이들이 이산 상태로 방치되어 온 이유를 구 남양군도로 재귀환을 할 수 없었던 환경 때문이라고는 생각하기는 어렵다는 것이다. 왜냐하면 애초 귀국, 귀환 때의 가족 안에, 약간의 예외를 제외하고 미크로네시아의 '혼혈아'는 포함되지 않았었다고 생각하기 때문이다. 이것을 상정할 수 있는 이유는 구 남양군도로의 재귀환 사업을 추진하기 위해 설립되어 나중에 위령 방문 활동으로 변경하고 현재도 계속하고 있는 '오키나와 남양군도 귀환자회'와 주고받은 메일에 있다.

이 회를 이끄는 사람에게 현지에 두고 온 가족에 대해서 귀환자들은 어떻게 생각하고 있는지를 물었다. 그런데 대답은 전시 중의 혼란 속에서 사별 등은 있어도 귀환 때에 가족을 두고 온 사람은 없다고 했다. 현지에서 몇 명이나 이산가족을 만나고 온 필자는 이 회답에 놀랐다. 왜 이 같은 회답을 하는 것일까. 회원 중에 미크로네시아 여상과의 사이에서 태어난 아이를 가진 사람이 없기 때문일까. 그렇지 않으면 그런 사실이 있었다고 해도 어떤 이유 때문에 말하지 않아서일까. 가족이라면 '일부일처' 제도하에서 태어난 아이들밖에 발상에 없기 때문인가. 현지 여성과의 관계에서 '혼혈아'의 아버지가 일본 본토에서 온 군인, 관리, 비즈니스맨 등이 많았기 때문일까. 혹은, 현지의 여성과 그 여성과의 사이에서 태어난 아이들은 '귀환자 가족' 안에 들어가지 않는 것인가. 넣어주지 않았기 때문일까.

'귀환자회' 사람과 주고받은 메일만이 아니라 현지에서의 청취 조사와 하와이 대학 정부 관계 자료의 공문서 보관인의 협력에 의한 리서치에서도 이와 같은 의문에 답을 얻을 수 없었다. 어쩌면 이와 같이 답이 없는 여러 문제가 제국 붕괴 후의 국가 간 질서 속에서 잊혀지고 남겨진 피억압 그룹 속의 여성들에게 공통적으로 남아있는 것은 아닐까.

청취 조사를 한 20명 정도의 사람들이 대부분 일본의 친족과 이어지지 않고 있었으며 찾고 싶다는 사람도 있었다. 그중에 가끔 일본에 가서 아버지 쪽의 친족과 교류하고 있다는 여성과 만났다. 그녀는 팔라우에 있는 국제연합 관계의 사무소(UN)에서 일했는데 갑자기 우리가 방문했음에도 불구하고 따뜻하게 맞이해주었다. 그녀는 일본의 성인 사사키(Sasaki)(가명, 이하 S라고 한다)를 라스트 네임으로 사용했다. 이 지역의 '엘리트 코스' 중 하나는 하와이나 미국 서해안의 대학에서 학사와 석사를 취득하고 고향으로 돌아오는 것이다. 그녀도 하와이 대학에서 석사를 취득하고 고향으로 돌아왔다. 구 남양군도는 서두에서 기술했듯이 미국에 의한 신탁통치 후에도 미국의 군사적 전략지로 존재하며, 그 보상의 하나로 비자 없이 미국에서 취업과 의료 서비스, 교육을 받을 수 있었다. 그 편의성을 이용해서 많은 젊은이가 섬을 떠나 미국 영토 내로 이주하고 있다. 고등교육을 원하는 사람 중에는 미국이 아니라 공통어인 영어가 통용되고 국제 기관이 많은 피지로 가는 경우도 있지만 대다수가 미국으로 간다.

S는 일본의 성을 사용하며, 조사 중에 만난 '혼혈아' 중에서도 일본에 대한 마음이 각별했다. 그리고 팔라우 게다가 2대 씨족 중 하나에 속하는 사람으로서의 아이덴티티가 매우 강했다. 팔라우에서 태어나 자랐기 때문에 당연할 것이다. 그녀에게 있어 팔라우와 일본 양쪽 모두가 긍정적인 기축으로서 작용하고 있는 것 같았다.

일본에 대한 자신으로 가득 찬 긍정심이 한편으로 부럽다고 생각하면서 다른 한편으로는 일본의 '가해성'의 역사인식은 빼고 일본과 이어지는 것에 자긍심을 가진 그녀에 대해서, 게다가 국제연합(UN) 직원이라는 것까지 더하니 왠지 복잡한 생각이 들었다. 물론 깊은 이야기를 할 정도까지는 아니었기 때문에 그 자리에서 단정할 수는 없었다. 하지만 팔라우의 사람들은 일반적으로 다른 구 남양군도 도서국가보다 정치의식이 높다고 한다. 예를 들어 팔라우는 제2차 세계대전 후 미국의 신탁통치에서 독립이 가장 늦었다. 독립이 늦었던 이유는 헌법에 주변 해역에 대한 핵병기 폐기물 폐기 금지를 명기해 미국과의 교섭이 길어졌기 때문이었다. 즉 지배받는 것에 민감한 국가의 사람들이라는 말도 있었기에, 일본에 대한 그녀의 심정은 이해되지만 긍정적인 태도에 조금 위화감을 느꼈다.

정치, 역사적 의식이 피지배 쪽에 있다고 해도 개인적인 '혈연'관계에 의한 귀속의식과 그 '가해성'에 대한 문제의식은 일치하지 않을지 모른다. 태평양전쟁의 '펠렐리우 전투'에서 알 수 있듯이 미일 양국과의 격전으로 다대한 전쟁 피해를 입은 팔라우의 역사에 비추어, 일본의 역사에 대해 어느 정도 알고 있는 것은 아닐까 하고 기대했던 것이 잘못이었을지도 모른다. 팔라우인이라는 아이덴티티를 토대로 하면서도 일본에 대한 애정과 자긍심을 갖고 있는 S를 만나면서 몇 세대를 거쳐도 일본이라는 곳에 동일시하기 어려운 '재일성'의 역사적, 사회적 조건에 분노를 느끼며, 처해있는 상황에 고립감이라고 할까, 자기 소외감 같은 것을 느꼈다.

서양적 근대 가족의 기준에서 보면 구 남양군도의 '혼혈아'들은 일본에 있는 가족에게 버려진 것이 된다. 그러나 일본 가족과의 왕래와 무관하게 '버려졌다'는 의식이나 감각도 갖지 않는지, 일본에 대해 호의적인 감정이 있는 것처럼 보였다. 그 감각과는 대조적으로 외국인 혐오와 배외주의가 강한 일본에서 태어난 '외국인'에게 있어서 자신의 일부가 되는 '일본'을 둘러싼 경험, 기억을 적극적인 것으로 받아들이기 위해서는 어떠한 것이 필요할까. 방법이 어떠하든 상당한 작업과 노력이 필요하다.

개인의 노력만으로는 어떻게 할 수 없는 것이 있다. 특히 식민지의 자손에게 있어서는 전쟁 전의 일본의 조선관이 해방 후에도 뿌리 깊게 남아있을 뿐 아니라 오히려 적극적으로 재생되는 문제가 있다. 이와 같이 변용되면서 재생산되는 차별의 존재는 일본에서 태어나 자란 사람에게 있어서 이 땅이 자신의 고향이라고 할 수 없는 정체를 알기 어려운 장벽을 느끼게끔 한다. 물론, 그렇게 느끼게 하는 원인에는 식민지 지배의 관계성이 현재도 계속되고 있다는 것만이 아니다. 차별 사회와 그것을 지탱하는 의식이 피차별자에게 깊은 마음의 상처를 남기는 경우가 많다. 그리고 그것은 PTSD적인 심리 상황을 피억압자 마음 어딘가에 침전시켜 피차별자 스스로가 자신을 지키기 위해 벽을 두껍게 하는 경우도 있을 것이다.

일본으로의 귀속의식을 지배-피지배라는 틀에서 생각하지 않기 위해서는 어떻게 하면 좋을까. 또한, 그 틀 이외에 어떤 이야기가 가능할까. 언어화하기에는 매우 섬세하고 게다가 복잡한 사안이다. 근대 제국주의에 의해 기인해 사람의 이동에 의해 생성되는 각각의 귀속의식을 이항 대립적, 정복-피정복과 출신지와 이동지에서만 보는 것이 아니라 넓은 의미로 인류의 이동과 귀속의식이라는 틀에서 보는 방법도 있을 수 있다.

이 조사를 통해서 새롭게 식민지 조선에 살았던 이른바 재조(在朝) 일본인의 귀속의식과 기억에 대해서 신경 쓰이기 시작했다. 왜관이라고 하는 일본인 마을이 조선에 만들어진 것은 에도시대이다. 그 시대에 조선에 살았던 일본인의 귀속의식은 어떠했을까. 번(藩)? 그렇지 않으면 조선? 혹은 일본인 거주구역이었을까? 이 왜관이 있었던 일본인 거주지에 19세기 말부터 식민지 초기에 걸쳐 많은 일본인이 이주했다. 당시 조선만이 아니라 만주와 대만 등으로 이주한 일본인에게 있어서 그 지역에 대한 생각과 아이덴티티는 어떤 형태로 마음속에 남아있었을까. 추억으로조차도 전혀 남아있지 않는 것일까.

식민지 조선에서 태어나 자란 작가 고바야시 마사루(小林勝)는 조선에 대한 죄책감에서였는지, 조선을 나고 자란 고향으로 향수하는 것은 금기라고 느끼고 그 고뇌를 이야기했다. 그의 예민한 감성에서 생겨난 매우 깊은 의문은 가해국에 속하는 자신과 마주하기 위한 출발점이라고 할 수 있다. 그는 조선을 '고향으로 그리워해서는 안 된다'라고 했다.[13] 그러나, 고바야시와는 반대 입장이라고 할 수 있는 일본에서 태어나 일본에서 자란 '재일' 출신에게 일본을 고향이라고 주장할 수 있는 역사적 정당성이 있다. 그럼에도 불구하고 나는 조선인에 대한 차별을 내면화한 후유증이라고나 할까. 일본인의 집요한 편견과 무의식적인 우월감과 기피를 마주하면 불쾌감과 분노를 넘어 마음이 아프고 일본을 고향으로 그리워하는 것을 꺼리게 된다.

구 남양군도의 '혼혈아', 제국 영토로 이동하여 전쟁이 끝난 후 '귀환자'가 되었던 사람들, 종주국에 사는 구 식민지 출신자, 제국의 야망과 그 붕괴의 결과, 제국 영토, 사람, 문화에 향수를 가진 자도, 갖지 않은 자도, 다양한 사람들이 다양한 고뇌를 안고 살아왔다. 기술한 동일 인물에 대한 두 번째 면담 내용 역시 제국의 모순이 만들어낸 '슬픈' 이야기이다. 그것을 공유하는 전제로서 다음 절에서는 혼혈이란 무엇인가를 생각해 보고 싶다.

'혼혈아'란 누구를 말하는가

제국의 붕괴 후에 남겨진 문제 중 하나인 일본인과 미크로네시아 여성과의 '혼혈아'에 대해서 기술했다. 이 절에서는 다른 각도에서 '혼혈'이란 무엇을 의미하고, '혼혈아'란 누구를 말하는가, 또한 국민국가의 틀에서 논의되어 온 아이덴티티와 민족성, 나아가서는 나의 속성이기도 한 '재일성'이란 무엇인가를 지금까지 기술해 온 것과 연결하여 생각해 보고 싶다.

영어로는 'Mixed-race'와 'Inter-marriage/race'라는 용어인 '혼혈'을 받아들이는 방법과 상황이 일본과는 상당히 다른 하와이 사회에 대해서 먼저 언급하겠다. 그 이유는 미크로네시아와 하와이는 긴밀한 관계가 있기 때문이다. 또한 하와이 사회의 '인종 혼교'의 다양한 문맥을 간략하게 소개하는 것으로, '혼혈'을 둘러싼 명명과 카테고리화 그 자체를 되묻기 위해서이다. 즉, '혼혈'이라는 언어도 그렇다. 또한, '혼혈아'에 대한 시선도 일본에서는 그 상정과 전제가 치우쳐 있음에도 불구하고, '혼혈'을 둘러싼 여러 언설이 주어진 것으로 받아들이는 경향이 있다. 게다가 '혼혈'과는 반대의 '의미'로 상정되는 '순혈'이 마치 생물학적으로 존재하는 듯한 언설을 무의식중에 신체화해서 재생산하기도 한다. 확신에서 출발하는 인식은 우리들의 사고의 한계 요인 중 하나가 된다. 또한, '혼혈'과 '순혈'이 이데올로기 말고는 아무것도 아니라는 것을 재인식하기 위해서도 지극히 일면이지만 하와이 사회를 소묘하는 의미가 있을 것이다.

전술한 미국과의 '자유연합맹약'이라는 정치관계는 많은 사람들을 미크로네시아에서 하와이로 향하게 했다. 여러 사유로 이주한 그들은 하와이 사회에서도 가장 저변의 층에 있고 가장 취약한 그룹이라고 한다. 미크로네시아인에 대한 하와이 사회의 전형적인 인식이 게으르고, 일하는 것이 느리다는 것이다. 또한, 시간을 지키지 않는다, 엘리트 코스를 목표로 하는 극히 일부의 사람을 제외하고는 자녀 교육에도 열심이지 않다, 등 혹평을 받고 있다. 그중에서도 특히 추크 출신 사람들에 대한 차별과 편견이 심하다고 한다.[14]

누가 이와 같은 고정관념을 확산시켰을까. 그 기준과 규범은 무엇일까. 하와이에는 일본계 1세들이 재식농업 시대에 일하는 방식과 생활 자세, 즉 근면하고 검소하고 온순하다고 하는 일종의 지배자의 눈으로 봤을 때 '모범적 소수자(Model minority)'의 원조라고 할 수 있는 일본계 1세들의 신화적 이미지가 전해지고 있다. 그것이 하나의 사회 규범이 되어 있어서일까. 혹은 자본주의적 계층 사회를 유지하기 위해서는 항상 소수집단을 분열시키지 않으면 안 되는 것인지, 그러기 위해 타자를 고정화시키고 사회로부터 배제하여 약화시키는 구조악으로 인해 그와 같은 편견이 생성되는 것일까. 고정화시키는 것은 말할 것도 없이 타자의 문화적, 역사적 배경의 무지와 무이해로부터 생성되는 것이지만 궁극적으로는 타자에 대한 지배욕의 발로일 것이다.

미크로네시아에는 일을 하지 않아도 굶지 않는 기후와 음식(생선, 타로 고구마, 빵 열매, 코코넛 등)이 풍부하다. 풍족한 자연환경 속에서 반 자급자족 생활 문화에서 자란 사람에게는, '선진국'에 사는 사람들처럼 악착같이 일할 필요가 없다. 그런 배경을 가진 사람들이 하와이 사회에서 요구하는 일의 방식과 생활태도에 동화하는 것은 쉽지 않을 것이다. 미리 말해두지만 하와이 원주민의 문화와 가치관은 여기에서 말하는 '자본주의적' 지배 문화와는 전혀 다른 것이다. 그러나 하와이의 일본계를 비롯하여 아시아계 이민과 미국 본토 출신 백인 이민은, 주류사회의 규범을 따를 것을 그들에게 요구하고 그 틀에 맞지 않으면 게으르다고 규정화해서 얕본다. 미크로네시아에서 이주한 사람들은 근래에 문제시되고 있는 '식민지 이주민(Settler colonizer)'이 아니지만 하와이 주민 가운데서도 환영받지 못하는 존재인 것 같다. 말하자면 하와이의 계층사회를 유지하기 위한 분단과 지배의 장기 말처럼 되어있을 뿐이다.

하와이 원주민과 미크로네시아 사람들, 그리고 다른 새로운 이민 그룹이 구조적으로 계층화되어 차별받는 한편, 하와이 사회에서 사는 개개인은 '사적 공간'에서 계층을 초월하여 교제하고 서로 어우러지고 있다. 다양한 소수민족 간의 혼인이 그중 하나가 된다. 미국 사회에서 하와이만큼 다양한 에스니시티가 서로 혼인 관계를 맺는 곳은 없을 것이다. 하와이에서는 하프(Half)보다 쿼터(Quarter) 쪽이 많다고 할 수 있다. 게다가 한 명이 여덟 개 민족의 배경을 가진 경우가 있을 정도이다. 따라서 하와이에서는 '혼혈'이라는 것이 사회적, 개인적 레벨에서 소수집단화하는 좋지 않은 측면에서 발현되지는 않는다. 하와이가 자신들의 영토이기 때문에 당연한 것이지만 예를 들어 하와이언에게 있어서 몇 분의 일이라도 하와이언의 피가 섞여있는 것은 긍지가 된다. 또한 하와이언의 입장에서 보면 정당한 정책이 아니라 불충분한 것이지만 하와이언의 혼재율에 따라 복지 분야의 '혜택'도 주어지고 있다. 물론 이것은 하와이언을 영구적으로 지배하기 위한 립서비스 같은 것이다. 하와이 사회는 경제적으로는 백인과 일본, 아시아 자본, 정치적으로는 일본계가 힘을 지니고 있다.

경제적, 정치적으로 힘이 있는 소수집단이 어떻게 섞여있는가에 따라 당사자의 심리적 아이덴티티에 영향이 있다는 것은 부정할 수 없다. 하지만 여기에서 확인하고자 하는 것은 하와이 사회에서 '혼혈', 즉 섞여있는 것 자체가 편견과 배제, 그리고 차별의 대상이 되지 않는다는 것이다. 이와 같은 사회 상황의 예는 특수하고 보편적인 '가치'와 '기준'으로서 다른 문맥에 들어맞을 수 있는가의 시비는 둘째로 치더라도 단일민족 신화가 제2차 세계대전 후의 산물이라는 오구마 에이지(小熊英二)의 연구[15]가 있지만 그 '순수' 일본인이라고 하는 신화와 지금의 일본에서 끈질기게 '혼혈/혼혈아' 및 그것과 관계하는 '국제결혼'이라는 틀과 의미가 어떻게 정의되어야 하는가를 생각한 후에도 하와이 사회의 '혼혈' 상황을 고찰하는 것에는 의미가 있을 것이다.

일본에서 '혼혈'이나 '혼혈아'라는 말이 '하프'라고 불리게 된 것은 1970년대라고 한다. 그렇게 하프라고 표상되는 것은 서양인과 사이에서 태어난 아이들이었다. 이 경우 '혼혈아'여도 비교적 긍정적으로 인식되었다. 그러나 그 당사자조차 일본처럼 '순수·피' 이데올로기가 강한 나라에서는 소외감과 아이덴티티의 갈등을 경험하고 있다. '하프'에 대항하듯이 스스로의 아이덴티티를 긍정적으로 받아들이기 위해 '더블'이라는 호칭도 생겼다. 이것은 사회적 전략적인 의미가 전혀 없는 것도 아니지만 양쪽 모두 마치 '순수 일본인'이 있는 듯한 전제의 발상이라고도 생각된다. 일본에서는 어떤 호칭이든지 제도적 결혼을 통해 성립한 '국제결혼'에 의한 '혼혈아'이든 미군 병사와 사이에서 태어나 무국적자가 되어버린 '혼혈아'이든 그 존재는 독특하게 부정적으로 함축된 의미를 내포하고 있다고 할 수 있지 않을까.

일본제국의 지배 결과 일본인과 미크로네시아인 사이에서 태어난 '혼혈아'는 본 장의 사례에서도 밝혀졌듯이 '국제결혼'이라는 제도의 틀에서 생겨난 것은 아니다. 한편, 일본에 사는 사람들은 '국제결혼'이라고 하면 왕왕 일본인과 백인의 경우로 상정하는 경향이 있다. 1985년 개정된 국적법에 의해 '국제결혼'으로 태어난 아이들은 어느 쪽이든 부모의 국적을 선택하도록 했다. 그전까지는 가부장적 이데올로기의 잔재라고 할 수 있는 혈통주의에 의해 아버지 쪽의 국적만을 인정해 줬다. 어머니 쪽 국적을 선택할 수 있도록 국적법이 개정된 배경에는 일본인 여성과 백인의 '국제결혼'이 증가했기 때문이다. 또한, 오키나와에서 미군과 사이에서 태어난 '혼혈' 아이들이 부계주의로는 어머니 쪽의 국적을 받지 못하게 되어 결국 무국적이 되는 경우가 증가하여 사회 문제가 되었고, 당사자들에 의한 개정 요구의 소리가 많아졌기 때문이라고도 한다.[16]

다른 한편으로는 법 개정을 한 1980년대, 아니 그 이전인 1970년대부터 구 식민지 출신 후손과 일본인의 결혼이 현저하게 증가하기 시작했다. 그 수는 일본인 여성과 백인 남성의 결혼보다 압도적으로 많았다. 그러나 법 개정을 촉구하는 소리가 받아들여지지 않았고, 그들은 '국제결혼'으로 인식되지 않는 불가시화된 존재였다. 물론, 이 경우에 일본 국적을 취득하지 않은 데에는 앞선 요구가 받아들여지지 않아 가시화되지 않은 것 말고도 이유가 있다. 피식민지 자손들에게 남아있는 가부장적 가치관으로 부친의 국적을 선택하는 것에 위화감이 없었고, 국적을 선택하지 않는 것이 '민족의 자긍심'을 유지하기 위한 것이라는 생각도 하나의 원인이었을 것이다.

결국 일본 사회에서 가시화되었던 '혼혈아'를 상기시킨 것은 기지 주변에서 일하는 일본인 여성과 미군, 그중에서도 흑인과의 사이에서 태어난 아이가 많았기 때문이라고 할 수 있다. 개개인이 가진 이미지와 사회 언어가 산출한 고정적인 방식은 왕왕 배제의 논리로 이용된다.

하와이 사회이든, 일본 사회이든, 일가족 속에 다양한 소수민족이 혼재하는 위상은, 한편으로는 개인적 선택의 차원에서 설명할 수 있다. 그러나 다른 한편으로는 그 역사적, 정치적, 사회적 배경이 결혼만이 아니라 각자가 살아가는 선택지의 유무에까지 영향을 주고 있다. 따라서 태평양 제도에서의 Mixed-race, 즉 '혼혈아'의 존재와 개별의 역사적 배경을 고찰하는 것은 근대 일본의 식민지주의와 그 지배의 다원적 측면과 결과를 아는 방법이기도 하다. 또한, 근대 국민국가관—언어, 국적, 혈통의 이데올로기로 인해 구축된 '순수성' 관념을 탈구축하는 한걸음이 될 것이다.

성, 민족 그리고 아이덴티티

앞 절에서 소개한 M씨의 이야기를 들은 2013년 여름에 자신을 '일본계'라고 소개하는 사람을 만났다. 가네모토(Kanemoto)(이하 K라고 한다)라는 이른바 일본식 성을 자신의 미들 네임으로 사용하는 추크전문대학의 학장이다. K라는 이름을 듣고 조사 여행에 참가하고 있던 재일한국인 친구와 나는 순간적으로 한국인의 이름이라고 말했다. 그러나 당사자는 어리둥절해하며 무반응이었다. K는 어머니 쪽의 성인데 어머니에 대한 존경의 마음에서 미들 네임으로 사용한다고 했다. 어머니의 아버지, 즉 그의 외할아버지가 일본에서 왔다는 것 이외에는 아는 것이 없다고 했다. 그 사실에서 일본인의 '피'가 섞였고, 쿼터 일본인이라고 했다. 그리고 필자들의 질문에 관해서는 외삼촌이라면 그 사실을 알 것이라고 했다. 하지만 외삼촌은 미국 본토의 오리건에 살고 있어서 이번에는 소개할 수 없다고 했다. 그때는 포기하긴 했지만 그 이후 계속 K의 가족 배경이 마음에 걸렸다. 그리고 드디어 그것을 확인할 수 있는 때가 왔다.

2014년 그 학장을 우리 대학에 초대하기 위해 메일을 주고받을 때, 몇 번인가 '당신의 외삼촌에게 부친이 한국인인지 확인해 주길 바란다'라고 부탁했다. 집요하게 물었던 이유는 내가 재일한국인이기 때문만은 아니다. 태평양전쟁기에 식민지 조선에서 많은 사람들이 전시 동원되어 제2차 세계대전 후의 일본인과 오키나와인처럼 미국에 의해 귀환되었다는 것을 알고 있었지만 일본에 있던 조선 출신 사람, 즉 '재일'의 존재에 대해서는 전혀 상정 외였기 때문에 매우 관심을 갖게 되었다.

일본에서 왔기 때문에 일본인이라고 이해하는 그들에게는 근대 국민국가가 만들어낸 자의적인 국경이라는 생각이 없는 것일까. 섬에서 섬으로 유동하는 문화권에 사는 사람들은 '민족'이라는 개념에 대해서는 생각하지 않는 것 같다.

세 번째 조사 여행이었던 2015년 여름, 집요하다고 생각할 정도의 나의 지적 호기심에 의해 우연히도 추크를 방문하고 있던 그의 외삼촌을 만날 수 있었다. 결론부터 이야기하면 K의 어머니와 외삼촌은 미크로네시아 여성과 일본에서 온 코리안의 '혼혈아'였다. 그래서 K는 쿼터 일본인이 아니라 쿼터 조선인 '재일'이었던 것이다.

외삼촌의 용모는 조카와는 다르게 동아시아계의 풍모로 의자에 앉아있는 자세와 동작이 겸손하고 겸허해서 온화한 인품임을 알 수 있었다. 동행했던 한국인 연구자는 그의 모습이 어딘가 익숙한 한국 농부의 용모가 느껴진다고 했다. 그럴지도 모르지만 외삼촌은 일본에서 온 조선인 아버지의 행동에 영향을 받을 정도로 함께 산 기간이 길지 않았다. 하물며 기억이 거의 없는 유소년기에 헤어져서 아버지의 영향을 받았다고는 생각하기 어려웠다. 예를 들어 그 모습이 한국의 농부를 상기시키고 농부의 모습과 겹쳐지는 것이 있다고 해도 그것은 보는 쪽의 생각이다. 즉 선입관과 이해하고 싶은 부분만을 보는 무의식의 해석에 의한 것이라고 할 수 있다.

K라는 성의 유래는 외삼촌의 아버지, 즉 K의 외할아버지가 식민지기 황민화 정책의 일환이었던 창씨개명으로 스스로 창작한 '일본식 통명'을 미크로네시아에서도 사용했기 때문이다. 창씨개명은 대부분이 자신들의 조선의 성씨를 지키기 위해 출신지명이나 '본관'이라는 선조의 발상지의 지명 등을 사용해서 창작했다. 이 경우는 김이라는 조선의 성을 남기고, 그 뒤에 한 글자의 한자를 더해서 일본식으로 했다. 김의 경우는 거의 정해져 있어서 대부분이 김이라는 글자 뒤에 한자를 한 글자 선택해 붙여서 두 글자를 만들어서 '일본적'인 것으로 바꾸었다.

식민지기의 정책에서 유래하는 일본식 이름의 사용과 달리, 구 남양군도의 이름은 특이했다. 일본인 아버지의 성을 자신들의 이름으로 하거나 미들네임으로 하거나 또는 성으로 사용하기도 했다. 이것은 이른바 일본계라는 것을 나타내기 위해서이기보다는 미크로네시아의 습관과 관계가 있다. 미크로네시아에서는 아버지의 이름을 성으로 이어받거나 그 반대의 경우도 있다. 조카를 양자로 하는 일이 드물지 않은 풍습이고 원래 모계사회라는 영향도 있어서 동아시아적인 가부장제 문화와는 달랐다. 바꾸어 말하면 동아시아처럼 아버지의 성을 대대로 이어받을 필요가 없었다.

이와 같은 문화적 배경 속에서 조카 K는 일본식 코리안 네임이라고도 할 수 있는 성을 미들 네임으로 사용하며, 어머니에 대한 자긍심과 경의를 나타내고 있다. 외삼촌은 가네모토라는 일본식 성을 가졌다. 이름도 아버지가 지어준 일본식 이름만 있었고, 추크식 이름은 없었다.

외삼촌은 성서와 찬미가를 추크어로 번역한 최초의 인물로 워싱턴 D.C.에 사는 재미한국인의 지원으로 출판까지 했다. 이 프로젝트가 가능했던 것은 같은 한국인이라는 뿌리 네트워크에 의해서인지 단순히 세계적으로 번지는 기독교 네트워크에 의한 것인지 들을 수는 없었다. 그러나 이 시점에서 분명했던 것은 조카와는 달리 외삼촌은 아버지가 일본에서 왔지만 일본인이 아니라 한국인이라는 것을 분명하게 받아들이고 있었다는 것이다. 그리고 한국의 역사를 공부하고 싶다고 말했다. 하지만 이 생각과 감정을 이른바 민족 정체성의 표출이라고 유형화하고 단정하는 것은 적절하지 않다. 이것은 나중에 자세히 설명하겠지만, 5년 후인 2020년 2월에 두 번째 조사를 했을 때에 자신을 추크인이라고 말한 것에서도 그렇게 말할 수 있다.

애초 민족성이나 아이덴티티라는 개념의 정의에 대한 공통인식은 설정할 수 없다. 보편적인 것으로 전제하는 것은 곤란하고 위험하기까지 하다. 그럼에도 불구하고 서양적 근대 아카데미즘(Academism)이 실천해 온 방법론의 하나가 유형화(Categorization)하여 분석하는 것이다. 그 방법론이 없으면 새로운 문제를 정리, 파악할 수 없다는 것은 안다. 그러나 근대적 유형화는 개인의 다양한 경험을 인정하지 않고 결과적으로는 인간의 예지나 타자에 대한 이해와 관용성을 좁혀왔다고 할 수 있다. 근대의 지식 본연의 문제는 변용하면서도 현대인에게 여러 방면으로 영향을 계속 주고 있다. 예를 들어 가부장적인 발상에 의거한 관념으로서의 '혈통', 제국주의, 식민지주의에 의해 책정된 국경을 전제로 한 공간으로서의 태어나 자란 '장소', 시간으로서의 만남과 경험, '언어와 기억', 법률로서의 '국적' 등이 한 사람의 아이덴티티에 미치는 영향이다. 그리고 이런 개념과 그 영향의 고찰은 유형화가 아니라 상상력을 구사한 공유화에서 시작하지 않으면 안 된다. 특히 개인의 국가로의 귀속의식이나 이른바 내셔널리즘의 유무 등은 개인의 의사라고 하는 유형화되지 않는 정신성의 차원으로 간단하게 유형화되지 않을 것이다. 테사 모리스 스즈키(Tessa Morris-Suzuki)가 교묘하게도 '공간에 있어서 일시적으로 국가 간에 생긴 경계는 자연적인 것이 아니라 정치가, 군인, 역사가, 지도제작자에 의한 결과이다'라고 지적했듯이.[17]

그런데 어머니의 아버지가 일본이라는 공간에서 왔기 때문에 스스로를 일본인이라고 생각한 조카 K와는 달리 추크인이지만 스스로의 한국성을 '자연체'로 받아들이고 있는 외삼촌 K의 이야기를 조금 더 기술하겠다.

외삼촌의 아버지는 일본인이 아니라 일본에서 온 한국인이었던 것이 첫 번째 면담 때에 확인되었지만 아버지에 관한 기억에 대해서 자세히 들을 수 없었기 때문에 두 번째 인터뷰를 의뢰했다.

캘리포니아주 경계와 가까운 오리건주에 살고 있는 그와 포틀랜드에서 5년 만에 만났다. 그때 알았는데 그는 개신교 교회의 목사였다. 처음 만났을 때에 찬미가와 성서를 영어에서 추크어로 번역했다고 들었는데 과연 그래서였나 하고 납득했다. 이틀로 나누어 청취를 했다. 이틀째는 젊은 목사의 취임 안수식이 있다고 하며 양복 차림의 모습이었다. 그 모습도 또한 좁은 견지이지만 어딘가 동아시아계 사람을 방불케 하는 모습이었다. 예전에 박사과정 공부를 하고 있을 때 일본인 유학생이 어느 한국인에 대해서 "역시 나이가 듦에 따라 그 모습에 조선 출신 모습이 나온다"라고 차별적인 뉘앙스를 담은 발언을 거리낌 없이 해서 기분이 상한 일이 있었다. 그러나 역시 나도 고정관념일지도 모르지만, 양복을 입은 70대 중반의 그는 한국에서 자주 볼 수 있는 남성의 모습으로 보였다.

그의 아버지는 1930년대 야자유 무역을 위해 일본에서 추크로 왔다. 주지하다시피 일본의 식민지기 조선인은 일본 국적자로 취급되었다. 일본인이라는 카테고리가 국적으로 결정되는 것이라면 조선 출신인 그의 아버지도 전쟁 전 일본에서 왔기 때문에 법적으로나 공간적으로나 일본인이라고 인식되었을 것이다. 하지만 그의 아버지는 1951년 체결된 샌프란시스코 강화조약이 1952년에 발효되어 일본 국적을 상실하게 되었을 것이다. 현재의 재일한국인과 같은 상황이었다. 한국의 최남단에 위치하는 제주도에서 일본에 건너간 사람이었다. 미크로네시아에 갔을 때는 이미 일본에 '재일교포' 출신의 부인이 있었다. 그런데 그의 외삼촌의 소개로 아버지와 어머니가 만났고 아버지에게 있어 어머니와의 결혼은 중혼이거나 첩을 들이는 것이었지만 어쨌든 아버지와 어머니는 함께 살기 시작했다고 한다.

아버지와 어머니의 관계에 대해서 청취 조사 과정에서 몇 가지 놀란 일이 있었다. 예를 들어 그의 아버지는 일본에 있는 처자식을 추크로 불러와 현지의 가족, 즉 그와 어머니를 도쿄에서 온 가족과 함께 살게 했다고 한다. 이와 같은 경우, 이른바 중혼은 식민지에서 식민지 종주국으로 유학이나 타관벌이를 간 경우에 자주 들리는 이야기이다. 식민지기만이 아니라 일본의 고도경제성장기 중인 1970년대 즈음에 한국을 비롯하여 아시아의 나라들에 '현지처'라는 용어가 퍼질 정도로 일본인 남성이 혼자 부임하거나 출장지인 나라들에 현지 여성을 숨겨두었던 예가 많다. 그 경우는 가족이라는 개념이나 실태와 연결되는 것이 아니라 일종의 '정부' 관계였다. 그래서인지 당시 '매춘관광' 반대와 동시에 사적인 영역인 '현지처' 문제도 일본의 페미니스트

사이에서는 자주 논의되었다. 그러나 '아시아 여성'이라는 묶음이나 제2차 세계대전 후의 신식민지주의 형태에 의한 여성 신체의 착취라는 인식은 태평양 제도의 여성 신체에 제국이 남긴 상처까지는 미치지 못했었다.

외삼촌 K의 이야기에서 더욱 놀랐던 것은 제2차 세계대전 이후 40년 이상이나 지나 도쿄에 있는 그의 의붓 가족으로부터 아버지의 제사에 초대받은 것이다. 제2차 세계대전 이후에 시간이 얼마 지나지 않았을 때는 여러 번 일본어로 편지를 주고받았으나 언제부터인가 소식이 끊어졌었는데 아버지의 사망을 알릴 목적으로 불렀다고 한다. 그러나 그의 어머니는 초대받지 못했다. 추크에서 함께 살았고 게다가 사이도 좋았음에도 불구하고 초대받은 것은 그들 부부뿐이었다. 가부장적이고 유교적인 영향 때문인지 그의 어머니는 무시받은 것 같다.

두 명의 '부인'의 관계는 나이 차이가 있어서인지 사이가 좋았다고 한다. 몇 살 차이었는지는 알 수 없지만 외삼촌 K의 어머니가 그를 임신한 것은 13살이었기 때문에 두 여성의 관계는 모녀나 자매와 같은 관계가 아니었을까 상정할 수 있다. 나는 이 연령을 들었을 때 놀람과 동시에 분노를 느꼈다. 당사자가 아니어서 이 분노를 '쓸데없는 참견'이라고 생각할지 모르지만 더욱 분노를 금할 수 없었던 것은 전쟁이 격화되는 상황 속에서 아버지는 도쿄에서 불러온 부인과 가족을 먼저 일본에 귀환시키고 아버지 자신은 전쟁이 끝난 후 1945년에 돌아갔는데 그때 아들인 외삼촌만을 데려가려고 했다고 한다. 그때 그의 어머니는 두 번째 아이를 낳은 지 얼마 안 된 때여서 '남편'이 떠나면 그 후의 생활이 쉽지 않으리라는 것은 충분히 상상할 수 있는 상황이었다. 그럼에도 불구하고 함께 일본으로 가자는 선택지가 주어지지 않았었다. 만약 그가 딸이었다면 아버지가 일본에 데려가겠다고 했을까.

당시 4살이었던 그는 자신의 어머니와 이모가 그를 일본에 보내야 할지 어떨지를 이야기하는 것을 듣고 매우 불안했었다는 기억을 말해주었다. 그 당시 어머니의 가족들이 어머니를 도와주었다. 그들의 도움이 없었다면, "매우 힘든 생활을 견딜 수 없었을 것이라고 생각한다"라고 실로 차분하고 부드러운 목소리로 말해주었지만 그의 어조 속에 역사와 남성 중심주의에 농락당한 그와 어머니의 인생에서 치유될 수 없는 상처와 비애가 보이는 것 같았다. 물론 그렇게 생각하는 것은 나의 오만한 착각으로 타자의 심정을 멋대로 해석하고 있는 것일지도 모른다.

일본의 식민지주의가 그의 아버지를 조선에서 일본, 그리고 구 남양군도 추크로 가게 하고 그 결과 현지의 소녀라고 할 수 있는 연령의 어머니와의 관계를 만들어 낸 것을 봤을 때 그 지배의 중층성 문제의 구체적인 왜곡과 아픔이 보였다. 하지만 슬프고 괴로운 이야기만은 아니다. 그의 어조, 내용과 생각, 그리고 온몸에서 보이는 겸허한 태도에 많은 시사와 배움이 있었다.

예를 들어, 그의 일본식 '통명'에 대해서이다. 그가 도쿄에서 의붓 가족들과 재회했을 때 이름을 김으로 바꾸라는 말을 들었다고 한다. 또한 업무차 한국을 방문했을 때에는 모르는 사람까지도 그의 아버지가 한국인이라는 것을 알면, 이름을 김으로 바꾸는 것이 좋지 않냐는 말을 했다고 한다. 그는 그 말을 불쾌함이 없이 흘려들었다고 한다.

그리고 그는 일본식 '통명'을 사용하는 것에 집착했다. 이유를 물으니 특별히 바꿀 필요성을 느끼지 않는다, 그냥 아무 생각 없이 그렇다고 대답했다. 이 대답에 너무 놀라면서 나를 포함하여 '재일' 2세 이후의 사람에게 있어서의 이름과 아이덴티티를 둘러싼 현실을 상기시켰다. 동화와 배제가 강한 일본 사회에서 '본명'으로 사는 것은 힘든 일이나 그것을 실천하는 것은 실존과 연관되는 것으로 자기 긍정을 향한 해방의 한 걸음이 된다. 그래서 일본인을 향한 '본명 선언'은 자신답게 살기 위해 돌파해야만 하는 일종의 관문이어서, 그의 대답은 '재일'이 연연해 온 것은 무엇이었나를 다시 생각하게 하는 좋은 기회가 되었다. 한편 돌이켜 생각해 보면 부모님이 지어준 이름을 개인의 기호에 의해 변경하는 것은 있어도 차별이 이유가 되어 바꾸거나 감추거나 하지 않으면 안 되는 것은 이상한 일이다. 그러나 일본 사회에서는 이와 같이 눈에 보이지 않는 강제가 있다. 당연하다고 생각되는 권리를 소수자가 수행할 수 없는 사회는 병리적 문제를 안고 있는 사회라고 할 수 있다. 그의 이름에 대한 이야기를 들으면서 어떤 의미에서 '재일'이 얼마나 불필요하고 부조리한 것으로 괴로워하고 갈등하고 숨 막히게 살고 있는지를 다시 통감하고 매우 놀랐다.

그는 미국 본토에서의 삶이 매우 오래되었고 또한 그의 부인은 백인 미국인이었다. 그러나 그는 미국 국적을 취득하지 않고 이중 국적을 인정하지 않는 미크로네시아 연방의 국적, 여권을 포기하지 않고 있었다. 그것은 국가에 대한 '충성'이라기보다 태어나 자란 고향에 대한 열정과 사랑 때문이라고 하는 것이 그의 이야기에서 전해졌다. 한편, 나는 남편과 딸이 미국 국적이기 때문에 이민 배척이 심해지는 현재에도 미국 국적을 비교적 쉽게 취득할 수 있으나, 대한민국 국적이다. 미국 국적을 취득하지 않는 이유는 일본이 조선인에게 강요했던 식민지주의에 대한 해방 이후 책임 부재, 즉 해방 후 국적 선택권을 부여하지 않았던 것과 조선 및 조선 출신자에 대한 정책과 태도가 바뀌지 않는 이상, 대한민국 국적을 계속 유지하는 것으로 일본 사회에 저항의 상징이 되는 것이다. 또한, 기호로 '조선 국적'을 남기고 '재일 사회' 속에서 한국 국적과 조선 국적으로 구분하고, 일본의 제2차 세계대전 이후의 처리에 대한 무책임함의 상징으로 대한민국 국적 소지에는 그 나름의 의미가 있다고 생각한다. 본래 국적이란 개인의 아이덴티티 형성에 영향을 주면 안 되는 동시에 국적이 자신의 한국성(Koreanness)과 하등 관계가 있어서는 안 될 것이다. 하지만 국적이나 인종·민족, 젠더나 계급 등 각각이 개인의 삶에 영향을 주는 것도 부정할 수 없다. 부정하지 말고 그 영향에 대해서 다시 한번 다른 생각과 의미를 두는 것이 가능하고 그렇게 해야 한다는 것을 그와의 면담 후에 재확인하게 되었다.

그는 일본식 '통명'을 유일하게 자신의 이름으로 하고 절반은 한국인으로 태어나 고향을 사랑하고, 만년에는 미국 오리건이 아니라 추크인으로 추크로 돌아가고 싶다고 했고, 한반도의 역사에 대해서 더 배우고 싶다고 했다. 그에게 내재하는 한국성을 의식하며 많은 것을 생각하게 되었다. 인터뷰 마지막에 갑자기 그가 말한 '만약 제2차 세계대전 후 아버지와 함께 일본에 갔다면 내 인생은……'이라고 끝내지 못한 말이 가슴 깊이 박혔다.

미크로네시아, 일본, 그리고 '재일'이라는 세 지점을 연결시키며 일본제국 붕괴 후의 다른 공간에서의 현재에 대해 기술했다. 독자는 이 논고를 읽으며 미아가 되어 있을지도 모른다. 구체적 사례를 관념적인, 그러나 '재일'이라는 구체적이고 실존적인 문제의식에서 고찰하는 방법으로 인해 혼란이 생겼을지도 모른다. 정보가 과다하고 사고가 복잡하게 교착되어 있는 글로 전달하고 싶은 것은 한 가지이다. 근대의 부채인 불가시화된 현재의 여러 가지 문제를 직시하기 위해서는 여러 개념, 카테고리, 그리고 각각의 결심을 다시 돌아보고, 제국의 상흔을 가시화할 필요가 있다는 것이다. 제국이 가져온 중층성, 하나의 복잡한 결과 현상을 조금이라도 엿볼 수 있지 않았을까. 그와 같은 논고가 되었는지는 독자의 상상력에 맡기고 싶다.

재일 2세의 '음식(食)'을 둘러싼 기억 : 야키니쿠와 재일 1세의 식문화

'음식'에 대한 생각

일본의 텔레비전에서 음식에 관한 내용이 나오지 않는 날이 없다. 먹기 위해 사는 것인지, 살기 위해 먹는 것인지 모를 정도로 음식에 대한 프로그램이 매우 많다. 나는 요리는 못하지만 맛에는 유별나다. 재일교포 1세였던 어머니가 만든 요리가 맛있었기 때문일 것이다. 일설에 의하면 맛있는 음식은 인간 욕구의 70%를 충족시킨다고 한다. 정말 그럴까 하는 생각이 든다. 확실히 맛있는 음식을 친한 사람들과 먹을 때는 즐겁다. 그러나 나에게 있어서 음식으로 연결되는 기억은 즐거운 면만이 있는 것은 아니다. 재일조선인/한국인(이하 '재일') 2세인 나에게는 '음식' 특히 조선 요리는 차별과 '재일 1세'들의 생존을 건 고난의 역사로 연결되고 괴로운 기억을 생각나게 한다. 또한, '재일' 1세가 그 고난의 역사 속에서 창조한 야키니쿠를 대표로 하는 식문화는 일본에서, 그리고 해외에서 데리야키(Teriyaki)와 나란히 일본 음식의 일부인 야키니쿠(Yakiniku)가 되어버린 느낌이 있다. '재일' 고유의 생활공간과 경험에서 태어난 야키니쿠를 포함한 식문화가 이제는 변질되어 '재일' 사람들의 역사적 존재 그 자체까지도 마멸시킬까봐 두렵다. 그래서 여기에서는 '재일'의 식문화에 대한 기억과 경험을 정리하고 그 상황을 해독하여 '재일' 특유의 식문화 배경에 있는, 본래의 현실을 그려서 하나의 사회사적 텍스트로 남기고자 한다.

'재일'의 음식 야키니쿠 문화의 위치

몇 년인가 전에 수업을 함께하는 학생들과 오사카의 주소역(十三驛) 부근에 있는 야키니쿠 가게에 가게 되었다. 학생 중 한 명이 "선생님, 일본식 야키니쿠로 할까요? 한국식 야키니쿠로 할까요? 어떤 가게를 찾을까요?"라고 물어왔다. 순간 무엇을 묻는지 몰랐다. 왜냐하면, 일본에서 그것도 간사이 지방에서 야키니쿠라하면 재일 1세들이 개발한 밑간을 한 고기를 구워 양념장에 찍어 먹는 야키니쿠밖에 떠오르지 않았다. 그러니까 야키니쿠라고 하면 재일조선인 식문화의 대표적인 것이고 '재일'은 일본에서 야키니쿠 산업의 원조였다.

결국 우리가 간 야키니쿠 가게는 일본 기업 체인점이었다. 맛은 미묘하게 다르지만 양식은 완전히 '재일'이 만든 야키니쿠였다. 이것이 학생들이 말하는 일본식 야키니쿠라는 것을 알게 되었다. 학생들에게 야키니쿠는 재일조선인의 생활과 연결된 '재일'의 오리지널 요리이며 일본의 식문화에서 생긴 것이 아니라고, 받아들이기에 따라서는 편협하고 민족주의적이라고도 생각할 수 있다는 설명을 했다. 학생들의 잘못된 인식은 야키니쿠가 일본인 속에서 대중화되었기 때문이라기보다는, 애초 '재일'의 존재가 보이지 않기 때문일 것이다. 극단적으로 들릴지도 모르지만 만났던 적도 없는데 차별 대상으로서 조선인이라는 존재와 표상이 일본인의 마음과 머릿속에 있다. 그러나 '재일'이 존재하게 된 역사적 경위 등은 물론, 곱창을 포함한 야키니쿠 문화가 재일 1세의 고유 생활사에서 태어난 식문화라는 것은 모른다. 야키니쿠 문화가 일본 고유의 식문화라고 착각하고 인식되고 있는 것이 현실이다. 학생이 말하는 한국식이라는 것이 어떤 것이고, 어디에서 온 것인가를 묻지는 않았다. 필시 한국으로부터의 '신이민'자들에 의한 야키니쿠 가게를 말하는 것일 것이다.

한국어 불고기를 야키니쿠라고 번역했는데, 이 불고기는 '재일'의 야키니쿠와는 식용 소의 부위도 다르고 요리법과 먹는 법도 다르다. 또한 한국과 재미한국인 레스토랑에서 제공되는 야키니쿠는 갈비와 로스가 주이고, 안창살과 우설 등은 없으며, 구우면서 먹지만 양념장이 없다. 한국에서 육식은 옛부터 있었는데 소고기를 이용한 '재일'의 야키니쿠 문화는 해방 이후 한국에 역수입되었다고 한다. 그러나 야키니쿠 카테고리 속에 호르몬(ホルモン, 내장)구이는 포함되지 않는다. 한국인은 일반적으로 호르몬을 즐기지 않았지만 최근에는 젊은이들 사이에서 철판에 내장을 맵게 굽고 술안주로 먹는 것이 유행하고 있다고 한다. 일본 요리만큼 간장을 많이 사용하지 않는 한국의 식문화 속에서 야키니쿠는 양념장도 없고(장소에 따라 제공하는 곳도 있다), 호르몬구이를 포함하지 않는 식문화가 되었다. 한국에 있는 사람들도 야키니쿠와 그와 관련된 식문화가 식민지주의의 결과로 산출된 민족적 사

회집단인 '재일'이 본국과는 다른 사회적 문맥으로부터 발전시킨 것이라는 것을 모르고, 현재 한국에서의 야키니쿠 모습이 '재일'의 야키니쿠에서 유래했다는 것은 인식하지 못할 것이다.

지금 살코기보다도 비싸진 호르몬은 옛날에 일본인은 먹지 않는 것이었다. 그것을 1세들이 식재료로 사용하기 시작해서 생긴 것이 호르몬구이이다. 호르몬구이의 명명은 영양 가치가 높은 내장에 몸을 조정하는 물질인 '호르몬'의 이름을 붙인 것이라고도 하고, 오사카 사투리인 '호루모노(捨てる物, 버리는 것)'에서 온 것이라고도 한다. 어느 쪽이 정확한 어원인지 알 수 없지만, '재일' 사회에서는 1세들이 생활고 속에서 '호루모노'를 유용한 호르몬으로 살린 1세의 창조성을 상징하는 것으로 호르몬의 어원이 전해지고 있다.

호르몬을 이용한 요리는 야키니쿠만이 아니다. '재일'이 즐기는 대창찌개도 그중 하나이다. 이것과 양념이 전혀 다르지만 이자카야 등에서도 제공되는 모쓰나베의 기원도 '재일' 1세들이 내장을 식용으로 이용한 것에서 유래한다. 식민지 시대에 한국에서 들어온 명란은 후쿠오카의 명산품이 되었고, 그리고 모쓰나베는 후쿠오카의 향토요리가 되었다. 후쿠오카는 강제징용으로 일본에 와서 해방 이후에도 그대로 살게 된 조선인이 많은 도시이다. 그래서 모쓰나베가 생겨났다.

내가 담당하는 학생들이 버려졌던 식재료가 호르몬으로 만들어진 비화와, '재일' 1세의 고난의 역사를 어느 정도 이해하고 있는지는 알 수 없다. 그러나 이 호르몬구이가 일본인에게도 받아들여져 인기 높은 요리가 된 것에는 일본 사회의 변화도 나타내고 있다. 그 변화가 기호의 차원에 머무르지 않는다면, '재일' 1세의 고난의 역사의 가시화로 이어진다. 그러기 위해서는 '재일'의 차세대는 물론, 일본인 차세대에 의한 역사 인식과 계승을 위한 영위가 요구될 것이다. 그 영위의 하나로서 내 기억 속에 있는 '재일' 1세의 음식과 관계된 이야기를 써보겠다.

야키니쿠를 만들어낸 사회적 상황 : 어머니에게 있어 요리와 조선시장

나의 어머니 세대부터 존재한 조선시장은 지금은 오사카 코리아타운, 정식 명칭은 미유키노모리상점가로 많은 사람에게 알려지게 되었다.

이 코리아타운이 있는 이쿠노에서 인생의 대부분(70년 이상)을 지낸 어머니에게는, 지금 생각하면 조선시장이 잠깐의 기분 전환이나 휴식의 장소였는지도 모른다.

아버지는 내가 태어나기 전에 이웃집의 화재로 큰 화상을 입었다. 목숨을 건졌으나 그 후에는 후유증 등에 시달렸고, 자택 요양과 입원, 퇴원을 반복하여 일을 할 수 없는 상황이었다. 조선인은 국민건강보험을 들지 못하던 시대라 아버지의 의료비로 모든 재산을 잃었을 뿐 아니라 어머니는 큰 빚마저 짊어지게 되었다. 이 사고가 일어나기 전까지는 아버지의 사업이 순조로워서 몸에 걸치는 장식품 등 부부 모두 멋쟁이 가족이라고 동네에서 소문날 정도로 여유 있는 생활을 하던 시기가 있었다고 부모님과 친하게 지내던 일본인 이웃이 말한 적이 있다.

어머니는 학교에 다니지 않았지만 기억력이 뛰어나서 단골 고객, 친척, 지인, 가족 등의 전화번호를 몇십 곳이나 암기하고 있었다. 아버지가 큰 화상을 입고, 특히 후유증 때문에 입원과 퇴원을 반복하게 된 뒤부터는 아버지를 의지할 수 없게 되어 의지했던 딸(나의 언니)의 12시간이나 되는 대수술은 어머니에게 있어서 정말 큰 충격이었다. 그 충격 때문인지 어머니의 기억은 암기하고 있던 전화번호 대부분을 잊어버렸다. 문자를 쓸 수 없었던 어머니는 자기 나름 춤추는 것 같은 숫자를 써서 전화번호부로 사용하게 되었다.

빈곤이라는 역경이 그렇게 만들었는지 어머니는 창의력과 고안 능력이 있었다. 생활의 지혜란 이와 같은 것을 말하는 것인가 하고 자주 감탄했다. 소극적이면서도 다부진 여성으로 '기품과 친절함이 있는 사람'이라고 형용될 정도로, 타인에 대해서는 항상 화평하게 지내고 키가 커서 한복이 잘 어울리는 볼품이 좋은 사람이었다. 한편으로는 자존심이 강해서 지기 싫어하는 면도 있었던 어머니는 빚 변제와 가족을 부양해야만 하는 중압 속에서 하루 종일 쉬지 않고 일했다. 아침 일찍부터 밤 12시 가까이까지 집안에서 비닐을 용접하는 기계로 하청 일을 하고 게다가 일하는 틈틈이 아직 학령기였던 우리를 위해 가사 일을 모두 했다.

부모님은 한국 최남단 제주도에서 1930년대에 일본으로 왔다. 이쿠노에 정주하게 된 것은 해방 후 시간이 얼마 지나지 않았을 때이다. 우리 집은 렌즈 연마 산업으로 번성했던 이쿠노의 다지마 지구에 있었고, 전쟁 전에는 제주도에서 노동자를 데려왔다고 근처의 아저씨가 말해주었다. 다지마 지구는 다지마초등학교를 사이에 둔 형태로 이카이노 지구와 인접해 있다. 지금 많은 사람으로 활기찬 미유키노모리의 코리아타운은 자전거로 10분 정도, 쓰루하시는 20분 이상의 거리이다. 여담이지만 내가 오사카에 살고 있다고 하면 동료들은 곧바로 쓰루하시와 관련된 이야기를 한다. 맨해튼에 살고 있는 흑인이 모두 할렘에 살고 있다고 믿는 것과 어딘가 비슷하다.

한 개 만들어서 몇 전이나 몇 엔의 공임만을 벌 수 있는 가내 세공업, 공업이라고 해도 주거지의 방 하나를 사용한 가내 공업에서는 하나라도 많이 생산하는 것이 수입액을 좌우한다. 그래서 시간과의 싸움이 된다. 그럼에도 불구하고 어머니는 몇 분이면 갈 수 있는 근처의 공설시장에서 장보는 것 외에도 조선시장에 가끔 갔다. 조선 요리에 필요한 식자재가 조선시장에만 있다는 것도 있었겠지만, 다른 이유도 있었을 것이다. 당시의 '재일' 1세의, 그것도 여성들에게는 기분전환을 위한 오락 등이 없었고, 있든 없든 그것을 즐기는 것이 허락되지 않았던 어머니는 바람을 쐬러 조선시장에 가셨는지도 모른다.

제주도 출신자가 많은 이 지역에서 1세들은 제주도에서조차 사용하지 않게 된 방언을 사용했다. 근대의 '국민화＝표준어화'의 강요를 면한 마이너리티 1세의 귀중한 유산이었다. 어머니는 일본어를 잘했으나 장을 볼 때 동포 여성을 상대로 고향의 말을 사용할 수 있는 것은, 분주한 일상 세계에서는 경험할 수 없는 편안한 공간과 시간이었을 것이다. 또한, 옛날에는 조선시장 근처에 가면 제주도에서 직송되었다는 신선한 어패류를 노상에서 파는 해녀로 보이는 아주머니들도 있었다. 고향의 식재료에 대한 고집만이 아니라 그녀들과 짧은 대화를 하는 시간이 고향을 멀리 떠난 타향살이의 힘든 현실, 즉 타향에서 생활하고 있는 것을 잊게 해주었을 것이다.

캘리포니아 대학에 있는 친구가 중국 동북 지역의 이른바 '조선족' 사람들의 한국에서의 타관벌이에 대한 책을 출판했다. 그 책의 1장에서 여러 가지 사정으로 고향에 돌아갈 수 없었던 '조선족' 사람들이 한국에서의 한정된 생활 속에서 '낙'을 찾는 모습을 그렸다고 했다. 이 '낙'이라는 개념에서 어머니의 행동이 상기되었다. 기독교를 열심히 믿었던 어머니에게 유일하게 허락되었던 힐링이고 평온함이고 위로였던 한국 교회에서 동포 신도와 목사와 교제하는 짧은 시간 이외에, 일하는 사이 짧은 틈을 이용해서 고향의 식자재, 그리고 같은 고향 사람을 만나기 위해 조선시장에 자전거로 달려간 것은 가내에서 영세 노동에 몰두하는 속에서의 '낙'이 아니었을까하는 생각이 든다. 즉 자신에게 주어진 힘든 현실 속에서 스스로가 찾아서 새로운 힘을 얻는 장소이고 그리고 스스로 내부에 힘을 기르고 지속시키는 순간의 장이기도 했다.

어머니는 정말 요리하는 것을 좋아했던 것 같다. 사랑하는 가족에게 조금이라도 맛있는 음식을 먹이고 싶다는 생각도 있었을 것이다. 어머니의 요리에 대한 궁리와 지혜에 자주 감탄했다. 어머니는 건강에 좋다고 하면서 참기름과, 프라이팬으로 정성스럽게 볶고, 절구로 찧은 싸고 고소한 참깨를 대부분의 요리에 듬뿍 넣었다. 그 고소함 때문이었는지 나의 도시락에 들어 있는 계란프라이를 자신의 것과 바꾸자고 하는 일본인 급우도 있었다. 참기름만이 아니라 음양의 철학을 알 리 없을 텐데, 체온 조절에 도움을 주어 건강에 좋다고 하는 식재료에 대해서도 잘 알고 있었다.

'재일'의 음식과 건강에 관한 흥미로운 논문이 있다. 1936년에 오사카 센슈 지구 다루이촌의 '조선 마을'을 대상으로 했던 위생조사에 관한 것이다. 오사카부 경찰부의 위생 기사가 실태조사를 했다. 그의 보고서에 따르면 경제적 수준이 일본인과 현격한 차이가 있는 조선인 쪽이 건강 상태가 양호했다고 한다. 그 이유는, ① 참기름을 이용해서 영양과 열량을 얻고 맛을 좋게 한 것. ② 쌀뜨물을 다시 이용해서 비타민류를 보충한 것. ③ 반만 굽기/오래 끓이지 않는다는 조리 방법에 있다고 했다.[18] 나의 어머니는 그 지역에 살았던 적이 없고 지인도 없었지만 놀랍게도 이 세 가지를 실천하고 있었다.

참기름을 상용하고 쌀뜨물을 김치 양념에 넣었고 걸쭉함이 필요한 요리에도 사용했다. 그리고 때로는 나무에게도 뿌려주었다. 반만 굽기·반숙에 대해서도 그렇다. 찻집을 하고 있던 오빠의 가게에서 내놓는 모닝 서비스의 계란을 너무 삶지 않도록 매일 신경 썼다. 어렸을 때 부모님을 잃은 어머니가 도대체 어디에서 이런 지혜와 정보를 얻었는지 불가사의하다. 한국에서는 찌개는 끓이면 끓일수록 맛이 깊어진다고 하며, 자주 남녀 관계의 상징으로도 사용되어 왔다. 하지만 '재일' 1세는 이 반만 굽기/오래 끓이지 않는 것을 어디에서 알게 되었을까? 오래 끓이는 것이 좋다고 하는 찌개와는 대조적이라고 할 수 있다. 그 이유 때문은 아니지만, '재일' 1세 가정의 요리에는 찌개가 거의 없다. 국과 밥과 김치, 그리고 반찬 한 가지가 기본이었다. 국이 양이 있어 포만감도 얻기 쉽고 많은 사람이 먹을 수 있었기 때문이었을까. 또는, 전업주부가 될 수 없었던 '재일' 1세에게 있어서 찌개보다 국이 손쉽게 만들 수 있는 음식은 아니었을까라는 생각도 든다.

어머니는 가난하고 소박한 식탁을 풍성하게 하기 위해서 색의 배합에도 신경 썼다. 색과 고소함을 더하기 위해 작은 새우 말린 것을 갈아서 김치에 넣거나, 시금치의 색과 식감, 그리고 영양소가 파괴되지 않도록 데치는 것에도 많은 신경을 썼다. 만년에 생활 형편이 조금 좋아졌을 때부터는 과일 등을 넣어서 야키니쿠용 맛간장을 만들기도 했다. 교회에서 야외 예배를 위해 근교로 나가면 쑥 뜯는 것을 매우 즐겼고, 집으로 가져온 쑥을 그날 바로 씻고 손질해 떡을 만들었다. 미나리나 고사리 등, 풀숲에 있었던 식재료가 고향 생활을 생각나게 했는지, 채취하는 모습이 정말 즐거워 보였다. 한국 요리와는 인연이 없는 새로운 식재료에도 도전했다. 하루는 근처의 친구가 우리 집 부엌에 꽃양배추가 있는 것을 보고 놀랐다. 그녀의 어머니도 1세대였으나 그런 보기 드문 식재료는 절대로 사려고 하지 않는다고 했다. 이러한 것은 어머니의 개성에서 온 것일까. 1세대 여성들이 몇 살에 일본에 왔는지에 따라 경향이 다른 것인지, 그것은 알 수 없다. 그러나 자는 시간 이외의 대부분을 가내 노동으로 지내는 사람이 어떻게 그렇게까지 해서 정성 들여 요리를 했는가 하고 생각하게 된다. 요리는 창조적인 작업이어서 단순하게 재생산 노동을 하는 기계 노동보다는 나았나 하는 생각이 든다.

냄새에 민감했던 어머니는 싼 식재료의 좋지 않은 냄새를 제거하기 위해 이런저런 궁리를 해서 그 냄새를 없앴다. 예를 들어, 곱창구이 중에서 인기가 있는 대창은 밀가루로 잘 문질러 준다거나, 오빠가 좋아하는 요리로 그 당시 싼 가격으로 소고기를 대신하는 단백질원이었던 고래고기를 마늘이나 생강으로 냄새를 제거하고 야키니쿠처럼 조리했다. 또한 예전에는 이쿠노에도 가게가 몇 집 있었던 보신탕을 끓이기 위해 열심히 냄새를 제거하는 밑작업을 했다. 보신탕은 피로 회복, 영양 보급과 구내염 등에 좋다고 하며 가끔 집에서 만들었다. 지금은 정말 먹고 싶지 않고 개를 생각하면 먹을 수 없다. 그러나 어렸을 때는 어머니의 양념과 먹기 직전에 넣는 고명이 냄새를 더욱 제거해주었기 때문에 맛있게 먹을 수 있었다. 소꼬리탕과 많이 비슷하기도 해서 1세들은 아이들을 속여서 먹였다. 고기의 종류가 어찌되었든 보신탕 맛에 대한 기억은 아직도 나의 혀에 남아 있다. 그러나 나는 그것이 개고기였다는 것을 엉뚱한 곳에서 알게 되었다. 자전거 뒤에 도살된 개고기가 들어있는 대바구니를 싣고 옆 동네인 니시나리에서 정기적으로 팔러 오는 아저씨가 있었다. 어머니가 고기를 고르고 있는 바로 옆에 선혈이 그대로인 개의 골격으로 보이는 부위와 고기를 본 기억이 선명하게 남아 있다. 그러나 왠지 선혈이 있는 개고기와 어머니가 만든 국과는 연결이 안 되었다. 어머니의 요리 솜씨가 좋았기 때문일까. 인간이란 맛있는 맛(혀)을 먼저 기억하면 식재료의 원형 이미지(눈)는 신경 쓰이지 않는지도 모른다. 1970년대에는 아직 보신탕 가게도 몇 집 있었고, 친구들이 개고기라고 말해주지 않고 보신탕을 일본인에게 먹인 적도 있었다. 깜짝 놀란 표정을 지었으나 다 먹은 뒤의 감상은 맛있다고들 했다. 미국인이나 영국인 친구 중에 이쿠노에 오면 이 탕을 잘 먹었던 사람들이 있었다. '야만적인 조선인'이기 때문에 먹는 '개고기'라는 차별적인 편견과 의식은 그 서양인 친구들에게는 없었다. 그것도 이유의 하나이지만, 먹어보면 역시 혀와 눈의 감각이 동일한 것도 다르게 느껴진다고 할 것이다. 그리고 그렇게 생각하게 되는 또 다른 하나의 기억이 있다.

2017년에 미국에서 출판된 『파칭코』(재일 4세대에 걸친 소설) 속에 새끼 돼지가 시가지를 헤매는 장면이 있었는지, 드라마로 만들기 위한 대본 체크를 부탁받은 UCLA에 있는 친구가 나에게 확인 전화를 했다. 현재는 없지만 이쿠노에는 60년대까지 돼지우리가 있었기 때문에, 그 정경 묘사는 있을 수 있다고 대답했다.

당시 우리 집에서 걸어서 몇 분 거리에 집에 딸려 있는 작은 양돈장이 있었다. 어느 날 그 방향을 무심코 보다가 그 집의 처마 끝에 큰 돼지를 매달고 몽둥이로 때려서 죽이는 것을 보았다. 그 광경은 지금도 선명하게 머릿속에 박혀있다. 그러나 그것이 원인이 되어 돼지고기를 먹지 못하는 일은 없다.

세대가 내려와도 '재일' 가족이 지키고 있는 제사, 불사(法事), 추도예배 등의 장소에서 필수적으로 준비되는 음식이 돼지고기 수육이다. 수육도 파는 가게에 따라 맛이 다르다. 하지만 나에게는 양념장인 초장(마늘, 초 등이 들어간 왜된장)의 맛이 가장 중요하다. 제주도 출신 사람은 단 것을 좋아하여 초장에 설탕과 오렌지 소다나 콜라를 넣어서 왜된장과 고추장을 묽게 했다. 물론 나는 수육을 먹을 때마다 그때의 광경을 생각하지는 않는다. 사람에 따라서는 그 광경을 보자마자 이후부터는 돼지고기를 먹을 수 없게 되는 사람도 있겠지만, 나는 식재료의 원형에 대한 선입관이나 편견, ○○인의 요리이기 때문이라고 하는 배타적인 고정관념을 갖지 않았을 뿐 아니라, 직접 먹는 음식이 선입관을 이긴다고 생각한다. 즉, 낯선 식재료만이 아니라 완성된 요리에 대해서도 사회적 편견을 버리는 것으로, 우리들은 보다 풍부한 식문화를 접할 수 있을 것이다. 어떤 의미에서 그것을 가르쳐준 것이 나의 어머니이고, 그 세대의 '재일' 1세 여성들이었다고 할 수 있다. 그리고 차별과 빈곤을 벗어나기 위한 식문화에서 '재일' 1세의 지혜는 차세대에도 계속 이어지고 있다.

계승되어 진화하는 '재일'의 맛: 1세에서 2세 그리고 전승

내 친구 중에 한국 레스토랑을 경영하는 여성이 있다. 그녀는 자신이 그렸던 한국 요리를 제공하고 싶어서 경영을 시작했다. 차별적인 이미지와 연결된 면도 있는 야키니쿠 가게의 이미지를 불식하고 일신하겠다는 마음으로 식기, 음식 담는 법, 점포 내의 인테리어, 그리고 일하는 스텝의 매너까지도 주의를 기울였다.

오랫동안 주방장이 일본인이었으나 현재는 '재일' 3세인 아들로 바뀌었다. 경영을 위해서 서울 강남구(신흥 부유층이 사는 곳)의 레스토랑에 가보기도 했다. 그 탐색이 어떤 형태로 요리의 맛에 반영되었는지 알 수 없으나 한국에서 온 사람 중에는, 이것은 한국 요리가 아니라고 말하는 사람도 있다고 한다. 맛 때문인지, 아니면 양식처럼 음식을 담아서 그런 말을 했는지는 알 수 없다. 그 맛의 토대는 '재일' 1세들의 요리에 가깝다. 그러면 '재일' 1세들의 요리는 한국 요리가 아니라는 것인가. 물론 한국 요리의 하나이다. 1세들은 자신들의 혀로 기억하는 고향의 맛을 일본에서 조달할 수 있는 식재료와 조미료로 창의적으로 궁리하여 '조선의 맛'을 만들었다. 그것이 계승된 것이 오늘날의 '재일'의 요리이다. 어떤 집단이 계승해가는 식문화의 결과이다. 그 예를 공유해 보겠다.

어느 날 도쿄에 사는 '재일' 2세 친구를 그 가게에 데리고 갔다. 이 친구의 어머니는 요코하마에서 자식들과 야키니쿠 가게를 하고 있었다. 주문한 육개장을 먹은 친구는, "우리 어머니 가게의 닭개장과 맛이 같다"라고 기쁜 듯이 목소리를 높였다. 소고기와 닭고기라는 차이가 있는데도, 요리방법과 조미료 이외에도 '재일'의 맛을 내는 공통적인 것이 필시 있기 때문일 것이다. 또한, 도쿄에 있는 오사카 출신 친구 집에서 먹은 소고기뭇국도 나의 어머니가 만드는 것과 같은 그리운 맛이 있었다. 한편, 한국에서 먹는 한국 요리는 가정에서나 레스토랑에서나 각각 맛이 상당한 차이가 있다. 그런데 '재일' 1세들의 요리와, 그것을 계승한 2세들의 요리에는 잘하고 못하는 차이는 있으나 기본적인 맛에는 공통된 것이 있다. 일본제 조미료와 일본의 풍토에서 자란 식재료 이외에 무엇이 공통된 맛을 만드는 지 알 수 없다. 한 가지 생각할 수 있는 것은 공동체 사회가 좁은 것과 정을 주는 법, 그리고 피억압자 집단의 공통된 경험에서 생겨난 거리 없는 관계성 등, 문화적인 면에서도 함께 식사할 기회가 많다는 것도 생각할 수 있다. 그리고 그 함께 식사할 기회는 소수자에게 있어서 정보 교환의 장이고, 사회 자원의 하나가 되었다고 할 수 있다. 즉, 친족이 모이는 관혼상제 장에서 함께하는 가정요리, 친구 집에서 함께하는 가정요리, 종교단체와 민족단체에서 함께하는 식사 등, 음식을 함께 먹을 기회가 많아, '재일' 1세의 맛을 공통되게 맛보는 생활공간이 만들어진 것은 아닐까. 그래서 그 공통적인 '1세의 기초적인 맛'은 한일 각각의 음식 문화를 적극적으로 받아들이는 것으로 더욱 진화한다. 그 구체적인 예를 '재일' 2세와 한국에서 온 신1세의 요리에서 볼 수 있다.

나의 언니의 시어머니는 일본인이고 시아버지는 한국인이다. 언니는 시어머니에게 일본 요리를 확실하게 배웠기 때문에 언니가 만든 토란조림은 일품이다. 산나물을 좋아하는 형부는 일본에 없는 산나물을 한국에서 사오면 유난히 좋아했지만, 산나물은 손질이 힘들다. 언니는 시간과 품을 들여서 건조한 산나물을 요리했는데, 맛은 어머니에게서 전수받은 '재일'의 맛이었다. 형부가 좋아하는 시래깃국을 만들 때는 건조된 줄기를 쌀뜨물에 삶으면 부드러워진다고 언니는 어머니에게서 전수받았다고 하면서 그것을 실천하고 있다. 그 외에도 어머니의 맛이라고 생각하게 만드는 것이 밑반찬인데, 그중에서도 고사리와 미나리 무침이다. 나는 야마구치현에 있는 민박에서 비슷한 맛을 느꼈다. 10명 정도 사는 작은 섬에 있는 민박은 텔레비전에도 나왔다. 민박 주인이 직접 낚은 회도 일품이었으나 한국에서 20년 전에 온 여주인이 만든 무침이 매우 맛있었다. 작은 주발에 일본 요리처럼 담아서 언뜻 보면 일본 요리였다. 그런데 미묘하게 한국 요리인가 라고 생각하게 하는 맛이 있었다. 마늘이 들어있고 없고의 문제가 아니었다. 언니가 만든 산나물을 포함한 나물과 이 민박 여주인이 만든 무침의 맛이 정말 비슷했다. 단순히 일본제 조미료를 사용하고 있기 때문은 아니라고 생각한다. 한국의 조미료도 경우에 따라서는 사용하고 있을 것이다. 공통된 맛은 조미료 문제가 아니다. 언니가 '재일' 1세 어머니에게서 전승받은 맛, 한국인과 결혼한 일본인 시어머니로부터 전수받은 것, 그리고 '재일' 이력 20년이라는 민박 여주인의 여러 가지 일본이라는 풍토, 그리고 배우자와의 국경을 초월한 생활공간, 그 속에서 생겨난 혀의 경험이 공통된 맛을 만든 것 같다. 국경을 뛰어넘어 주어진 조건 속에서 만들어낸 창작요리, 그것이 '재일' 1세들의 식문화에서 지혜의 유산이라고 생각한다. 그것은 필시 누가 먹어도 맛있다고 생각할 수 있는 보편적인 맛이 될 것이다. 예를 들어, 그것이 퓨전이라도 그것이야말로 계승된 '재일'의 한국 요리의 맛이다.

'재일' 2세의 '음식'에 대한 생각 : 식문화와 차별 그리고 한류

식문화와 차별

JR 쓰루하시역에서 남동쪽으로 15분 정도 걸으면 오사카 코리아타운이 있다. 도쿄 신오쿠보의 코리아타운과 함께 최근 이 지역에 대한 조사 보고나 연구 논문까지 나올 정도로 그 인지도는 높아졌다.

내가 이 지역에서 사회 활동을 하던 1970년대 조선시장의 뒷골목은 헵샌들(여성용 샌들) 제작의 하청 가내 영세 공업을 하는 집이 북적거리며 모여 있었다. 좁은 골목을 끼고 그러한 연립 가옥이 밀집한 장소, 헵샌들 제조에 사용하는 신나 냄새, 오코노미야키나 호르몬구이 식당에서 나는 냄새가 혼연일체가 된 일종의 독특한 생활 문화가 감도는 공간이었다. 일찍이 조선시장 일대를 포함한 이카이노는 조선인이 집주하는 마치 게토(Ghetto)와 같은 공포의 장소로서 일본인에게는 아무런 인연이 없는 장소라고 받아들여져 왔다. 그것이 최근의 일본 사회나 일본인의 한국 문화에 대한 표층적 관심의 고양도 있어서 많은 일본인이나 관광객이 구경하러 오는 '관광 명소'가 되어 있다. 이 변화가 바람직한 면을 갖는 것은 분명하다. 그러나 나와 같은 세대의 '재일'에게는 조선시장은 부모의 기억과 연결되어 있음에도 불구하고 개인의 기억은 전승되기 어려운 성질을 갖기 때문에 최근 조선시장의 코리아타운으로서의 진면목이 1세대의 생활사의 기억을 망각의 저편으로 밀어내 버리는 면도 있는 것 같이 느낀다.

조선시장이 변하게 된 계기는 1980년대 후반부터 지역 상점가의 부흥과 함께 세대 교체된 '재일'에 의한 문화 전승과 다문화 공생이 어울려 활성화되기 시작한 것에 의한다. 그렇지만 관광 스폿이 되기까지 번영하게 된 것은 역시 한류의 영향이 크다. 일본에서의 한류 붐은 일시적인 현상으로 시간의 경과와 함께 진정화되어 갈 것이라는 목소리를 한국에서도 '재일' 사회에서도 자주 귀에 접했다. 그런데 그 예측은 특히 코리아타운에 관한 한 완전히 빗나갔다고 할 수 있다. K-드라마 팬에서 시작되어 K팝의 젊은 팬층도 더해지고 팬의 숫자도 증가했을 뿐만 아니라 다양한 외양을 갖는 사람들이 방문하게 되었다. 한류가 일본인 사이에서 한국에 대한 관심을 높이고 그 흐름 가운데 이 코리아타운을 대외적으로 어필하는 계기가 되었다고 한다면 붐을 지속시키는 요인은 뭐니 뭐니 해도 음식일 것이다.

한국의 식재료에서 요리까지 그 맛에 친숙한 사람은 '에스닉 푸드' 장르의 하나라기보다 개인의 기호식품에 하나를 더하게 되었다고 생각된다. 어느 조사에 의하면 코리아타운을 방문하는 사람들 중에는 재방문자가 많은데 그 목적의 상위에 있는 것이 먹는 음식이다.[19] 마늘냄새가 지독하다고 하여 마늘을 요리에 많이 사용하는 한국인이 경멸의 대상이었던 시대가 일찍이 있었다. 사춘기에 마늘냄새가 난다고 경멸당한 경험도 있는 나에게는 격세지감이 든다.

조선인 차별 이유에는 여러 가지 레벨이 있다. 개인적인 레벨에서는 일본인에게는 익숙하지 않은 '재일'의 식문화와 관련되는 것이 있다. 마늘을 많이 사용하지 않는 일본 요리에는 냄새가 자극적인 것이 적다. 그러한 의미에서 조선 요리는 대극적이다. '에스닉 푸드'가 유행하고 이를 존중하게 되면 식자재나 요리의 냄새와 '민족성'이 결부되어 배제되는 일은 감소할 것이다.

해방 이후 오랜 기간, 조선인을 차별했던 이유 중 하나가 '마늘냄새가 난다'는 거였다. 예를 들어 만두에도 마늘이 사용되는데 그것 때문에 중국인을 향해 마늘냄새 난다고 하지 않는다. 같은 식재료인 마늘과 관련된 사용법이 조선인과 중국인에게서 다른 것은 식민지를 겪었던 조선인과 타이완은 물론 일본의 식민지 지배를 면한 중국 역사의 차이에 의한 면이 있기 때문일 것이다.

마늘냄새가 난다고 바보 취급당한 경험을 가진 '재일'은 많다. 나는 고등학교 다닐 때 마늘냄새가 난다고 동급생에게 놀림당해 순간적으로 교자(餃子, 중국 만두ᅟ역주)를 먹고 와서라고 대답해 버린 일이 있다. 지금 생각해 보면 어처구니 없는 일이지만 내가 그렇게 말한 이유는 무엇이었을까? 차별적인 발언이나 태도를 피하기 위한, 그 자리를 모면하기 위한 변명이었던 것일까? 편견의 대상으로서 오래도록 그 상황을 보거나 경험하거나 했기 때문에 무의식 안에서 상처받고 싶지 않다는 의식이 축적되어 일종의 방어반응으로 나타난 것일까? 차별의 중층성 문제라 할 수 있는 차별을 내면화한 결과의 표출이었던 것일까? 차별당하는 측의 내면화 문제 이상으로 문제인 것은 왜 일본인이 조선인의 얼굴을 향해 마늘냄새가 난다고 바보 취급하는 것처럼 말하는가이다. 조선인이 일본인을 향해 '누카미소(겨된장) 냄새 난다'거나 옷에 배인 분향 냄새가 지독하다고 직접 얼굴을 향해 배타적으로 말하는 일은 없다.

이러한 조선인 차별이 일반적이었던 1970년대, 획기적이라 할지 '재일'의 입장에서는 기분 좋은 상품이 발매되었다. 모란봉의 '야키니쿠 소스'이다. 야키니쿠 산업의 역사에 의하면, 야키니쿠 산업은 해방 후 얼마 지나지 않은 50년대 초기에 '재일' 1세대가 시작했다고 하며 60년대의 고도 성장기에 육식에 대한 기호가 높아져 무연 가스 풍로가 레스토랑에 보급되자 야키니쿠 외식 산업이 일거에 약진했다.[20] 그러한 흐름 가운데 가정에서도 야키니쿠를 맛보고 싶은 사람들이 늘어갔다고 한다. 그 타이밍에서 모란봉이 만든 야키니쿠 소스의 등장은 상업적으로 성공을 거두어 오늘날에는 슈퍼마켓

인기상품의 하나로 정착되어 있다. 모란봉이라는 한반도 북부의 지명을 사용한 회사명과 장(된장이나 간장 등의 명칭에 사용하는 장)이라는 상품명의 판매 전략은 획기적인 것이었다. 또한 개성파 배우 요네쿠라 마사카네(米倉齊加年)가 등장한 TV 광고도 강렬한 인상을 남겼다. 지금도 그렇지만 당시 '재일'의 배우라도 일본 이름을 사용하여 민족성을 숨기는 분위기에서 일본인인 요네쿠라가 조선의 이미지와 결합된 야키니쿠 소스의 광고를 승낙한 일은 시대의 변화를 여실하게 나타내는 일이었다. 배우가 정치에 대해 거의 말하지 않는 일본의 예능계에서 요네쿠라는 당시 한국의 민주화운동에 연대를 표명한 사람이기도 했다. 그러나 요네쿠라는 그 탓인지 아닌지는 모르겠지만 그 야키니쿠 소스의 TV 광고 출연 때문에 상당한 비난을 받았다고 한다.

이러한 음식에 관련된 차별의 기억을 앞에 두고 지금의 한류 붐의 융성에는 눈이 휘둥그레진다. 한류 붐은 일본인이 조선이나 '재일'에 대해 갖는 부정적인 이미지를 어느 정도 불식시켰다. 파스타를 먹고 왔다고 말하는 것과 같이 김치찌개를 먹고 왔다고 말하는 일본인의 증가를 가져오고 있다. 그러나 간접적이라는 것이 적당한지 잘 모르겠지만 '재일'이라는 존재 그 자체를 무시하고 불가시화하는 문제는 여전히 남아 있다.

음식문화를 둘러싼 불가시화의 문제

코리아타운의 성황과는 정반대로 아직 '재일'은 헤이트 스피치나 울분을 통하는 창구 등의 대상으로 이용되는 존재이다. 차별의 대상으로서는 가시화되고 '재일'이 창조해 온 음식 문화는 일본풍이나 일본식의 요리로 흡수되어 불가시화가 지속되는 것도 '재일'을 둘러싼 현실이다.

일본 사회에서 '재일'의 존재는 차지하고 식문화조차 불가시화 혹은 일본에 동화 흡수되어 버린 예를 들어 보자. 미국에서 만들어진 '요시다 소스'라는 상품이 있다. 발안하고 기업을 일으킨 사장은 교토 출신의 '재일' 2세로 청년기에 미국으로 갔다. 고난에 직면했을 때 신세를 진 지인을 위한 보답으로 만든 창작 소스가 평판이 좋아 그 후 회사를 차렸다. 그 소스는 야키니쿠 식당을 하던 '재일' 1세인 모친의 맛에서 고안하여 개발한 바베큐 소스였다. 코스트코(Costco, 식품, 일용품의 회원제 제량 판매점)를 유통망으로 미국 시장으로 향해 'Mr. Yoshida's sauce Original Gourmet'로 팔기 시작하여 대성공을 거두었다. 지금은 해외에서 성공한 '일본인 기업가'로 소개되고 알려진 사람이다.

그 요시다 사장은 미국이나 일본의 공적인 자리에서 자기소개를 어떻게 하고 있는지는 모른다. 몇 군데의 일본 신문기사에서 '재일한국인의 가정에서 자랐다' '양친은 재일한국인'이라고 썼는데 본인이 '재일'한국인 2세라고 소개하지는 않는다. 국적에 따라 ○○인이라고 직결하여 인식하는 일본에서 그의 국적이 미국 국적, 혹은 귀화한 일본 국적이기 때문인지 이러한 설명 방식을 취하고 있다. 아니 아무래도 국적에 의존하고 있다고는 생각되지 않는다.

『이코노믹스』(2010.4.13.)에 게재된 기사의 표제어로 '이치로보다 유명한 일본인'이 있다. 당사자가 자기를 어떻게 규정하는지는 개인의 자유이다. 문제는 취재하는 측의 의식과 태도와 의도이다. 일본계 ○○인은 그 사람의 국적 여하와 상관없이 일본계로서 소개된다. 왜 '재일 조선인'이라는 출신은 숨기거나 혹은 애매하게 하여 무시하는 것일까? '재일'을 일본인으로 소개하는 것은 일본인이 '순수민족'이라는 이데올로기가 뿌리 깊은 관념으로 유통되고 있는 것과 서로 모순된다. '재일'은 일본의 편의주의로 조선인이 되거나 일본인이 되거나 한다. 식민지기의 '내선일체' 이데올로기의 망령이 이러한 형태로 나타나는 것은 아닌가 하고 생각된다.

경영 당사자에게 물건을 파는데 ○○인이라는 것은 결코 중요한 문제가 아니라고 생각하고 있는 것일까? 일본에서도 미국에서도 '일본 브랜드'가 대중적으로 좋은 상품이라는 이미지가 정착되어 있기 때문일까? 진의는 모르겠지만 성(姓)은 일본인풍의 요시다, 이름은 윤희(潤喜)로 한국식 이름일 것이라 생각되는 것을 '쥰키'라 하여 일본식으로 읽는다. 이 방법으로 자신의 출신과 아이덴티티를 보여줄 지도 모른다. 당사자의 선택이나 전략에 내가 뭐라 할 권리도 없고 바라는 것도 아니다. 문제로 삼고 싶은 것은 역시 일본 사회의 취급 방식과 인식의 양상이다. 그리고 그 인식에 익숙해져 있는 '재일'을 불가시화하는 사회 문화적인 압력과 차별성이 문제이다. 일본인이나 미국인은 아마도 틀림없이 'Yoshida sauce'는 일본인이 고안해 낸 일본의 조미료라고 생각할 것이다.

미국에서는 이 소스뿐만이 아니다. 미국에서 일본식 푸드의 도화선이 된 'Benihana' 체인점의 창시자인 롯키 아오키도 일본으로 귀화한 '재일'이다. 현란한 칼질을 보여주면서 제공하는 테판야키(Teppanyaki) 요리도 일본인이 경영하는 일본 음식으로 유통되고 있다.

한국계, 중국계 이민이 경영하는 스시바에서 스시를 만들고 있는 사람이 어느 나라 사람이든지 스시는 일본 음식의 대표로서 인식된다. 하지만 '재일' 음식인 야키니쿠는 그렇게 되지 않는다. 이러한 인식 방법의 비대칭성에 어떤 부조리를 느끼는 것은 내 개인의 과민한 반응에 지나지 않는다고는 말하기 어려울 것이다.

'재일' 식문화의 가시화를 향해

많은 미국의 소비자는 아시아의 역사나 사람들에 대해 확실한 지식이나 정보를 갖고 있지 않다. 하물며 일본의 소수자에 의한, 일본 식문화에 대한 공헌 등을 알아야 되는 이유도 없다. 일본과 미국의 경제적, 정치적 결합이 강한 탓인지 그 기원이 중국인 두부를 일본 음식이라 생각하는 사람도 많다.

2021년 필자 촬영

스시나 두부가 다이어트 음식으로 미국 사회에 들어간 것은 일본 경제력의 미국 진출의 반영인가, 단순하게 5개의 모음밖에 없는 일본어 제품명이 기억하기 쉽고 보급하기 쉽기 때문인가? 하와이의 어느 한국 두부 찌개 전문점 간판의 한글 표기는 한국어인 두부로 되어 있는데 영어 표기는 Tofu로 되어 있었다. 왜 중국어도 한국어도 아닌가? 손님을 모으기 위한 전략이라고 이해되지만 '재일'인 나에게는 안타까운 생각이 남는다. 이익이 최우선인 비즈니스에서는 어쩔 수 없을지도 모른다. 하지만 경제력의 크기가 시장성을 확대하는데 유리한 지렛대로 작동하는 한, 각 국에서 식문화의 기원성이나 다양성을 빼앗는 것이 되어버리는, 본래는 지역적 현상인 식문화의 독자성을 유지하는 것이 어렵게 되어간다. 하물며 '재일'의 음식 문화는 일본 식민지주의의가 남긴 부채의 유산으로서의 동화, 흡수의 대상이기 때문에 더욱 그러하다. 그러나 '재일'의 식문화도 일본음식의 해외 진출 전략이나 소개 방식을 모방하여 '재일' 1세가 낳은 야키니쿠 문화'로 전달, 공유 유통되어가야 할 것이 아닌가? 그것이 '재일' 1세의 고난의 역사를 인정하고 상기하는 것으로 이어지기 때문이다. 타자의 문화나 차별의 역사를 분명하게 인정한다면 살기 위해, '낙(樂)'을 위해, 사귀기 위해, 문화의 파편을 잇기 위해 '재일' 1세의 식문화는 일본에서도 해외에서도 계승되어 갈 것이다. 무엇이 '진짜'이고 '본고장'의 것인지라는 틀을 초월한 역사의 다이너미즘(Dynamism)에서 만들어진 식문화로서 '재일' 1세대의 맛은 더욱 변용하고 진화해 가면서도 그 뿌리와 흔적은 남기는 것이 바람직하다.

제국 후의 사람의 이동과 위기 관리 :
코로나 감염 확대 방지 방역대책과 관련하여

위기 관리를 생각한다

코로나 팬데믹으로 몸도 마음도 위축되는 상황에서 기억나는 만남이 있다. 2017년에 출판한 공저 『역사가 의학과 만날 때』[21]의 간행 과정에서 만난 서울대 대학원생과의 대화이다. 그는 이 번역서의 저자로 의학사를 전공하는 서울대 의학부 교수의 '문하생'이었다. 그 대화 내용은 역자 후기에서도 소개했는데 대학원생의 박사논문 연구 테마, 일본 식민지기의 감염병, 전염병에 대한 것이었다. 테마를 선택한 이유를 묻자 "'감염병 관리'라는 것은 '정치적 지배'보다도 효과적인 지배 장치가 될 수 있기 때문"이라고 한다. 그 짧은 대답에 그렇구나 하고 감탄했다.

지금의 코로나 감염소동을 둘러싼 세상의 움직임을 볼 때 감염증이 얼마나 사람들의 의식에 영향을 주고 경우에 따라서는 마인드 컨트롤의 지배 장치까지 될 수 있는지를 실감한다.

감염이 지구 규모로 발생한 지금의 코로나 바이러스는 곧바로 사람들의 마음을 위축시켜 자기 조절을 한 것처럼 생각된다. 일본과 비교적 비슷한 사회체제인 구미에서 인구 대비로 보면 일본의 수십 배의 감염자가 나왔다. 일본의 의료 기관 수나 많은 병상 베드 수를 보면 감염자 수가 서양의 수십 분의 1에 지나지 않는 일본에서 어째서 이 정도로 의료 체제의 절박함을 호소할까. 미디어는 그 구조적 원인을 그다지 화제로 삼지 않는다. 일본의 병원에서는 고령화가 진전된 일본 사회를 반영하여 많은 고령자가 병원의 베드를 점유하고 있는 현실이 있다. '의료의 절박함'의 배경 중 하나에 대다수의 병원 경영이 개호 사업화되고 있는 일본 의료 체제의 특이성이 있음에도 불구하고 그 문제에 대한 논의는 별로 없다. '의료의 절박함'이라는 정보가 매스미디어를 통해 흘러나와 사람들을 더욱 불안하게 만들고 있음에도 '의료의 절박함'이라는 실태가 무엇에서 유래하는가를 자신의 머리로 생각하지 않으면서 '위기감'을 갖는다. 이 수동성이 위기 관리에서 '지배 장치'적 성공의 정도를 보여준다고 생각한다. 즉 지금까지의 코로나 대응은 일본 정부가 다룰 수 있는 구체적인 대책을 보여주지 않은 채 '자숙요청'만이 중요한 것으로 되고 있다. 자숙에 응하는 '국민'은 얼핏 능동적인 행동을 취하고 있는 듯 보인다. 스스로가 그 요청에 부응하고 있기 때문에. 그러나 보는 방법을 바꾸면 무엇인가 효과적인 대책을 제시하지 못하는 정부에 대해 무비판적으로 따르고 있는 것처럼도 보인다. 좀 더 깊이 들어가 보면 일본 정부는 '요청' '협력'이라는 명분으로 결과적으로 '위'에서 말하는 것을 받아들이는 몰주체의 '국민'을 만들고 있는 것은 아닌가라고도 생각할 수 있다. 그리고 정치가나 관료가 취해야 하는 책임 있는 행동 지침과 그 실행을 '국민'에게 '자숙'이라는 형태로 전부 떠넘기고 있는 것처럼 생각할 수 있다. 그 떠넘긴 현장의 하나인 공항 검역 대책에서 출입국 수속과 3일간의 격리 문제점을 나 자신의 경험을 바탕으로 시간적 추이에 따라 정리하여 제국 붕괴 후의 '이동의 시대'에서 위기 관리란 무엇인가를 생각해 보고 싶다.

호놀룰루에서 일어난 일

2020년의 연말, 코로나 세 번째의 대유행이 한창이던 무렵 긴급한 일로 하와이에 갔다. 비행편의 감소가 계속되는 가운데 간사이 공항에서 직항편은 없고 나고야→하네다 그리고 다음날 나리타 발이라는 아주 변칙적인 노선밖에는 없었다. 나리타 공항에서 체크인할 때 같은 해 2월 말 시애틀에 갔던 때에는 없었던 수속이 하나 늘어나 있었다. 그때도 이미 감염자 수는 급증하기 시작했는데 각 국가 간의 출입국 제한은 아직 없었다.

새롭게 도입된 수속은 QR코드로 모든 개인정보를 입력해야 하는 것이었다. 스마트폰이 없는 사람은 어떻게 되는 것일까? 호놀룰루 공항 도착 후 그 QR코드를 제시하고 입력을 마치자 현지 가족의 전화번호에 공항 직원이 전화를 걸어 행선지를 확인한 후 공항을 나갈 수 있었다. 보통은 입국심사와 화물 수령을 마치면 그대로 공항 밖으로 나갈 수 있다. 수속의 추가는 코로나에서는 당연한지 모른다. 그러나 한편에서 나의 개인정보는 어디까지 보존되고 누구에 의해 관리되는지 확인하는 것을 잊어 상당히 신경이 쓰였다.

도착한 다음날부터 매일 2주간 공항에서 입력한 메일주소에 자가 격리를 인지시키는 내용의 메일이 도착했다. 기계적으로 매일 발송되는 메일 안의 한 곳을 클릭하는 단순한 것이었다. 그 너무나 단순한 방법이 어느 정도 유효하고 무엇 때문에 하고 있는가 생각할 정도였다. 행정상의 형식적이며 자기 만족적이라고도 할 수 있는 시스템에 응답하자 문득 위치정보를 확인하는 어플 등으로 감시당하고 있는 것일까 하는 쓸데없는 상상도 하는 것이다. 게다가 한국에서는 휴대전화를 사용한 위치 정보가 파악되고 있는데 휴대전화를 둔 채로 편의점에 갔는데 어떤 문제도 없었다는 학생의 체험을 직접 들은 적이 있다. 행정 시스템의 형식적 완성도에 한계가 보인다. 하와이의 경우는 본인이 체재하는 곳에 예고 없이 랜덤으로 시의 직원이 방문하여 자가 격리가 지켜지고 있는지를 직접 확인하는 방식이다. 지키지 않은 자에게는 마스크 불착용의 벌칙과 마찬가지로 상한선 5,000달러의 벌금이 부과된다고 한다. 이 금액이라면 필시 조금이라도 밖으로 나가보려는 생각은 들지 않는다. 이러한 상태라면 아파트 문에서 2~3미터 앞에 있는 쓰레기 집하소까지 가는 것조차도 주저할 정도이다.

자가 격리 위반과 같은 벌금이 부과될 가능성이 있음에도 불구하고 바닷가 해변 길을 조깅하는 사람 중에는 마스크를 착용하지 않은 사람도 있었다. 그러나 5,000달러라는 벌금과 랜덤 방문에 의한 감시는 기분 나쁜 느낌이 들어 두려웠다. 그것이 나에게는 효과가 있었는지, 매일 재발송 메일에 따르고 있는 동안에 뭔가 부당하게 감시당하고 있는 기분이 들었다. 규칙에 따르지 않으면 안 된다는 압박감, 그리고 부과되는 2주간의 이동 제한은 인간의 심리를 매일 이상하게 만드는 것이라는 생각에 이르렀다. 푸코의『감시와 처벌: 감옥의 탄생』[22]을 떠올릴 정도로 한정된 공간에서 나오지 못하는 부자유가 일으키는 고통이라는 것을 몸으로 느끼게 했다.

관광경제에 의존하는 하와이에서는 하와이 시민의 반응과 상관없이 제2차 유행 이후(2020년 8월) PCR검사 결과가 있으면 현지 사람도 관광객도 격리가 면제되었다. 그러나 나는 체류지에서의 자가 격리를 선택했다. 이유는 단시간에 검사 결과가 나온다고 들었던 나리타 공항의 검사 비용이 그 시점에서는 너무나 비싸서 어쩔 수 없이 포기할 수밖에 없었기 때문이다. 현재 일본에서는 낮은 비용의 검사 키트 등이 판매되고 있는데 '정규' PCR검사를 받는 비용은 높게 설정되어 있고 검사 장소도 한정되어 있기 때문에 검사를 받은 사람에게는 부조리하고 불합리한 상태가 계속되고 있다.

하와이에서의 2주간 자가 격리 기간은 무사히 끝났지만 그 '자가'가 아니라 '강제' 격리와 감시는 일본에 돌아왔을 때 발생했다.

방역대책의 변화와 문제점

돌아오는 비행기 편은 호놀룰루 → 후쿠오카 → 나고야라는 불편한 항로였지만 항공회사의 이익 우선에 따르는 갑작스러운 변경으로 간사이 공항 직항편이 되었다. 직항편으로의 변경은 나에게는 다행스러운 일이었다. 그러나 이 변경 편의 좌석을 확인하는 것이 쉬운 일이 아니라서 결과적으로 간사이 공항 도착 후의 여러 가지 문제와 조우하는 곤경스러운 처지에 빠지고 말았다.

간사이 공항에 도착하자 작년 8월에 일본에 돌아왔던 친척 한 분이 경험한 것과는 전혀 다른 입국수속이 도입되어 있었다. 작년(2020년) 8월 시점에서는 공항에서 PCR검사를 받고(본인 비용 부담 없음) 자택에 돌아갈 수 있으며, 제공해야 할 개인정보도 메일주소뿐이었다. 검사 결과는 2일 후 휴대폰 메일로 발송되어 머물고 있는 곳에서 2주간 동안 필요하지도 않고 급하지도 않는 선에서 자가 격리가 필요할 뿐이었다. 벌금도 과태료도 없고 '불요불급이 아닌 한'이라는 문구는 뒤집어 말하면 외출할 일이 생긴 경우에는 2주간 이내라도 밖에 나갈 수 있다는 것이다. 일본에서 작년까지의 방역대책은 내가 하와이에서 경험한 구속감이나 일종의 긴장감은 없었다.

그런데 이번에 나는 72시간 이내의 PCR검사 결과를 소지하지 않고 입국했기 때문에 3일간(3박 4일) 정해진 호텔에서 '강제' 격리당하게 되었다. 3일간 격리 규칙은 올해(2021년) 1월에 도입되었다고 한다. 검사 결과를 소지했다고 해도 72시간이 지났거나 일본 측이 요구하는 규정의 검사 방식에 의한 증명서가 아니면 격리 면제를 인정해 주지 않는 경우도 있다고 한다. 각국의 여행자 중에 어떤 사람이 일본의 PCR검사 방식은 독자적이며, 어떤 증명서 양식이 요구되는지에 대해 알고 있을까? 대사관이나 외무성은 일본에서의 검사 방법이나 그 양식을 어느 정도 구체적으로 설명하고 명기하여 알리고 있을까? 이외에도 명료하지 않은 운영이 있다. 도착이 연착되었기 때문에 72시간이 지난 경우 지참한 검사 결과를 인정하지 않는 경우도 있다고 한다. 이것으로는 검사 비용을 부담하여 도항 준비를 해온 여행객들에게는 불만이 심해지고 경우에 따라서는 분노까지도 터져나올 수밖에 없다.

실제 그러한 분노 감정이 폭발하여 저항하는 사람도 있는 것 같았다. 이처럼 새롭게 도입된 규칙에는 기준이 맞지 않는 것이기에 대응에 고심하는 일도 있다고 흘리는 공항 직원이 상기의 방역대책의 실태를 설명해 준다.

PCR검사 결과의 제시라는 새롭게 도입된 규칙을 알게 된 것은 호놀룰루 공항에 도착해서의 일이었다. 출발 예정 전날에 도착한 결항 알림에서 거의 하루 종일, 전화로 문의를 해도 대체 편이 확인되지 않았다. 확인이 되지 않은 채로 어쩔 수 없이 아침 일찍 공항으로 향했다. 거기에서도 코로나의 영향으로 두 항공회사가 변칙적인 운행을 하고 있었기 때문에 책임의 분담 (발권 항공회사와 비행 항공회사)이 달라서 더욱 혼란이 거듭되었다. 옥신각신하면서 겨우 변경 편의 좌석을 확보할 수 있었다. 안심한 것도 잠시 항공사 직원이 아주 미안한 듯 '아마도 3일간 격리가 있을 겁니다'라고 했다. 놀라는 나에게 그녀는 계속해서 '도쿄에서는 그렇다고 하는데 간사이 공항에서의 운용은 모르겠습니다'라고 말했다.

출발 전에 방역대책 방침 변경을 확인하지 않았던 나 자신의 책임이라 한다면 할 말이 없다. 그러나 출발 수개월 전에는 없었던 규칙이기도 하여 규칙 변경은 생각 밖이었다. 그것보다도 갑작스러운 결항에 따른 대체 편의 항공권을 얻는 것이 무엇보다도 급선무였다. 항공편이 계속해서 줄어드는 가운데 다음 항공편이 며칠 후가 될지 모르는 이상 또다시 항공권을 구입하지 않으면 안 되는 가능성이 있었다. 그러한 가운데 도착 후의 걱정까지 해야 할 여유는 없다. 무엇보다도 탑승하는 것이 먼저였다.

아무리 코로나라 해도 항공회사의 이윤을 우선한 것 같은 갑작스러운 변경도 받아들이기 어렵지만 정부의 철저한 방역대책의 알림이 수반되지 않는 채 이루어지는 변경도 납득하기 어려웠다. 가령 감염증의 확증세나 그 본질이 예상 불가능이라 해도 대책 변경과 그 알림의 수단이 잘 매칭되지 않는다는 인상을 부정할 수 없다. 거기에 공적 기관의 홍보문이 종종 그러한 것처럼 이번에도 문구가 애매하여 혼란을 일으킬 수밖에 없는 내용이었다.

항공권을 확보한 후 혹시나 해서 항공회사 직원이 말했던 격리에 대해 최신 정보를 공항에서 체크했다. 거기에는 외국인, 일본인을 막론하고 PCR 검사 결과 제시가 요구된다고 되어 있었다. 그러나 그 문구에 이어 '3일간의 강제 격리'에 대한 언급은 없었다. 이와 관련해서는 다른 페이지에 기재되어 있었을지도 모른다. 하지만 그 격리 정보 항목 안에 '3일간의 강제 격리'가

기재되어 있지 않은 것은 불친절할 뿐 아니라 경우에 따라서는 오해도 생겨난다. 또한 이상하다고 생각한 것은 이어지는 문장에 출국지와 체재지에 따라 달라진다는 것이다. 이것은 입국 규제에 대한 것인지, 검사 결과 제시 요구에 대한 예외도 있다는 것인지 알기 어렵다.

애매함이 일반적인 것으로 허용되는 일본 사회 독자적인 생활 문화만의 기술 방식일까? 아니 문화라기보다는 책임소재를 애매하게 하는 관청의 자위적 체질의 표출일지도 모른다. 애매함은 표현의 차원만이 아니다. 나는 일본에서 태어나 자랐는데 외국 국적이기 때문에 출입국에 관해서는 언제나 민감하게 반응한다. 코로나 재감염 유행 때에 입국한 친척의 방일에 대비하여 관계 소관에 문의하여 얻은 정보가 떠오른다. 예를 들어 재유행의 방역 대책은 PCR검사 결과의 제시 등이 아니라 신규 입국 외국인과 재입국 외국인에 대한 입국 제한을 어떻게 할지가 주요한 문제였다. 그리고 당초는 신규이든 재입국이든 '특별영주자격' 소지자 이외의 외국인에게는 입국 제한을 걸었다. 그러나 그 때문에 일본에 돌아오지 못하는 재입국의 유자격자가 늘어 그들에 대한 입국 제한 문제가 커지자 재입국허가증을 가지고 출국한 자의 입국은 인정한다는 극히 단기간에 규제 내용의 변경이 발생했다. 완전히 허둥지둥한다고밖에는 말할 수 없는 정책 변경에 우리도 그렇지만 많은 외국인 학생이 당혹해했다.

한 번, 두 번 바뀌는 정부의 대응 방식은 단순하게 상정 외의 미증유의 사태이기 때문이라고는 말하기 어렵다. 최근 SARS, MARS, 뎅기열, 에보라 출혈열 등 감염증 문제와 그 대책에 대해 검증과 대비의 정책이 긴요하다는 것을 많은 사람이 실감하고 있다는 것은 당연하다. 이번의 늦은 코로나 대응이나 일관성을 가진 정책을 내지 못하고 있는 이유는 무엇인가? 하나는 2012년에 제정된 신형 인플루엔자 대책 특별 조치법의 내용이 계속하여 검토되지 않고 구체적인 정책으로 진보 실천되지 못했기 때문이 아닐까? 감염의 확대나 그 위협의 크기에도 불구하고 관계 단체들(의료계, 관광업계, 요식업계 등)의 합의 형성을 얻기가 어렵기 때문일 것이다. 즉 기득권익의 망위에 성립된 여당 정치의 한계가 생각지도 않게 노정되었다는 인상을 가진 사람은 많을 것이다.

간사이 공항에서 벌어진 일

간사이 공항에 도착하여 게이트를 나가자 통상과는 다른 수의 직원이 기다리고 있었다. 항원검사를 받기 위해 입국 수속 전에 전 승객이 한 곳에 모였다. PCR검사 결과 소지자도 마찬가지로 검사가 시작되었다. QR코드에 개인정보 입력이 또다시 요구되고 대응하는 직원의 수(와 승객 수)에 비해 검사도 수속도 상당히 시간이 걸렸다. 새로운 대책 때문인지 직원의 익숙하지 않은 지시 방법은 교육을 충분히 받지 않았을 것이라고 쉽게 추측되었다.

드디어 내 차례가 되자 소정의 용기에 일정한 양의 타액 주입을 요구당했다. 그러나 연령과 함께 줄어드는 타액은 요구되는 분량까지 좀처럼 차지 않았다. 가래가 섞이지 않으면 안 된다고 하니 더 힘들었다. 주춤하고 있으니까 검역 직원인지 급하게 동원된 임시 직원인지 하는 사람이 볼의 한가운데를 누르면 타액이 나오기 쉽다고 가르쳐 주어 열심히 누르자 정말 잘 나왔다. 이제 이것으로 됐구나 하고 생각하자 마지막 단계에서 PCR검사 증명서 제출을 요구했다. '없다'고 답하자 3일간 소정의 호텔에서 격리된다고 한다. 승객이 적어 생각지도 않게 넓은 기내에서 충분히 수면을 취해서인지 3일간의 격리 가능성을 완전히 잊고 있었다. 놀라서 바로 나온 질문이 '숙박비용은 누구 부담입니까?'였다. 그러자 '이쪽에서 지불합니다'고 했다. 순간 안심했지만 역시 그것으로는 곤란하다. '만약 따르지 않으면 어떻게 됩니까?'고 물었지만 대답해 주지 않았다. 결과적으로는 PCR검사 결과 증명서가 없다는 것으로 3박 4일의 '강제' 격리 대상자가 되고 말았다.

여기까지 몇 시간 걸렸을까? 새롭게 급거 도입된 대책이었기 때문인지, 혹은 '위'의 무책임한 현장 위임 방식 때문인지, 직원들도 당혹하고 있는 느낌이 들었다. 한편 이번에 감동한 것은 직원들의 태도였다. 예전과 달리 정중하고 친절했다. 통상적이지 않은 여러 가지 번잡한 수속에 협력하지 않으면 안 되기 때문인지 특히 격리에 관하여는 '강제'성이 있으면서도 어디까지나 협력 요청이기 때문에 따르지 않으면 곤란하기 때문인지, 공항 직원의 태도는 서비스 지역의 종업원처럼 저자세였다. 그 외에도 아마도 직원 자신이 새로운 업무에 익숙지 않아서 입국자들, 특히 외국인의 반응에 대해 신중했을지도 모른다. 이전에는 외국인에 대한 혐오적인 태도와 고압적으로 불친절했던 입국심사 직원들의 대응과는 전혀 달랐다. 불만이나 불평에 가까운 나의 소소하고 번거로운 질문에도 대답할 수 있는 범위 내에서 친절하게 대답해 주었다. 하지만 PCR검사 결과 '미소지'를 나타내주는 적색 리본의 이름표를 목에 건 나를 보고 다른 직원이 '아아 미소지'라고 내 옆에 있던 직원에게 말을 걸었을 때는 기분이 나빴다. 무시하여 거리를 두려는 말투로 자신들만의 업무 용어를 사용하여 타자를 유형화하는 방식에, 이름표의 적색 표상도 그렇지만 음성 결과가 나온 후였음에도 마치 '위험인물'로 취급당한 기분이 들었다.

장기간 비행이나 검사 등으로 너무 피곤해진 것도 있어서 어쩔 수 없이 '서약서'에 사인을 했다. '서약서'에는 감염에 대한 주의 사항과 위반할 경우에는 이름과 외국인인 경우에는 국적의 공표, 그리고 재류자격의 취소, 퇴거 강제의 수속 대상자가 된다고 기재되어 있었다.

호텔에서 벌어진 일

지정된 호텔은 항원 검사 결과가 음성자와 양성자가 다르다고 한다. 나는 음성이었기 때문에 직원이 '수준이 좋은 쪽입니다' 하고 위로해 주듯 말했는데, 이 말이 귀에 울렸다. 음성자용 호텔은 공항에 인접하여 걸어서 갈 수 있는 거리에 있다. 그럼에도 미니밴 택시가 준비되어 있어 마치 'VIP'로 취급하는 듯 한 대우이다. 하지만 그게 아니다. 음성이라도 위험시되고 있기 때문이다. 혹은 음성자, 양성자와 상관없이 호텔까지는 택시라는 매뉴얼이 있기 때문일지도 모른다. 만약 양성이었다면 택시 운전수에 옮길 가능성이 있기에 구급차일까 하고 생각했었다.

호텔에 들어서자 또 다른 검역 직원이 대기하고 있었다. 이 격리정책을 위해 방을 대량으로 빌렸는지 격리자 전용의 엘리베이터가 설정되어 있었다. 거기에 이어 통로 앞에는 하얀 천으로 가려 나뉘어 있었다. 엘리베이터로 향하는 제복을 입은 직원의 뒤를 따라가는 나는 보통의 숙박객이 아니라는 것은 누가 봐도 뻔하다. 호텔의 홈페이지에는 후생노동성의 관할하, 1차 대기실을 제공한다고 되어있었다. 표현이 좋다. 격리시설이라고는 하지 않는다. 호텔 도착 후에도 호텔 측 스태프는 일절 관여하지 않는다. 나는 검역 직원의 지시에 따를 뿐으로 그 직원 뒤에 따라가면서 아무것도 말할 수 없는 기분이 들었다.

이 직원은 엘리베이터에서 내 방이 있는 층까지는 오지 않는다. 내 방이 있는 층에서는 또 다른 직원이 대기하고 있었다. 해외에서 온 자와 직원이 엘리베이터라는 밀실에 함께 있는 것을 회피하기 위한 것 때문인 듯하다. 방이 있는 층에서 대기하던 직원은 내가 커다란 가방을 방에 들여 넣으려 하자 문을 열어 짐을 들여 넣을 때까지 문이 잠기지 않도록 붙잡아 주었다. 그의 몸의 위치는 방에 들어가서는 안 된다는 규칙일 것이라고 한 발짝이라도 방에서 멀리 나로부터도 될 수 있는 한 멀어지도록 하였다. 마치 만지면 위험한 것이 있는 듯한 포즈가 보기 흉해서 마치 세균맨을 다루고 있는 듯했다. 공항에서의 수속은 모두 직원이 바로 옆에서 대응했는데 호텔에서의 공항 직원은 적어도 나로부터 떨어지려 하는 이것도 매뉴얼대로인지, 본인의 성격의 차이인지 이해가 어려웠다.

장시간에 더하여 불쾌한 모든 과정이 끝나고 방에 들어가자 피곤하기도 하여 약간 다행이다 싶었다. 2시간 가까이 걸리는 자택에 돌아가는 것보다 일단 괜찮다고 생각하기도 했다. 노트북이 있으면 어느 정도 일은 할 수 있으며 저명한 작가가 호텔에 갇혀 원고를 쓰는 비슷한 체험이라도 하는 건가 하고 가볍게 생각해 보기도 했다. 그러나 2일째 오후가 되자 그러한 유희적인 마음은 날아가 버리고 점점 조바심을 시작으로 답답한 분노의 감정이 부글부글 끓어올랐다. 방의 창문이 조금밖에는 열리지 않는 호텔 내부에 있는 편의점에 가는 일은 물론 로비에 나가는 것도 불가능하다는 불편함에는 걱정이 없다. 필요한 것이 있으면 직원이 대행하여 사다 준다고 한다. 그러나 방에서 한 발짝도 나갈 수 없다는 것은 구금 반응 같은 것을 떠오르게 하여 심리적인 고통이 있다. 방에 있는 전화는 프론트에는 연결되지 않고 공항검역으로 연결되어 호텔이 아니라 구치소에 수용된 느낌이 들었다. 또한 이 격리자에 대해 '입소' '퇴소'라는 업계 용어 같은 말이 사용되고 있었는데 이것도 왠지 위화감이 있다.

공간적 위압감이나 시간적 구속감에서 오는 스트레스와 불쾌감이 더욱 불거진 것은 24시간 체제로 감시당하고 있다는 것을 쓰레기를 배출할 때 알았기 때문이다.

무상으로 제공되는 식사는 편의점 도시락으로 방문 옆에 있는 의자 위에 놓고 매번 벨을 눌러 알려준다. 문을 열고 직접 손으로 건네주는 일은 하지 않는다. 누가 앉았었는지 모를, 그것도 냄새가 배어있을 것 같은 앉는 부분이 천으로 된 의자 위에 두기 때문에 위생적이지 않은 것을 의식한 내가 '운반용 손수레나 테이블은 없는 것인가요'라고 묻자 '죄송합니다. 없습니다'라는 대답뿐이었다.

최초의 조식은 흰색 케이스에 몇 개의 크로와상과 요구르트에 편의점 샐

러드가 들어 있어 그럭저럭한 맛을 즐겼다. 그러나 그 후의 조식은 미니빵과 요구르트뿐으로 팔다 남은 것은 아닐까 하고 추측할 정도로 대충 비닐봉투에 넣은 것이었다. 벨의 신호로 그 봉투를 가지러 가는 동안 순간 결식하는 자와 같은 쓸쓸한 기분이 되어 '양심수'가 부당함을 호소하기 위해 식사를 거부하는 심정이 아주 조금이기는 하지만 알 것 같은 기분이 들었다.

보기에는 1식 500엔 전후의 식사로 보이는데 4일간 점심 저녁도 거의 같은 내용물로 매번 고등어가 들어 있었다. 다른 것이라면 소금구이인지 된장 조림인지 뿐이다. 고등어를 좋아하는 사람을 배려한 것은 아니겠지만 좁은 방안에 생선 냄새가 매번 가득 찬다. 식후 쓰레기를 밖으로 배출할 때 문 앞의 통로에서 감시하는 사람이 있는 것을 눈치챘다. 눈이 나쁜 나는 짙은 감색의 제복 모습의 경비원이 경찰로 보여 경찰인가요 하고 묻자 아니라고 한다. 호텔이나 공항 경비원인가요 하고 다시 묻자, 그 사람은 우물거리면서 민간 경비회사에서 파견되어 왔다고 한다. 그러나 정말 나 한 사람만을 위한 경비일까 하고 생각하여 더 물어봤다. 그러자 엘리베이터를 낀 방향의 방에도 한 사람이나 두 사람이 더 있다고 한다. 각 층에 두 명의 경비원이 24시간 교대로 두세 명을 위해 필요할까 하는 감시를 하는 것이다.

그들이 앉는 의자는 내 방의 문 바로 앞에 있어, 목소리가 큰 나는 전화 소리에도 신경을 쓰지 않으면 안 되겠구나 하고 생각했다. 시간이 지남에 따라 이 거리에서는 샤워를 하는 것에도 신경이 쓰인다. 감시도 그렇지만, 그 이상으로 이 거리감에 뭐라고 표현하기도 어려운 기분이 들었다. 세 번의 식사 쓰레기를 버릴 때마다 1미터도 되지 않는 거리에 남성 경비원이 있는 것은 불쾌감에서 고통으로 변했다.

실로 24시간 감시의 대상이 되자 여러 가지 의문이 끓어올랐다. 감염자의 급증이라는 시기도 아니고 확대 방기라는 것에는 너무 늦은 이 시기에 음성자에 대해서도 자가 격리에서 강제 격리가 된 배경은 무엇인가, 강제할 수 있는 법적 근거는 무엇인가? 신경이 곤두선 나는 법적 근거를 묻기 위해 방에 있는 전화로 검역 직원에 물었다. 검역법 제6조라고 한다. 동료 교수는 어느 조항도 부탁 외에는 할 수 없을 것이라고 했다. 그래서 나는 더 물었다. 음성결과인데도 만약 내가 시민적 불복종으로 강제 격리를 따르지 않는다면 어떻게 되는 것인가요? 체포됩니까? 애당초 이 제6조의 조항으로 체포할 수 있나요? 하고 따지는 나의 질문에 아니, 글쎄요처럼 명확한 대답은 없었다.

격리에서 해방된 4일째의 아침 일찍 또다시 항원 검사가 있었다. 그 결과는 물론 음성이었다. 만약 양성이라면 더 심한 격리가 될까? 그 경우 대처나 설명용 매뉴얼이 갖추어져 있을까?

그 후 2주째의 마지막 날까지 후생노동성에서 매일 하와이에서의 체류 때와 마찬가지로 재발송 메일이 왔다. 하와이와 달리 두 곳을 클릭하는 곳이 있고 마지막 페이지에는 '협력해 주셔서 감사합니다'는 문구와 함께 협력하지 않으면 이름을 공개하는 경우가 있다는 위협적인 문장으로 끝맺고 있다. 결국 모든 자가 자숙과 협력 요청인가, 강제인가, 관리인가, 지배인가 묻지 않으면 안 되는 것이다.

위기 관리란 무엇일까?

비상사태 선언에 따라 발령된 방역대책의 하나로 3일간의 격리정책은 명확히 '위기 관리'의 하나이다. 그러나 나는 이 말을 다른 의미로 이해해 왔다. 내가 처음 들은 것은 1990년대였다고 기억한다. 당시 미국에 살고 있어 일본에서의 영주자격을 지속적으로 유지하기 위해서는 1년, 현재는 '재입국 허가'로 2년, 허가 신청하여 최장 6년 이라는 재입국 기간 안에 돌아와야 한다. 당시 친구들과의 대화 문맥에서 위기 관리라는 것은 지배 이데올로기 침투의 한 방법으로 '국민' 간에 위기감을 부추겨 공포감을 심어주어 위축시키는 관리 방법이라고 생각했었다. 그런데 어느 날 근무지의 위기 관리 체제가 없다고 동료가 분개하고 있는 것을 듣고는 내가 이해하던 '위기 관리'와는 다른 '위기 관리'의 존재를 알게 되었다. 그래서 조사해 봤더니 방재, 방위, 금융위기 등 재해나 유사시에 관한 연구가 대부분이었다. 즉 내부의 국민에 대한 위기 관리와 외부로부터의 위기에 대응하는 관리 두 방향의 '위기 관리'가 가능하다고 해석할 수 있을 것이다. 그러나 한편으로 여기서 기술해 온 것처럼 위기 관리를 위해 동원되는 곳곳의 규제나 규칙, 그리고 감시는 '요청' '협력'이라는 미명 아래 우리들을 농락하고 교묘히 지배하고 있다는 것을 더욱 자각하지 않으면 안 될 것이다.

우리들이 '위기 관리'의 배경에 있는 권력의 행사를 얼마만큼 주시할 수 있는지에 따라 우리들의 주체적 자유도는 크게 달라질 것이라 생각된다. 위기 관리에 수동적으로 반응하여 위축되지 않기 위해 그리고 사고나 행동이 매뉴얼화된 인간이 되지 않기 위해서도 위기 관리의 상황과 의미를 다양한 각도에서 생각하는 것이 바람직할 것이다. 왜냐하면 '제국'의 지배 방식은 국가와 시대에 따라 형태가 바뀌기는 했지만 권력(자)가 '민(民)'을 지배한다는 목적은 변하지 않고 현재도 계속되고 있기 때문이다.

미주

제3장

* 필드리서치에 대한 자세한 내용은 『帝国の時代とその後』(共著, 関西学院大学出版会ブック レット, 2021年)에 수록되어 있으니 참조하기 바란다.

제5장

1 松島泰勝, 『アジア太平洋研究選書 ミクロネシア: 小さな島々の自立への挑戦』, 早稲田大学出版部, 2007年, 7頁.

2 이 표현은 오랫동안 한반도와 일본의 관계를 상징하는 것으로 사용되어 왔지만 한반도와의 관계에 있어서는 정신적 혹은 일본인의 심적 거리를 나타낸다고 할 수 있다.

3 上野隆生, 『近代日本外交史における「北進」と「南進」』, 和光大学現代人間学部紀要 第一号, 2008年3月.

4 마크·R·비티, 『日本植民地支配下のミクロネシア「岩波講座: 近代日本と植民地」1植民地帝国日本』, 岩波書店, 1992年, 190頁.

5 중요성의 구체적인 예로서 '독립 국가' 성립 후 일찍이 일본 영사관 설치나 어업권, 수산 수출의 상대국이 일본이 제1위인 것과 군사적인 면에서 미국과의 동맹국이라고 하는 측면 등.

6 니시하라 기이치로(西原基一郎), 오사키 마코토(小崎真), 이즈오카 마나부(出岡学), 나카무라 사토시(中村敏) 등을 들 수 있는데 '남양전도단' 만을 쓴 것은 니시하라 기이치로뿐이다.

7 조세프·S·나이·주니어, 『国際紛争(原著第6班): 理論と歴史』, 有斐閣, 2007年, 75頁.

8 일본도 1914년 전쟁에 돌입한 단계에서 이미 한반도에서 조선인들이 강제동원되고 있었다.

9 장=자크·베케르·게르트·크루마이히, 「仏独共同通史第一次世界大戦(上)」, 岩波書店, 2012年, vi夏.

10 아리가 사다히코(有賀彦)는 「북진」론과 「남진」론이라는 논문에서, 세계대전 1년 전에 발행된 잡지 「태양」에서 거론되고 있는 「경제적 평화적 남진」은 당시 남양의 섬들의 종주국이 영국, 미국, 프랑스, 독일 등 제국주의 국가여서 군사적 지배를 하고 싶어도 할 수 없었던 지역이었기 때문이라고 하는데, 군사력을 발동할 수 있는 제1차 세계대전은 더할 수 없이 좋은 기회였으므로 전쟁 발발 후 곧바로 독일령이었던 남양군도에 상륙했다고 지적하고 있다. 『東アジア研究年報』(28), 1986年, 85-102頁.

11 비공식적인 승인은 다음과 같은 각서를 보면 명확하다. '2월 15일 친다 스테미(珍田捨巳) 대사가 모토노 이치로(本野一郎) 외무대신 앞으로 전보 제64호 산동성 및 남양군도 문제에 관한 영구정부의 보장 통지의 각서'
No. 64. Memorandum.
His Majesty's Ambassador at Tokyo has been instructed to make to the Japanese Minister for Foreign Affairs statement in the following terms: His Majesty's Government taccede with pleasure

to the request of Japanese Government, for an assurance that they will support Japan's claims, in regard to the disposal of Germany's rights in Shan-tung Province and possessions In Islands, north of Equator, on the occasion of peace conference, it being understood that the Japanese Government will, in the eventual peace settlement, treat, in the same spirit, Great-Britain's claim to German islands, south of Equator Foreign Office February 13th, 1917」(『日本外交文書』大正六年第三冊, pp. 642-643).

12 等松春夫, 『日本帝国と委任統治: 南洋群島をめぐる国際政治』1914-1947, 名古屋大学出版会, 2011年, 14頁.

13 矢崎幸生, 『ミクロネシア信託統治の研究』, 御茶ノ水書房, 1999年, 48頁.

14 矢崎幸生, 상게서, 22頁.

15 松島泰勝, 전게서, 35頁.

16 国際連盟規約の全文は, http://www.doshisha.ac.jp/~karai/intlaw/docs/on.htm.

17 千住一, 『委任統治期南洋群島における内地観光団に関する覚書』, 立教大観光学部紀要 第8号, 2006年3月.

18 今泉裕美子, 『国際連盟の審査にみる南洋群島現地住民政策』, 歴史学研究 No.665, 32頁.

19 出岡学, 『南洋群島統治と宗教一九一四~二二び海軍統治期を中心に』, 史学雑誌 第112編第4号, 2003年, 52頁.

20 出岡学, 상게서, 54頁.

21 出岡学, 상게서, 52頁.

22 出岡学, 상게서, 56頁.

23 JACAR(아시아역사자료센터)Ref.C10128158900 第46画像目.

24 JACAR(아시아역사자료센터)Ref.C10128158900 第42-45画像目.

25 JACAR(아시아역사자료센터)Ref.C101281589C0 第47画像目.

26 이 선교단체는 1907년에 아메리칸 포드와 공식적으로 선교의 자유에 대한 합의를 확인했다. Forman, Charles W., *The Island Churches of the South Pacific Emergence in the twenty century, American Society of Mission*, NY: Orbis Books, 1982, pp.62-64.

27 마크피티, 전게서, 195頁.

28 다만 군에 의뢰하기 전에도 개별적으로 조합교회 목사들이 이 지역을 방문하고 있었다.

29 JACAR(아시아역사자료센터) '이데 겐지(井出謙治) 해군차관' 및 '야마나시 가쓰신(山梨勝之進) 군무국 제1과장'이 작성에 관여했다고 추측할 수 있다. 각서 1919년1월-6월 자료. アジア歴史資料センター, https://www.jacar.go.jp/index.html, Ref.C10128158800 第11画像目.

30 JACAR(아시아역사자료센터)Ref.C10128158800 第11画像目.

31 당시의 조합교회의 회의록에 기록이 없다.

32 JACAR(아시아역사자료센터)Ref.C10128159700 第22画像目.

33 西原基一郎, 『日本組合会海外伝道の光と影(2)』, 基督教研究 51, 1989年, 69夏.

34 1919년 6월 13일 내각 회의에서 남양군도에 대한 선교 정책이 결정되었다.

35 小崎真, 『戦時下における日本基督教団の宣教1: 東亜局を中心に』, 桜美林論集 第28号, 2001年3月, 37頁.

36 李省展, 『アメリカ人宣教師と朝鮮の近代: ミッションスクールの生成と植民地下の葛藤』, 社会

  評論社, 2006年, 207頁.

37 「南洋伝道団事業報告書」, 昭和5年度(1930年), 1頁.

38 西原一郎, 전게서, 100頁.

39 「南洋伝道団事業報告書」, 昭和8年度, 5頁.

40 내가 2012년과 2013년 2번에 걸쳐 그 교회를 방문하여 사진을 찍었다.

41 2011년 12월 로버트 에즈라(Robert Ezra)의 아들이며 3번째 목사인 사부로 로버트와의 인터뷰에서.

42 2013년 8월 필드리서치에서.

43 田中栄子, 『優しいまなざし』, ポナペ宣教記録発行委員会, 1980年, 46-48頁.

44 小崎真, 전게서, 41頁.

제6장

1 Lee Changsoo and De Vos George, *Koreans in Japan: Ethnic Conflict and Accommodation*, University of California Press, 1981.

2 松尾章一, 「朝鮮人虐殺と軍隊」, 『歴史評論』 521号, 1993年.

3 松尾章一, 상게서.

4 Weiner Michael, *The Origins of the Korean Community in Japan 1910-1923*, Humanity Press International, 1989.

5 松尾章一, 전게서.

6 Lee Changsoo and De Vos George, op.cit.

7 松尾章一, 전게서.

8 姜徳相・琴秉洞 編, 『関東大震災と朝鮮人——現代史資料(6)』, みすず書房, 1963年.

9 姜徳相・琴秉洞 編, 상게서.

10 松尾章一, 전게서.

11 姜徳相, 『サイニュース』 44号, 2002年.

12 Weiner Michael, op.cit.

13 樋口雄一, 「自警団設立と在日朝鮮人—神奈川県地方を中心に」, 『在日朝鮮人史研究』 14号, 1984年.

14 朴慶植, 「天皇制国家と在日朝鮮人」, 社会評論社, 1986年.

15 Ryang Sonia, *Ethnic Horror Story: The Great Kanto Earthquake and the Great Massacre of Koreans in 1923*, トロント大学, メリーランド大学, パーク大学における講演, 2003年3月. Anthological Quarterly2003年秋.

16 Lin Peter, "The Nanking Holocaust Tragedy, Trauma and Reconciliation", Kevin Reily 他 編, *Racism: A Global Reader*, M.E. Sharpe, 2003.

17 丸山眞男, 「超国家主義の論理と心理」, 『現代思想の思想と行動(増補版)』, 未来社, 1964年.

18 Weiner Michael, op.cit.

19 山田昭次, 「関東大震災朝鮮人虐殺と日本人民衆の被害者意識のゆくえ」, 『在日朝鮮人史研

究』25号, 1995年.

20 関東大震災時に虐殺された朝鮮人の遺骨を発掘し追悼する会 編, 『風よ鳳仙花の歌をはこべ: 関東大震災・朝鮮人虐殺から70年』, 教育史料出版会, 1992年.

21 金石範, 「『騒擾』はだれが起こすのか」, 内海愛子・高橋哲哉・徐京植 編, 『石原都知事三「国人」発言の何が問題なのか』, 影書房, 2000年.

제7장

1 이 표기는 남북 어느 쪽을 가리키는 정치적 의미는 아니다. 전쟁 전부터의 사람들을 가리키는 역사, 사회 과학의 용어로서 사용하였다.

2 菊池夏野, 『ポストコロニアルとフェミニズムの接点─スピヴァク, 「慰安婦」, 「ジャパゆき」』.

3 1960년대부터 독일 등에 간호사로 이민 간 사람들이나 남미 등 근래에 증가하고 있는 오스트레일리아 등지의 이민 사회는 수적으로도 지리적으로도 분산되어 있기도 해서 여기에는 포함할 수 없다.

4 예를 들어, 高崎宗司, 『検証日韓会議』, 岩波新書, 1996年, p.ii 등 참조.

5 1991년에 구 식민지 사람들이 가지고 있던, '한국' '조선' '대만' 국적 소유자가 이 법적 지위로 일률화되었다.

6 岩波書店, 『世界』 1998年10月号, 1991年1月号, 1991年5月号 참조.

7 張原銘, 『台湾におけるポストコロニアル研究の現状と課題の一考察──陳芳明によるポストコロニアル研究の』, 立命館産業社会論集 第39巻第3号, 2003年12月.

제8장

1 원고를 쓸 때마다 같은 주석을 써야 하는 것에 대해 비애가 수반되는 복잡한 생각이 들지만, 이 표기는 남북 어느 쪽의 '국가'를 지지 혹은 무시하고 있는 것과는 관계없이, 전쟁 전의 식민지 지배의 결과로 일본에 살게 된 한반도 출신 사람들과 그 자손을 가리키는 것이다.

2 일본 엔으로 10억이라는 금액은 'nothing'이라고 일본계 미국인 주의원 친구가 말했다. 전시 중 강제수용된 일본계 사람들에게 지불되었던 일인당 2만 달러의 금액도 충분치 않지만, 그에 비해서도 이것은 너무 심하다고 한다. 뿐만 아니라, 이 돈은 피해자 개인에게 가지 않고, 한국 측이 설립하는 재단에 간다고 한다. 게다가 미국 정부의 거출금은 잘못을 인정하여 제공되는 리드레스(redress, 시정)의 명목으로, 보상금(compensation)과는 그 성격이 다른 것이었다.

3 일본에서는 171개 시민 단체가 반대를 표명하고 있다. 2016年2月5日 緊急シンポジューム模様の動画サイト参照. https://www.youtube.corn/watch?v=bl.3lqa4klug&feature=youtube.

4 '종군 위안부'에 관한 문헌은 많이 있다. 여기서는 최근의 논문이며 또한 일본인 여성에 의한 일본 사회의 문제로서의 시점이 명확하다는 점에서 언급하고 싶다. 岡野八代, 『従軍慰安婦: 問題と日本の民主主義』, 『抗路』, 抗路舎, 1号, 66-79頁, 2015年.

5 岩崎稔・大川正彦・中野敏男・李孝徳編, 『継続する植民地: ジェンダー / 民族 / 人種 / 階級』, 青弓社, 2005年. 10년도 더 전에 발간된 책의 제목과 문제의식이지만 아직도 그 시좌는 유효하고 중요하다고 생각한다.

6   이 말은 2013년도 '신어 유행어' 10위에 들어갔다고 한다. 그러나 일부 시민 사회에서만
    사안의 중대성을 인정하는 것처럼 보인다.

7   헤이트 스피치에 대해서 이와나미 신서판『헤이트 스피치란 무엇인가(ヘイトスピーチとは何
    か)』에 간략하게, 그러나 정중하게 설명하는 모로오카 야스코(師岡康子)는 미국에서 1980년
    대에 양쪽의 용어가 확대되었다고 하며, 헤이트 스피치라는 말이 일본 사회에서 널리 확대된
    2013년 이전에『헤이트 크라임(ヘイト・クライム)』(2010)이라는 타이틀로 출판한 마에다
    아키라(前田朗)는 '재특회'에 의한 폭력행위 등을 설명하고 있다.

8   前田朗, 人種差別撤廃施策推進法案について, 『人権と生活』, 在日朝鮮人人権協会, vol.41,
    2015年12月, 62頁.

9   『朝日新聞』, 12月22日付デジタル版.

10 2014년 7월에 지법, 이어서 고법과 대법원에서 원고 측의 주장이 인정되고 있다.

11 明戸隆浩, アメリカにおけるヘイトスピーチ規制の歴史的文脈──90年代の制論争における公
    民権運動の「繼承」, アジア太平洋レビュー──2014, https://www.keito-u.ac.jp/research/asia-pacifi
    c/pdf/review_2014-03.pdf, 2016年1月2日 참고.

12 예를 들어 1990년대 전반 우에노공원에 있는 이란인에 대한 배척운동에 관하여, 樋口直人,
    『日本型排外主義』, 名古屋大学出版会, 2014年, 10頁를 참고.

13 일본에서는 제2차 한일협약 혹은 한일보호조약이라고도 하는데, 당시의 대한제국이 외교권,
    군사권을 빼앗기고 실질적인 식민지하에 들어갔다고 할 수 있다.

14 전 중의원 의원 노나카 히로무가 야스쿠니 신사 문제를 다룬 한일 공동 다큐멘터리〈안녕
    사요나라〉의 인터뷰에서의 발언.

15 野間易通, 『「在日特權」の虚構: ネット空間が生み出したヘイト・スピーチ』, 河出書房新社,
    2015年.

16 '재특회'를 취재한 책에서 그것이 일반적이라는 말을 여러 번 언급했다. 安田浩一, 『ネットと
    愛国──在特会の「闇」を追いかけて』, 講談社, 2012年, 315頁 등에서 여러 차례 언급된다.

17 前田朗, 「なぜ, いまヘイト・スピーチなのか──差別, 暴力, 脅迫, 迫害──」, 三一書房, 2013
    年, 13頁.

18 野間易通, 前掲書, 168-176頁.

19 宮田節子, 『世界』 2015年7月号.

20 예를 들어, 서경식(徐京植)이『한겨레신문』(http://japan.hanico.k/art/opinion/21916.html)이
    나 잡지『세계(世界)』 2015년 10월호에서 여러 논객들과 아베 담화를 검토하고 있다.

21 宋基燦, 『「語られないもの」としての朝鮮学校: 在日民族教育とアイデンティティ・ポリティク
    ス』, 岩波書店, 2012年, 114頁.

22 양양일(梁陽日)은 '재일 외국인의 자기 개념 공적의 확립을 위한 필요한 조건'을 검증할 필요
    성을 설파하고 있다. 『大阪市公立学校における在日韓国・朝鮮人教育の課題と展望』, vol.9,
    Core Ethics vol.19, 2013.

23 金石範, 『過去からの前進』(上・下), 岩波書店, 2012年.

24 安田浩一, 전게서.

25 鵜飼哲, 「レイシズムを語ることの意味」, 前田 編, 전게서.

제9장

1 이 증언을 둘러싼 재판투쟁의 기록은, 申英子と弁護士熊野勝之の共著,『闇から光へ──同化政策と闘った指紋押捺拒否裁判 証言と弁論要旨』, 社会評論社, 2007年 참조.

2 이 사면의 대상이 된 한기덕 씨는 레이와로 개원한 것과 일왕을 대체한 것을 계기로 30년 전 당시를 떠올리며 '인권 침해 법률'을 고발할 기회를 빼앗겼다고 신문 인터뷰에서 말했다. https://www.asahi.com/articles/ASM4H51BOM4HCIPE01H.html(2019년7월2日).

제12장

1 일본에서도 1990년대에 전후 책임에 대한 논의가 많이 이루어졌고, 몇몇 논의는 오늘날 다시 읽어야 할 내용이 있다.

2 師岡康子,『ヘイトスピーチとは何か』, 岩波新書, 2014年.

3 山本泰生,「戦後思想としてのキリスト教ドロテーゼレの場合」,『横浜国立大学教育人間科学部紀要』12巻, 2010年, 33頁.

4 ドロテー・ゼレ, 山下明子 訳,『幻なき民は滅ぶ今ドイツ人である意味』, 新教ブックス, 1999年, 44頁. 환상이라는 일본어 번역에 비전이라고 후리가나가 붙어있는 부분이 있어, 나는 비전으로 읽었다. 환상으로는 아무래도 의미 불명이 되어버리기 때문이다.

5 NATO이중결정(Double-Track Decision)이란 서방이 NATO에 대항하여 설립된 바르샤바 조약 기구에 군축을 호소하면서 핵무기를 탑재한 중거리・준중거리 탄도 미사일을 배치한다는 NATO의 결정이다.

6 Dorothee Soelle, *The Window of Vulnerability*, Fortres Press, 1990, p. IX.

7 山本泰生, 전게서, 33頁.

8 山本泰生, 상게서, 40頁.

9 *The independent*, 2003年5月26日版.

10 ドロテー・ゼレ,『苦しみ』, 新教出版, 1975年, 215-216頁.

11 Sarah K. Pinnacked, *The Theology of Dolothee Salle*, Trinity Press International, 2003.

12 영어 compassion은 일본어로 배려나 공감으로 번역되지만, 어원은 com(together, 함께) 그리고, passion(suffering, 괴로움)의 의미로, 즉 괴로움을 함께 하는 것이다. 따라서, 본고에서 사용해 온 '공고(共苦)'는 함께 아픔을 공유한다는 것이다.

제13장

1 캘리포니아 태평양 신학교 대학원 1989년 Fall semester 신약성서학의 클래스에서.

2 '재일조선인'이란 표기는 한반도의 남북국가 어느 쪽을 지지하느냐는 이념적인 의미를 포함하고 있지는 않다. 오히려 일본인 사회에서 조어(造語)가 된, 재일 한국・조선인이라는 가운뎃점(中黒入)에 이의를 제기한다는 견해, 한반도 분단 이전부터 이동해 온 사람에 의해 형성된 지역 사회라는 면을 강조하기 위한 것이다. 다만, 본문 안에서는 재일교포나 재일 1세대・2세대라는 표기도 사용했다.

3 전쟁 전에는 60개 가까이 교회가 세워졌으나, 조선의 해방과 함께 많은 사람이 귀국하여, 전후에는 10여 개의 교회가 재건되었다.

4 교단의 자세한 역사기술로서, 李清一「感謝の百年 希望の百年 在日大韓基 教会の歩みと展望」이 있다. 在日大韓基督教会編「宣教 100周年記念合同 修会のハンドブック』 2008年, 更に 戰前の女性伝道師に関する貴重な資料に 呉寿恵, 『在日朝鮮基督教会の女性史研究」, 同志社 大学大学院神学研究科博士論文, 2009年이 있다.

5 이 수는 KCCJ에 속해 있는 한국교회의 수이며, 90년대 이후 여기에 속하지 않는 한국교회가 우후죽순처럼 계속 늘어나고 있다.

6 이 특성은 1968년에 선교 60주년을 맞이하여 '예수를 따라 이 세상에'라는 표어 아래 강조되어 갔다. 또한 1973년에 나온 선교기본정책과 1989년 80주년의 선교 이념으로도 명확히 내세워지고 있다.

7 나는 이 '민족'이란 명사를 동화(同化)와 배외(排外)를 강요받아 온 피억압자로서의 경험, 국제 정치의 이해에 농락되어 온 한반도의 역사적 경험과 억압에 저항해 온 경험이라는 동사적 의미로서 정의하고 싶다.

8 교단 최초의 신학 체계라 일컬어지는, 李仁夏「留の民の叫び」新教出版, 1976年 참조.

9 오사카대학 박사과정에 있던 최은주(崔恩珠)는 KCCJ를 '민족교회'라고 규정하여 발표했다. 2009년 9월 22일 사회복지법인 안녕(shālōm) '셋튼의 집' 주최 포럼에는 참가자 대부분이 재일교포 2세대 여성이었는데, 그 규정에 대해 그들로부터 거센 반발을 받았다. 그 반발은 지극히 감정적이었는데, 현재의 KCCJ 개교회(個教会) 현상의 일단을 여실히 드러냈다고 할 수 있었다. 그것은 80년대 후반 이후로 계속 증가해 온, 이른바 '신1세대'들과의 갈등이었다. 한국어를 이해하지 못하는 2세대 이후에게 언어력을 갖추고 모든 면에서 정력적인 '신1세대'들의 존재는 위협에 가까운 긴장 관계를 형성시켜 왔기 때문이다. 또한 '민족'을 경험한다는 것과 외부에서 규정되었다는 것과는 다르다는 것이 증거였다고도 볼 수 있다. 이러한 감정적인 반응을 경험하고, 당시 발표를 포함하여 2011년도에 박사 논문으로 썼지만, 최은주는 일관되게 KCCJ를 '민족교회'라고 규정하여 논하고 있다. 이 규정은 하나의 방법론이라고 할 수 있을지 모르지만, 그 '민족교회'의 정의에 따라 본문에서 소개해 왔던 것처럼, 교단원의 '민족'에 대한 이해, 정체성 그리고 경험의 실태에서 벗어날 가능성은 있을 것이다. 나 개인으로서는 KCCJ를 '민족교회'라는 용어나 개념을 갖고 규정할 때, 명백한 전제나 정의가 이루어지지 않은 것에 대해 불만과 동시에 위화감을 느낀다. 다만, 최은주의 논문은 젠더 시점에서 쓰인 몇 안 되는 KCCJ에 대한 논문으로서 귀중한 연구의 하나라고 할 수 있을 것이다. 논문은, 「民族教会と女性, そして愛をめぐって─在日大韓教会に対するジェンダー論的な"読み"を試みる」, 大阪大学大学院文学研究科, 2011年.

10 大韓基督教大阪教会 編, 『在日大韓基督教大阪教会55年史』, 1979年, 75頁.

11 당시 노동자의 환경은, 金賛汀, 『朝鮮人女工のうた』, 岩波新書, 1982年 참조.

12 https://osakachurch.or.jp/ja/

13 흥미롭게도, 전후 최초로 만들어진 1948년판 교단 헌법에는 여성이 '성직자'가 되는 규정의 문구는 없다. 1954년 개정된 헌법에 목사 시험을 치를 자격은 27세 이상의 기혼 남성으로 명기되었다. 재일대한기독교회 헌법 18조 '목사 시무의 항' 참조. 그리고 1978년 개정으로 그 문구를 뺐다.

14 전국여성회가 모태가 되어 헌금을 모아 지은 돌봄의 집(care house)인 '셋튼의 집'이나 여자들을 위한 전화상담 셋튼도 명칭에 셋튼이 들어가 있는데, 이것은 한국어로 여러 가지 색상이

섞인 무지개 색을 의미하는 것으로 미국의 제시 잭슨이 창업했던 '레인보우 콜렉션(rainbow collection)'과 같은 의미를 담고 있다. 즉, 다양성을 인정하여 모두가 하나라는 것이다.

15 당시 이 문제를 중점적으로 다루며 취급했던 여성회 2대째 총무인 신영자(申英子) 목사와의 인터뷰에 따르면, '일종의 혼란한 상태여서 분간 못 하고 통과된 것이다. 하지만 당연히 거기에 이르기까지는 몇 차례의 건의서를 교단 총회에 제의하고 있었다'라고 한다. 신영자 자신도 신학교를 나왔다. 하지만 총무 시절에는 여성 목사가 인정받지 못했던 시절이었으나, 일본 기독교단에서 안수를 받았다. 현재는 일본 기독교단 한일교회의 담임목사이다. 2011년 8월 3일, 오사카 덴노지(天王寺) 구역에 있는 한일교회에서의 인터뷰 참고.

16 70년대 재일조선인사회운동 단층에 대해서는 나의 李恩子,「70年代の抵抗文化一在日朝鮮人社会運動史一断章一」,『前夜』, 2006年7月 참조.

17 이 투쟁의 연대운동으로서 한국의 기독교여성연합회와 KCCJ의 여성연합회는 히타치 제품 불매 운동을 세계교회협의회(WCC)와 협력하여 전개했다. '민족해방' 운동이 개인의 의식 변혁에 끼친 영향은 가치가 있었다고 추측할 수 있을 것이다.

18 연표적인 역사는 KCCJ 홈페이지에 상세히 있다. http://kccj.jp/.

19 다만 여성 목사 19명 중 7명은 사람이 없는 곳(無人所)에 있다. 즉 여성을 맞이하는 교회는 드물다는 것이다.

20 '재일대한기독교회 전국여성연합회'라는 단체명은 과거 3번 명칭이 변경되었는데, 그 변화 자체만으로도 여성 의식의 변화를 읽을 수 있다. 재일대한기독교여전도회전국연합회 → 재일대한기독교부인회전국연합회 → 재일대한기독교전국교회여성연합회라고 하며 현재에 이르고 있다.

21 여성을 위한 전화상담소 셋트에 관해 자세한 사항은 설립 초기부터 상담원으로 중심적인 활동을 했던 최천자(崔浅子)의,「작은 사람과 함께」, 성공회 이쿠노(生野)센터 기관지 울림(響) 39호, 2006년 6월 참고.

22 획기적이라고도 할 수 있는 이 위원회가 왜 없어졌을까 하는 것을 당시 위원 몇 명에게 물어봤지만 분명한 대답은 없었다. 아마도 구체적인 사건을 해결하기 위한 방안으로 결성된 경위에서 보면 가해자인 당사자를 추방한다고 하는 문제는 일단 해결될 단계가 아니었을 것이다. 또 위원회 명칭 자체가 '과격'하다고 받아들여질 수 있는 위원회여서 교단 내의 남성 지도자들의 압력이 사라졌다고 추측할 수 있다.

23 在日大韓基督教会性差別等問題特別委員会 編,『性差別とセクシュアル・ハラスメントについて』, 2004年7月4日.

24 1976년부터 1978년에 걸쳐 기후(岐阜)교회 이용자(李蓉子) 교육국장의 시대에 2년에 3권으로 제일 많이 발행되었다. 민족 문제, 사회 문제에 관련된 내용이 많이 들어가 있다.

25 『고개』가 발행된 배경으로 재일조선인 문제가 가시화됨으로써 민족의식의 고양 등도 고려할 수 있지만, 발행인인 여성들, 실무자 총무, 교육국 위원이 재일 2세대라는 점에서 보아도 일본 사회에서 교육받은 세대로의 세대 교체가 하나의 요인으로 여겨진다.

26 원문 일본어판에서도 이 주제의 부분은 한국어로 쓰여져 있다. 하지만, 여기서는 일본어의 의미만을 적었다. 우리의 역사란 교단의 역사가 아니라 '민족'의 역사이다.

27 당시 교육국장이었던 이금용(李錦容)의 『고개(コゲ)』 창간에 부쳐, 在日大韓基督教女伝道会全国連合会 編,『コゲ』 創刊号, 1973年, 5頁.

28 匿名,「女性長老制度賛成」,『コゲ』 第4集, 1976年, 8〜29頁.

29 在日大韓基督教婦人会全国連合会 編,『コゲ』 第7集(1世のオモニの証言特集号), 1986年.

30 심각한 문제의 하나로, 한국 교단의 파견 선교사나 KCCJ로 이적한 목사 중에는 이적한 후에도 원래 몸담았던 본국 교단과의 유대감이 강하다. KCCJ라는 교단에 속한 이상 거기에서 일치해 나가지 않으면 안 되는 것인데, 오히려 KCCJ 내에 각각의 본국과 연결되는 교단의 파벌을 만들어 분열의 불씨를 지피고 있었다.

제15장

1 Peter Hayes, Lyuba Zarsky & Walden Bello, *American Lake: Nuclear Peril in the Pacific*, Penguin Books, 1986.

2 일본의 연구자가 '미국의 호수'라고 사용하고 있었기 때문에 본장을 쓰면서 일본에서도 연구용어로 유통되고 있는지 검색했더니, 북미의 5대호에 대한 것이 많이 있었다. 그러나 태평양을 가리키는 것은 극히 드물었다.

3 선교사 단체인 남양 전도단이 파견된 역사적 배경과 다른 세부 사항들에 대해서는 졸서, 「忘れられたもう一つの植民地──旧南洋群島における宗教と政治がもたらした文化的遺制」, 森田雅也 編著, 『島国文化と異文化遭遇──海洋世界が育んだ孤立と共生』, 関西学院大学出版会, 2015年을 참고.

4 赤道のすぐ上にあるこれらの島々は80年代後半から90年代はじめに域内にある大小の島々と統合して独立国家(戦後の米国の信託統治を経て現在も支配下にあるが)を設立した. それぞれチューグ'ポナペイはミクロネシア連邦共和国, パラオはパラオ共和国, サイパンは北マリアナ連邦だ. そして, 現在も調査訪問できていないのだが, 水爆実験の被害の甚大さで知られるビキニ島があるのがマーシャル諸島共和国である. 적도 바로 위에 있는 이 섬들은 80년대 후반에서 90년대 초에 역내에 있는 크고 작은 섬들과 통합하여 독립 국가(전후 미국의 신탁통치를 거쳐 현재도 지배하에 있지만)를 설립했다. 각각 추크, 포나페이는 미크로네시아 연방 공화국, 팔라우는 팔라우 공화국, 사이판은 북마리아나 연방이다. 그리고 지금도 조사방문을 할 수 없는데, 수폭 실험의 피해가 엄청나다고 알려져 있는 비키니 섬이 있는 곳이마셜 제도 공화국이다.

5 1931년 만주사변에서, 1937년 중일전쟁, 1940년 태평양 전쟁까지의 일본의 대외 전쟁을 가리킨다. 세 전쟁의 연관성을 볼 것을 촉구하는 용어이다.

6 예를 들어, 飯高伸五「旧南洋群島における日系人のアソシエーション──パラオサクラ会を事例として」(日本文化人類学会第42回研究大会発表, 2008年)과, 고바야시 이즈미에 의해 전일본의 야구선수로 활약한 아이자와 스스무(相沢進)에 대해서(주11 참조의 것) 등이 있다. 이것들은 사례 연구로 유용하지만 혼혈아와 관련된 전체 상은 여전히 해명되어야 한다.

7 미국과의 '자유 연합 맹약' 관계에 의한 원조금은 경제 시책에 사용되지 않고, 공무원으로서 일자리를 제공하는 형태의 의존형 모델이라고 할 수 있다. 오키나와에 대한 정책도 유사하다.

8 문화적 흔적 이외에도 태평양 전쟁시에 사용했던 무기류가, 육지에는 대포가 그대로 방치되어 있고 바다에는 침몰한 일본선이 다수 있어 다이버들의 관광 명소가 되고 있다.

9 엄밀히 말하면 네 가지 중 마리아나 제도 연방은 미국의 속령이다. 또한 3개의 독립국가도 군사권은 미국에게 있어서 독립국가라고 하기 어렵다.

10 고치현은 2019년 모리 코벤 탄생 150주년 기념사업을 주최하고, 공동개최를 한 고치·미크로네시아 우호교류협회와 큰 이벤트를 개최하고 있다.

11 아이자와 스스무(相沢進) 선수에 대한 자세한 것은, 小林泉, 『南の島の日本人もうひとつの戦

後史』、産経新聞出版、2010年 参照.

12 오키나와 귀환자에 대한 미국의 정책에 관한 연구는, 大原朋子,「戦後沖縄社会と南洋群島引揚者―引揚者団体活動に注目して」,『移民研究』(6), 23-44頁, 2010年 등을 참조할 수 있다.

13 原佑介,『禁じられた郷愁―小林勝の戦後文学と朝鮮』, 新幹社, 2019年.

14 2019년에 전 팔라우 공화국의 재판장을 지낸 분에 대한 인터뷰뿐 아니라, 필자가 현장 조사를 하고 있을 때 여러 사람으로부터 들은 이야기이다.

15 小熊英二,『単一民族神話の起源―「日本人」の自画像の系譜』, 新曜社, 1995年.

16 野入直美,「『日本型多文化共生社会』に沖縄は入っているか?――米軍統治下の沖縄における『混血児』調査の文脈を中心に」,『異文化間教育』第44号, 2016年, 47-64頁.

17 Tessa Morris-Suzuki, Re-inventing Japan: Time, Space, Nation Routledge, 1997.

18 鄭拓宗,「椿井村の食卓カラー チョンソンパンチャン! アンニョン!」, 鄭富京・李相汀・趙口洋一 編,『玄海灘を渡った女性信徒たちの物語――岸和田勧銀・朝鮮人女工・春木椿井教会』, かんよう出版, 2015年, 129頁.

19 矢野淳士・湯山靖・全泓秦,「生野コリアタウン活性化に向けた実態調査報告――コリアタウン訪問者の商店街利用とニーズに関する調査から」,『都市と社会』第4号, 2020年, 88-110頁.

20 韓載香,「ビジネスとしてのエスニック・レストランとは――焼肉店の歴史分析への視座」,『東洋文化』(東京大学東洋文化研究所紀要) 100号, 2020年, 175-204頁.

21 黄尚熙, 朴恩子・李壽宣 訳,『歴史が医学に出会う時――医学史から見る韓国社会』, 関西学院大学出版会, 2017年.

22 ミシェル・フーコー, 田村俶 訳,『監獄の誕生――監視と処罰』, 新潮社, 1977年.

참고문헌

「やめて! 東京都による「防災」に名を借りた九・三自衛隊演習」, 実行委員会 編, 『グロー カル』 572号, 2000年7月30日.

ジュディス・バトラー 著, 竹村和子 訳, 『ジェンダー・トラブルフェミニズム とアイデンティ ティの撹乱』, 青土社, 1999年.

ミシェル ヴィヴィオルカ 著, 宮島喬・森千香子 訳, 『アイデンティティと文化の政治学』, 法政 大学出版局, 2009年.

姜徳相, 『サイニュース』 44号, 2002年.

姜徳相・琴秉洞 編, 『関東大震災と朝鮮人──現代史資料(6)』, みすず書房, 1963.

姜徹, 『在日朝鮮人史年表』, 雄山閣, 1983年.

関東大震災時に虐殺された朝鮮人の遺骨を発掘し追悼する会 編, 『風よ鳳仙花の歌をはこべ: 関東大震災・朝鮮人虐殺から70年』, 教育史料出版会, 1992年.

堀江有里, 「異なる被差別カテゴリー間に生じる〈排除〉と〈連帯〉在日韓国／朝鮮人共同体に おける「レズビアン差別事件」を事例に」, 山本崇記・高橋慎一 編, 『「異なり」の力学── マイノリティをめぐる研究と方法の実践的課題』 (14), 立命館大学生存学研究セン ター, 2010年, 141-165頁.

吉見義明, 『買春する帝国──日本軍「慰安婦」問題の基底』, 岩波書店, 2019年.

金石範, 「『騒擾』はだれが起こすのか」, 内海愛子・高橋哲哉・ 徐京植 編, 『石原都知事三「国 人」発言の何が問題なのか』, 影書房, 2000年.

金泰泳, 『在日コリアンと精神障害──ライフヒストリーと社会環境的要因』, 晃洋書房, 2017年.

望月雅士, 「関東大震災研究をめぐる諸論点─虐殺事件と復興論」, 『歴史評論』 521 号, 1993年.

梶村秀樹, 「関東大震災の歴史的責任」 『福音と世界』 7月号, 1978年.

朴慶植, 「天皇制国家と在日朝鮮人」, 社会評論社, 1986年.

朴裕河, 『帝国の慰安婦──植民地支配と記憶の闘い』, 朝日新聞出版, 2014年.

富田哲, 「夫婦別姓論その後30年の軌跡」, 『行政社会論集』 第32巻第4号.

山本美 編, 『大正大震火災誌』, 改造社, 1924年(大正13年5月).

山田昭次, 「関東大震災時の朝鮮人虐殺責任のゆくえ」, 『歴史評論』521号, 1993年.

山田昭次, 「関東大震災朝鮮人虐殺と日本人民衆の被害者意識のゆくえ」, 『在日朝鮮人史研 究』25号, 1995年.

三谷文栄, 『歴史認識問題とメディアの政治学: 戦後日韓関係をめぐるニュースの言説分析』, 勁 草書房, 2021年.

三尾裕子ほか 編, 『帝国日本の記憶──台湾・旧南洋群島における外来政権の重層化』, 慶應 義塾大学出版会, 2016年.

三他 編著, 『引揚・追放・残留─戦後国際民族移動の比較研究』, 名古屋大学出版会, 2019年.

上田正昭ほか, 「歴史のなかの「在日」, 藤原書店編集部 編, 藤原書店, 2005年.

石田雄, 『記憶の政治学・同化政策・戦争責任・集合的記憶』, 明石ライブラリー, 2000年.

松島泰勝，『ミクロネシア──小さな島々の自立への挑戦』，早稲田大学出版部，2007年.

松尾章一，「朝鮮人虐殺と軍隊」，『歴史評論』521号，1993年.

松田泰二・鄭根植 編，『コリアン・ディアスポラと東アジア社会』，京都大学学術出版会，2013年.

矢野暢，『「南進」の系譜──日本の南洋史観』，千倉書房，2009年.

岩尾光代，「東京ビビンバクラブ 卞仁子──ロックに合わせてチャンゴをたたき『在日』も日本人も解放しちゃおう」，「毎日グラフ」，1993年9月12日号.

野間易通，『『在日特権』の虚構──ネット空間が生み出したヘイト・スピーチ(増補版)』，河出書房新社，2015年.

牛渡亮，『スチュアート・ホール──イギリス新自由主義への文化論的批判』，東信堂，2017年.

赤澤史朗ほか，『『帝国』と植民地──「大日本帝国」崩壊六〇年』，「年報日本現代史」，編集委員会編，現代史料出版，2005年.

前田朗，『ヘイト・クライム憎悪犯罪が日本を壊す』，三一書房 労働組合，2010年.

田中来子ほか，『出来事から学ぶカルチュラル・スタディーズ』，ナカニシヤ出版，2017年.

樋口雄一，「自警団設立と在日朝鮮人──神奈川県地方を中心に」，『在日朝鮮人史研究』14号，1984年.

樋口直人，『日本型排外主義──在特会・外国人参政権・東アジア地政学』，名名古屋大学出版会，2014年.

平田オリザほか，『街場の日韓論』内田樹 編，晶文社，2020年.

好井裕明，『セクシュアリティの多様性と排除』，明石書店，2010年.

丸山眞男，「超国家主義の論理と心理」，『現代思想の思想と行動(増補版)』，未来社，1964年.

黒川みどり・藤野豊，『差別の日本近現代史──包摂と排除のはざまで』，岩波書店，2015年.

Aimé Césaire, *Discourse on Colonialism*, translated by Joan Pinkham, Monthly Review Press, 2000.

Frantz Fanon, *The Wretched of the Earth*, translated by Constance Farrington, Penguin Books, 2001.

Lee Changsoo and De Vos George, *Koreans in Japan: Ethnic Conflict and Accommodation*, University of California Press, 1981.

Lin Peter, "The Nanking Holocaust Tragedy, Trauma and Reconciliation", Kevin Reily 他 編, *Racism: A Global Reader*, M.E. Sharpe, 2003.

Mark Peatti, *Nan'yō: The Rise and Fall of the Japanese in Micronesia 1885-1945*, University Hawaii Press, 1992.

Ryang Sonia, *Ethnic Horror Story: The Great Kanto Earthquake and the Great Massacre of Koreans in 1923*, トロント大学，メリーランド大学，パーク大学における講演，2003年3月. Anthological Quarterly2003年秋.

Weiner Michael, *The Origins of the Korean Community in Japan 1910-1923*, Humanity Press International, 1989.

Yaa Gyasi, *Homegoing*, Penguin Random House, 2016.

第5章	「忘れられたもう一つの植民地: 旧南洋群島におけ. る宗教と政治がもたらした文化的遺制」, 森田雅也 編,『島国文化と異文化遭遇: 海洋世界が育んだ立と共生』, 関西学院大学出版会, 2017年3月.
第6章	「今私たちに問われていること: 関東大震災朝鮮人虐殺80周年」,『情況』2015年8 · 9月号.
第7章	「韓日条約は在日同胞に何をもたらしたか: ポストコロニアル的視点」,『日東学研究』, 韓国・江原大学・人文大学日本研究センター4号, 2017年8月.
第8章	「日韓(朝)関係から考える在日朝鮮人の人権: ポストコロニアルの問い かけ」,「関西学院大学人権研研究』20号, 2017年.
第9章	「日本国(家)を愛せない理由, かといって愛する国(家)もない」,『女性 · 戦争 · 人権』学会誌 18号, 2019年.
第10章	「和解の概念を考える: 差別のトラウマの視点から」,「福音と世界』2019年1月号.
第11章	「信徒と教瞞の権威を考える: 信徒のつぶやき」,「福音と世界』2017年1月号.
第12章	「今, ドロテーゼレを読む意味:「共苦」する主体形成に向けて」,「関西学院大学キリスト教と文化研究』第16号, 2014年3月.
第13章	「ジェンダー, エスニシティ,「聖なる権威」への抵抗一在日大韓基督教会女性牧師・長老接手プロセスにおける「民族」の位置」, 『関西学院大学キリスト教と文化研究』第15号, 2013年3月.
第14章	「解放運動における原則: 日本のバックラッシュに抗するために」,『福音と世界』2007年7月号.

일동학연구총서 3

재일 2세 여성의
일본 사회 비평

2025년 03월 28일 초판 1쇄 펴냄

지은이 이은자
옮긴이 박정임·이기원·원연희·김보민
펴낸이 김흥국
펴낸곳 도서출판 보고사

책임편집 김태희
표지디자인 오동준

등록 1990년 12월 13일 제6-0429호
주소 경기도 파주시 회동길 337-15 보고사
전화 031-955-9797
팩스 02-922-6990
메일 bogosabooks@naver.com
홈페이지 http://www.bogosabooks.co.kr

ISBN 979-11-6587-815-3 93300
ⓒ 박정임·이기원·원연희·김보민, 2025

정가 25,000원